U0508877

　　本书是国家自然科学基金资助项目 "我国中部和东部省域城市首位度与区域经济增长：模型、机理与对策"（项目批准号：71263037）和江西省经济社会重大招标课题资助项目 "统筹城乡发展要求下提升江西城镇化建设速度与质量研究"（项目批准号：JXZDZB2013）的研究成果。本书的出版还得到 "南昌大学江西发展升级推进长江经济带建设协同创新中心" 的资助。

统筹城乡发展与城镇化建设

——以江西省为例

黄新建 等／著

社会科学文献出版社
SOCIAL SCIENCES ACADEMIC PRESS (CHINA)

课题组成员名单

课题组组长：

黄新建　南昌大学中部中心区域经济研究所所长，教授、博导

课题组成员：

郭朝晖　南昌大学经济管理学院工商管理系系主任，教授、博士后

王　勇　江西省工业信息化委员会信息化处副处长，博士

付　智　南昌大学经济管理学院副教授、博士

王志平　江西师范大学历史文化与旅游学院讲师、博士

陈文喆　南昌大学经济管理学院博士

朱越浦　南昌大学经济管理学院博士

万　科　南昌大学经济管理学院硕士

目　录

上　篇

下　篇

上　篇

第一章 城镇化发展的理论综述

第一节 城镇化的基本内涵

根据建设部 1998 年的定义，城镇化或城市化主要指人类的生产和生活方式由乡村型向城市型转变的历史过程，表现为乡村人口向城镇人口转化以及城市不断发展和完善的过程。此后，城镇化问题成为中国经济学界、社会学界、人口学界和政府关注的一个热点问题，关于城镇化概念的争论从未间断过。概括起来，关于城镇化的概念，主要有以下几种看法。

第一种观点认为城镇化即农村小城镇化。这一观点的主要代表人物是武汉大学的辜胜阻教授等。辜胜阻（1991）认为，城镇化是指农村人口和非农产业不断由农村向城镇地区集中的社会经济过程。在他看来，城镇化表现为小城镇的成长和发育过程。

第二种观点认为城镇化不仅包括小城镇的发展，而且还包括农村人口向城镇尤其是向大中型城市的转移。罗静（1996）把前者称为农村地区的城镇化，把后者称为农村人口的城市化，认为两者是相辅相成的关系。事实上，在我们看来，在中国当今的城镇化过程中，同时存在农村人口城市化和农村地区的城镇化，只不过由于经济发展水平的巨大差异，中西部农村地区大规模的农村人口流迁构成了其城镇化的主要趋势，农村人口城市化是这些地区城镇化的主体，而东南沿海的小城镇发展更加突出，其农村地区的城镇化特征十分显著。

第三种观点是待遇同等论，强调农村职能的转变。其主要代表人物是于洪俊、宁越敏。他们认为农村地区受到城镇强度不同的辐射和吸引，因而，作为城镇腹地的农村地区如何分享城镇的工作方式和生活方式，是农村地区城镇化研究的主要内容。他们认为城镇化主要是要进行职能型城镇化，即从劳动结构和经济形态上解决农工一体化，改变"农村农业，城镇工业"的产业空间格局,发展农村地区的非农产业并实现农业的现代化。这一观点认为,只要农村地区的生产、生活具备了城镇特征即为城镇化,而不注重人口的集聚程度。

第四种观点认为,城镇化就是农村彻底地变成城镇,以城镇取代农村,农村将逐渐消失。持上述观点的学者主要有刘振邦、詹武等。他们认为,所谓"化",就是彻头彻尾、完全转型。从这一角度出发,他们认为城镇化的提法在理论上是不科学的,在实践上是很难的。其实这里的"化",应是表示事物所达到的水平或经历的过程,城镇化不应理解为以城镇彻底取代农村,只是表示随着社会经济的发展,城镇相对于农村逐渐占据主导地位和支配地位而已。

城镇化一词在中国已广为流传,由于思考的角度和分析的方法不同,对这一概念的理解也就不同。尽管不同学科对城镇化的解释不尽相同,但城镇化作为一个社会经济的转化过程,无疑包括人口流动、经济领域、社会文化、地域景观等诸方面的内涵。而且随着经济社会的发展,城镇化的内涵也在发生着变化,对这些不同的观点进行分析,可以让我们尽可能全面地理解这一概念,进一步深入把握它的内涵。

城镇化作为人类生产和生活方式由乡村型向城市型转变的历史过程,由传统农业社会向现代工业社会发展,具体指第二、第三产业在城镇聚集,农村人口不断向非农产业和城镇转移,使城镇的数量增加、规模扩大,城镇的生产方式和生活方式向农村扩散,城镇的物质文明和精神文明向农村普及的经济社会发展的动态过程。综合社会学、人口学、经济学、地理学、生态学、历史学、城市规划学等方面来看,课题组认为传统意义上的城镇化的具体内涵主要包括以下几方面。

第一,人口城镇化。这是城镇化的核心,其实质是人口经济活动的转移过程。城乡人口分布结构发生转变,越来越多的人口由分散的农村向城镇集中,城镇的数量不断增多、规模不断扩大。

第二,社会城镇化。这是城镇化的目标,指人们的生产方式、行为习惯、社会组织关系乃至精神与价值观念会随着经济、人口、土地的城镇化而发生转变,城镇的文化、生活方式、价值观念等由城市向乡村扩散的过程。人类社会从传统的农业社会向工业化社会转变,人们的价值观念和生活方式发生根本改变,城市文明、城市生活方式和价值观念向乡村地区渗透和扩散，传统乡村文明走向现代城镇文明，最终实现城乡一体化和"人"的城镇化与现代化。

第三，经济城镇化。这是城镇化的动力，是指整个社会经济中城镇地域产出比重的上升状态，主要指经济总量的提高和经济结构的非农化，且经济要素集聚方式的变迁或创新，在技术创新和制度创新的双重推动下，人口、资本等经济要素更健康、更高效地在城乡之间流动并重组。

第四，产业结构城镇化。这是城镇化的保障，其实质是指产业结构的升级换代，即第一产业、第二产业以及第三产业符合经济规律（比较利益、规模经济等）的演变和发展过程。

第五，城市建设和生活环境城镇化。这是城镇化的基础，是指城镇空间形态扩大，城镇数量增多、规模扩大，新城镇地域、城镇景观不断涌现，城镇生活环境发生变化，基础设施不断完善。

加快城镇化建设已成为转变经济发展方式和扩大内需的一项重要举措。一些地方的城镇化建设单纯地追求扩大规模、扩大地盘等"量"方面的因素，却忽略了提升城镇化的"质"。为此，当前要以转变经济发展方式、有效扩大内需为契机，正确、深入地理解城镇化的内涵，推进新型城镇化建设。

第二节　城镇化水平测度

城镇化水平是目前国际上通行的衡量一个国家或地区城镇化程度的重要指标，通常以居住在城镇的人口占总人口的比例来表示。城镇化水平的测度（或测算、计算），是指运用科学、规范的方法，按照全面、真实反映区域城镇化发展状况和水平的原则，以城镇化水平指标以及指标体系作为考评依据，对区域城镇化水平进行科学、客观、公正的综合评判、衡量、比较以及预测展望，以及对城镇在国民经济和社会发展中的主导作用进行识别，并能在不同的区域或不同的时期之间进行分析比较。

归纳起来，近几十年来，学者们对城镇化水平测度的研究探讨主要侧重于以下几个方面。

一　城镇化水平测度的方法

针对城镇化水平的测度，现有研究从不同角度进行了尝试。姜爱林

（2002）认为对城镇化水平进行测度的方法主要有三大类：①单一指标法或主要指标法。主要包括人口比重指标法、城镇土地利用比重指标法和调整系数法。其中，人口比重指标法又主要包括城镇人口比重指标法和非农业人口比重指标法。②多项指标法或综合指标法。主要是利用农村城镇化指标体系和现代城市化指标体系进行综合评价。③其他指标法。王德成、张领先（2002）指出单一指标法还包括经济相关分析法，人口比重指标法还包括带眷系数法，综合指标法还包括调整系数法和指标体系法。经济相关分析法是指用经济指标预测城镇化水平，带眷系数法是指根据城镇劳动力与带眷系数的乘积占其总人口的比重来进行测算。现有研究普遍认为单一指标法存在缺陷，不能准确衡量城镇化水平。对此，不少学者提出了改进办法。王学山、王成新（2003）借鉴物价指数计算方法，运用比较法重新界定城镇人口，利用不涉及流动人口的以及包括流动人口在内的人口城镇化水平测定公式对单一指标法进行修正，增强了人口比重指标法的客观性和准确性。仲盼和罗守贵（2006）通过构建一个以城镇就业人员比重和非农产业就业人员比重为自变量、以城镇化率为因变量的方程，利用多元线性回归对城镇化水平进行了测算，既降低了赡养–抚养系数干扰，又降低了就业地与居住地不统一的干扰。

由于城镇化是一种比较复杂的社会现象，因而要适时、准确地测度城镇化水平并非易事，测度城镇化水平的方法也比较多。归纳起来，常见的测算方法主要有人口比重指标法、城镇土地利用比重指标法和调整系数法等几种。

（一）人口比重指标法

人口比重指标法反映的是人口城镇化的变化情况，它包括两种：一种是城镇人口比重指标法，另一种是非农业人口比重指标法。这两种方法都是世界上比较通用的方法。

所谓城镇人口比重指标法，就传统的定义而言，就是指用某一个国家或地区内的城镇人口占其总人口的比重来表示该国家或地区的城镇化水平。用公式可以表示为：

$$U = \left[P_c / \left(P_c + P_r \right) \right] \times 100\% = \left(P_c / N \right) \times 100\%$$

式中，U 表示城镇化水平（或称城镇化率），P_c 表示城镇人口，P_r 表示农村人口，N 表示区域总人口即城镇人口与农村人口之和。

所谓非农业人口比重指标法，按传统的定义，就是指用某一个国家或地区的非农业人口占其总人口的比重来表示该国家或地区的城镇化水平。用公式可以表示为：

$$U = [P_a / (P_a + P_e)] \times 100\% = (P_a / N) \times 100\%$$

式中，U 表示城镇化水平，P_a 表示非农业人口，P_e 表示农业人口，N 表示区域总人口即农业人口与非农业人口之和。

（二）城镇土地利用比重指标法

所谓城镇土地利用比重指标法，按传统的定义，就是指以某一个国家或地区内的城镇建城区土地利用面积占区域总面积的比重来反映当地的城镇化水平。用公式可以表示为：

$$U = [C_m / (C_m + C_n)] \times 100\% = (C_m / S) \times 100\%$$

式中，U 表示城镇化水平，C_m 表示建城区土地利用面积，C_n 表示建城区以外的土地利用面积，S 表示区域总面积。

（三）调整系数法

真实准确地测算一个国家或地区的城镇化水平既是城镇化度量的重点，也是难点。由于城镇人口统计口径不同，因此往往不能真实准确地测算一个国家或地区的城镇化水平，这就需要对现有城镇人口的统计口径进行相应的调整。辜胜阻博士运用比例关系调整系数法，对中国城镇化的真实水平进行了有益的尝试。具体方法有如下三种。

一是以城镇非农业人口为基础来估计中国的城镇化水平。该方法的核心是以城镇非农业人口占城镇人口的比重来反映其城镇化水平。用公式表示就是：

$$P_u = P_n / K$$

式中，P_u 表示城镇人口，P_n 表示城镇非农业人口，K 为城镇非农业人口比重（根据测算该比重为 0.725）。用这一公式可以估计 1984 年以后中国的城镇化率。

二是按照实际城镇人口来估计城镇化水平。该方法的核心是以流动人口对常住人口的比例来反映其城镇化水平。用公式表示就是：

$$P_u = (P_n/K) + C \times P_n$$

式中，P_u 表示城镇人口，P_n 表示城镇非农业人口，K 为城镇非农业人口比重，C 为流动人口占常住人口的比例系数（据测算该系数为 $1:10$）。用这个修正后的公式，可以更准确地测算真实的城镇化水平。

三是以工业化与城镇化的比例来估计城镇化水平。用公式表示就是：

$$P_r = I_1 / (I_0/U_0) = N_1 / (N_0/U_0)$$

式中，P_r 表示城镇化率，I_1 表示估计期工业化率，I_0 为基期工业化率，U_0 表示基期城镇化率，N_1 表示估计期非农化率，N_0 为基期非农化率。

二 城镇化水平的影响因素及评价指标体系

明确城镇化水平的主要影响因素对于构建完善的评价指标体系和科学合理地为指标赋权具有重要意义。沈建芬和刘葆金（2003）通过对农村城镇化动力结构机制的分析发现，我国农村城镇化的动因包括政策、地理环境、外资利用、对外开放、大中城市扩散、社区政府的作用和农民主体的行为等；曹广忠、王纯洁（2008）认为我国沿海省区的城镇化水平具有明显的个性化特征，通过主成分分析法归纳出影响城镇化水平的三个主因子，分别是人口流动的强度和便捷程度、非工业化的拉动能力和综合经济实力的拉动能力。赵金华和曹广忠（2009）认为经济发展水平和非农产业就业对城镇化具有显著影响。

城镇化水平指标体系的构建是运用综合评价法对城镇化水平进行评估的关键环节。现有研究对城镇化涵盖的范围的看法各有不同，目前尚未形成完善、统一的评价指标体系。秦润新（2000）根据农村城镇化的特征，结合农村现代化的标准，大胆将其设计为人口结构、经济发展状况、社会环境状况三个方面，共计 25 个指标（见表 1 - 1）。这 25 项指标基本上全面地反映了农村城镇化的总体概况。用公式表示就是：

$$X = \sum T/S \times f \text{（其中，} T/S \leqslant 100\% \text{）}$$

式中，X 表示最终得分值，T 表示每项指标的实际数，S 表示每项指标的标准值，f 表示每项指标的权重，$T/S \leqslant 100\%$ 表示当 $T \geqslant S$ 时，T/S 只能取 1。

表 1-1　农村城镇化指标体系

反映内容	具体项目	标准值（S）	权重（f）
人口（31 分）	1. 非农劳动力占农村劳动力比重（加权数）	≥70%	12
	2. 镇区人口占镇域人口比重	≥50%	7
	3. 人口自然增长率	≥6%	3
	4. 婴儿死亡率	≥10%	3
	5. 九年制义务教育普及率	≥95%	3
	6. 非农劳动力占农村劳动力比重（加权数）	≥90%	3
经济发展（35 分）	7. 人均 GDP（或人均金融资产额）	≥4000 美元/人	12
	8. 非农产业增加值占 GDP（第三产业增加值占 GDP）比重	≥90%（≥45%）	15
	9. 工业技术进步率 农业技术进步率	≥1% ≥65%	5
	10. 科技人口占农村劳动力比重	≥65%	3
社会和环境（34 分）	11. 社会保障覆盖率	≥90%	7
	12. 恩格尔系数	≤0.3	6
	13. 基尼系数	≤0.355	5
	14. 平均寿命	≥72 岁	2
	15. 人均居住面积	≥20 平方米	2
	16. 万人刑事案件立案件数	≤10 件/万人	
社会和环境（34 分）	17. "三废"综合利用率	≥90%	1
	18. 人均生活用电量	≥60 度/人，年	1
	19. 自来水普及率	≥95%	1
	20. 百人拥有电话数	≥30 部/百人	1
	21. 镇区每人拥有公共道路面积	≥10 平方米	
	22. 人均绿地面积	≥10 平方米	1
	23. 有线电视入户率	≥50%	1
	24. 平均每个医生服务人口	≤300 人	1
	25. 图书馆人均图书占有量	≥2000 册/千人	1
合　计			100

资料来源：参见秦润新《农村城镇化理论与实践》，中国经济出版社，2000。

丁健（2001）根据指标选取原则，结合现代城市的特征，从城市化构成的 7 个要素出发，选取若干项指标来构成衡量现代城市化程度的指标体系（见表 1 - 2）。用这样一个指标体系来衡量现代城市化程度，相对来说较为全面和合理。用公式表示就是：

$$LU = \sum C_i X_i \quad (i = 1, 2, \cdots, 9)$$

式中，LU 表示衡量城市化程度的综合性指标，即总分值，C_i 表示具体指标的权重，X_i 表示具体指标的分值。具体评价方法为：首先对 9 个指标分别确定权重 C_i；然后将指标数值与理想值比较得出分值 X_i；最后通过将权重乘以分值再加总的办法，求得衡量现代城市化程度的综合性指标 LU。

此外，马世骁和许萍（2012）按照不同的属性，从人口、经济、社会、科教文卫、环境卫生 5 个方面构建指标体系。曹广忠和王纯洁（2008）则是按照不同时期选择传统指标和转型期指标，传统指标包括人均 GDP 和第二产业增加值占 GDP 的比重，转型期新指标包括反映区位条件的路网密度和海港吞吐量、反映产业结构的第三产业增加值占 GDP 的比重等。

表 1 - 2　城市化构成七大要素

要　　素	具体项目
人口聚焦规模及人口构成	人口总数；非农人口比重；文化水平；受职业或技能培训的人口比重
经济聚焦规模及构成	GDP；第一、第二和第三产业产值之比；城市建设投资的 GDP 之比
基础设施发达水平	交通便利程度；邮电通信的现代化水平；自来水水质标准及普及率；给排水设备的完备性；供电供气供暖的普及率和便利程度
社会服务水平	教育设施密度、服务功能和水平；医疗设施密度、服务功能和水平；商业网点的密度和服务水准；文化娱乐体育设施的密度、服务能力和水平
社会保障及安全保障	社会化服务体系的完善程度；养老院、孤儿院、残疾人就业等慈善救济事业及其服务能力；城市防灾及保险能力
生态环境质量	公开、半公开和私人空间的合理划分；人均绿地面积；工业"三废"和生活垃圾的处置能力；水污染、大气污染、噪声污染的预防和整治
市民意识	法制观念；社会风气；文化生活；健康的生活方式

资料来源：参见丁健《现代城市经济》，同济大学出版社，2001。

三　城镇化水平的计量方法及类型划分

目前使用较多的城镇化计量方法有层次分析法、专家直观判断法、熵值法等。学者还进行了其他尝试，比如霍叶青和何跃（2010）采用离差最大化法，即根据指标的属性值差异来判别指标对决策和排序发挥的作用进而确定权重，属性值偏差越大的指标则赋予越大的权重，反之亦然。关于城镇化水平指标体系的综合测度，目前使用较多的有多指标综合评价方法、模糊数学法以及人工神经网络等方法。多指标综合评价方法主要有主成分分析方法、主成分聚类方法、因子分析方法等。王文博和蔡运龙（2008）采用二级模糊综合评价方法，分别计算各项指标的模糊运算因子和得分，将各级指标归类为可相互比较的等级差异，进而测算综合得分。

在对城镇化水平进行综合评测的基础上，对区域进行类型划分，这对科学合理的城市规划与政策制定具有参考意义。赵金华和曹广忠（2009）采用面板数据模型，按照城镇化水平及其提高速度将我国各地区划分为4种类型：城镇化水平高、提高速度快的东部沿海地区，城镇化水平高、提高速度慢的东北三省、山东、内蒙古和湖北，城镇化水平低、提高速度快的西南和中南地区，城镇化水平低、提高速度慢的西北和西南地区。王洋、方创琳（2012）采用熵值法，根据县域人口城镇化得分和经济社会城镇化得分与全国平均水平相比的情况，将全国划分为4种类型，分别是人口城镇化滞后区、经济社会城镇化滞后区、人口经济社会城镇化滞后区和综合城镇化滞后区。另外，在构建指标体系的基础上，运用聚类分析方法对研究对象进行分类，也是类型划分的常用方法。使用该方法可以得到各地区的比较优势和不足，避免受到主观因素的影响。

四　城镇化水平的预测

按照预测的方法划分，分为计量经济学方法预测和非计量经济学方法预测。按照预测的对象划分，分为单指标预测和基于综合评价的预测。雷蕾（2009）以蓟县为例，运用逻辑斯蒂模型对非农人口占户籍人口比例测算的城镇化水平进行了预测，他认为城镇化水平与时间

的函数关系为 $y = 1 / (1 + e^{4.1172 + 0.0431x})$。高宜程和王茂军（2008）选取全国 337 个地市级"五普"截面城镇人口数据和非农人口数据进行空间回归分析，得到城镇人口规模与非农人口规模间的换算系数为 1.81。郭志仪和丁刚（2006）以我国 1978～2002 年的人均 GDP 和城镇人口比重为样本，运用 BP 神经网络寻找经济发展水平与城镇化水平间的联系，他使用 3 层网络、10 个隐层节点，选择均方差 MSE 作为性能函数、Logistic 函数作为隐层传递函数，经验证，该方法得到的拟合值优于线性回归。

第三节　城镇化的基础性影响因素研究

一　国外影响城镇化的基础性因素理论

国外城市发展的过程主要是城市的成长过程，包括城市规模的扩大和品质的提升。城市规模的变化具体表现为城市空间规模、人口规模、经济规模各方面的变化，规模的变化往往受城市边界的制约；城市品质的提升具体表现为城市结构进化、技术进步、文化发展、管理改善、制度变迁、环境优化、城市自组织能力增强、人全面发展。通常来说，城市发展主要指城市数量增加、规模扩大、承载力增强、环境优化、竞争力提升。

经济学家阿瑟·奥沙利文（2008）提出城市存在和发展的主要动力因素有 3 个：第一，贸易、制造、自然环境形成贸易城市、工业城市、资源型城市，生命力最为强大的是工业城市的发展；制造业和运输业的创新、农业生产力的革新、能源技术的发展、区位决策系统的形成促进强大工业的兴起，围绕工业项目，传统城市出现并不断发展。第二，规模经济促使城市规模扩大，集聚经济提升了工业、技术、知识传播的水平，城市发展速度加快、质量提高。第三，建筑材料和方法的革新，比如钢铁材料的应用加速了高层建筑的普及，直接改变了人口的聚落方式和城市建筑景观，直接支撑和推动了城市的规模扩张。

美国著名城市理论家刘易斯·芒福德（2008）对城市发展的因子观点主要有：①人口的不断增长；②工业的大规模集中；③运输网促进城市扩张；④人口的大量移动，即农村人口大规模向城市转移。H. A. Diederiks 认为促进西欧城市发展的因素主要有以下方面：一是工业化以及由此形成的专业化；二是劳动力市场发育以及农村劳动力向城市的转移；三是交通技术的发展，主要表现为 19 世纪火车的应用以及 20 世纪汽车的投入使用；四是投资资本推动城市基础设施建设；五是消费需求的带动；六是企业家创新精神的推动；七是城市与区域发展规划形成系统。总的来看，城市经济的增长、空间的扩大、环境的优化推动了城市的发展。

在研究中国城镇化发展滞后的制度因素时，西方学者大致形成了两种观点。

一种观点认为新中国成立后制定的重工业优先发展战略是导致中国城镇化滞后的主要原因。如柯克比（R. J. Krikby）认为新中国城镇化增长缓慢是由于过分重视既定的工业化目标，忽略了城镇基础设施建设和农村经济的扩大生产，削弱了城市进一步发展的后劲。佳能则认为新中国工业向"三线"地区分散的发展布局，导致工业发展难以形成集聚效应，而集聚效应正是城镇化发展的主要动力，工业拉动力不足则阻碍了城镇化进程。另一种观点认为，中国长久以来形成的城市二元结构和计划经济体制产生的制度障碍是中国城镇化发展滞后的根源。托马斯（Weiskopf Thomas E.）认为中国存在一个源于封建社会后期的传统城市体系和一个受资本主义国家影响的现代城市体系，两个体系相互作用所产生的制度缺陷是导致中国城镇化进程缓慢的内在原因。林（Lin）则认为是中国长期以来实行的计划经济体制所产生的制度导致了城镇化进程的缓慢，如户籍制度是中国城乡二元社会结构划分的基本依据，与计划经济下的统购统销制度、人民公社制度、城镇劳动力社会保障制度联系在一起，维系着城乡二元结构的发展，阻碍了中国的城镇化进程。

由于西方国家的城镇化进程是在自由市场经济制度框架基本确立后，在工业化的推动下自发开始的，因此，西方学者关于城镇化的理论忽视了对城镇化制度的系统考虑，这种研究缺陷自然也体现在西方学者对中国城镇化制度问题的研究中。从现有不多的研究成果可以看出，西方学者对中国城镇化制度问题的考察主要侧重于城乡发展的制度选择和城镇化发展的滞后两个方面，研究重点较为分散。同时，由于西方国家城镇化发展的特点和历史局限性，以及学者们对中国城镇化的历史背景、国家特点、内在动力机制等基本情况缺乏了解与认识，因此西方学者在研究制度问题对中国特色城镇化发展的作用和影响时，不同程度地存在认识偏差问题，研究成果鲜有普遍指导意义，难以令人信服。

二　国内影响城镇化的基础性因素理论

国内学者对我国城镇化制度的研究涉及面较广，主要从城镇化制度供给、城镇化滞后的制度因素、制度变迁、制度创新以及相关制度的个例研究 5 个方面进行相关解释。

（一）城镇化制度供给研究

在现阶段，在城镇化制度安排与供给工作中，政府的主体作用必不可少。在强调城镇化的市场主导作用时，不能否定政府在推进城镇化过程中的积极作用，而政府在推进城镇化的进程中，既应坚持有限性，防止越位，也要坚持有效性，避免缺位。当前我国政府在城镇化的发展过程中，应将重点放在制度创新上，力争建立能使城镇化、工业化与经济发展相互推进的政策体制，做好城镇化发展规划与城镇空间布局，制定均衡、科学、可行的城镇化发展战略。

（二）城镇化滞后的制度因素研究

陈甬军认为政府在过去几十年对城镇化进程的影响主要通过两条途径即人口户籍制度与投资政策来产生作用，因此，要逐步消除当前我国城镇化的制度壁垒，就需要解除农业人口与非农业人口的流动限制，重新设置城镇投资模式，加强城镇基础设施建设，并提供城镇的公共产品服务。郭志仪、丁刚（2005）通过研究指出，造成城镇化与社会经济不协调发展的因素很多，而制度安排是其中的重要因素之一。城镇化制度创新滞后与发展动力机制不足是限制城镇化的主要因素，尤其是户籍制度、土地制度、社会保障制度的弊端，已经严重阻碍了城乡间正常合理的人口迁移。陈忠（2003）提出，城镇制度的不完善是我国城镇化发展滞后的重要原因。徐璇（2007）认为，我国城镇化发展中出现的诸多问题都与城镇研究中"制度视角"的缺失有关，有效的制度安排可以促进合作效益，进而推动经济发展。曹培慎等（2007）将推动我国城镇化进程的动力因素归结为产业结构转换所形成的初始动力、二级动力、后续动力与制度和政策调控力，认为就业、社会保障、城镇建设等各项制度的调整与改革，为经济发展和人口流动提供了日益宽松的制度环境，实现了产业结构转换与城镇化的初步结合，成为推动我国城镇化的重要力量。

（三）城镇化制度变迁研究

国内学者关于城镇化制度变迁的研究目前主要集中在城镇化制度变迁的方向、模式、特点等方面。崔功豪与马润潮（1999）提出，自下而上的城镇化制度变迁中"下"的发动与投资主体主要为乡镇企业、农村自治组织、农民家庭或个人等民间力量，而在城镇化发展的区域，即在乡镇等广大农村地区，城镇化人口的来源以来自农村的就地转移为主。李保江（2000）提出从制度变迁的角度来看，城镇化是农村人口向城镇的转移与集中，并由此引起的产业就业结构非农化重组的一系列制度变迁过程。秦宏、高强等（2005）认为针对存在的制约因素，应逐步实现制度变迁，在建立新型户籍管理制度、依托乡镇企业发展、完善土地流转机制、改善农村社会保障制度和教育制度等方面进行制度变革。鲁德银和王习村（2009）认为，现阶段城镇化制度的变迁导致我国城镇化道路面临的主要障碍是农民工市民化的制度障碍，主要表现为中国城镇化制度创新的悖论、户籍制度阻碍、农村教育制度、社保制度等方面。因此，应注意发挥市场机制的基础作用，采取诱致性、渐进性制度改革，消除制度障碍，有步骤、分阶段地推动农民市民化，实现公共资源与社会福利分配的帕累托改进及最优。

（四）城镇化制度创新研究

叶裕民（2001）认为，制度障碍是我国城镇化发展的最大障碍之一，其作用具有明显的刚性，制度创新是释放城镇化推进空间的重要途径，当前，对我国城镇化影响最大、最直接的制度主要有土地制度、户籍制度和社会保障制度。刘平量和曾赛丰（2006）认为土地制度、户籍制度与社会保障制度是影响城镇化进程的三项主要制度，城镇化制度创新必须以土地制度、户籍制度与社会保障制度为重点，同时也应注意积极推进就业、投资、行政管理与区划体制的创新与变革。陈圻葳（2008）认为一个国家的城镇化进程必然受到工业化和制度这两项因素的制约，他提出应从户籍、就业、土地、社保、财税、产权等方面进行制度创新，全面构建推进我国城镇化进程的制度体系。窦金波（2010）认为就农村而言，要把以人为本原则作为改革与创新的出发点，重点讨论了户籍制度、就业制度、农村土地制度与社会保障制度的创新。

基于上述研究，城市经济增长的因子主要有以下几个方面：①产业发展与技术进步；②集聚经济是根本动力，工业发展是内部动力，农业人口剩余是外部推动力；③城市内部自我服务的非基本活动与城市服务外部的基本活动相互交叉形成城市经济的乘数效应；④城市产业相互联系、互为因果的激发产生新产业、置换旧产业的经济循环累积。

城市空间变化的因素主要有：①人口、产业、资源、要素的集聚与技术、管理、生活方式的扩散相互结合，推动城市空间不断扩大、结构优化和功能更新；②城市开发的区位竞争形成空间集聚和城市中心，城市核心与边缘的演变更替以及空间地租级差形成内部空间结构的更新，城市空间伴随城市规模的变化不断刷新；③城市规划的实施使城市的性质、功能、定位不断出新。以上3个方面相互作用，一是使城市规模不断扩大，二是使城市结构不断变化，三是使城市环境不断刷新。

三 城市发展影响因素分析

究竟哪些因素从根本上制约或者推动城镇化的发展，尤其是在城镇化的初期和中期，哪些因素最为关键，对研究江西的城镇化是至关重要的。

（一）内生性因素

从江西省的实际情况来看，城镇化的发展差异很大、层次分明，有的城市经济实力雄厚，城市形态规范、优美，城市功能强大，带动区域的能力强，成为区域发展的增长极；为数不少的城市，没有形成城市经济发展的优势条件，经济实力比较弱，城市形态陈旧而凌乱，城市功能亟待完善，带动区域的能力较弱，还有相当长的发展之路要走。

一些城市因为产业的兴起或者区位条件的优化而发展强劲；一些小城市则几乎可以说发展缓慢、举步维艰。导致发展缓慢的原因很多，经过深入的调查分析，我们发现来自城市自身的若干因素，也可以说是城市发展中结构性的因素，严重阻碍了城市的成长和进步。这些因素，既不能单纯概括为经济方面的，也不能单纯概括为社会方面或文化方面的，而是渗透在小城市形成、成长、进步、发展的整个肌理内部的，因此称为内生性因素。

（二）外生性因素

对于城镇化而言，外部施加的影响主要有两个大的系统，即政策的影响和治理的把握。政策决定一座城市的存在与否和兴衰，典型的例子如深圳。但是，政策只有和自然、历史因素相结合，才会对城市的发展产生根本性的作用，否则，影响效果要么是短暂的，要么是微弱的。由此来看，外生性因素是以内生性因素为基础和依托的，对城市的成长、发展能够发挥关键性的推动、激发、整合和提升作用的因素，比较重要的有政策、城市的规划和建设、城市的管理等，这是构成小城市治理的关键内容。

第四节 城镇化的发展规律

在推进城镇化建设的进程中，应遵循城镇化的发展规律，做到既注重城市化的速度，又注重城市化的质量，这样才能实现城镇化的协调发展。城镇化的过程是伴随经济的发展和生产力水平的提高而客观发展的过程，中国的城镇化发展应探求一条既符合工业化发展的必然规律、又符合中国生产力水平及发展趋势的科学发展道路。

城镇化过程是一种社会必然性，是经济社会发展的必然趋势，城镇化进程是一个与工业化紧密联系、相互适应、相互促进的互动过程。

一是工业化的发展必然会推动城镇化的进程，而城镇化的进展也会促进工业化的进步，因此，加快建设城镇化必须符合工业化的发展进程，不能过度城镇化使大量农民进城后找不到工作导致"虚假城镇化"，也不能工业化过于分散使城镇化滞后于工业化导致"过低城镇化"。

二是与工业化发展阶段相对应，城镇化进程也可进一步划分为三个不同的发展阶段，即城镇化初期阶段、中期阶段和后期阶段，每个阶段都对应不同的工业化发展阶段。在城镇化初期阶段，较低加工层次的劳动密集型和资源密集型产业居多，农村人口向工业和服务业开始转移，工业开始向各类城镇集中发展，城镇人口开始缓慢增长；在城镇化中期阶段，工业化向资本密集型和技术密集型发展，工业生产的总体规模空前扩大，就业岗位比前一阶段大幅度增加，农村人口大幅度向城镇集中；在城镇化后期阶段，开始逐步由工业社会向后工业社会或知识经济社会过渡，以信息产业为核心的知识密集型高新技术产业和高级服务业迅速发展，传统的劳动密集型和资源密集型产业向尚未工业化的地区转移。随着广大农村地区也逐步实现以中小城市和小城镇为主的城镇化，城市功能的区域化和乡村地区的城镇化相结合，使区域以外的城乡界限逐渐模糊，城乡之间相互融合形成城乡一体化，这是城镇化的最高层次。

三是城镇化过程是一个由不同地域范围的城镇化组成的整体发展过程，大至全国范围、跨国地区乃至全球的城镇化，小至国内不同区域层次的城镇化都是相互联系、相互制约的。城镇化进程中大量分散的农村人口将随非农产业的发展向各类城镇集中，呈现产业和人口的空间转移。在一定区域范围内的城镇化，必然会引起一系列城镇的形成、发展及其在空间分布的变化，城镇与城镇之间通过交通、通信等联系通道和多种物质和人文要素的流动交互作用，彼此既有合作，又有竞争，密切联系、相互依存，形成有机组合的城镇集群——城镇体系，整个区域城镇体系内物质环境和人文环境的变化，会引起区域内一系列城镇化的发展和变化。

具体来说，城镇化建设过程中应遵循以下 4 个发展规律。

一　产业支撑是根本

产业支撑是实施城镇化战略的立足点，推进城镇化必须在经济上和产业上发力。城镇化战略的目标应是通过发展城镇经济，完善城镇体系，健全城镇功能，改善城镇环境，加强城镇管理，并以此带动农村社会与经济的发展。而要实现这一目标，就必须以坚实的经济基础为支撑和保障。产业是促进经济发展的强力引擎和活力之源，也是经济基础最根本的体现。城镇化战略必须立足于具有支撑作用的产业，增强城镇的经济实力，这样才能使城镇化走上一条自我积累、自我完善的可持续发展的道路。为此，在我国城镇化的发展进程中，要突出产业的比较优势，以现代产业体系支撑城镇的发展。考虑到我国庞大的农村人口，特别要强调以现代产业体系支撑农村经济的转型升级，要强调发展新型农村社区配套产业和项目，开辟农业创业园或创业项目，以此支撑农民就近就业、自主创业，就地实现农村生活、生产方式向城镇化转变。

二　市场化机制是前提

在产业方面，城镇化的内在要求是产业的聚集和扩散相统一，其实质就是要求各种生产要素自由流动。因为没有生产要素的自由流动，尤其是人的自由流动，就不可能形成产业的聚集，没有产业的聚集就不可能形成经济的规模效应，就不可能产生有活力的城市，就不可能实现真正的城镇化。因此，我国在推进城镇化的进程中，必须打破条块的垄断和市场的分割，取消各种限制生产要素流动的制度性约束，建立公平竞争的市场秩序，以市场机制为手段，以市场需求为导向，实现资源的优化合理配置，即以市场化机制推进城镇化的进程。

三　政府宏观调控是关键

城镇化的发展虽然要以市场机制为前提，但这并不是说政府在城镇化进程中的作用就是可有可无的。由于市场的内在缺陷，政府必须充分利用规划、财税、行政等手段弥补市场机制的不足，在区域和城镇规划制定、基础设施建设、公共服务提供、环境保护和社会保障等方面进行有效的宏观调控，促进城镇化的健康、协调发展。目前，全球各地区城市的发展，在宏观上更多地表现为以全球城市或国际城市为核心的城市群及城市连绵区在全球范围内的职能分化、市场竞争与协作，这在客观上要求我们在推进城镇化的进程中，必须强化政府宏观调控的作用，重视区域共同市场的建立，促进区域经济的一体化发展。可以说，建立科学合理的政府调控体系、实现政府有效的宏观调控是在市场化机制基础上推进城镇化进程稳定持续发展的重要保障。

四　人才是基石

城镇化的发展是以产业的聚集为依托的，这是推进城镇化进程必须遵循的根本规律，但产业的聚集和发展又依赖于人特别是人才的积极性和创造性的发挥。人是最活跃的生产要素，而且是最具有创造性的生产要素，没有人的创造性的发挥就没有产业的发展，也就谈不上真正意义上的城镇化的实现。因此，推进城镇化的发展必须重视各领域人才的培养，提高各领域劳动力的文化和技术素质。这是城镇化可持续发展的基石之一。

第五节　城镇化的一般模式

城镇化模式是研究城镇化进程及其变革特征的基本切入点，城市化模式是城镇化道路研究中广泛采用的一个范畴。根据城市化与工业化的适应关系，可划分为同步城市化模式和滞后城市化模式或过度城镇化模式；根据城市化的空间表现形式，可划分为集中型城市化模式和分散型城市化模式；根据城市化的规模结构，可划分为小城镇模式、中等城市模式、大城市模式、国际化都市模式或大中小城市相结合模式；根据城市化的动力机制，可划分为拉力型城市化模式和推力型城市化模式、内生型城市化模式和外生型城市化模式、自上而下的城市化模式和自下而上的城市化模式（辜胜阻、李正友，1998）；根据城市化过程中的资源利用方式，可划分为粗放型城市化模式和集约型城市化模式；根据城市化的运行机制和管理调控方式，可划分为行政主导型城市化模式和市场主导型城市化模式。此外，还有不少其他类型的模式。

城镇化是一个国家和地区经济社会发展的标志，也是人类社会走向文明和进步不可逾越的阶段。改革开放以来，我国城镇化道路不仅受结构转变的宏观背景、特殊体制环境等因素的影响而表现出很强的共性，而且因资源特点、区位条件和工业化基础的差异表现出鲜明的个性。本课题组通过对国内城镇化发展的研究，根据国内城镇化发展中推动力的不同，概括出我国城镇化发展的如下几种一般模式。

一　大城市带动型

大城市带动型，这种城镇化模式是指城镇以大城市为中心，向城市郊区或更远的农村地区扩散，把城市的经济活动职能向郊区和农村延伸的过程。随着大城市人口的增长和经济活动集中程度的提高，城市中心区的环境、交通、住宅、企业、用地等均处于相对饱和状态，只要这些职能部门外移的利益足以补偿其外移所带来的损失及外移成本，它们就会向城市郊区大量移动，从而拉动城市周边地区农村经济的快速发展，城镇化进程得到逐步加速。这种模式是在利用大中城市辐射作用的基础上，充分利用自身优势去积极争取发展的空间。北京郊区的农村城镇化就是这种模式的典型代表。

二 工业带动型

工业带动型的城镇发展模式形成的基础主要有三个特点：一是人多地少的矛盾较为突出，农业相对较为发达，农业生产率较高，有大量的农业剩余劳动力；二是原有农村集体经济组织力量较强，具有一定规模的公共积累，为工业发展积聚了资本；三是农民的素质相对较高，农民的商品意识较强。外资带动型的珠江城镇化模式、民营带动型的温州城镇化模式、乡企带动型的苏南城镇化模式和集群带动型的吴江特色小城镇模式都属于这种工业推动城镇化发展的模式。

（一）外资带动型——珠江城镇化模式

这种模式是以经济特区和开发区建设为契机，以经济区域化为目标，积极扩展内外开放的双向型经济。这类城镇往往原来就有较好的发展基础，或在地缘上具有较大优势，镇内居民与海外的联系较为密切，通过吸引外商特别是海外华侨投资，促进地区经济和社会快速发展，从而有效地提高该地区的农村城镇化水平。珠江三角洲地区是这种模式的典型代表。外向型经济的发展需要投资环境的改善，因此，珠江地区在大力发展外向型经济的同时，也加大了基础设施的投入，大幅度调整农村的经济结构，促进乡镇工业迅速发展。以广东东莞市厚街镇为例，其通过充分利用靠近香港和与香港联系密切的人缘、地缘优势，大力吸引港澳台资金发展经济，现已成为以服装、电子、玩具、鞋类、皮具、家具六大产业为支柱的加工制造业基地，产品畅销亚、欧、美、澳等世界各地。

（二）民营带动型——温州城镇化模式

这种模式也称为市场促进下的企业参与开发建设模式。这种模式以家庭经营为基础，以市场为导向，以小城镇为依托，以农村能人为骨干,来促进本地区经济和城镇的发展。温州地区是这种模式的典型代表。在温州,民营经济广泛存在,使该类型地区的综合经济实力大大增强,农村工业集聚效应和规模效应提升了产业的竞争力,并成为小城镇发展的主要依托,同时制度创新也成为小城镇发展的重要推动力。

(三)乡企带动型——苏南城镇化模式

这种模式以乡镇企业的发展为动力,通过自筹资金发展,以乡镇企业也就是集体经济为主体,充分发挥市场机制对资源配置的调节作用,形成一定规模的非农产业,并实现农村人口的职业转化,通过产业流、人流、资金流的聚集,使小城镇规模不断扩大,城镇经济水平不断提高。苏南地区是这种模式的主要代表。在其发展过程中,地方政府起了主导作用,特别是在发展的初期阶段,地方政府把社会上的人力、物力、财力等生产要素整合起来,迅速发展乡镇企业。这种集体经济在发展过程中起到了关键性的作用,以工业兴镇,从而促进小城镇的发展。

(四)集群带动型——吴江特色小城镇模式

这种模式是以产业集聚带动特色小城镇发展,促进大量农民就地城镇化,在积累强大的物质基础的条件下,通过实现生态一体建设和社会一体发展,促进城镇功能的提升。这种模式以江苏吴江特色小城镇模式为典型代表。该模式的特点是产业的集群化和链式化,产业不是单一的,而是由几十家企业构成,涉及精纺、铝业、建材等10多个产业,通过把主导产业向后拉长、向前延伸,形成既有原料基地,又有加工环节,还有终端产品的完整产业链条,把本应由社会分工协作完成的供应、生产、加工环节纳入本地区的生产系统,使每一环节应得的利润都留在企业内部,既充分利用了资源,减少了流通环节,又大大降低了成本,提高了市场竞争力。

三 农业产业化带动型

这种模式的城镇一般都具有良好的农业生产条件,有自己的农业特色产品,主要立足于当地丰富的农产品资源,通过对农副产品进行深加工提高附加值，形成自己的拳头产品，从而提高整个镇域经济的整体实力。一般认为，工业化是城镇化的主要动力，农业为城镇化、工业化提供劳动力、资本、土地、原材料等农业剩余。农业产业化与农村城镇化互促共进的实践证明，农业也可以成为区域城镇化的产业基础，城镇化既可以有工业导向型，也可以有农业导向型。山东省寿光城镇化模式便是这类城镇化模式的典型代表，寿光市通过推动蔬菜产业的不断升级和市场的不断扩大，成功走出了一条农业产业化带动城镇发展的道路。

四　旅游带动型

一些旅游旺地往往拥有一些特殊的极具开发利用价值的自然资源，一旦被当地开发利用，形成具有较强增长极作用的推进型产业及其相关产业，就能促进这一地区城镇和城镇化的发展，从而带动区域包括广大农村地区的发展以及农村剩余劳动力向城镇或第三产业的转移。它解决的是欠发达地区的农村城镇化问题。这种旅游推进城镇化模式的特点是：工业化不是其城镇化发展的根本动力，且其城区工业化不仅没有加速，反而还相对缓慢或者停滞，城镇得以发展、城镇化得以推进是依靠第三产业尤其是旅游业；旅游型城镇人口的增长呈现明显的季节性，即随旅游旺季、淡季的变化显示出一种候鸟式的、具有规律的变化方式；同时旅游型城镇的人口或非农业人口只是暂住人口，而前往旅游地的流动人口数量是城镇常住人口的数倍以上。湖南的张家界地区、云南的丽江地区就是这种旅游带动型模式的典型代表。

五　行政推动型

21世纪初，随着城镇化进程的加快，我国出现了几种极具深远意义的模式，以期对现行的城镇化模式进行创新。这一类型主要是依靠国家政策进行政府层面上的行政推动，主要有以下3种模式。一是以城市融合扩张型为代表的长株潭一体化城镇化模式和武汉城市群模式（"1+8"城市圈）。长株潭一体化带动了"3+5"城市群的快速发展（即以长沙、株洲、湘潭3个城市为核心，同时带动了常德、益阳、岳阳、娄底、衡阳5个城市的发展），形成了以资源优势互补为动力，以城市融合扩张为特点的长株潭一体化的城镇化模式。诸如中原城市群、关中城镇群均属此类。二是以某一中心城市为核心，建立区域性的城市圈，比如长三角城市群（以上海为中心）、珠三角城市群（以广州为中心）等。三是城乡一体化发展型（成都城乡统筹）城镇化模式。通过建设"世界现代田园城市""城乡建设用地增减挂钩""三规合一""三个集中""三个一体化""四大基础工程"等，有力地促进了城镇化的快速发展，形成以统筹城乡发展、推进城乡一体化为特点的成都城乡统筹城镇化模式。

第二章　江西省城镇化发展现状分析

自 2010 年底，国家发展改革委就已经开始会同财政部、国土资源部、住房和城乡建设部等 14 个部门启动城镇化规划编制工作。随后，"城镇化建设"被写入党的十八大报告，和新型工业化、信息化、农业现代化一起，成为未来中国发展的方向。2012 年 12 月 16 日，中央经济工作会议更是指出：城镇化是中国现代化建设的历史任务，也是扩大内需的最大潜力所在，要积极引导城镇化健康发展。从此，城镇化成为舆论的焦点。城镇化发展至今，已经被赋予了许多新的内容和要求。大力推进新型城镇化是加快江西崛起、实现富民兴赣的重大战略问题，是江西科学发展、绿色崛起的重大战略。

第一节　江西省城镇化发展历程概述

新中国成立以来，江西省城镇化进程呈现不断加快的发展态势，城镇人口由 1949 年的 124.83 万人增加到 2012 年的 2139.82 万人。但城镇化受不同历史时期政治、经济形势的影响，其发展经历了一个曲折的历程，归纳起来大体呈现起步、震荡停滞、稳步发展和快速发展 4 个阶段（见表 2 - 1）。

表 2 - 1　江西省 1949 ~ 2012 年城镇化发展水平

年　份	总人口（万人）	城镇人口（万人）	城镇化率（%）	年　份	总人口（万人）	城镇人口（万人）	城镇化率（%）
1949	1314.04	124.83	9.5	1952	1655.69	171.81	10.3
1950	1568.12	159.95	10.2	1953	1695.25	174.05	11.4
1951	1643.91	169.32	10.3	1954	1729.74	196.87	11.7

年 份	总人口 （万人）	城镇人口 （万人）	城镇化率 （%）	年 份	总人口 （万人）	城镇人口 （万人）	城镇化率 （%）
1955	—	—	—	1984	3457.89	680.17	22.3
1956	1799.97	206.51	11.9	1985	3509.80	694.24	27.9
1957	1851.45	225.19	12.2	1986	3575.76	711.21	29.3
1958	1912.89	242.37	12.7	1987	3632.31	726.46	20.0
1959	1975.97	280.41	14.2	1988	3683.88	740.83	20.1
1960	2009.85	460.34	22.9	1989	3746.22	757.49	20.2
1961	2022.67	441.34	21.8	1990	3810.64	775.47	20.4
1962	2039.91	416.21	20.4	1991	3864.64	814.82	21.1
1963	2101.03	347.36	16.5	1992	3913.09	853.76	21.8
1964	2143.63	358.51	16.7	1993	3966.04	894.42	22.6
1965	2209.54	372.55	16.9	1994	4015.45	935.04	23.3
1966	2283.65	380.68	16.7	1995	4062.54	968.92	23.9
1967	2354.36	393.25	16.7	1996	4105.46	1009.29	24.6
1968	2418.16	371.66	15.4	1997	4150.33	1050.78	25.3
1969	2504.73	392.29	15.7	1998	4191.21	1091.89	26.1
1970	2584.51	411.08	15.9	1999	4231.17	1133.36	26.8
1971	2652.31	474.55	17.9	2000	4148.54	1148.73	27.7
1972	2723.01	452.46	16.6	2001	4185.77	1272.89	30.4
1973	2810.46	471.54	16.8	2002	4222.43	1359.62	32.2
1974	2888.29	479.72	16.6	2003	4254.23	1447.29	34.0
1975	2968.53	491.44	16.6	2004	4283.57	1524.09	35.6
1976	3048.21	501.74	16.5	2005	4311.24	1599.47	37.1
1977	3118.00	520.21	16.7	2006	4339.13	1678.38	38.7
1978	3182.82	533.12	16.8	2007	4368.41	1738.63	39.8
1979	3228.98	563.03	17.4	2008	4400.10	1819.88	41.4
1980	3270.20	614.59	18.8	2009	4432.16	1913.81	43.2
1981	3303.92	629.85	19.1	2010	4462.25	1966.07	44.1
1982	3348.35	651.25	19.2	2011	4488.44	2051.22	45.7
1983	3394.50	663.96	21.0	2012	4503.93	2139.82	47.5

一　城镇化起步阶段（1949～1957年）

在1949～1957年城镇化起步阶段，江西城镇人口迅速增加，城镇化率明显提高。1957年全省城镇人口达225.19万人，比1949年增加100.36万人，平均每年增加14.34万人，城镇人口增长率是同期总人口增长率的0.97倍；城镇化率由1949年的9.5%上升到12.2%。

二　城镇化震荡停滞阶段（1958～1977年）

1958～1977年江西经历了"大跃进"、三年困难时期和"文革"，期间国民经济起伏很大，城镇化建设一波三折，进入震荡停滞阶段。这一阶段江西城镇化水平波动较大，在经过前期非正常发展之后，1962～1977年全省城镇化基本处于停滞状态，这个时期城镇人口的增长主要来自城镇人口的自然增长，与城镇化没有多大关系。

三　城镇化稳步发展阶段（1978～2000年）

从1978年中共十一届三中全会到2000年，江西城镇化步入稳步发展阶段。2000年全省城镇人口达1148.73万人，比1978年的533.12万人增长115.49%；城镇化率达27.7%，比1978年的16.8%提高10.9个百分点。

四　城镇化快速发展阶段（2001年至今）

进入21世纪，江西制定了加速城镇化发展的总体战略，把促进城镇化又好又快发展作为贯彻落实科学发展观的重大课题进行研究部署，使城镇化进入快速发展阶段。2012年与2001年相比，全省城镇人口增加866.93万人，城镇化率提高17.1个百分点，年均增加1.4个百分点。

第二节　江西省城镇化发展取得的成就

近几年特别是进入21世纪以来，江西省的改革开放进程不断深入，经济建设步伐持续加快，农村人口不断向城镇涌入，农村剩余劳动力不断向城镇非农产业转移，城镇化发展势头良好，取得了令人瞩目的成就。

一 城镇化水平显著提高

目前，全省共有设市城市 21 个（地级市 11 个、县级市 10 个）、市辖区 19 个、县城 70 个和各类城镇 770 个。人口在 100 万以上的特大城市是南昌市，人口为 50 万～100 万的大城市有赣州市、九江市、景德镇市、吉安市和抚州市，人口为 20 万～50 万的中等城市有新余市、萍乡市、宜春市、上饶市、南康市、瑞金市、丰城市、高安市、樟树市、鄱阳县、兴国县、于都县和信丰县，人口为 10 万～20 万的小城市有 28 个。2012 年底全省市区（县）面积共 32230.01 平方公里，城区（县城）面积为 1949.64 平方公里，建成区面积为 1077.61 平方公里，初步形成了以省会南昌市为核心，以九江、景德镇、赣州、新余、抚州、萍乡、宜春、吉安、上饶、鹰潭等城市为支柱，以其他设市城市和县城为骨干，以众多建制镇为基础的城镇体系总框架，为城镇化的进一步发展奠定了基础。

据统计，江西省的城镇化水平在 2000 年为 27.69%，在 2012 年则达到 47.51%，以年均近 2 个百分点的速度增长；从城镇人口规模来看，2000 年城镇人口规模为 1148.73 万人，2012 年为 2139.82 万人，城镇人口规模增长了将近 1 倍（见图 2 - 1 和图 2 - 2）。

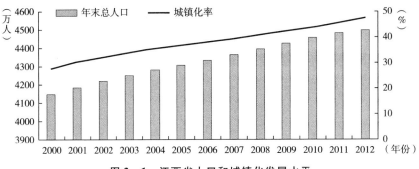

图 2 - 1　江西省人口和城镇化发展水平

从全国城镇化的平均发展水平来看，2000 年全国的城镇化率为 36.22%，江西省的城镇化率为 27.69%，两者相差 8.53 个百分点。到 2012 年全国的城镇化率为 52.57%，江西省为 47.51%，两者的差距降低到 5.06 个百分点。可以看出，近几年江西省的城镇化增长速度高于全国平

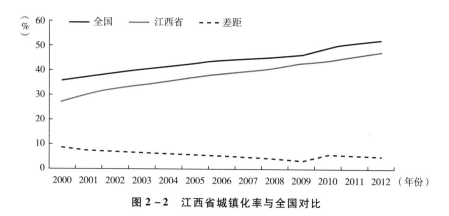

图 2 - 2　江西省城镇化率与全国对比

均水平；从中部六省情况来看，2012 年中部六省的城镇化率由高到低依次为：湖北省 53.5%、山西省 51.26%、江西省 47.51%、湖南省 46.65%、安徽省 46.5%、河南省 42.43%。江西省排第三位，城镇化发展情况较好。

二　城镇拉动经济作用明显增强

进入 21 世纪以来，江西省的经济发展水平与城镇化发展水平的趋势是同方向变化的，两者之间呈正相关关系，表明城镇化对经济发展具有重要影响作用。这是因为，城镇可以聚集土地、资金、技术、人才、政策等要素，大大提高经济的聚集效益和规模效益，促进经济快速有序发展；同时，城镇和第三产业的发展紧密相连，城镇化不仅能够推动教育、医疗、社保、就业等公共服务发展，还能够推动商贸、餐饮、旅游等消费型服务业和金融、保险、物流等生产型服务业的发展，提高第三产业的比重，实现经济结构转型升级。2000 年，江西省的城镇化率为 27.7%，到 2012 年全省的城镇化率提高到 47.51%。随着城镇化步伐的加快，全省的 GDP 总量由 2000 年的 2003.07 亿元增加到 2012 年的 12948.88 亿元，三大产业的结构得到明显改善（见表 2 - 2）。2000 年三次产业构成比例为 24：35：41，到 2012 年调整为 11：54：35，第一产业占地区生产总值的比重持续下降，第二产业的比重持续上升。随着城镇化进程的加快，城镇经济持续快速增长，对全省的经济贡献度不断提高，城镇的龙头作用日益显现。2012 年城镇经济占全省 GDP 的比重为 88.2%，在全省经济发展中具有举足轻重的地位。城镇化作为经济和社会发展的重要组成部分，越来越成为经济社会发展的重要动力和源泉。

表 2-2 2000~2012 年江西省 GDP 及三次产业产值

单位：亿元

年 份	GDP	第一产业	第二产业	第三产业
2000	2003.07	485.14	700.76	817.17
2001	2175.68	506	786.12	883.56
2002	2450.48	535.98	941.77	972.73
2003	2807.41	560	1204.33	1043.08
2004	3456.7	664.5	1566.4	1225.8
2005	4056.76	727.37	1917.47	1411.92
2006	4820.53	786.14	2419.74	1614.65
2007	5800.25	905.77	2975.53	1918.95
2008	6971.05	1060.38	3554.81	2355.86
2009	7655.18	1098.66	3919.45	2637.07
2010	9451.26	1206.98	5122.88	3121.4
2011	11702.82	1391.07	6390.55	3921.2
2012	12948.88	1520.23	6942.59	4486.06

三 城镇就业人数明显增加

江西省以产业集聚区为载体，统筹城镇功能区与产业集聚区建设，加快产业向城镇集聚，使城镇的基础设施建设、工业生产、商务贸易、交通运输和社区服务等成为就业"蓄水池"，不仅为城镇居民提供就业岗位，而且为农村剩余劳动力向城镇转移提供就业岗位。同时，通过建立与城镇化发展相适应的城乡一体化就业市场、就业信息披露机制和就业综合服务体系，消除对进城农民工的不合理限制和歧视，使城镇就业人数明显增加。全省城镇就业人数由 2000 年的 513.8 万人，增加到 2012 年的 885.85 万人，增长 72.41%。2012 年与 2011 年相比，南昌市、景德镇市、萍乡市、九江市、新余市、鹰潭市、赣州市、吉安市、宜春市、抚州市和上饶市的城镇化率分别提高 1.54 个百分点、1.89 个百分点、1.54 个百分点、1.89 个百分点、2.01 个百分点、1.81 个百分点、1.82 个百分点、2 个百分点、2.08 个百分点、1.89 个百分点和 1.8 个百分点，城镇就业人数分别增加 8.66 万人、1.02 万人、2.29 万人、5.28 万人、1.72 万人、2.06 万人、4.87 万人、3.22 万人、3.57 万人、3.45 万人和 4.02 万人，就业人数增长率分别为 5.12%、2.31%、5.47%、5.33%、5.38%、7.35%、4.69%、4.04%、4.02%、5.05% 和 4.43%。因此，城镇化是增加就业的重要途径。通过粗略的估算可知，城镇化率每提高 1 个百分点，就业率将增加 3 个百分点。

四　城镇基础设施不断完善

江西省在推进城镇化的建设过程中，坚持基础设施建设优先的原则，加大市政建设力度，使城镇各项基础设施和公共服务设施不断完善，提升了城镇的集聚力、吸引力和承载力。

表 2-3 选取了若干个反映城市公共事业和建设情况的指标，从表 2-3 可以看出，经过 10 多年的发展，江西省的城镇基础设施不断得到完善。相对于 2000 年，2012 年公共汽车、电车运营数达到 9894 辆，增长 145.45%；道路长度实现 6477 公里，增长 113.55%；道路面积达 13630 万平方米，增长 313.91%；用水普及率达 97.7%，提高 4.4 个百分点；供水管道长度达 11831 公里，增长 198.16%；排水管道长度达 9484 公里，增长 357.28%；人工煤气供应量达 48497 万立方米，增长 22.89%；液化石油气供应量达 204258 吨，增长 24.02%；燃气普及率达 94.3%，提高 25.1 个百分点。城镇基础设施的不断完善，有效扩大

表 2-3　江西省城市基础设施建设情况

项　目	2000 年	2005 年	2010 年	2011 年	2012 年
公共汽车、电车运营数量（辆）	4031	5818	7048	9144	9894
道路长度（公里）	3033	3916	5742	6086	6477
道路面积（万平方米）	3293	6667	11330	12329	13630
用水普及率（%）	93.30	92.60	97.43	97.90	97.70
供水管道长度（公里）	3968	679	9527	10837	11831
排水管道长度（公里）	2074	364	7340	8580	9484
人工煤气供应量（万立方米）	39463	31707	58208	49641	48497
液化石油气供应量（吨）	164698	174521	188847	194329	204258
燃气普及率（%）	69.20	80.60	92.36	94.30	94.30

了城镇人口容量，提升了城镇的功能和效率，促进了城镇的现代化建设。

五 城镇人居环境明显改善

在推进城镇化的过程中，江西省突出加强事关城镇长远发展和民生改善的基础性、功能性、生态性设施建设，重点加强城镇污水处理、生活垃圾处理和园林绿化建设，走环境友好型城镇化发展道路，使城镇人居环境明显改善。

江西省的城镇污水处理设施取得重大突破，到 2012 年底全省共有城镇污水处理厂 100 多座，是全国第 5 个实现县城以上城镇污水集中处理全覆盖的省份，日污水处理能力达 272.55 万立方米，污水处理率达 84.25%，比 2005 年提高近 50 个百分点（见表 2-4）。城镇垃圾无害化处理率大幅度提高，到 2012 年全省城镇垃圾无害化处理率达 89.05%，比 2005 年提高 40.18 个百分点。2012 年生活垃圾清运量达 327.15 万吨，比 2000 年增长 66.07%。按照造林绿化"一大四小"工程要求，全省城镇园林绿化建设取得显著成效，到 2012 年底全省绿化覆盖面积达 50752 公顷、公园达 285 个、公园面积达 8104 公顷。目前，宜春、景德镇、南昌、新余、赣州、萍乡、吉安 7 个城市被评为国家园林城市，武宁县和吉安县被评为国家园林县城，萍乡安源区安源镇被评为国家园林城镇；11 个设区市和 28 个县（市）被评为省级园林城市。城镇人居环境明显改善，为建设绿色生态江西、创建一流人居环境、建设鄱阳湖生态经济区、保护鄱阳湖一湖清水做出了积极贡献。

表 2-4 江西省城镇人居环境状况

项 目	2000 年	2005 年	2010 年	2011 年	2012 年
绿化覆盖面积（公顷）	20044	27381	48924	49308	50752
公园数量（个）	109	125	238	264	285
公园面积（公顷）	1820	2259	6442	7501	8104
污水处理率（%）	—	34.92	80.83	85.08	84.25
生活垃圾清运量（万吨）	197	264	284	306.55	327.15
生活垃圾无害化处理率（%）	—	48.87	85.89	88.27	89.05

第三节　江西省城镇化发展存在的问题

虽然江西省的城镇化建设取得了明显成效，但也存在不少问题，突出表现为：城镇化水平落后于邻省及全国平均水平、各地区的城镇化水平存在较大差异、城镇化发展滞后于全省经济发展水平、城镇经济集聚和辐射功能发挥不充分。这些问题使城镇产业发展水平和人口聚集能力难以适应加快城镇化发展的要求。

一　城镇化水平落后于邻省及全国平均水平

近年来，江西省的经济社会步入快速发展的轨道，呈现城镇化进程不断加快的良好态势，但若把江西省的城镇化发展放到全国发展的大格局中来审视，就会发现与发达地区或周边发展较快的邻省相比，江西省的城镇化水平仍然滞后。从江西省的城镇化历程来看，其城镇化率一直低于全国平均水平。不仅如此，江西作为一个内陆欠发达省份，其城镇化基础薄弱，拥有的城市数量在中部地区最少，拥有百万人口以上和50万～100万人口的大城市数量在中部地区也最少。2012年，江西省除城市用水普及率超过全国平均水平之外，城市燃气普及率、每万人拥有公共交通车辆数、人均城市道路面积、人均公园绿地面积、每万人拥有公共厕所数等城市设施水平均低于全国平均水平。同时，在江西省的城镇化建设中普遍存在重建设、轻规划、品位低等问题，有些小城镇脱离自身基础和经济发展需要，盲目扩大镇区规模，对有限的土地资源不加珍惜，使土地利用效率低下。

二　各设区市的城镇化水平存在较大差异

江西省的城镇化地域差异大，突出表现为各设市区之间的城镇化发展极不平衡。南昌市作为省会，相对于其他城市而言，由于其对流动人口有较大的吸引力，具有更强的吸收转移人口的能力，2012年其城镇化率达到68.78%，比2000年提高19.9个百分点，比全省水平高21.27个百分点。江西省城镇化水平最低的是宜春市，2012年其城镇化率仅为40.27%，与城镇化率最高的南昌市相比差28.51个百分点（见表2-5）。同时，县域城镇化率差距较大、发展不平衡的矛盾依然突出，具有自身特色的城镇不多，县级城镇之间缺乏明确的分工和协作关系，造成许多同构性浪费和低水平的自我竞争局面，未能依托新兴产业形成先进的现代产业和较强的区域经济竞争力。全省城镇化的地域差异形成不平衡的区域经济格局，给整体推进江西省的现代化进程带来很大压力。

表 2 - 5   江西省各设区市城镇化率

地　　区	2000 年	2010 年	2011 年	2012 年
全　　省	27. 67	44. 06	45. 70	47. 51
南 昌 市	48. 88	65. 71	67. 24	68. 78
景德镇市	45. 59	56. 31	57. 96	59. 85
萍 乡 市	39. 18	59. 17	60. 77	62. 31
九 江 市	28. 24	42. 52	44. 38	46. 27
新 余 市	42. 62	61. 59	63. 58	65. 59
鹰 潭 市	34. 90	47. 40	49. 44	51. 25
赣 州 市	20. 56	37. 53	39. 34	41. 16
吉 安 市	21. 94	37. 59	39. 62	41. 62
宜 春 市	24. 77	35. 54	38. 19	40. 27
抚 州 市	26. 61	37. 20	38. 82	40. 71
上 饶 市	16. 97	41. 89	41. 74	43. 56

三　城镇化发展滞后于全省经济发展水平

城镇是工业化的载体，按照城镇化、工业化的发展规律，城镇化要与工业化发展相适应。从发达国家的城镇化进程来看，其城镇化水平往往高于工业化水平，目前国际上多数发展中国家也是如此。根据钱纳里模型，当人均 GDP 达到 1000 美元时，城镇化率会领先工业化率近 30 个百分点。江西省的城镇化建设在一定程度上促进了工业的发展，但没有像多数国家和地区那样带来人口和产业的大规模集中，其结果是城镇化进程滞后于全省经济发展水平。2012 年全省实现地区生产总值 12948.88 亿元，按当年全省年末常住人口 4503.93 万人计算，人均生产总值约合 4100 美元。当年江西省的工业化率为 56.4%，按城镇化率领先工业化率 30 个百分点计算，全省城镇化率应在 86.4% 左右。然而，当年江西省的城镇化率仅为 47.51%，不仅没有领先工业化率，反而低于工业化率。城镇化发展滞后于全省经济发展水平，不仅不利于城镇吸纳农村人口，而且会阻碍工业现代化的发展及其经济效益的提高，使科技、教育、文化、卫生、社会保障等社会各项事业的发展受到限制，人口素质难以提高，从而阻碍整个国民经济的健康发展。

四　城镇经济聚集和辐射功能发挥不充分

实施城镇化发展战略，不是为城镇化而城镇化，而是为了利用城镇对人口、资本、资源、技术和商品的集中所带来的聚集效益和城镇的经济辐射效应来促进经济发展。然而，由于江西省的大中城市数量少、发展水平低以及小城镇发展粗放，因此城镇的经济聚集和辐射功能发挥不充分。相对于小城镇而言，大城市更能发挥城镇的聚集效益和辐射能力，对周边地区产生巨大的辐射力和吸引力，带动其繁荣和进步。然而，江西省的大城市数量少，至2012年底，全省有特大城市1个、大城市5个、中等城市13个、小城市28个和各类小城镇770个，大城市占全省城镇数量的比重仅为0.7%。同时，江西省的大城市普遍存在产业水平低、竞争力弱等问题，使其对周边地区的经济辐射带动能力不强。2012年5月21日，中国社会科学院财经战略研究院、中国社会科学院城市与竞争力研究中心与社会科学文献出版社在北京联合发布《2012年中国城市竞争力蓝皮书：中国城市竞争力报告》。该报告显示，根据经济规模、经济增长、经济效率、发展成本、产业层次、收入水平、居民幸福感、就业水平八大指标，在所列的294个城市中，江西省仅南昌市进入百强（排名第42位），其他设区市的排名都在100位以后。南昌市在全国省会城市中的经济实力不强、聚集和辐射能力较弱，制约了其辐射和带动区域经济社会发展的能力。城镇是第二和第三产业发展的基础和依托，产业结构的调整和升级与城镇发展有高度的相关性。江西省的中小城市不仅规模偏小、数量较少，而且各城市产业同构和结构雷同现象严重、互补性差；普遍缺乏支柱产业、主导产品和大型企业集团的支撑，承上启下的节点作用不够突出；产业支撑能力不足、产业聚集层次低、技术创新能力严重不足，第二、第三产业所占的比重过低，不利于其吸纳农村剩余劳动力转移就业。所有这些，都会使中小城市难以有效辐射和带动周边地区发展。江西省的小城镇虽然数量不少，但档次低、规模小、布局散，服务和带动其周边乡村发展的功能较弱。首先，档次较低，多数小城镇发展水平较低、经济实力弱，未能进行较为完善的基础设施配套建设，城镇功能不完善，难以充分利用自身优势形成地方产业特色，限制了其辐射带动作用的发挥。其次，规模过小，多数小城镇只是简单的商品交换集散地，对要素资源的聚集能力弱，金融、信息、技术等生产性服务业缺失或服务水平低下，生产要素市场的发育不完善，承接外部产业的能力弱，发展后劲不足，更谈不上带动区域经济的发展；最后，布局分散，众多小城镇缺乏发展规划，相互之间未能形成明确的分工和协作关系，不仅分散了发展力量，造成许多结构性浪费，而且形成低水平的自我竞争局面，难以产生较强的辐射能力和带动区域经济发展的能力。

第三章　阻滞江西省城镇化建设的因素探究

第一节　江西省城镇化发展的内生性阻滞因素

一　影响城镇化发展的区位因素

从根本上说，影响和制约城市发展的因素是社会物质生产方式。但是，具体到一个发展阶段，影响和制约城市发展的主要表现为一些具体的因素，比如自然地理位置、经济地理位置等。笔者通过观察江西省的城市发展过程发现，影响城镇化发展的区位因素主要有与区域经济中心的区位关系、运输条件的影响、自然资源的制约、区域内的方位等。

（一）与区域经济中心的区位关系

区域的经济条件、经济传统对城市发展的影响至关重要。因此，作为自我活跃能力不够强的小城市，处于区域经济的什么位置，对自身的发展和振兴意义重大。目前江西省的县与县级市中城镇化水平较高的有十几个分布在南昌中心区的辐射范围之内。赣州和九江是江西省的第二、第三大经济中心，对周边小城市的辐射带动能力就远远不及南昌。在大的区域中，处于与区域经济中心适宜的区位是城镇化快速发展并且保持活力的一条铁律。

（二）区域内方位的影响

城市位于行政区域的什么方位，几乎能够直接决定其城镇化的发展速度和程度。从江西省的客观情况来看，凡是位于省际边缘地带的小城市，只要不是沿江、沿海或者其他优越地带连绵一体的区域，几乎都是发展缓慢、实力较弱、城市形态较差的。基于此，强化政策的公平、实行基础设施的一体建设、建立统一开放的大市场应该是使行政区域边缘地带的城市加快发展的治本之策。

（三）运输条件的影响

经济的发展和社会的进步，使人们对交通的需求越来越紧迫。尤其是小城市，综合运输条件的不足仍然严重制约着城市的发展。运输资源整合、运输条件优化、运输管理提升、运输效率提高，对城镇化仍然是十分重要的发展课题。综合运输条件好的城市的城镇化发展一般很好，运输条件差的城市的城镇化发展普遍偏慢。运输资源整合不够、运输管理效率不高制约着城镇化的发展。如果一个城市交通通行的时间成本很高，那么这个城市发展的潜力就一定不大。此外，城镇化的发展滞后区域还普遍存在边际交通的严重恶化现象。

交通设施的状况与经济发展水平呈正相关，交通设施越好，经济发展水平越高。交通条件既需要多种形式，也需要多种方向的联系，只有这样，区域和城市的发展才会有活力、出成效。单方向的交通联系或者内部性交通条件，不会促进区域和城市的快速发展。优化区域交通条件，对整合区域交通资源、发挥交通优势至关重要。

（四）自然资源条件的制约

在传统工业发展阶段，城市对资源的依赖程度很高，许多城市是依托资源发展起来的。即使在现代工业条件下，资本、技术、人才在发展中的作用越来越大，资源的作用也是不可代替和低估的。

1. 土地资源因素

在严格保护基本农田的基础上，充分重视土地资源的有限性，做好土地资源的合理配置，在城镇化发展过程中慎重考虑国土特征，走资源节约型的城镇化发展道路，并且在城镇化建设过程中顾及自然环境的宏观效应及长期效应，避免经济行为主体的盲目性，尽量保持区域环境承载能力不下降，从而使农村城镇化在生态经济系统的良性运转中推进。

2. 水资源因素

水资源紧缺对城镇化建设将产生诸多不利影响，比如水资源供给不足将不利于我国工农业生产水平的进一步提升，进而制约城镇化的快速发展；城镇缺水严重、供水中断会给城镇居民的日常的生活带来较大困难。由此可见，当前水资源的供需矛盾制约了城镇化的建设进程。

二　影响城镇化发展的人口因素

集聚是城市发展的基础，也是城市发展的客观需要。实现人口集聚，是城市实现发展的基础条件。农村劳动力的转移也是城市发展所面临的一个重要挑战，迫切需要城市提高集聚人口的能力。尽管人口集聚的作用如此重要，但是在城市人口发展方面仍存在严重制约城市发展的关键性因素，如人力资本流失严重、人口增长不能适应城市发展的需要、人口的就业容量不足、人口的流动性较差等问题。

（一）人力资源因素

人力资本是经济增长和城市发展的源泉和动力。人力资本作为生产要素，对经济增长具有决定作用，对城市发展具有重要的影响作用。江西省的城乡教育二元化结构突出，大部分教育资源集中于城市，尤其是一些大城市的学校硬件设施十分先进，而广大农村区域的师资力量、教育投入、教育基础设施等基本条件却相当落后，没有足够的能力对劳动力进行教育培训，更加剧了城镇化进程中的人才危机。此外，农村区域的生活条件与工资待遇相对较差，对人才的吸引力较小，难以引进与留住所需的各类人才，结果造成农村区域人才奇缺，本科以上学历的劳动力微乎其微，加之长久以来积留下来的大量文盲、半文盲劳动力，难以对城镇化推进起到良好的支撑作用。

（二）城市人口增长缓慢

适宜的人口是城市存在和发展的必要支撑。对于处于行政体内部的边缘性城市来说，落后的主要原因是区位的相对封闭性、区位的被封闭性和区位的自我封闭性。区位的相对封闭性是指城市处于省际的边缘位置，远离省级中心城市，所接受的影响和辐射很小，而自我成长和创造的能力又不强，所以发展就会全方位受阻，动力很小；区位的被封闭性是指由于省级政府在统筹发展中，往往重视具有区位优势的区域和经济要素集聚良好的重点区域，很难有更多的精力、财力加强边缘区域的小城市建设或者给予政策上的大力度扶持，因此造成省内政策、资金、人流、物流的边缘城市边缘化，从大环境上封闭了边缘小城市；区位的自我封闭性是指边缘小城市在长期的客观地理特点造成的相对封闭性、发展重心顺序选择的被封闭性的双层压力下，城市社会逐渐形成一种自我性的弱化和封闭意识，社会对外交流的主动性、自我兴起的创造性难以得到自我激化和强化。

（三）人口的就业容量小

能否为农村剩余劳动力开辟新的就业渠道、为吸纳农村剩余劳动力发挥重要作用是影响城镇化的重要条件。具体到一个行政区域，在岗职工的数量是该区域就业容量的基础部分，这个部分基本上决定了城市就业总量的大小。县域的在岗职工情况，可以反映县域的就业容量情况。

（四）人口的流动性较差

城市的人口滞性状态对城市的发展具有阻滞性影响。由于人口的活动状态保持相对的静态，因此对城市的发展产生了一些根本性的消极因素，主要是：第一，创造性不足。创造往往是在与外部的交流中获得启发、发现外部的优势后进行模仿或者因为外在压力而做出探索和努力的过程中产生的。第二，竞争力薄弱。由于人口相对固定，人口流入数量少、流速慢，人口的经济和社会活动内容少、变化小、频率低，城市发展对组织和个人的要求低，因此居民的竞争意识淡薄、竞争力较弱。第三，文化以及服务业态的层次低。城市越小，人口越少，经济越不发达，文化的发展水平就会越低，服务业态的种类就会越少、质量就会越低。城市人口交流的不足导致社会相对封闭，这种封闭减少了城市与外部区域的文化、信息、技术的交流、交换，延缓了城市的发展速度。

三　产业的限制

工业化和城市化具有孪生关系。一般认为，在前工业时期，城市发展以生产和贸易为特征，城市中心的发展主要出于经济方面的原因，也出于行政或者象征性的原因。工业的发展形成工业化—城市化纽带，社会的天平倾向城市化。工业化的发展推动了城市的发展，城市发展到一定程度也会促进工业的发展。从江西省的实际情况来看，经济增长、农业生产因素、产业结构因素、乡镇企业因素发展的不足，是影响城镇化发展的根本瓶颈。

（一）经济增长因素

在所有因素中，经济发展水平与城镇化水平之间的作用最明显。在经济增长推动城镇化发展的过程中，工业化是直接推动力之一，第三产业的逐步兴起则是城镇化程度的表现。以工业化为基础的城镇经济可使经济要素与经济活动处于密集聚集的状态，以此促进交通、资源、市场及各类基础设施建设资金的投入，从而加快城镇化的步伐。经济增长越快，农民收入水平及劳动力非农就业比重越高，农民参与城镇化建设的程度就越高。

（二）农业生产因素

农业生产力水平是影响我国城镇化发展的重要因素之一，城镇要靠农业提供农产品才能存在，在任何时期任何地区的城镇都将依赖于农业的发展，农业生产力水平的提高是推进城镇化的内在条件。城镇化的本质在于农村人口转变为城镇人口、落后农村社会发展为现代文明城市社会的过程。

（三）产业结构因素

农村城镇化建设的战略目标是通过增强城镇的经济实力、完善城镇功能，来吸纳大量农村剩余劳动力，改善农村区域的经济社会结构，带动农村经济与社会发展，而城镇发展必须以一定的产业为支撑，离开产业城镇建设便成为无源之水。一些小城镇建设较好的区域，往往有较为强劲的产业支撑，经济发展后劲十足，城镇化推进呈现生机勃勃的景象。随着产业的发展，产业结构作为产业的重要表征，逐渐成为城镇化最根本的推动力之一，城镇化的过程实际上就是产业结构不断由低层次向高层次演进、发展的过程。

（四）乡镇企业因素

乡镇企业作为我国农村经济向市场经济过渡的起点，为农村的城镇化发展提供了基础条件。一方面，乡镇企业的建立能够就近吸收大量农村剩余劳动力，并促进相关产业尤其是第三产业的快速发展，引发周边地区剩余劳动力的聚集，推动小城镇的扩张，从而促使农村城镇化水平提高；另一方面，乡镇企业的发展壮大能够增加乡镇的财政收入，为小城镇建设提供资金来源，进一步完善小城镇的基础设施，并为推动农村区域行业或产业在空间上相对集聚奠定基础。

第二节　江西省城镇化发展的外生性阻滞因素

一　政策与体制的约束

（一）政策体制因素

长久以来，人们尤其是决策者的城乡对立观念，导致当前城乡分治明显。我国现行政策体制下形成的各项政策更是阻碍农村城镇化的重要因素。尽管党中央、国务院已经对我国的政策体制做了多次调整，但目前尚有许多制度制约了农村剩余劳动力合理有序地转移，使农村剩余劳动力难以在城镇就业及定居，从而延缓了我国的城镇化进程。同时，城镇化发展涉及多方面的工作及利益关系的调整，如用地、户口、资金、基础设施建设、公建项目等，涉及土地、民政、公安、金融、交通、通信等部门，而乡镇级政府常因权力有限，难以扮演有效的领导者或协调者角色，因此农村城镇化发展中的管理经常出现政出多门的现象。

（二）专项制度因素

各类制度是影响城镇化水平最重要的因素之一。总体来看，制约当前我国城镇化水平的制度因素主要有户籍制度、土地制度、社会保障制度、金融制度等。长久以来，造成城乡割据的起点和核心是户籍制度，它对农村人口向城镇流动起着最直接的控制作用。

（三）社会建设因素

农村城镇化的实物载体是城镇，城镇建设需要大量的生产投入及基础设施投资，一般而言，城镇生产性投入由企业承担，基础性设施投资由政府负责。长期以来，由于企业能力有限，政府作为城镇建设的主要承担者，已严重影响了城镇的正常发展，主要表现为大多数城镇规模不大、基础设施建设薄弱、经济水平较低、综合效益较差、集聚与辐射效应不明显。

（四）农民素质因素

农民是农村城镇化的行为主体，农民能否顺利转变成为城镇居民，还取决于农村居民自身的文化知识和能力素质。

二　城市规划的制约

城镇化发展存在城市规划缺失或不完善的现象，更普遍的是城市规划不能得到有效有力的执行，从而造成城市建设和开发秩序紊乱的不良局面。

首先，城市建设不能围绕城市发展的质量、城市形象的打造和城市环境的优化为主要目标而展开。往往是东一榔头、西一棒槌，有的城市政府今年的重点是路，明年的重点是市场，后年的重点是住宅，更有甚者，集中一两年实行全方位的大拆或全面的大建，严重影响了城市建设的健康有序发展。

其次，城市建设不能围绕城市的功能定位和城市功能区的打造来展开。这使城市建成之后出现功能紊乱和功能缺失。在这方面，新加坡的成功经验具有重要的启示和借鉴意义。新加坡在城市的建设初期，把住了规划的源头，对城市功能进行科学的规划和实施，实现了城市的科学化功能布局，文化、教育、商业、科研、历史传统街区和工业区、旅游娱乐功能区等都科学分布，车辆、人流在同一时段向着不同的方向分流。按照这样的城市建设目标进行有序的开发和建设，在由城镇向大都市演进的过程中，城市的大规模开发和建设，不会改变和影响城市规划对城市功能的设计安排，城市开发和建设的每一个项目都符合城市功能的需要。

再次，城市建设未能形成良好的城市经济。城市建设的直接成果之一是带动和催生了城市经济的发展，尤其是在产业发展相对薄弱的城市，城市产业的发展大多处于起步阶段，城市居民的经济生活、就业需要不能及时得到充分保障。尤其是大规模的城市建设吸引了更多人口涌入城市，如果不能在城市建设过程中促进城市经济业态的发展或者催生大量的产业门类，那么城市建设的效果也会大打折扣。

最后，大大降低了城市开发的效益。城市开发是城市经济的一个黄金产业，城市建设带来的开发是土地、空间、人口、资本、环境和业态的有机组合。由于不能以具有战略性的高水准的城市规划做指导，城市开发的项目数量得不到有效控制，开发的地块不能遵循科学的城建思想进行布局和规划，开发项目的质量缺乏一套有效的评价和控制机制，因此城市的开发行为处于全程的紊乱状态，开发的效益脱离了科学保障和科学规范的轨道，大大降低了城市开发项目的经济效益和社会效益。甚至有的开发项目建成之后，在短时期内即宣告失败，或被拆除，或被更新，造成大量人力、物力的浪费，延缓了城市发展进程。城市土地开发使用的低效益，阻滞了城市经济的发展。

三 城市建设理念和若干行为的影响

（一）小城市建设忽视城市的自然地理条件

1. 城市建设选址忽视自然地理条件的影响

选址是否科学、合理不仅对城市本身的发展快慢起着决定性作用，而且对区域发展也将会产生深远的影响。目前有些城市在选址上往往忽视以集聚和辐射力量为主的自然地理因素，人为地造城，为制造一定区域的行政经济文化中心而迁城或拼凑成新的城市，其结果往往适得其反。

2. 城市规划忽视对自然地理因素的研究和运用

城市没有编制高水平和符合实际的城市规划，即使有，多数也没有深入分析和研究城市所在地的自然地理因素，更没有深刻研究如何运用这些自然地理因素改进和提升城市的建设和发展。

3. 城市功能设计缺乏对自然地理条件的深度分析运用

在城市建设中，科学地处理自然地理条件与城市建设项目和城市功能设计之间的关系有以下几方面意义。一是决定和影响城市建设项目和城市功能的布局，二是决定城市基础设施作用的发挥，三是对城市自然地理条件的认识、挖掘和分析决定城市的经济业态。

4. 城市的整体布局忽视自然地理条件

现代城市的形成与发展，不仅取决于现代化大生产产业要素的流动和组合规律，也取决于地理、历史等因素。随着现代科技、交通条件的快速发展和社会分工的日益细化，城市不再是传统意义上相对独立的居民聚居区，而是在社会大分工中分别承担各自独特功能和作用的经济体，这就需要城市之间在空间布局上充分考虑地势、空间、距离以及交通等自然因素，在功能设计上充分考虑合作与竞争、共存共生与独自发展的关系，只有如此才能在城市之间的区域范围内实现科学发展、和谐发展，实现"双赢"。但是，目前部分城市在空间布局上过于呆板，脱离了当地的自然地理实际条件，城市之间同质竞争、无差别发展，有的距离过近、有的功能类似、有的风格划一，城市之间缺乏互补性、差异性，抵消了区域发展优势，产生的结果往往是"两败俱伤"。

（二）城市交通规划、布局和投入滞后

1. 城市交通建设没有成为城市发展的基础

部分城市的交通规划和投入不能一体实施。交通网络的布局往往是滞后的、混乱的。交通的规划、布局、建设不能够直接有效地服务于城市的建设与发展，更无法激发城市功能的协调优化。

2. 城市发展往往忽视与外部联系出口的设计和建设

城市发展的活力与质量在很大程度上取决于其与外部城市和区域的便捷沟通和联系，尤其是在大城市周围的小城市，这方面的特点更加突出。

3. 城市交通建设投入滞后

在城市的建设过程中，往往把城市交通仅作为城市的通行条件和要素来配置和看待，没有把城市的交通作为城市基础设施的枢纽与生命线来打造。

（三）城市发展与工业发展的关系处理不到位

工业化与城市化是一对孪生兄弟，只有工业发展起来进入良性循环，城市化的良性发展才有可靠的依托。

1. 对城市如何发展工业的认识始终不到位

城市化的发展基础必须依赖于产业发展，主要是制造业的发展；工业的发展有一个自然的选择、探索和振兴过程，是一个长期的阶段，不能一蹴而就。

2. 小城市如何选择工业产业一直没有走出迷茫的状态

在一个地方，任何一个工业门类的产生和健康发展，绝非一件简单的事情，它需要一个坚实的发展基础，更需要一个优良的发展环境和产业技术的创新氛围。实际上，任何一个工业项目或工业门类在一个地方要健康发展，都需要一个坚实的产业发展的客观基础，缺乏这种基础，再美丽的图纸也难以变成辉煌的成果。对区域资源条件、历史传统、人力资源状况、区位交通优势以及区域自然环境状况的科学认知，是对工业项目进行选择的前提条件。当然，优良的社会环境和创新氛围更是重要的因素。

3. 小城市的产业布点存在随意现象

一是对工业项目的选址定点，存在不能恪守科学原则和深入研究所在地客观条件的缺陷，不少小城市在城市的中心区密集布置工业，在城市的上风向和下风向布局污染性企业，甚至在贫水区域布局大规模用水性产业。二是工业项目的发展不能与城市发展的内在要求相适应。为了工业而工业，更有甚者，放弃城市发展的优良环境，以牺牲城市环境为代价，换取工业发展的成果。三是企业的迁址行为增加了城市发展的负担。由于在项目上马初期没有长远规划，不少城市把一些中小企业布局在城市的中心区，在城市取得一定发展后，不协调的局面越来越严重，致使做出企业迁址的决策，既加重了企业的成本，也给城市政府带来了负担。四是城市空间不能得到科学合理的安排。更重要的是，目前不少小城市在发展过程中仍然在重复这些不该发生的事情，迫切需要引起注意。

（四）城市建设项目可持续性差

城市建设项目是激发城市发展活力的物质载体，也是形成城市成熟形态和稳定城市环境的物质支撑。城市建设项目的选址布局、建筑物的质量、外在景观、承载的功能与城市综合环境的协调度都会影响城市的发展。

1. 影响城市功能的优劣

在发展成熟的城市中，城市的整体功能由若干个不同的功能区各自承担。每个功能区又由若干规模不同、位置不同、服务内容不同的城市项目组成。如果一个城市项目的功能发挥不到位，将直接影响城市整体功能的发挥。

2. 影响城市形态

城市形态是成熟的还是正在孕育的，是系统的还是散乱的，是完善的还是零乱的，在很大程度上取决于城市建设项目的质量。一般如果在 20～30 年的时间，城市建设项目能够严格按照城市规划执行，都能得到认真的组织建设和高标准的验收，并且成功地投入使用，那么城市的规模、高度、密度等内在要素就会有机地协调统一起来，从而促进完整城市形态的形成，城市的独特面貌和特殊风格也会随之形成。

3. 影响城市的发展潜力

如果一座城市的优质建设项目能够占据城市的半壁江山，这座城市的发展将潜力无限。如果城市是由一批劣质项目构成的，那么这样的城市很难谈得上有什么潜力。

四 城市管理失范

城市管理的本质要求对组成城市的各种要素进行全方位的触及乃至动员，促进城市各种要素在一定顺序上的协调统一，共同服务于城市的发展进步，进而形成一种城市健康发展、良性运转的优质社会环境。而当前江西省城市的管理，还仅限于城市环境表面，缺乏一套科学的规范。

（一）城市管理缺乏规范

江西省目前对城市的管理往往仅限于城市的保洁，城市基础设施的维护，城市的绿化、亮化推进和管理，普遍面临标准不高、投入不足、资金匮乏、环境较差等交互影响的不良现象，成为城市发展的天然瓶颈。因此，要管理好城市，首先应该确立并形成城市管理的科学规范。

（二）城市管理缺失

提高和改进城市管理工作，促进城市管理向城市治理转变，就要研究城市发展现状，总结当前城市管理中存在的失误和不足，以科学的工作规范和要求为指导，不断地校正和改进城市管理工作，切实地推进城市管理向城市治理的转变，提高城市管理水平，提升城市的环境质量。具体工作中存在这样几种缺失。

1. 观念问题

普遍存在城市管理是政府行为的观念，社会参与度低。

2. 城市管理职能没有得到有效整合，造成管理空位的不良现象

在城市管理中，往往存在政府主管部门、街道办事处等行政机构，城中村村委会等自治组织和企业、集体以及个体单位等多个主体，城市管理职能较为零散，管理很难统一到位。比如城市环卫部门肩负着城市的全方位保洁管理工作，但是当与部分机关单位的内部管理、居民小区内部的物业管理以及城市居民家庭的保洁管理相交叉时，就会直接造成城市保洁的大面积空白。

3. 城市管理投入普遍存在职责不清、投入匮乏的不良现象

普遍认为城市管理就是完全的公共管理，管理的投入应该由政府负担，忽视了城市中集体、个体单位以及居民家庭及进入城市者对城市管理投入所肩负的义务。比如一些单位在进行项目建设时，可以毫不迟疑地破坏城市绿化等城市基础设施，但当项目建成以后，却不对城市基础设施的修复和城市环境的改善提升进行投入，将其缺失完全归责于政府，逃避单位应承担的城市管理和投入的义务。

4. 城市管理存在标准过低、内容单一的不良现象

在当前的城市管理中，城市管理仅限于城市主要区域的脏乱差治理和基础设施的建设维护，造成了城市管理的内容单一，根本不能满足城市建设和发展的需要，在一定程度上限制了城市发展的步伐，降低了城市建设的质量，矮化了城市的形象。

5. 城市管理存在监督、控制无力的不良现象

城市管理的效果评价主体是城市社会，城市监督的主体主要是城市居民。而在现实的城市管理中，对城市管理的评价和监督主要由行政机构进行，更取决于政府官员的决策，这就造成城市管理的效果评价因政府官员注意力的转移而加强或弱化的现象。城市管理的监督也受政府工作布局的影响，使对城市管理的监督时紧时松，严重影响了城市管理的规范化建设。

6. 城市管理存在政策不到位、对相应城市主体没有赋予应有管理职责的不良现象

比如在城市管理中，一些脏乱差的区域长时间得不到有效治理的根本原因，就在于政府部门与企业、与居民小区乃至街道办事处以及居委会之间职责交叉，在认识上存在纠纷，有时甚至找不到责任主体。

（三）城市市民社会没有形成

城市的建设和发展需要广大市民的关注、参与和投入，城市的治理需要一个良性的社会基础和良好的市民社会。市民社会的形成，需要城市政府对城市意识、城市精神、城市风格进行推动、宣传和普及，进而形成"城市发展人人有责"的社会氛围，形成市民的统一城市意识。而在江西省的城市发展过程中，距离市民社会的形成还有相当长的路要走。

第四章　基于城乡统筹的江西省城镇化水平测度

推进城镇化，尤其是推进新型城镇化是扩大内需、转变经济发展方式、优化产业结构及统筹城乡发展的战略举措。进入 21 世纪以来，江西省的城镇化进程较快。截至 2012 年底，全省城镇人口达 2139.82 万，人口城镇化率上升到 45.76%，较 2000 年的 27.67% 提高了 18 个百分点。单从人口城镇化来看，目前江西省已进入初级城市型社会，但就城市经济发展质量、基本公共服务水平及城乡一体化程度而言，江西省并没有完全进入城市型社会，尤其是进城农民工还远未实现市民化，即城镇化质量并没有随着人口城镇化水平同步提高，城镇化率与城镇化质量还不匹配。党的十八大报告明确提出了新型城镇化是我国现代化建设的历史任务，李克强总理多次强调，推进城镇化，核心是人的城镇化，关键是提高城镇化质量，目的是造福百姓和富裕农民，这为城镇化的未来发展指明了方向。因此，今后江西省在推进城镇化的过程中，应坚定不移地走新型城镇化之路，高度重视城镇化的质量建设，坚持速度和质量并重，以质量为先，全面提高城镇化水平。

为科学、合理地评价江西省的城镇化发展质量，明确当前江西省城镇化的质量差距，笔者在参阅国内外有关城镇化发展文献和最新研究成果的基础上，按照国家新型城镇化的要求，从江西省的实际出发，设计了一套城镇化发展质量评价指标体系。考虑到国情、省情不同，指标体系中指标的标准值（理想值）没有采用其他国家和地区在相应发展阶段的数值，而是选取我国城镇化发展质量公认最高的深圳、北京两市作为参照标准①，

---

① 深圳、北京两市的绝大部分正向指标均高于江西省，而逆向指标均低于江西省，因此将它们的最值（阈值）作为标准值，并将江西省与之进行比较，所得结果参照性较强。

将江西省 11 个设区市城镇化质量指标数据与之进行比较，进行定量评价，得到江西省城镇化质量的综合评价指数，并进行比较分析。在此基础上，提出提高江西省城镇化质量的若干对策建议，以期为各级政府进行城镇化战略决策提供支撑。

第一节　城镇化及城镇化发展质量内涵

关于城镇化的定义，目前理论界还没有完全统一，人口学、经济学、社会学、地理学等不同学科分别从不同的角度给予了各自的诠释。人口学强调城镇化是农村人口向城市的转移和集中的过程；经济学强调城镇化是农村经济向城市经济转化的过程；社会学强调城镇化是城市社会生活方式的产生、发展和扩散的过程。在这些观点中，比较有代表性的是中国社会科学院城市发展与环境研究所的魏后凯及周一星等人持有的观点。魏后凯认为城镇化是人口向城镇聚集、城镇规模扩大以及由此引起一系列经济社会变化的过程，其实质是经济结构、社会结构和空间结构的变迁。周一星认为，城镇化的速度并不是越快越好，城镇化的发展应尽量与经济发展的速度和水平相适应。魏后凯认为城镇化质量是在城镇化进程中与城镇化数量相对的反映城镇化优劣程度的一个综合概念，特指城镇化各组成要素的发展质量、协调程度和推进效率。孔凡文认为城镇化的速度和质量是城镇化发展水平的两个方面，速度是一种现象或形式，质量才是本质，城镇化发展在重视速度的同时，必须重视其质量。程国强认为新型城镇化最大的特征就是要破除城乡二元结构，促进城镇化健康发展，全面提升质量。

在借鉴魏后凯等人的观点和研究成果的基础上，笔者认为城镇化是农业人口和产业向城镇聚集的过程，是城镇经济、资源、环境和公共服务协调发展的过程，同时也是农民工市民化和人的城镇化过程。城镇化质量则是城镇自身经济社会发展与城乡一体化发展的综合概念，它既包括城镇自身经济发展水平，也包括城镇基本公共服务水平、基础设施完备程度、生态环境质量等，同时还包括城市与所辖乡村经济、公共服务等一体化发展程度，是对城乡发展质量的综合测度。

第二节　城镇化发展质量评价指标体系与方法

一　指标体系的构建

按照新型城镇化的要求，城镇化的质量是城镇化发展的核心与生命，应予以科学评价。笔者认为，在城镇化质量评价中，既要考虑城市自身的经济与社会发展质量，也要考虑城乡经济与社会发展的协调和一体化程度，不能只考虑"城"而忽视"乡"。不仅要考虑城镇化带来的文明成果，也要考虑为此付出的经济、资源、环境等方面的代价，以实现城镇人口、经济、资源和环境的协调发展。同时还要反映城镇基本公共服务水平及城镇基础设施的完善程度，实现以人为本的城镇化及人的全面发展，而不是为了城镇化而城镇化，切忌单纯地实行土地城镇化和人口城镇化。通过科学设置评价指标及量化评价，引导江西省的城镇化建设向质量型和生态人居型聚焦。为此，笔者遵循科学性、全面性及可量化、可操作原则，从城镇经济发展、社会发展、基础设施、生态环境及城乡一体化程度等方面，构建了江西省城镇化发展质量评价指标体系（见表4-1）。

（一）数据来源

指标体系中的一部分指标直接来源于《2012中国城市统计年鉴》、《2012中国统计年鉴》、《2012江西统计年鉴》及2012年江西省各设区市的统计年鉴和统计公报等，其他指标则通过对原始数据的计算整理得到。

（二）指标权重的确定

确定指标权重的方法目前比较多，大体上可分为主观法和客观法两大类。评价指标较多，且指标之间的相关性不强，采用因子分析法等容易导致指标信息丢失，实用性不好。为提高评价的科学性、可操作性和指导性，综合考虑采用专家调查法确定指标权重。具体方法为：选定专家若干名，给出赋权要求，由各位专家为指标赋权。然后匿名记录各专家的赋权结果，并将该结果反馈给各位专家，专家参考反馈意见修改其初次赋权结果，重复反馈与修改，直到达到精度要求。最后将各位专家最终的赋权值进行算术平均，将平均值作为组合权重的结果。

表 4 - 1　江西省城镇化发展质量指标评价体系及权重

一级指标	二级指标	三级指标	权重	指标性质
城镇发展质量指数（0.8）	经济发展质量（0.22）	人均 GDP（元）	0.036	正向
		全员劳动生产率（元）	0.030	正向
		非农产业比重（%）	0.020	正向
		非农从业人员比重（%）	0.020	正向
		城镇居民人均可支配收入（元）	0.040	正向
		市辖区人均地方财政一般预算收入（元）	0.030	正向
		单位建成区面积实现的 GDP（元）	0.018	正向
		万元 GDP 能耗（吨标煤）	0.026	逆向
	社会发展质量（公共服务）（0.245）	城镇居民恩格尔系数	0.022	逆向
		城镇登记失业人员比重（%）	0.030	逆向
		市辖区人均财政支出（元）	0.036	正向
		市辖区人均财政科技支出（元）	0.018	正向
		市辖区人均财政教育支出（元）	0.020	正向
		市辖区百人公共图书馆藏书量（册）	0.018	正向
		市辖区每千人拥有医生数（名）	0.030	正向
		人均受教育年限（年）	0.036	正向
		市辖区社会保障覆盖率（%）	0.035	正向
	基础设施质量（0.175）	市辖区每万人拥有公交车数量（辆）	0.030	正向
		市辖区人均城市道路面积（平方米）	0.030	正向
		人均居住面积（平方米）	0.025	正向
		互联网普及率（%）	0.020	正向
		自来水普及率（%）	0.020	正向
		燃气普及率（%）	0.020	正向
		市辖区排水管道密度（公里/平方公里）	0.030	正向
	生态环境质量（0.16）	生活垃圾无害化处理率（%）	0.020	正向
		生活污水集中处理率（%）	0.020	正向
		工业固体废物综合利用率（%）	0.020	正向
		空气质量达标率（%）	0.030	正向
		城市建成区绿化覆盖率（%）	0.020	正向
		人均公园绿地面积（平方米）	0.030	正向
		单位 GDP 的 SO_2 排放量（吨/亿元）	0.020	逆向

续表

一级指标	二级指标	三级指标	权重	指标性质
城乡一体化发展指数（0.2）	收入协调（0.05）	城乡居民收入比值	0.032	适中
		城乡恩格尔系数比值	0.018	逆向
	基本公共服务协调（0.105）	市辖区与全市社会保障覆盖率比值	0.030	逆向
		市辖区与全市每千人拥有的医生数量比值	0.030	逆向
		市辖区与全市人均公共图书馆藏书比值	0.015	逆向
		市辖区与全市人均财政支出比重	0.030	逆向
	劳动力转移（0.045）	人口城镇化率（%）	0.025	正向
		农村劳动力年度转移率（%）	0.020	正向

（三）数据标准化处理

由于指标体系的各个指标的含义不同，量纲也不统一，因而无法对各指标的得分直接加权汇总，因此，需要先对指标进行无量纲处理。为避免出现 0 等标准化极值数据，采用比值法对指标数据进行标准化处理，其计算公式如下：

$$正指标：X_i = \frac{x_i}{x_{\max}}$$

$$逆指标：X_i = \frac{x_{\min}}{x_i}$$

上式中，X_i 为某一指标的标准化值，x_i 为指标原始数值，$x_{\max}$ 为该指标的最大原始值，$x_{\min}$ 为该指标的最小原始值。

二 主要指标选取说明

考虑到各城市大小不一，经济规模和社会发展水平也不一样，为体现公平性，所有指标都不采用总量指标，而选取人均指标或单位指标。

（一）经济发展质量指标

经济发展质量是城镇化质量的支撑与根基，没有产业发展和经济支撑，就没有真正意义上的城镇化，更谈不上城镇化质量。评价城镇经济发展质量的主要指标有如下 7 个。

1. 人均 GDP

人均 GDP 是用来衡量单位人口创造财富的能力，是一个城市经济发展水平的重要指标，人均 GDP 越高，表明该城市的经济发展水平越高，也就越有能力改善公共服务，提升城镇化质量。

2. 全员劳动生产率

全员劳动生产率 = GDP/从业人员数，是反映经济发展综合效益的重要指标。全员劳动生产率越高，说明经济效益和发展质量越高，城镇化质量也越高。

3. 非农产业比重

非农产业产重比重反映城镇化进程中产业结构的变化情况，是衡量城镇化发展的重要经济指标。通常非农产业比重越高，第二、第三产业就越发达，城镇化质量也就越高。

4. 城镇居民人均可支配收入

城镇居民人均可支配收入反映了城镇居民的收入和生活水平，城镇居民人均可支配收入越高，意味着城镇经济发展水平和居民消费能力越强，就越有利于推动产业结构优化升级，提高城镇化质量。

5. 市辖区人均地方财政一般预算收入

人均地方财政一般预算收入是体现城市财力的重要指标。人均地方财政一般预算收入越高，就越有利于政府通过公共财政手段加快产业升级，改善城市基本公共服务和生态环境等，提高城镇化质量。

6. 单位建成区面积实现的 GDP

单位面积产值是衡量经济效率和发展水平的重要标志，单位面积产值越高说明城镇土地资源利用率或投入产出水平越高，经济发展质量越好，城镇发展质量也越高。

7. 万元 GDP 能耗

万元 GDP 能耗是衡量产业技术水平及能源消费水平、节能降耗状况的重要指标，反映经济发展过程中能源节约情况和资源的利用效率，是一个逆向指标。万元 GDP 能耗越高，说明资源和能源的利用效率、产业结构的层次及经济增长质量越低，会对城镇化质量形成负面影响。

（二）社会发展质量指标（基本公共服务指标）

实现城市的全面发展是城镇化质量的内涵和本质要求，社会发展质量指标主要包括反映城市的基本公共服务水平和社会事业发达程度的指标，主要有如下 7 个。

1. 城镇居民恩格尔系数

恩格尔系数反映了居民消费支出中食品支出的比重，是反映城镇居民生活富裕程度和生活质量的重要逆向指标。通常居民恩格尔系数越高，表明居民生活越不富裕及消费结构层次越低，从而不利于产业结构升级和城镇化质量提高。

2. 城镇登记失业人员比重

城镇登记失业人员比重＝城镇登记失业人数/（单位就业人数＋私营与个体企业就业人数）。城镇登记失业人员比重体现了城镇吸纳居民就业的能力，是反映城镇就业水平的重要逆向指标。该比重越高，城镇化质量就越低。

3. 市辖区人均财政支出

财政支出主要用于公共服务，人均财政支出是反映政府提供公共服务的重要指标。人均财政支出越高，说明政府投入公共服务的财政资金越多，一般而言，公共服务水平也相对越高，城镇化质量也越高。

4. 市辖区人均财政教育支出

教育是提高人力资本质量的主要手段和重要的公共服务，是反映城镇化质量的正向指标。人均财政教育支出越高，教育水平一般也越高，城镇化质量也越高。

5. 市辖区每千人拥有医生数

每千人拥有医生数＝年末执业（助理）医师数/年末常住人口，该指标反映了一个地区的医疗卫生发展水平，是衡量一个地区医疗卫生服务能力的重要标志。医疗卫生水平是城镇化质量的重要衡量指标，通常医疗卫生水平越高，城镇化质量也越高。

6. 人均受教育年限

人均受教育年限是反映人口文化素质的综合指标，是社会文明程度和发展程度的重要标志之一。人均受教育年限越高，说明人口综合素质越高，城镇化质量和社会发展水平也越高。计算方法为：人均受教育年限＝文盲或半文盲比例×1 年＋小学文化比例×6 年＋初中文化比例×9 年＋高中或中专文化比例×12 年＋大专及以上比例×16 年。

7. 市辖区社会保障覆盖率

社会保障覆盖率 = ［参加养老、医疗、失业保险的城镇人口总和 /（城镇总人口 ×3）］×100％，社会保障覆盖率反映了居民的参保情况及社会保障健全与完善的程度，一般而言，社会保障覆盖率越高，社会越和谐与稳定，城镇化质量也越高。

（三）基础设施指标

城镇居民生活的便利及城镇化质量的提高离不开完善的水、气、路、管、网等城市基础设施，评价城镇化质量的基础设施指标主要有如下 6 个。

1. 市辖区每万人拥有公交车数量

每万人拥有公交车数量 = 公交车数量/常住人口，该指标是衡量城市公共交通便利程度和城市公共服务发展水平的重要指标，是评价城镇化质量的正向指标。

2. 市辖区人均城市道路面积

道路是城市基本公共设施，人均城市道路面积反映了城市道路基础设施状况，是反映城市交通环境的基本评价指标。人均城市道路面积越大说明城市交通越发达，从而有利于居民出行，居民生活也更方便、舒适，城镇化质量也越高。

3. 人均居住面积

人均居住面积是反映城市居民基本生活环境和居住状况的重要指标，反映了城镇居民的人居环境和舒适程度。虽然这一指标在评价房价较高的特大城市时易产生一定偏差，但是在评价江西省的中小型城市和城镇时参考意义较大。

4. 互联网普及率

互联网普及率是衡量信息化水平的重要标志，反映了人民的生活水平和信息消费能力。互联网的普及使人们的工作、生活更加灵活、方便，效率也更高，并推动城镇化向高级形态发展。互联网普及率越高，信息消费水平和城镇化质量通常也越高。

5. 自来水普及率和燃气普及率

自来水普及率和燃气普及率是反映城镇居民生活水平、生活质量和卫生条件的重要指标，是居民生活城镇化、现代化的重要标志。自来水和燃气的普及方便了居民的生活，提高了居民生活的舒适度和质量，是评价城镇化质量的正向指标。

6. 市辖区排水管道密度

市辖区排水管道密度＝区域排水管道长度/区域面积，是城市地下工程的重要方面。排水管道密度体现了城市抵御洪涝等自然灾害的能力，尤其是近年来包括北京在内的许多城市发生了严重的内涝，更凸显了该指标的重要性，是评价城镇化质量的正向指标。

（四）生态环境质量指标

生态环境质量也是城镇化质量的重要体现，越来越受到社会的广泛关注和重视。评价城市生态环境质量的指标主要有如下 5 个。

1. 生活垃圾无害化处理率

城市生活垃圾已经成为城市生态环境的主要污染源，城市生活垃圾无害化处理是城市环境保护的重要方面，提高生活垃圾无害化处理率有利于提升城市的环境卫生管理水平，保护城市生态环境和居民生活环境。

2. 生活污水集中处理率

城镇生活污水是城市环境的主要污染源，生活污水集中处理率是反映城市现代化程度和城镇化质量的一个重要正向指标，生活污水集中处理有利于消除水污染，保护生态环境。

3. 空气质量达标率

空气质量达标率＝空气质量达标天数/全年总天数，空气质量达标率综合体现一个城市的生态环境质量，是反映城镇化质量的正向指标。

4. 城市建成区绿化覆盖率

城市建成区绿化覆盖率是一个生态环境指标，城市建成区绿化覆盖率越大，表明城市的生态环境越好，居民生活环境更舒适，城镇化的质量也就越高，是反映城镇化质量的正向指标。

5. 单位 GDP 的 SO_2 排放量

单位 GDP 的 SO_2 排放量反映了生产技术水平及经济对环境的影响，是反映城镇化质量的一个逆向指标。单位 GDP 的 SO_2 排放量越大，表明城镇化付出的环境代价越大，城镇化质量越差。

（五）城乡一体化指标

城市所辖乡村经济社会发展水平及城乡的一体化程度也是影响城镇化质量的重要因素。如果城市所辖乡村的经济社会发展水平、公共服务水平远滞后于城市，则必定会反作用于城市发展，加快"城市病"的形成，从而不利于城镇化质量的提高。因此在评价城镇化发展质量时，应充分考虑所辖乡村的经济社会发展水平及城乡一体化程度。城乡一体化的主要评价指标有如下6个。

1. 农村劳动力年度转移率

农村劳动力年度转移率＝（上一年的农村人口－本年的农村人口－上一年的农村人口×本年人口自然增长率）/本年农村人口，该指标反映了农村劳动力的年度转移速度。该指标越高，说明人口城镇化速度越快。

2. 城乡居民收入差距

城乡居民收入差距用城乡居民收入比值表示，城乡收入比是反映城乡收入差距的一个中性指标。通常情况下城市地区与农村地区的收入比在1.5左右较合适，城乡收入差距过小说明非农产业发展水平较低，城市缺乏吸引力和拉力；差距过大，则说明农村经济发展水平较低，易造成社会不稳定，影响城市的稳定与发展。

3. 市辖区与全市社会保障覆盖率比值

该指标反映了城市与全市社会保障覆盖率的差距，是城镇化质量的逆向指标。该比值越大，说明城乡社会保障一体化程度越低。

4. 市辖区与全市每千人拥有的医生数量比值

该指标反映了城乡医疗卫生服务水平的差距，是城镇化质量的逆向指标。该比值越大，说明城乡医疗卫生公共服务水平差距越大，从而不利于城镇化质量的提高。

5. 市辖区与全市人均公共图书馆藏书比值

该指标反映了城乡文化服务及城乡教育文化水平的差距，是城镇化质量的逆向指标。该比值越大，说明城乡文化水平差距越大。

6. 市辖区与全市人均财政支出比值

该指标反映了城乡人均财政支出的差距，而人均财政支出的差距又体现在公共服务水平的差距上。比值越大，间接说明城乡公共服务水平差距越大，从而不利于城乡一体化发展，是城镇化质量的逆向指标。

2011年江西省城镇化发展质量评价指标的具体数据如表4－2所示。

表4-2 2011年江西省城镇化发展质量评价指标具体数据

	深圳	北京	江西	南昌	景德镇	萍乡	九江	新余	鹰潭	赣州	吉安	宜春	抚州	上饶
人均GDP	110421	81658	26073	53023	35421	35350	26464	68155	37834	15895	16830	19823	18907	16813
全员劳动生产率	151000	170017	45491	88566	57156	60381	40687	125074	59887	27171	33172	34931	34957	27401
非农产业比重	99.94	99.16	88.6	94.98	92.08	92.56	91.43	94.35	91.08	82.58	81.37	82.84	81.56	84.11
非农从业人员比重	99.8	98.0	65.5	77.1	71.6	75.6	65.6	61.3	61.9	61.1	52.5	60.2	57.4	68.2
城镇居民人均可支配收入	36505	32903	17495	20741	18964	18646	17911	19719	17518	16058	17692	16431	16633	17698
人均地方财政一般预算收入	12956	24676	4100	6271	6748	4737	6417	6213	6767	2604	1531	1629	1844	1795
单位建成区面积已实现的GDP	136807	130089	60814	87208	44353	96787	63587	96865	38665	31727	31359	25327	43366	31988
万元GDP能耗	0.47	0.46	0.65	0.64	0.57	1.56	0.73	1.27	0.52	0.58	0.51	0.82	0.52	0.53
城镇居民恩格尔系数	36.70	31.40	39.79	35.10	37.80	36.90	38.60	33.45	45.00	40.90	41.40	39.20	47.10	43.20
城镇登记失业人员比重	2.20	1.39	2.98	3.47	3.20	3.57	2.10	3.60	3.50	3.20	3.27	5.10	4.20	2.10
市辖区人均财政支出	15384	25879	6739	8857	12428	8074	10947	9315	11536	4303	3502	2268	2595	3108
市辖区人均财政科技支出	681.7	1503.7	75.7	127.3	146.4	122.1	76.7	98.6	62.1	38.9	19.6	26.4	26.5	18.7
市辖区人均财政教育支出	1903.4	4173.3	985.2	1327.8	1500.4	1095.5	1719.8	1373.4	1458.3	671.7	758.3	752.2	764.9	693.1
市辖区百人公共图书馆藏书量	930.20	410.50	89.30	175.30	110.20	75.40	196.20	58.62	81.90	60.10	54.50	23.90	23.60	39.40
市辖区每千人拥有医生数	6.75	5.59	3.10	3.47	5.32	2.13	4.82	1.71	3.68	3.69	2.38	1.11	1.17	5.53
人均受教育年限	10.50	11.10	8.57	9.88	8.77	9.46	8.85	9.18	8.48	8.31	8.41	8.31	8.44	8.23
市辖区社会保障覆盖率	50.21	85.49	23.82	32.49	39.13	33.21	33.76	30.38	28.67	20.43	17.78	17.65	12.05	19.76
市辖区每万人拥有公交车数量	110.52	17.92	7.16	14.15	9.51	4.33	8.36	4.38	6.98	7.79	3.76	2.64	2.21	6.36
市辖区人均城市道路面积	33.89	7.59	11.29	11.79	16.44	7.42	21.16	11.03	13.08	10.27	11.26	6.16	8.25	18.79
人均居住面积	29.90	28.81	32.68	28.71	22.62	37.45	31.20	32.60	34.08	30.21	37.39	34.94	29.82	31.39
互联网普及率	76.8	70.3	26.4	50.5	31.4	29.8	29.4	38.2	36.3	23	23.8	16.2	18.7	17.5

续表

	深圳	北京	江西	南昌	景德镇	萍乡	九江	新余	鹰潭	赣州	吉安	宜春	抚州	上饶
自来水普及率	100.00	100.00	97.94	99.70	99.68	100.00	100.00	100.00	94.33	100.00	94.03	95.13	99.82	99.73
燃气普及率	99.74	99.85	94.31	94.44	99.22	95.79	98.01	99.05	92.72	97.32	96.66	95.01	98.64	95.01
市辖区排水管道密度	16.32	9.01	9.16	9.32	9.07	7.86	9.94	10.63	2.60	6.12	12.07	7.76	11.85	12.91
生活垃圾无害化处理率	93.97	98.24	86.82	100.00	99.58	100.00	100.00	100.00	100.00	38.40	65.44	100.00	50.00	100.00
生活污水集中处理率	95.00	81.68	83.60	93.00	76.50	77.30	82.35	97.73	86.10	38.97	66.48	98.49	73.00	90.29
工业固体废物综合利用率	99.81	66.26	78.92	98.34	94.94	91.77	53.71	90.97	95.10	77.40	96.28	100.00	88.76	10.60
空气质量达标率	99.18	87.67	99.34	94.79	100.00	98.63	99.45	99.18	100.00	100.00	99.18	100.00	99.73	100.00
城市建成区绿化覆盖率	45.09	51.59	47.9	42.96	55.47	48.33	57.40	52.67	38.50	41.65	45.19	42.49	56.43	49.40
人均公园绿地面积	16.30	15.30	13.49	9.18	16.01	12.28	18.73	17.40	13.13	12.43	16.86	14.24	17.19	15.88
单位 GDP 的 SO_2 排放量	0.43	3.70	49.14	13.02	45.45	137.9	70.79	79.96	47.01	38.56	42.05	83.36	27.30	31.30
城乡居民收入比值	1.00	2.23	2.54	2.44	2.47	2.17	2.64	2.24	2.30	3.43	2.81	2.35	2.36	2.89
城乡恩格尔系数比值	1.00	0.97	0.71	0.78	0.97	1.00	0.85	0.97	0.87	0.91	0.91	0.94	1.00	0.69
市辖区与全市社会保障覆盖率比值	1.00	1.05	2.21	1.95	2.60	1.43	3.10	1.20	1.93	3.49	1.09	1.05	1.09	1.81
市辖区与全市每千人拥有的医生数量比值	1.00	1.02	2.39	1.71	3.56	1.51	3.27	1.01	2.08	3.82	1.92	1.12	1.156	4.01
市辖区与全市人均公共图书馆藏书比值	1.00	1.04	2.67	2.12	3.21	1.94	5.18	1.19	3.26	2.78	1.31	1.18	1.46	2.43
市辖区与全市人均财政支出比值	1.00	1.02	1.56	1.49	2.07	1.41	2.44	1.08	2.07	1.27	1.49	1.59	1.60	1.67
农村劳动力年度转移率	0	0.93	2.29	3.71	3.15	3.35	2.61	4.72	3.22	2.26	2.66	3.652	1.98	0.17
人口城镇化率	100.00	86.20	45.70	67.24	57.96	60.77	44.38	63.58	49.44	39.34	39.62	38.19	38.82	41.74

注：这里将深圳、北京两市的指标数据作为江西省的参照。

第三节　江西省城镇化质量综合评价

通过对表4-2中各指标的原始数据进行标准化处理，得到标准化数据，再根据表4-1中的指标权重，由以下线性加权模型得到城镇化发展质量综合评价指数。

$$GI = \sum_{i=1}^{m} C_i \times P_i$$

其中，P_i 是第 i 个评价指标的标准化值，C_i 是评价指标的权重系数，m 为评价指标的个数，GI 为综合评价指数。2011年江西省城镇化发展质量综合评价指数及排序如表4-3所示。

表4-3　2011年江西省城镇化质量综合评价指数及排序

排名	城市	城镇化发展质量指数	城镇发展质量指数（0.8）				城乡一体化指数（0.2）		
			经济发展	社会发展	基础设施	生态环境	收入协调	公共服务协调	劳动力转移
	深圳	0.8714	0.2018	0.1787	0.1799	0.1496	0.050	0.1051	0.0162
	北京	0.8206	0.2053	0.2298	0.1057	0.1206	0.0318	0.1018	0.0256
	江西	0.5098	0.0982	0.0997	0.0959	0.1184	0.0254	0.0509	0.0211
1	新余	0.6296	0.1268	0.1039	0.1020	0.1341	0.0317	0.0951	0.0359
2	南昌	0.5837	0.1279	0.1161	0.1026	0.1173	0.0272	0.0601	0.0326
3	景德镇	0.5619	0.1102	0.1278	0.0969	0.1296	0.0304	0.0391	0.0279
4	萍乡	0.5524	0.1024	0.1041	0.0941	0.1202	0.0327	0.0698	0.0294
5	九江	0.5478	0.0994	0.1299	0.1074	0.1274	0.0274	0.0341	0.0222
6	鹰潭	0.5310	0.1090	0.1082	0.0879	0.1211	0.0296	0.0491	0.0261
7	吉安	0.5161	0.0869	0.0844	0.1025	0.1185	0.0278	0.0747	0.0212
8	宜春	0.5079	0.0792	0.0724	0.0861	0.1277	0.0305	0.0869	0.0251
9	抚州	0.5059	0.0893	0.0701	0.0942	0.1201	0.0315	0.0825	0.0181
10	上饶	0.4958	0.0892	0.1038	0.1066	0.1134	0.0235	0.0482	0.0112
11	赣州	0.4512	0.0843	0.0925	0.0881	0.0957	0.0257	0.0455	0.0194

注：深圳、北京两市城镇化综合评价指数主要作为江西省城镇化质量的参照指数，不参与排名；江西省城镇化质量综合指数与各设区市一样是通过指标计算所得，是全省城镇化质量的整体反映。

一 江西省城镇化质量总体情况

表4-3为2011年江西省城镇化发展质量综合排名。从表4-3可见,2011年江西省城镇化质量综合指数为0.5098,而同期深圳、北京分别达0.8714和0.8206。毫无疑问,江西省城镇化质量与深圳、北京的差距非常大,而且这种差距是全方位的,既有经济社会发展质量上的差距,也有城市基础设施上的差距,还有城乡一体化程度上的差距,其中尤以经济发展质量上的差距最大。这说明,决定城镇化质量的关键是经济发展水平,同时经济发展质量也影响城市基本公共服务水平、城市基础设施等。另外,江西省城镇化质量不仅整体上落后,而且不同设区市城镇化质量差异较大,呈不平衡发展态势,最好的新余和最差的赣州相差近18个百分点。其中,新余市、南昌市、景德镇市分别以0.6296、0.5837和0.5619位列全省前三位。这三个城市位居前列主要是因为其城市经济发展质量和社会发展质量指数排名较靠前(城镇化质量排名基本上与经济发展质量排名相一致),同时新余市的城乡一体化程度也较高,故位列全省第一。萍乡、九江、鹰潭、吉安、宜春、抚州依次位列第4至第9位;上饶和赣州排名最后两位,与处于第一位的新余市差距较大,与北京和深圳的差距则更大。

表4-4 2011年江西省城镇化率与城镇化质量对比情况

单位:%

城 市	城镇化率		城镇化发展质量指数		城镇化发展质量一级指标			
	数值	排名	数值	排名	城镇发展质量指数	排名	城乡一体化指数	排名
深 圳	100.0		0.8714		0.7102		0.1713	
北 京	86.0		0.8206		0.6614		0.1592	
江 西	45.7		0.5098		0.4122		0.0974	
新 余	63.2	2	0.6296	1	0.4668	1	0.1627	1
南 昌	67.2	1	0.5837	2	0.4643	3	0.1199	6
景德镇	57.9	4	0.5619	3	0.4645	2	0.0974	8
萍 乡	60.8	3	0.5524	4	0.4208	6	0.1319	4
九 江	44.4	6	0.5478	5	0.4641	4	0.0837	10

城　市	城镇化率		城镇化发展质量指数		城镇化发展质量一级指标			
	数值	排名	数值	排名	城镇发展质量指数	排名	城乡一体化指数	排名
鹰　潭	49.4	5	0.5310	6	0.4262	5	0.1048	7
吉　安	39.6	8	0.5161	7	0.3923	8	0.1237	5
宜　春	38.2	11	0.5079	8	0.3654	10	0.1425	2
抚　州	38.8	10	0.5059	9	0.3737	9	0.1321	3
上　饶	41.7	7	0.4958	10	0.4130	7	0.0829	11
赣　州	39.4	9	0.4512	11	0.3606	11	0.0906	9

注：深圳、北京两市的城镇化率主要作为江西省城镇化率的参照，不参与排名。

表4-4为2011年江西省城镇化率与城镇化质量对比情况。从表4-4可见，江西省各设区市城镇化率排名与城镇化质量排名差异较小，除宜春、上饶两市排名相差3位外（宜春城镇化质量排名较城镇化率排名靠前，上饶反之），其他城市的两个排名相差基本为1个位次，这说明城镇化率和城镇化质量之间具有一定的相关性。因此，未来江西省在城镇化推进过程中，应坚持速度与质量并重，以质量为主，同步提高城镇化率和城镇化质量。

二　各设区市城镇化质量情况

（一）南昌

作为省会城市，南昌在全省11个设区市中城镇化率排名第一，城镇化质量排名第二，其中城镇发展质量排名第二，城乡一体化程度指数排名第六。整体而言，南昌城镇化质量指标发展不均衡，优势和劣势均较突出。在经济发展质量方面，南昌的人均GDP、全员劳动生产率、城镇居民可支配收入、非农产业比重、单位建成区面积GDP在江西省内较高，基本处于前两位，而城镇居民恩格尔系数最低，说明南昌的经济发展质量和经济效率相对较高[①]，这也是南昌城镇化质量位居全省前列的主要原因和支撑所

---

① 这里所做的比较仅限于省内比较，实际上从表4-3和表4-4可看出，江西省包括南昌在内的城市的经济社会发展水平远低于北京、深圳等国内城市，下同。

在。在社会发展质量方面，南昌除市辖区百人公共图书馆藏书量和市人均受教育年限较高外，其他指标一般，居 11 个设区市的中游。在城市基础设施方面，南昌每万人拥有公交车数量、互联网普及率远高于省内其他城市，而其他指标也居中上水平，城市基础设施相对较好，但和北京、深圳相比还有较大差距。在生态环境方面，南昌生活污水集中处理率、建成区绿化覆盖率、工业废物综合利用率较高，单位 GDP SO$_2$ 排放量较低，其他指标一般，其中人均公园绿地面积为省内最低。整体而言，南昌的生态环境一般，得分居省内中后列。在城乡一体化方面，南昌的得分较低，除市辖区与全市每千人医生比值相对较小外，无论是城乡恩格尔系数差异系数、城乡人均财政支出，还是城乡人均公共图书馆藏书量、城乡社会保障覆盖率均相差较大，说明南昌城乡发展的协调性不够，一体化程度不高。

（二）景德镇

景德镇是一个中小城市，在全省 11 个设区市中城镇化率排名第三，城镇化质量排名第三，其中城镇发展质量排名第二，城乡一体化指数排名第八。和南昌一样，景德镇城镇化质量指标发展不均衡，尤其是城乡一体化程度不高。在城镇发展质量中的经济发展水平方面，除万元 GDP 能耗较低外，人均 GDP、城镇居民可支配收入等绝大部分指标位于中游，经济发展水平和经济效率一般。在社会发展质量方面，人均财政支出、人均财政科技支出、人均财政教育支出、每千人拥有的医生数及社会保障覆盖率为省内最高，百人公共图书馆藏书量、人均受教育年限也较高。整体而言，景德镇的社会发展质量较高，这也是其城镇化质量位居全省前列的主要原因。在城市基础设施方面，除每万人拥有公交车数量、人均城市道路面积较大外，其他指标一般。在生态环境方面，景德镇的空气质量达标率、建成区绿化覆盖率和人均公园绿地面积较高，其他指标一般。整体而言，景德镇的生态环境一般，得分居省内中后列。在城乡一体化方面，景德镇得分较低，除城乡恩格尔系数比值接近 1 外，其他指标，如市辖区与全市每千人医生比值、城乡人均财政支出比值、社会保障覆盖率比值均相差较大，说明景德镇城乡发展的协调性不够，一体化程度不高。

（三）萍乡

萍乡也是一个中小城市，在全省 11 个设区市中城镇化率排名第三，城镇化质量则排名第四。其中，城镇发展质量指数排名第六，城乡一体化指数排名第四。和景德镇有所不同，萍乡在城镇化发展中存在明显的短板。在经济发展质量方面，萍乡单位建成区面积 GDP 为全省最高，但万元 GDP 能耗同样为全省最高，这与其以冶金、建材产业为主导产业有关，其他经济指标基本为中等，经济发展水平和经济效率总体一般。在社会发展质量方面，萍乡市人均受教育年限较高，但每千人拥有的医生数较少，这说明城市医疗卫生服务水平有待提高，其他指标一般。整体而言，萍乡的社会发展居全省中后列。在城市基础设施方面，每万人拥有公交车数量和人均城市道路面积较低，说明城市公共交通不佳，城市排水管道密度也较低，其他指标一般。整体而言，萍乡的城市基础设施也居于全省中后列。在生态环境方面，单位 GDP SO_2 排放量为全省最高，而人均公园绿地面积较低，其他指标均尚可。整体而言，萍乡的生态环境得分居省内中列。在城乡一体化方面，萍乡城乡收入协调和基本公共服务协调指标的差异相对不是特别大，城乡发展的协调性和一体化程度尚可，这也是萍乡城镇化质量较城镇发展质量排名靠前的重要原因。

（四）九江

九江是一个沿江城市，在全省 11 个设区市中城镇化率排名第六，城镇化质量排名第五。其中城镇发展质量排名第四，城乡一体化指数排名第十。和南昌一样，九江的城镇化发展不均衡，尤其是经济发展质量和城乡一体化程度滞后，影响了城镇化质量的提高和在全省的排名。在经济发展质量方面，大部分指标均处中游，经济发展水平和经济效率较一般。在社会发展质量方面，九江市人均财政支出、百人公共图书馆藏书量、每千人拥有的医生数较高，城镇登记失业率为全省最低，其他指标中等。整体而言，九江的社会发展质量相对较高。在城市基础设施方面，人均城市道路面积为全省最高，其他指标也位居前列，城市基础设施相对较好。在生态环境方面，九江的人均公园绿地面积为全省最高，但工业废物综合利用率最低，其他指标均基本位居前列。在城乡一体化方面，大部分指标的城乡差异非常大，尤其是城乡每千人医生比值、城乡公共图书馆藏书量的差异程度为全省最高。

（五）新余

新余虽然是一个中小城市，但在全省 11 个设区市中城镇化率排名第二，城镇化质量排名第一，城镇发展质量和城乡一体化程度指数也均排名第一。优势突出及没有明显的劣势是新余排名全省第一的重要原因。在经济发展质量方面，新余的人均 GDP、全员劳动生产率、非农产业比重、单位建成区面积 GDP 为全省最高，甚至超过省会城市南昌。相比之下，新余的万元 GDP 能耗和单位 GDP SO$_2$ 排放量偏高，这与其以冶金、光伏产业为主导产业有关。在社会发展质量和基础设施方面，除每千人拥有的医生数较少外，其他大部分指标均处中游，优势和劣势均不突出，社会发展质量和基础设施指数因而也位居 11 个设区市的中游。在生态环境方面，除单位 GDP SO$_2$ 排放量较高外，其他指标均位居前列，整体而言，新余的生态环境较好。在城乡一体化方面，除城乡居民收入差距稍大外，其他指标，如城乡每千人医生比值、城乡恩格尔系数差异系数、城乡人均财政支出比值、城乡人均公共图书馆藏书比值均接近 1，这显示新余城乡发展的协调性较好，一体化程度较高。

（六）鹰潭

鹰潭也是一个中小城市，在全省 11 个设区市中城镇化率排名第五，城镇化质量排名第六。其中，城镇发展质量排名第六，城乡一体化程度指数排名第七。没有明显的优势及劣势是鹰潭排名全省中游的主要原因。在经济发展质量方面，除万元 GDP 能耗较低，其他指标一般。在社会发展质量方面，城镇居民恩格尔系数为全省最高，说明居民的生活不富裕，其他大部分指标均处中游，社会发展质量指数位居 11 个设区市的中游。在基础设施方面，市区排水管道密度较低，说明抵御洪涝灾害的能力有待加强，其他指标尚可。在生态环境方面，大部分指标位居中上，生态环境指数位居全省中上。在城乡一体化方面，大部分指标均远大于 1，表明鹰潭城乡发展的协调性不够，一体化程度不高。

（七）赣州

赣州是江西省较大的城市，在全省 11 个设区市中城镇化率排名第九，城镇化质量排名倒数第一。其中,城镇化发展质量排名末位,城乡一体化程度指数排名第九。除单位 GDP SO$_2$ 排放量等个别指标位居中上外,赣州无论是经济发展水平、社会发展质量、城市基础设施,还是城乡一体化均处全省后列,尤其是大部分经济发展质量指标(人均 GDP、全员劳动生产率等)、部分基础设施指标(市辖区排水管道密度)及生态环境指标(生活垃圾无害化处理率、生活污水集中处理率、工业废物综合利用率)均居全省末位,这也是赣州城镇化质量在全省最低的主要原因。

(八)吉安

吉安在全省 11 个设区市中城镇化率排名第八,城镇化质量排名第七。其中,城镇发展质量排名第八,城乡一体化程度指数排名第五。吉安除万元 GDP 能耗、单位 GDP SO$_2$ 排放量、城镇人均居住面积及市辖区排水管道密度等少数指标较好外,大部分指标均处全省中后列,尤其是人均 GDP、人均地方财政一般预算收入、人均财政科技支出、每万人拥有公交车数量、社会保障覆盖率等指标较差,这是吉安城镇化质量在全省排名靠后的主要原因。

(九)宜春

宜春在全省 11 个设区市中城镇化率排名末位,城镇化质量较城镇化率排名前移三位,排名第八。其中,城镇发展质量排名第十,而城乡一体化程度指数排名第二,仅次于新余,城镇发展质量和城乡一体化程度呈现较大反差。在城镇发展质量方面,宜春除生态环境指标外,大部分指标均处全省后列,尤其是单位建成区面积 GDP、城镇登记失业率、百人公共图书馆藏书量、市辖区每万人拥有公交车数量、人均城市道路面积、互联网普及率等指标均为全省最差,这也是宜春城镇发展质量在全省排名靠后的主要原因。相比之下,在城乡一体化方面,大部分指标的城乡差距都相对较小,城乡一体化程度较高。当然这也与该市市辖区各项指标本身偏低有关,即出现城乡共同落后。

(十)抚州

抚州在全省 11 个设区市中城镇化率排名第十,城镇化质量排名第九。

其中，城镇发展质量排名第九，而城乡一体化程度指数排名第三，仅次于新余和宜春。和宜春一样，城镇发展质量和城乡一体化程度也呈现较大反差。在城镇发展质量方面，抚州除市辖区排水管道密度、建成区绿化覆盖率、人均公园绿地面积、单位 GDP SO_2 排放量指标较好外，大部分指标均处全省后列，尤其是城镇居民可支配收入、百人公共图书馆藏书量、市辖区每万人拥有公交车数量、人均城市道路面积、互联网普及率等指标较差。这也是抚州城镇发展质量在全省排名靠后的主要原因。相比之下，在城乡一体化方面，大部分指标的城乡差距都相对较小，城乡一体化程度较高，这和宜春情况相似。这也与该市市辖区各项指标本身偏低有关，即城乡共同落后。

（十一）上饶

上饶在全省 11 个设区市中城镇化率排名第七，而城镇化质量排名第十，城镇化质量排名落后于城镇化率排名 3 位。其中，城镇发展质量排名第七，而城乡一体化程度指数排名倒数第一。城镇发展质量和城乡一体化程度也呈现较大反差。在城镇发展质量方面，部分指标，如万元 GDP 能耗、城镇登记失业率、每千人拥有的医生数、人均城市道路面积、城区每万人拥有公交车数量、城区排水管道密度、单位产值 SO_2 排放量位居前列，但其他指标处于中后列。整体上，上饶城镇发展质量处于全省中游。相比之下，在城乡一体化方面，上饶的得分较低，无论是城乡收入还是城乡基本公共服务都相差较大，另外农村劳动力转移率也较低，说明上饶城乡发展的协调性较差，一体化程度较低。未来，上饶在城镇化的推进过程中应更加重视城镇化质量的提升。

综上可知，江西省 11 个设区市的城镇化率及质量各不相同，大体上可分为三类：一类是各项指标均较好且均衡，没有明显的短板，如新余；一类是发展不均衡，但优势和劣势同样明显，如南昌、景德镇和萍乡；还有一类虽然也算均衡，但属于全面落后的均衡，如赣州。因此，针对不同的城市，除了采取前面具有共性的对策外，还应根据各地的实际情况，扬长避短、因地制宜，消除短板和薄弱环节，有针对性地提高城镇化质量。如南昌的重点是要统筹城乡发展，改善生态环境；萍乡的重点是要加快产业结构转型升级，降低 GDP 能耗，改善城市基础设施，统筹城乡发展；新余的重点是要降低 GDP 能耗；鹰潭的重点是要加强城市地下管道等基础设施建设，并统筹城乡发展；赣州等城市则要全方位提高经济社会发展质量，完善城市基础设施等。因为各市城镇化基础和发展质量不同，发展目标也不同。作为全省城镇化建设的排头兵，新余和南昌应以深圳、北京或者同类省会城市为赶超目标，以质量为先，不断提高城镇化质量，成为江西省城镇化建设的示范城市。景德镇、萍乡、九江等第二梯队城市应以新余、南昌或同类城市作为目标和参照，力争实现进位赶超。赣州、抚州等第三梯队城市，其城镇化质量和城镇化率均较低，未来应坚持速度与质量并重，着力提高城镇化水平和质量。

第五章　江西省城镇化发展阻滞性因素的消解机制

城镇化是工业化、现代化的重要标志。江西省要坚持走内涵式发展道路，就必须坚持城镇化发展的速度与质量并重。所以，建立江西省城镇化发展阻滞因素的消解机制势在必行。

第一节　消解江西省城镇化速度的阻滞因素

众所周知，江西省城镇化速度包括城镇人口规模的扩大、城镇数量的增加和城镇地域的扩展，体现为城镇人均 GDP、城镇人口在总人口中的比例和产业集聚程度的提高，其最明显的表现是农民社会转化为市民社会过程的快慢。事实上，城镇化速度受经济、社会、政治、历史、地理、制度、政策等多种因素的影响和制约，要消解江西省城镇化速度的阻滞因素，要从以下几个方面入手。

一　夯实产业根基，消除经济阻滞

众所周知，工业化是城镇化的根基，城镇化是工业化的产物。江西省城镇化的发展速度与江西省的经济基础有着非常紧密的联系。目前，江西省的经济发展速度较快，但经济总量不高。第一、第二和第三产业的发展、发育程度，对江西省的城镇化速度有着直接的影响。因此，要立足于江西区域经济发展的不同状况，建设不同类型的小城镇，以区域产业联系为纽带，使小城镇之间形成经济上相互联系、功能上互相补充、市场上相互依托的城镇带。这样，才能吸引更多农村劳动力以及各类人才就业和创业，才能集聚更多的生产、生活要素，以区域内的产业链及其相应的交通、通信网络，将一个个小城镇集聚起来，并通过强化制造业和服务业等实体经济的支撑能力，切实形成一批具有竞争力的主导产业、特色产业和优势产业，形成以产业集聚带动人口集聚、以人口集聚促进城镇化加速发展的良好格局。为此，应从以下 3 个方面入手。

（一）统筹三次产业发展，打造特色生态产业群

目前，江西省已经提出了发展战略性新型产业的思路，并提出了具体的产业要求。应以此为基础，因地制宜，发挥自身优势，统筹三次产业发展，培育有江西特色的生态产业群，促进环境保护工作的实行。在江西省经济发展水平与资源状况的限制下，如何科学分析现有的资源禀赋，发挥产业的比较优势，成为江西省产业结构转型升级不可避免的工作。首先，江西省是个传统农业大省，优越的自然环境十分适合农作物的生长，以生态农业为主的现代农业有着广阔的发展空间。其次，江西有着底蕴深厚的红色文化和大片绿水青山，旅游资源丰富多样。最后，长期以来，江西省的工业底子薄弱，存在巨大的第二产业发展空间。尤其是有机食品产业，有一定的历史传统。因此，食品产业不但可以很好地提高农业与轻工业的关联度，引发联动效应，而且有机食品的国际市场潜力广阔。综合分析第一、第二和第三产业之间的关系，系统发展生态农业、有机食品产业和生态旅游产业，可以实现第一、第二和第三产业的生态联动，构成一个良好的生态环境保护系统，既为发展生态经济打下根基，又能较好地挖掘江西省隐藏的生态优势。因此，要围绕现代生态农业、有机食品制造业和生态旅游业，打造特色生态产业群，并逐步把它们培育成有江西特色的生态支柱产业，为江西省的产业转型升级奠定扎实的基础。

（二）加大龙头企业的培育力度，积极推动产业结构升级

龙头企业是社会经济发展的重要引擎。抓住龙头企业的发展，不但可以增强区域的经济实力，壮大区域财力，而且可以带动产业集群的发展，进而为地区城镇化的发展奠定扎实的经济基础。首先，在把培育龙头企业放在突出位置的同时，要重视中小企业的作用，促进企业集群与产业集群互动并进，不断增强企业的核心竞争力。并依据企业发展的要求，按照节约用土、集中产业、生态持续的要求，进一步优化城镇产业布局，集中设置工业园区，保证产业发展用地。而且要按照集中、集约、集聚的原则，

引导工业企业向园区集中，提高园区土地投资强度，使园区成为城镇空间拓展和经济发展的增长点。其次，要加强园区基础设施建设，完善公共服务体系，加强产业的资本、信息、技术和人才等配套支撑，形成一批特色鲜明、竞争力强的产业集聚园区，并加强工业园区规划建设与城镇规划建设之间的衔接，积极推动产城融合，将工业园区发展成为城市新区。最后，要加强产业园区的功能建设，提升园区的服务效率，协调推进工业园区、中心城镇和新型农村社区的建设，促进园区周边农村剩余劳动力就地、就近转移就业。

（三）强化农业基础地位，加快推进服务业发展

首先，要紧紧围绕建立以工补农、以城带乡、城乡互惠、城乡一体的新型工农、城乡关系，加大城乡统筹发展的力度，加快破解城乡二元结构，促进工业化、城镇化和农业现代化相互协调，切实形成城镇化与工业化、信息化、农业现代化同步发展的新格局。其次，要充分发挥服务业既为城镇化提供经济支撑，又为劳动力转移创造就业岗位的重要作用，大力发展生产性服务业，拓展、提升生活性服务业，加快发展新兴服务业，积极推进服务业社会化、产业化和市场化。

二　培育生态城镇群，消除环境阻滞

毋庸置疑，城镇群是当代社会经济高度集聚，同时各大中城市之间发生紧密联系的一种城镇化现象。目前，随着鄱阳湖生态经济区规划的进一步实施，鄱阳湖生态城镇群基本具备了城镇群的初步条件。因此，要抓住这个载体，突出生态、低碳、集约、高效的特色，将其作为江西省推进和谐城镇化发展的龙头和核心力量。在这一过程中，要以南昌市为城镇群的经济核心，加快建设连接鄱阳湖周边各城镇的水运、铁运及高速公路等综合交通运输网络以及其他重大基础设施，积极合理地组合和配置各种资源要素，强化城镇分工和合作，加快形成由大量不同类型、功能、性质、等级和规模的城镇组成的城镇系统，使鄱阳湖城镇群在全国乃至全球的经济发展中占有重要一席。这需要江西全省上下共同努力，以培育生态城镇群、消除环境阻滞为契机，做到以下3点。

（一）鼓励企业主动融入生态环境建设

首先，政府应制定合理的资源使用税费政策，对企业实行严格的环境标志和环境认证制度管理，对推行环境保护的企业给予税收和信贷上的优惠与支持。其次，应改变传统的"谁污染，谁治理"的老原则，实行"一旦破坏，数倍赔偿"的新方法，按排污节省的成本的数倍收取排污费，对严重污染环境的企业实行强制关闭整顿的处理方法，增加压力驱使企业自觉走上控制排放、绿色生产的新道路。在生态保护建设上，按照"谁投资，谁经营，谁收益"的原则，对部分公共资源实行私有化，鼓励社会各类产权主体投资生态建设。

（二）加强节能减排

节能减排是优化产业结构的一个重要组成部分，高污染、高排放的经济发展模式已经不再适合今天的经济发展水平。能源利用率的高低是一个国家综合国力的重要体现，只有最大限度地提高能源利用率，减少污染物的排放，才能实现真正意义上的可持续发展。节能减排是一个长期的、综合性的战略性调整方案，提高资源利用能力，促进环境保护，是产业结构战略性调整中一个永恒不变的话题。

（三）加强鄱阳湖生态城镇群与周边城市群的联系

推动区域规划对接、交通网络对接、产业发展对接、生态保护对接、市场机制对接，合力打造区域城市集群，实现共赢发展。目前，江西省、湖北省和湖南省正推动武汉城市圈、长株潭城市群、鄱阳湖生态城镇群的集群发展。2012年2月三省在武汉签订了《加快构建长江中游城市集群战略合作框架协议》，为多层次、多途径、多形式扩大区域共同利益，推进共建共享，实现合作共赢提供了重要平台。各有关市县主动融入、积极作为，通过整体规划和集成，力争加快形成跨省域的城市集群。

三 实施分类发展，消除层级阻滞

要加快江西省的城镇化发展速度，必须以健康的城镇化为基础。因此，江西省应该从实际出发，量力而行，与当地的经济发展水平、城镇产业对劳动力的吸纳能力、基础设施的支撑能力、自然资源的丰富程度、生态环境的承载能力和城镇的综合管理治理能力相适应，实施分类发展，消除层级阻滞。

（一）实施发展水平分类

对农村人口多、农民比例高、工业结构级层低、工业发展滞后、经济发展相对缓慢的地区而言，由于城镇化的内在动力不足，城镇化的速度不可能很快，更不是越快越好，过分追求较高的城镇化率，依靠行政手段把农民强制搬迁到城镇，不仅不能促进当地经济社会的发展，而且还会破坏经济发展的微观基础和社会稳定，产生不安定因素和风险。而对农民比例低、工业结构级层高、工业基础雄厚、经济发展相对较快的地区，则要创造进城氛围，引导广大农民进入城镇发展。

（二）实施发展区域分类

江西全省的81个县城是县域经济、政治、文化的中心，也是全省和谐城镇化空间布局的重要组成部分。要充分利用县城在县域范围内的核心作用，按照完善功能、优化布局的要求，推动县城的规划建设，尤其要充分发挥工业园区、工业新区聚集人口、促进经济的作用。对于设区市所在地，要进一步扩大其经济管理权限，在建设用地、投资项目、资金补助等方面给予优先安排，促使其扩大城市规模，充分发挥它们在区域经济发展中的核心作用。对于其余县级市，由于其独有的交通区位优势和良好的经营环境，要积极促进城区和市域范围内重点镇、中心镇之间的合理布局和分工，规划建设区域性的城乡交通枢纽，增加其对周边农村人口的吸引力，使之成为区域次中心城市。

（三）实施发展区位分类

众所周知，小城镇最贴近农村，是加快江西省城镇化速度的微小单元。江西省有众多发展水平参差不齐的小城镇。为发挥先进带动后进的示范效应，应在全省的县级政府范围内选择区位条件比较优越的小城镇作为中心镇予以重点扶持。一般来说，这些城镇的资源优势比较明显，产业发展比较突出，可考虑赋予其较大的经济社会管理权限，逐年加大对小城镇的财政资金支持力度。如征收的城市维护建设税、市政公用设施配套费全部返还用于该镇公共服务设施、市政设施、商贸设施等的建设，加速镇区人口扩张，使之成为辐射周边农村的小城市。

第二节　消解江西省城镇化质量的阻滞因素

质量是纲，速度是目。速度要服从质量，如果离开质量谈速度，则是拔苗助长。在保证质量的前提下追求速度，这样的速度和质量发展才是可持续的，也是有效的。因此，在江西省城镇化发展过程中，在追求速度的同时更要兼顾质量。在提高城镇化发展质量方面，应该进一步采取有效的政策措施促进城镇化发展，使综合竞争实力不断增强，辐射带动作用得到更好发挥；使城市应对各种突发事件的预警和应急机制更加健全，抵御各种灾害的能力进一步提高；使城镇居民的住、行条件与小康生活水平相适应，生态环境质量显著改善。

一　进行系统创新，消除风险阻滞

要提高城镇化质量，必须高度重视成本运作，尽快化解不断攀高的政府负债风险和城市房价风险。目前，这两大风险仍在累积，一旦上升为系统性的显性风险，将严重阻碍城镇化的健康发展。化解风险的关键是深化改革，进行系统创新。

（一）推动城镇住房管理改革

目前，高房价是影响农民身份市民化的主要障碍。不从根本上消除这一障碍，农民就难以在城镇长期立足，城镇化就变成一句空话。为此，要强化政府责任，从长远角度考虑社会公民的生计问题，积极推动城镇管理机制改革，保证城镇部分房价满足进城农民工的承受能力。为此，首先，要大规模推进保障房供给计划，确立农民工住房的社会保障性质，而非当前的商品房概念，要保障进城农民工的居住权益，真正让农民工"居者有其屋"。其次，要进一步完善激励政策，支持农民工自主购买住房并在首付比例、贷款利率、期限以及税收等方面给予政策优惠，通过多种途径解决农民工的住房问题。

（二）深化土地管理制度改革

目前，城镇高地价和高税费在高房价中所占的比例超过 70%。事实上，现有的土地管理制度严重制约了农民工市民化进程。毋庸置疑，农民参与工业化与城镇化在土地成本支出上的差距太大。农民参与工业化变成工人，只要具备一定的劳动能力即可，几乎与土地成本没有关系，甚至可以说农民是面对零地价参与工业化。而农民参与城镇化变成居民，绝对绕不开土地高成本这一难关。城镇的高地价推高房价和物价等，导致农民工市民化的成本过高，使农民工难以承受。因此，必须深化土地管理制度改革，改变国有土地和集体土地城乡分治格局，公平、公正地分配土地增值收益，促进土地节约、集约利用，提高土地利用质量和效率，切实为农民工市民化创造有利条件。首先，要扩大土地空间配置范围，实行城镇建设用地增加规模与吸纳农村人口进入城镇定居规模挂钩的政策，保障农民工及其家人在市民化过程中的基础设施、公共服务设施和保障性住房建设的用地需求，以人的空间转移调整和优化地的空间结构。其次，要鼓励农业转移人口进城后用农村承包土地转换城镇户口、社会保障、社会福利和公共服务，用宅基地和房屋转换城镇住房。最后，要深化征地制度和农村土地产权制度改革，解决被征地农民转移到城镇后的就业、住房和社会保障问题，保障被征地农民的长远生计。

二　正视弱势群体，消除体制阻滞

实际上，推动城镇化的一个必然结果是农民工市民化。这不仅是最大的内需潜力、最深刻的结构调整、最重要的战略选择和最持久的发展动力，也是提高城镇化质量、满足广大农民愿望、缩小城乡收入差距、缓解资源环境约束、维护社会公平正义的必由之路。从目前的社会阶层发展状况分析，农民是最大的弱势群体。因此，要保证城镇化的发展质量，就必须正视弱势群体，牢固树立农民工市民化的核心地位，消除体制阻滞，让农民工真正成为城镇化的主人。

（一）正视弱势群体的身份

首先，要从注重市民城镇化向更加注重农民工市民化的城镇化转变，彻底改变城乡居民待遇不一样、不平等的现象，促进城镇劳动者人人平等。其次，要从注重本地农民工市民化向同时注重外来农民工市民化转变，彻底改变对外来农民工的社会歧视，促进劳动力有序流动。最后，要从注重进城农民市民化保障向同时注重城乡居民社会保障一体化转变，彻底改变城乡二元结构，促进经济持续发展、社会和谐稳定。

（二）正视弱势群体的需求

首先，要从注重物质形态城镇化向更加注重人的全面发展的城镇化转变，彻底改变"重物轻人"的错误导向，加快农民工及其家庭成员的市民化进程。其次，要从注重农民工的就业保障向同时注重农民市民化的全面社会保障转变，彻底解决农民工在社会保障方面的后顾之忧，促进农民工及其家庭成员得到全面发展。最后，要从注重进城农民工市民化向同时注重农民工家庭成员市民化转变，彻底解决农民工家庭成员两地分居、妻儿分离等问题，促进城乡居民家庭幸福、安居乐业。

（三）正视弱势群体的生活

要鼓励大城市的连锁超市、文化娱乐项目、商业服务项目等有重点地向城镇转移，带动城镇经济发展。引导大城市的名校、名医等优质教育、医疗资源向城镇流动，增强城镇的吸引力。积极运用数字化技术，提高城镇的信息化、精细化管理水平。同时，要加快建立城市和城镇之间的人才、资源、项目弹性流动机制，形成城市和城镇之间的双向交流通道，吸引更多的高学历、高科技人才到城镇工作、生活。

三 改革政府行为，消除政策阻滞

事实上，政府行为和政策制度是江西省城镇化健康发展的重要保障。随着城镇化的不断深入，过去有些起促进作用的政策制度已不能适应现实的需要，成为阻碍城镇化发展的制约因素。总结政府政策得失，及时将制约因素转化为促进因素，应该从以下 3 个方面入手。

（一）建立市场化的土地使用权流转机制

建立土地使用权流转机制，不但可以充分发挥市场对土地资源的优化配置功能，促进城镇土地集约化利用，而且可以解除农民进城的后顾之忧。首先，要加快研究允许集体非农建设用地使用权有条件流转的具体政策，逐步使集体土地使用权合法地通过转让、出租、作价入股等方式直接进入城镇土地市场。其次，为了规范土地市场，在政府垄断一级市场的前提下，应积极鼓励二级市场土地的有偿流动。再次，应建立土地收购储备制度，根据城镇闲置和因城镇改造、"退二进三"或企业破产、搬迁等需要调整利用土地，由市、县政府统一收回或收购储备，统一实施出让供应。最后，应根据本人意愿，允许外出打工经商的农民经营土地使用权，保留其承包土地经营权，并鼓励其将土地使用权依法有偿转让。

（二）放开小城镇落户限制

只要是在城镇有固定居住场所、合法职业和稳定收入渠道的居民，还有与其一起居住的直系亲属，应允许其以及与其一起居住的直系亲属登记为城镇户籍。对落实用人单位的，可办理城镇居民户口。对于高素质人才，可以先落户后就业。同时，要进一步加强对城镇实有人口的动态管理，逐步实现基本公共服务由户籍人口向常住人口全覆盖。

（三）建立城镇集约用地的激励机制

首先，制定优惠政策，鼓励各级政府合理调整城乡居民点的用地结构，并通过土地整理缩并农村居民点，为城镇发展提供更广阔的空间。其次，鼓励农民进城买房，实行居住集中，对退宅还耕的农民允许其将原有的宅基地按一定折算比例置换成城镇住宅用地，同时对购房给予银行按揭或降低税费等方面的优惠。再次，树立耕地保护意识，在城镇建设中尽量利用城镇周围的非耕地，尽可能降低城镇增量建设用地中占用耕地的比重。最后，建立健全规划审查管理制度，对农地转用、建设征用、上地开发整理等土地利用活动进行严格审查，以保障城镇发展合理用地需求的有序供应。

第三节　综合性的阻滞因素消解机制

加快城镇化进程，提高城镇发展水平，是一项长期而艰巨的任务。要推进江西省的城镇化建设，必须从江西省的经济社会发展实际出发，遵循城镇化发展的客观规律，做到科学规划、合理布局，构建分工协作的城镇体系。

一 建立城乡全覆盖的规划体系，消除规划阻滞

城镇规划是城镇建设的蓝图，决定着城镇未来的发展。江西省要推动城镇的科学发展，必须充分发挥规划的战略性、前瞻性和导向性作用。因此，要严格按照江西省委、省政府的要求，在编制城镇规划时，应充分体现先进的城镇发展理念，坚持世界眼光，立足长远发展，面向城镇未来，着眼于资源能源节约、基础设施完善、公共服务健全、人流物流便捷、经济文化繁荣、社会事业发达、城镇管理高效、生态环境优美、人与自然和谐等原则。

第一，在规划的广度上，要依法加快建立和完善从省到村的完整规划体系。具体应包含省域城镇体系规划、城镇群规划、都市区规划、城镇总体规划、县乡规划和村庄规划，实现城乡规划全覆盖。

第二，在规划的深度上，要加快完成城镇总体规划的子规划和关联规划的编制工作，形成较为完整的规划执行体系。具体应包含总规、控制性详规以及各类专规，还有城市设计规划、城市景观规划、修建性详规等。同时，要加强城镇群规划、中心城市规划和县域规划的衔接，增强规划的整体性和协调性。各级政府应切实保证规划编制和管理投入，将相关经费纳入财政预算。

第三，保证城镇规划的法定性、严肃性和权威性。抓紧出台有关城乡规划编制、修改的规划性文件，如条件成熟，可以出台地方性法规，切实减少甚至杜绝随意更改规划的现象。尤其是要加强对城市领导者的规划法制意识教育，建立严格的规划管理体制，切实避免一任领导一任规划的现象。对于控制性详规不完善的，应加快编制步伐，为建设工程提供法定依据；对于不符合控制性详规的工程建设项目一律不予审批、不予立项。

第四，进一步加强基层政府规划建设管理工作，尤其要尽快完善乡镇规划建设管理机构，充实规划执法队伍，落实规划工作经费，切实加强对规划实施的监督管理。对各类违反规划的建设行为，要从严查处，绝不姑息。

二　提升城镇综合承载能力，消除设施阻滞

众所周知，基础设施建设水平决定城镇的承载能力。要加快江西省城镇化建设，必须把基础设施建设作为提升城镇综合承载能力的抓手，加强城镇交通体系、市政公用设施、公共服务设施、防灾减灾和应急设施建设，改善城镇居住环境，全面提升城镇基础设施建设水平。

第一，推进城镇投资体制改革。城镇化离不开资金的支撑。一方面，城镇化需要大量的基础设施建设；另一方面，农民进城落户安家也需要大量资金。要按照"政府主导，市场运作"的原则，深化城镇投融资体制改革，加快建立政府推动、社会参与、个人努力的多元资金筹措机制，实现城镇建设投入与产出的良性循环。首先，要完善财政保障机制。将农民工市民化的基本公共服务支出列入政府公共财政预算，合理界定不同层级政府的公共支出责任，调整以户籍人口为基础的资源分配关系，减轻流入地吸纳农业转移人口的财政负担。其次，要推动有条件的地方政府通过整合现有融资平台，注入优质资产，提高融资能力。鼓励符合条件的投融资平台采取发行城市建设债券、上市融资、信托计划等形式筹集建设资金。再次，要加大城镇化中长期贷款规模，降低政府和企业融资成本，促进不同等级和规模的城镇协调发展、共同发展。最后，要放开对民间投资城镇基础设施、公用设施的限制，坚持"谁投资，谁受益"的原则，鼓励以公有民营、民办公助、股份制等多种形式，吸引私人资本、社会资本和境外资本投资城镇建设。

第二，积极运用市场机制，以土地、资源、市场优势置换资金。为此，各小城镇要结合实际制定优惠政策，吸引企业、个人及外商以多种方式参与小城镇基础设施的投资、建设和管理，多渠道投资小城镇公用事业。对于经营性城镇基础设施建设，应该以企业为主体进行投融资，政府通过制定政策、优化软环境、创造条件吸引社会资本，投资建设港口、停车场、客运站、货运场等；对于准经营性城镇基础设施，应该在政府主导下以企业为主体进行投融资，政府通过推行特许经营制度，吸引更多社会资本参与城镇供水、供电、供气、公共交通、污水处理、环境卫生、收费道路和桥梁等的建设。

第三，加强城镇公共服务设施建设。进一步加强满足居民教育、

医疗、文化、科普、体育和休闲娱乐需要的公共服务设施建设，提升城镇公共服务功能和社会发展水平。优化教育结构和布局，全面提升义务教育水平，基本普及高中阶段教育。大力发展职业教育，不断提升高等教育质量。深化医疗卫生体制改革，健全城镇医疗卫生服务体系，加快建设以社区卫生服务为基础的医疗卫生服务网络，扩大社区卫生服务覆盖面。此外，还要增加城镇文化设施、体育设施及休闲娱乐设施的建设，以满足居民的需求。

三 强化生态环保意识，消除观念阻滞

城市生态环境也是影响城镇化质量的重要因素，虽然江西省的生态环境整体上较好（这也是江西省屈指可数的优势之一），但同时也要看到，江西省的经济发展方式还比较粗放，低碳和绿色发展模式还远未形成；部分地区的生活垃圾无害化处理率、生活污水集中处理率和工业废物综合利用率还不高，影响了城镇化质量，改善生态环境还任重道远。在城镇化推进过程中，应牢固树立绿色发展理念，把生态文明理念融入城镇化全过程中，倡导低碳和绿色发展，大力转变发展方式，探索走出一条集约、智能、低碳、宜居的绿色城镇化道路。进一步完善供水、排水、垃圾和污水集中处理等基础设施，增加人均公园绿地面积和绿化覆盖率等。加强对工业废物的综合利用，转变发展方式，推进节能减排，大幅减少 SO_2 等污染物排放量，提高生态环境质量，增强生态环境的综合承载能力，让江西的天更蓝、水更清、地更绿、景更美。

第一，要主动适应世界绿色、低碳的发展潮流，把生态文明理念融入城镇化全过程，倡导低碳和绿色发展。大力推进节能减排，发展生态经济，促进低碳消费，减少不合理的能源、资源消耗，提高资源利用水平。要不断完善环境治理机制。明确政府、企业和居民的环保责任，理顺资源和能源的价格机制，建立环境风险动态管理和监控系统，强化监督检查和责任追究，推进环境保护和生态建设走上法制化轨道。要切实加大源头治理力度。着力建设自然生态系统，保护好水源地、生态廊道等生态系统敏感点。严格控制空气污染和水污染，切实提高环境和生态质量，增强生态环境的综合承载能力。

第二，要把生态建设与环境保护工作放在小城镇建设的首位。小城镇

建设在追求经济效益和社会效益最大化的同时，要坚持与生态效益相统一。特别是工业小区的选址和新扩改项目的建设，一定要以保护生态平衡和生态环境为前提，严防生态破坏和环境污染，建设项目要有小城镇可持续发展的阻滞因素分析及对策研究、环保规划和治理"三废"污染的具体要求，绿化工作要与城镇建设同步进行，真正把小城镇建设成"城在山中，房在林中，人在绿中"的现代园艺式集镇。

第三，要加强环保教育，牢固树立生态文明的观念。加强生态文明教育是一项系统工程，要通过各种方式加强宣传教育，让环保意识渗透到每个人心中。同时，要选择在社会上影响力较大的公众人物担任形象大使，通过各种活动引导公众积极投身于环保事业，培育大众的生态意识。与此同时，还可以围绕生态产业示范园区建设，开展一系列丰富多彩、形式多样的关于循环经济的宣传教育活动，着力培养人们热爱自然和保护环境的自觉意识，建立绿色生产、适度消费、环境友好和资源永续利用的社会公共道德准则，让大家自觉选择绿色生活的新方式。此外，还可以在小学教育阶段增加生态环保教育内容，从小培养环境保护意识。

第六章　国内外典型城乡统筹
发展的经验与启示

城乡统筹发展是世界各国经济社会快速发展的重要模式，无论是发达还是发展中国家和地区都不约而同地选择了城乡统筹发展来全面带动整体经济增长、科技进步和文明提高。放眼国内外城乡统筹发展的历程，可以发现这其中不乏成功的经典案例，这给江西省的城镇化建设带来了重要启示。

第一节　国外典型的城乡统筹发展模式

回顾目前世界上发达国家的发展史，不难发现美国、日本、韩国、德国等众多发达国家在 20 世纪都先后经历了一段快速的城乡统筹发展历程。因此，在很大程度上城乡统筹发展一直是世界现代化进程中的主旋律，同时也是经济建设和社会进步的重要途径。

一　日本的城乡统筹发展模式

1945 年第二次世界大战过后，当时的日本暴露出经济萎靡、国内基础设施匮乏、城乡居民收入差距巨大等诸多严峻问题。日本的总国土面积为 377835 平方公里，相当于 2.3 个江西省的总面积，但其总人口在当时就已达 0.75 亿左右。因此，日本的人口密度是相当大的，是个典型的地少人多、资源匮乏的国家。战后，日本政府采取了一系列政策措施，使得日本经济在 20 世纪 50 年代中期至 70 年代初经历了一个飞速发展时期，年增长率持续突破 10%，相继超越英、法、德三国，于 1967 年成为位居世界第二的经济强国。经济的高速发展必然伴随着巨大的产业间的人口流动以及快速城市化。根据日本统计局 2013 年 9 月发布的统计数据，日本前五大县（东京、神奈川、大阪、爱知、埼玉）聚集了全国 35.7% 的人口。快速的城市化也带来了城市化跟不上工业化节奏、城市过度拥挤和城乡收入差距迅速拉大的可能性，最终可能演变为社会阶级矛盾。然而，事实证明日本政府通过以下一揽子办法有效地化解了这些问题与矛盾，成为亚洲城乡统筹发展的代表性国家。

（一）增加向农村地区基础设施的财政投入

与城市相比，当时日本的农村基础设施建设相对落后，机械化、工业化程度不及城市。而要改善这一现象，则需要大量的资金投入。具体来说，日本通过中央和地方政府的财政拨款、贷款和债券发行，来解决农村、农业发展资金不足的问题。由于基础设施建设需要大量资金，建设周期通常较长，因此，基础设施的资金回笼较慢。再加上日本市町村级自筹资金有限，日本政府的参与投资就显得十分重要。另外，通过农村地区大规模基础设施的建设，日本在逐步缩小城乡之间基础设施差距的同时，也刺激了经济的快速增长。

早在 20 世纪 70 年代日本政府就已参与到农村地区的基础设施建设中。在第二波"新农村建设"浪潮中，日本政府与国家农业金融机构给予每个市町村政府 9000 万日元的补贴和 2000 万日元的贷款。在政策层面上，日本政府也出台了多项管理法规促进农村地区的基础设施建设，如 1962 年的《振兴地方建设公团法》、1993 年的《关于为搞活特定农村、山村的农林业，促进健全相关基础设施的法律》以及 2000 年的《关于促进建设优良田园住宅的法律》等（唐相龙，2011）。国家参与基础设施建设这一趋势一直延续至今，用支出法计算的 GDP 构成显示，近年来日本公共需求占 GDP 的比重长期保持在 23% 之上（见表 6-1）。这种对农村地区基础设施建设的投入，有效地提升了日本农村地区的居住与投资环境，缩小了其与城市地区的差距，切实改善了农村居民的生活水平。

表 6-1　日本国内需求情况

年份 指标	2009	2010	2011	2012
GDP（亿日元）	489588.4	512364.2	509369.4	519277.3
国内需求（亿日元）	480471.5	494573.7	496057.7	510016.8

续表

年 份 指 标	2009	2010	2011	2012
私人需求（亿日元）	363506.0	375726.2	377477.3	386409.7
公共需求（亿日元）	116871.7	118781.6	118533.7	123494.8
公共需求占 GDP 比重（%）	23.87	23.18	23.27	23.78

资料来源：日本国家统计局：《2013 年统计手册》。

（二）支持农业生产，保障农民收入

在农民收入方面，日本政府从 20 世纪 60 年代起接连颁布了《农业基本法》《食品、农业及农村基本法》《粮食、农业及农村发展基本计划》等多项法规以进一步加大对农业生产的支持力度。具体来说，日本政府对山区、半山区的农业生产给予直接财政补贴，例如给予山区的执行标准为 20 万日元每公顷，其中一半直接发放给农民，另一半中的 90% 补贴给所在社区，用于农村地区的农业建设。另外，除了补贴之外，日本也在进口和税收方面给予本国农业必要的支持和保护。日本通过提高关税、加征国内批发价、实行进口配额等方式让进口产品保持在高价位，失去原有的竞争优势。并且，日本对从事农业生产的居民所产生的所得税、遗产税、事业税等多种税负给予一定的优惠。同时，这一时期日本政府也进行了相应的土地改革，政府将购回的土地分给农民。因此，农民自有耕种土地面积增加，再加上国家对农村地区的机械化、科技化投入，农村农作物产量增长，最终提高日本农村地区的居民收入。1965 年日本城镇工人的人均年收入为 17.7 万日元，农民的人均年收入为 14 万日元。而到了 19 世纪 70 年代末，农民的人均年收入已比城镇工人的相应收入高出 10 万余日元。日本通过多项举措来支持和保护本国农业，使农民的收入增加、居住环境和条件得到极大的改善，加快了农村地区的城市化和现代化步伐，促进了日本的城乡统筹发展。

（三）引导农村地区产业有序升级，就业人口平稳转移

日本从 20 世纪 50 年代开始就相继颁布了多项农村建设管理法规，如《山村振兴法》《全国综合开发计划》《农村地域工业导入促进法》

《过疏地域振兴特别措施法》等（唐相龙，2011）。拟在全国范围内统一进行产业规划，实施科学的产业升级，使农村就业人口向第二、第三产业转移，实现农村地区与城市同步工业化、现代化。

日本第一产业就业人口总量在 2009~2012 年逐年下降比例分别为 3.41%、2.35% 和 3.61%（见表 6-2）。具体来说，无论是日本传统商业农场家庭还是农民数量在近 20 年持续保持下降，并且呈现农民大龄化趋势，在 2010 年 65 岁以上的农民已占总数的 61.6%（见表 6-3）。可以看出，日本政府出台的一系列农村工业化管理条例促使工业布局向农村延伸，促使农村地区融入全国的工业化和现代化进程中。同时，吸收农村丰富的剩余年轻劳动力，让全国就业人口稳定地由第一产业逐渐向第二、第三产业转移，进一步缩小城乡居民的收入差距，最终，实现全国范围内农村与城市的均衡发展。

表 6-2　日本三大产业就业人口

单位：千人

年份 就业人口	2009	2010	2011	2012
第一产业	2640	2550	2490	2400
第二产业	16070	15670	15540	15380
第三产业	43800	44110	44310	44300

资料来源：日本国家统计局：《2013 年统计手册》。

表 6-3　日本商业农场家庭及商业农民数量

指标 年份	商业农场家庭数 （千户）	商业农民	
		总人数 （千人）	65 岁以上所占 比例（%）
1990	2971	4819	33.1
1995	2651	4140	43.5
2000	2337	3891	52.9
2005	1963	3353	58.2
2010	1631	2606	61.6

资料来源：日本国家统计局：《2013 年统计手册》。

（四）普及农村地区的国民教育

关于农村地区的教育，日本在 20 世纪初颁布的《教育基本法》明确了 9 年义务教育制度，并把农村地区纳入义务教育的范围内，明确了由国家直接财政投入与地方财政转移支付共同承担农村地区的义务教育费用。而且，近年来通过促进教育改革，日本政府已经把义务教育上升为国家战略。2008 年日本政府颁布的《促进教育基本计划》（*Basic Plan for the Promotion of Education*）更是将城市化加速所带来的问题纳入日本的教育现状说明，明确了保证全民接受高质量教育的重要性。表 6-4、表 6-5 显示日本在教育方面的师资力量投入在二战后呈现逐步递增趋势，并且代表着高等教育的大学数量在 2012 年达到 783 所，几乎是 1950 年的 4 倍。

表 6-4　日本教师数量

单位：人

学校 年份	幼儿园	小学	初中	高中	大专	大学
1950	8028	305520	182008	82932	2124	11534
1970	66579	367941	224546	202440	15320	76275
1990	100932	444218	286065	286006	20489	123838
2010	110580	419776	250899	238929	9657	174403
2012	110836	418707	253753	237224	8916	177570

资料来源：日本文化科学省官方网站。

表 6-5　日本大学数量

单位：所

年份	1950	1960	1970	1980	1990	2000	2005	2010	2011	2012
大学数量	201	245	382	446	507	649	726	778	780	783

资料来源：日本文化科学省官方网站。

日本的公共教育经费投入比近年来呈稳定上升状态，2012 年日本在教育方面的公共支出达 2345.88 亿日元，占国内生产总值的比重由 2005 年的 4.60% 上升到 2012 年的 4.95%。但由于近年来，受金融危机影响日本经济并不景气，作为各地区教育经费支付主体的地方财政与国库一样遇到了严峻的挑战。日本政府意识到需要利用税收优惠等制度变革，鼓励教育组织、个人和民营企业参与到地区教育中来。高质量的教育是农村地区紧跟时代发展的前提，有效地保证了日本城市化的均衡性。

（五）全面覆盖农村地区的社会保障制度

二战结束后，日本国内的经济一度跌入谷底，社会生活水平严重下降，农村地区的问题尤为严重。为此，日本在战后迅速颁布了《生活保护法》，确保了低收入居民特别是偏远地区的贫困农民的最低生活保障。此举拟在稳定日本的经济社会活动秩序，初步构建基本的社会保障体系。紧接着，日本于 1959 年接连颁布了《国民健康保险法》和《国民年金法》，全国农村地区的广大农民被强制性纳入全国医疗保险与养老保险范畴中。多项法规的出台与实施，标志着日本进入全民医疗保险时代，并妥善地解决了农村的养老问题，建立了完整的社会保障制度。在 2000 年 4 月，日本政府启动了一个长期护理保险制度来解决老年护理问题，截至 2012 年 4 月，这项服务的使用者数量已达 450 万人。日本政府在社会保障方面的支出在 2010 财年就已达到 103.5 万亿日元，人均折合 808100 日元。经过几十年的投入与发展，日本已经建立起全面覆盖农村地区的由公共医疗、养老、护理、儿童津贴等保险构成的农村社会保障体系。

二　美国的城乡统筹发展模式

大洋彼岸的美国，作为世界第一经济强国，早在 19 世纪工业革命爆发伊始，就开始了其城市化进程，城市化率在 1970 年就已达 70%，而那时新中国的城市化率仅为 17.38%。著名的硅谷就是美国城乡一体化发展的典范，硅谷所在区域原属于农村地区，仅有斯坦福大学和几家高科技公司坐落于那里。经过半个世纪的发展，硅谷已然高度产业集中化、城市化、现代化，成为高科技产业区的代名词。然而，硅谷仅是美国城乡统筹发展的一个缩影，如今美国的城市化率早已突破 80%，形成众多新兴城市群如旧金山湾区、五大湖区城市群、芝加哥—匹兹堡城市带等，在全国范围内均衡辐射周边地区，消除二元经济问题。首先，美国是以大都市区经济建设发展方式为核心，快速实现城市化，形成规模庞大的城市群。再通过所形成的城市群强大的辐射能力实现郊区化，将城市的影响力延伸至农村地区，实现城市与农村的无缝对接，最终形成城乡一体化发展。具体来说，美国的主要做法有以下几方面。

（一）政策扶持农业发展

尽管美国的工业化、现代化和城市化程度已达到相当高的水准，但美国政府始终重视第一产业——农业的发展，利用政策性工具如财政补贴、价格支持、苛刻的收购政策等来扶持本国的农业发展，提高农民收入。关于财政补贴，首先是直接生产补贴，根据生产品种和数量，给予相应的直接补贴。其次，政府对退耕还林也会给予农民补贴，根据自愿原则，农民可以与政府签订合同，在一些地质敏感地区停止耕作，恢复原来的生态面貌。另外，针对自然灾害，美国政府也会给予农民必要的补贴和保险支持政策（李果仁，2012）。关于价格，主要有价格支持和目标价格两方面。价格支持是指美国政府设定最低收购价，使农产品的成交价格保持在一定水平之上，以稳定农产品的市场价格，保障农民收入。目标价格是指政府设定一个合理的农产品价格，当市场价由于内外部环境因素影响而低于目标价格时，政府就会给予符合条件的农户相应的差额补贴。关于农业保护，美国有一套严格的收购程序与政策，来保护本国产业的健康发展。例如，我国的双汇集团收购世界上最大的生猪养殖及猪肉制品厂——美国史密斯菲尔德公司，该收购案虽然在 2013 年 9 月 6 日最终获美国联邦政府批准，但整个收购过程阻碍重重，先是密苏里州州长否决相关的议案，后是美国参议院农业委员会举行听证会，继而召开股东大会投票表决，这些都给整个收购案带来了不确定性因素。双汇收购案只是美国农业保护的一个缩影，美国政府希望通过苛刻的收购政策，来最大限度地减少核心技术外泄，以保护和扶持本国的农业发展。

（二）加大农村地区基础设施建设力度

在美国，上至联邦政府，下至州和地方政府，都对农村地区的基础设施建设非常重视。张蕾（2008）概括到美国农村的基础设施建设包含铁路、公路、码头等公共交通设施的建设以及供水、供电、通信等日常生活设施的建设。农村基础设施的建设步伐是否跟得上城市化的发展节奏，是农村建设的关键。健全的农村基础设施不仅是完善的交通运输网络的基础，同时也是便捷化信息交流的前提，现代农村经济高度依赖信息网络，基础设施的完善性直接影响农村建设的进程。随着越来越多的农村地区融入大都市区，人口密度逐渐增加，拥挤程度逐步递增，时间成本也激增。这一趋势直接导致人们对道路、通信和运输的需求增长。具体来说，美国政府专门设立了农村发展局，隶属于联邦农业部，致力于改善美国农村地区的经济和生活质量。该部门主要运作支持农村基础设施及服务的项目，如供水、污水处理、住房、能源、通信等。农村发展局从资金、技术、信息三个方面推进和强化农村地区基础设施的建设。

（三）促进农村地区医疗、教育发展

为保证农村地区与城市同步发展，居民享受相同的公共服务，保证相关公平性，缩小城乡差距，美国政府很早就已着手覆盖农村地区的医疗和教育工作。首先，在教育方面，李勤等（2009）认为"工读课程计划"作为美国农村职业教育的典型，取得了良好的效果。《人力开发与培训法》和《就业机会法》等法规的相继出台，也有效地保证了美国农村地区教育工作的开展。同时，针对儿童及青少年教育，美国政府通过给予农村贫困家庭多样化补助、加大教育财政投入、制定教育政策等多种手段来促进农村地区的教育发展，保证农村地区的儿童和青少年受教育的权利。其次，在农村医疗方面，美国主要通过覆盖农村医疗保险、支持农村医疗卫生机构建设、增加医疗卫生职业人员的投入等方式来促进农村地区医疗的发展。郝逸阳、顾佳慧（2011）将美国的医疗保险划为商业保险类，是通过市场化经营管理的，这种模式政府负担小。也正是由于其商业化性质，美国是世界上唯一未实现全民医疗保险的发达国家（高芳英，2006）。市场化运作和资源性原则，更有利于美国政府集中精力提高贫困居民的医疗服务质量。

（四）有序引导市郊化发展

美国城镇化在20世纪后期达到高度发展水平后，出现了众多规模庞大的城市群，这些城市群又是由百余个大小城市构成的。在发展和定义城市群后，美国开始以建设大都市区为基本路线，这个概念最早是美国于1910年提出的。大都市区泛指以城市为圆点，周边一定半径内的范围。美国政

府推出这个全新概念，旨在利用现有高度城市化的优势，扩大城市群的辐射，将城市的影响力延伸至周边郊区，提高周边郊县及农村地区的现代化程度，实现城乡发展一体化。根据 Shumard（2001）的描述，到 20 世纪最后一个十年，已经有越来越多的人搬往非都市区域居住，截至 2000 年美国已有 5500 万人生活在农村地区。Villaraigosa（2003）认为加利福尼亚州可作为都市区郊区化发展的代表。20 世纪 80 年代，加利福尼亚州众多城市的规模普遍不大，其中还有不少农村社区。步入 21 世纪，加利福尼亚州已经有 56 个 10 万人以上的城市。步入旧金山湾区则会发现很难区分哪里是城区，哪里是郊区。郊区化发展伴随着人口由城市向周边毗邻农村地区流动，这在一定程度上稳定了大都市区过快的城市化率，减轻了中心城市的拥堵状况。另外，这一趋势也充分带动了周边区域的发展，加快了周边农村地区的现代化建设节奏，使城乡的经济社会联系更加紧密，形成城乡统筹发展趋势。

三　韩国的城乡统筹发展模式

韩国用短短几十年时间诠释了"汉江奇迹"，从朝鲜战争结束后人均国民收入仅为 67 美元的贫困国家，成为人均国民收入超 2 万美元的发达国家。韩国城镇化的速度、质量、规模使其成为亚洲快速实现工业化、城市化、现代化的代表性国家，其经验和举措对周边国家和地区有着很好的借鉴作用。具体来说，韩国的主要措施有如下 3 项。

（一）通过推进工业化促进城市化

时至今日，韩国已是世界上最大的船舶制造国家和第二大手机生产国，汽车、钢铁、半导体产业均处世界前列，是傲然挺立于世界舞台上的工业国家。韩国工业化、城市化所取得的成就得益于韩国政府对工业的重视和及时的产业结构改革。具体来说，从 20 世纪 60 年代开始，韩国实行了两个五年计划，制定相应的法律法规推进工业化，促进出口。从 20 世纪 70 年代开始，韩国政府将重点放在重型化工产业上，以推进经济发展。20世纪 80 年代后，韩国政府采取产业改革措施，进行产业重组，旨在扶持中小企业发展，保证韩国经济发展的后续动力。步入 21 世纪，韩国政府将重心转向原材料和元配件的发展，促进韩国的科技产业发展。经过几十年的工业化、城市化发展，韩国已是世界第十三大经济体，人口过百万的城市已达 7 个，其中以首尔为中心的首都圈已经吸收全国总人口的一半，全国从事经济活动的人口已达 2607.4 万，城市化率达到 91.04%。其快速灵活的工业化发展促成了产业结构的改革，使韩国经济在几十年里持续发展，有效吸收了转移到城市的农村劳动力，促进了人口集聚，扩大了城市规模，较好地解决了失业、收入不均衡等问题，是韩国现代化、城市化的前提。

（二）推行新农村运动，促进农村发展

新农村运动作为韩国政府成功推行的农村发展模式，缩小了城乡差距，对韩国的经济社会发展起到了重要作用。近年来，缅甸、越南、莫桑比克等发展中国家纷纷表示要效仿韩国的新农村运动以推动本国农村建设。从 20 世纪 70 年代开始发展的新农村运动，有效地改善了农村居民的生活水平和居住环境，模式也由之前的政府主导型转变为现在的民间自发型。吴敬学（2005）归纳了韩国新农村运动的主要内容：①修建农村公路；②改善住房条件；③普及农村电气化；④农村自来水供应；⑤改良农作物品种；⑥帮助农民增加收入；⑦发展民间农业协会等。通过以上多方面的建设，韩国政府推行了新农村运动极大地提升了农村地区的基础设施水平，改善了农村的面貌，缩小了城乡收入差距，提高了韩国农村地区的生活水平，改善了农民的居住环境，促进了城乡协调发展。

（三）施行工业反哺农业，扶持农业发展

20 世纪 90 年代初，韩国工业已经发展到一定高度，具有较强的影响力和扶持能力，新农村运动也极大地改善了农村地区的基本面貌。韩国政府为了进一步缩小城乡发展差距，出台了一系列支农政策，加大了从人力、物力、财力支持本国农业发展的力度。1994 年韩国政府制定出台了扶持农村、渔村发展的 14 项共 40 条政策措施，1996 年韩国政府又调整政策方向，扩大了水稻产量（李林杰、石建涛，2008）。在韩国政府的政策支持下，韩国的农作物产量得到了一定的提高。如作为韩国泡菜的原材料卷心菜的产量由 1997 年的 1480744 吨增长到 2008 年的 1504639 吨，种植面积也在 2009 年达到了 14462 公顷，较 1997 年增长了 1044 公顷。2013 年 5

月韩国政府继续出台经济政策，从批发市场、直接贸易、特定产品分销渠道、保障供应、改善公平贸易 5 个方面解决农产品分销的相关问题。通过这些扶持政策，韩国在大力推进第三产业的同时保持了第一产业的稳定发展，引导产业结构有序升级。

第二节　国内城乡统筹发展的模式

一　四川成都城乡统筹发展模式

成都市于 2003 年开始探索具有中国特色的新型城乡统筹发展模式，2007 年被国务院正式批复成为全国统筹城乡综合配套改革试验区。经过多年的发展努力，成都市已经成为区域中心城市，具有较强的辐射和覆盖能力。2012 年底由中国科学院发布的《中国新型城市化报告》显示，成都市的城市化水平为 0.435，列内地城市第五位。成都市统计局发布的报告数据也显示，2012 年成都市新型城镇化率已达 60.2%，其中中心城区更是达到了 96.7%，全市城镇居民人口为 853.99 万。成都的发展模式较好地改变了城乡二元发展结构，构建了和谐的社会体制，做到了城乡一体化发展，对中国其他城市具有一定的借鉴意义。具体来说，成都市采取的主要措施有如下 4 项。

(一) 工业向工业集中区集中化

推行工业集中化，将工业集中到指定区域，以形成规模效应、经济效应和产业互补效应，加强新型工业的竞争力和影响力。为此成都市将原来零散的工业园区整合为 21 个工业发展区和 10 个工业点，并确定每个工业区的产业、特色和规模，着重打造汽车制造、电子信息、制药、机械、烟草等八大特色产业。通过工业集中化措施，成都市有效提高了土地利用率，利用企业集中、产业集群、资源集约的优势，充分做大做强成都工业。2012 年成都工业集中度为 81.4%，规模以上工业增加值达 2589 亿元，工业集中区每亩产出为 132.1 万元。2013 年上半年规模以上工业增加值更是达到了 1375.4 亿元，同比增长 10.3%，增速高于全国平均水平 2.7 个百分点，充分显示了工业集中化带来的好处。同时，通过工业集中化，成都有序引导产业结构升级，在巩固第二产业的同时促进第三产业发展。截至 2012 年底，成都市第三产业总增加值已达 4000 亿元，各行业均实现快速增长（见表 6－6）。

表 6－6　2012 年成都市部分服务行业发展情况

指标 ＼ 行业	旅游业	物流业	商贸业	金融业	文化产业	会展业
完成增加值（亿元）	562.4	455.0	928.5	740.6	212.0	10.5
增长率（%）	26.7	8.5	9.8	13.7	28.0	26.4

资料来源：根据《2012 年成都市"产业倍增"战略统计监测报告》整理。

（二）农村人口向城镇集中化

推行新型城镇化，即农民向城市转移，通过此项措施将农村人口转变为城市人口，扩大城市规模，提高城镇化率。具体来说，首先，成都市出台了《关于深化户籍制度改革深入推进城乡一体化的意见（试行）》，通过深化户籍制度改革和创新，将之前具有农村户口和非农户口的二元制度转变为"一元化"户籍制度。随着城市落户门槛的降低，城乡间的自由迁徙变为现实，成功解决了农民"进城留"的问题。其次，成都市按照城市社区标准大规模建设新型农民社区，自来水、电、煤气、天然气供应安装到位，幼儿园、社区卫生站、便民超市配备到位，使农民过上和城市居民基本相同的生活水平，享受现代科学文明发展的成果。这一措施在进一步提升城镇化率的同时，还解决了农民"融城住"的问题。最后，通过工业集中化发展产生的大量劳动力需求，消化了向城镇集中的农村人口，解决了农民入城工作的问题。2012 年成都城镇新增就业人口 21.9 万，其中农村劳动力转移到非农产业就业的新增 12 万人，农村劳动力劳务输出为 244.2 万人。

（三）农业土地集中化

推行农业现代化，通过土地集中规模经营，改变传统的农业生产方式，发展富民之路。鼓励通过有偿租赁、转让、承包、入股等方式，将农民手上分散的农地集中起来，由现代大型农企、农业组织协会、村办集体企业管理运作，实行现代化、标准化经营管理模式。另外政府部门也会根据土地集中经营的规模给予相应的补贴，并辅以农用地流转使用监管巡查措施，构建农用地流转的长效机制。通过土地制度改革，农民不仅可以获得土地流转收益或者股份分红，还可以通过就地、外出务工获得工资性收入，全面提高农民收入，缩小城乡收入差距。2013 年上半年，成都市农民人均现金收入达 8150 元，增长 11.8%。城镇居民收入和农村居民收入的倍数比是 1.88，比上年同期缩小 0.05。

（四）加强城乡基础设施建设

城乡差别在硬件上就是基础设施的差别，推进城乡一体化，首先必须加强城乡基础设施建设，在硬件上缩小差别，使城乡面貌发生根本改变。2012 年成都市固定资产投资完成额达 5890.1 亿元，增长 17.7%（见表 6 - 7）。其中，基本建设投资完成 2748.5 亿元，增长 21.8%；房地产开发投资完成 1890.0 亿元，增长 18.5%。在道路交通方面，成都市持续施行城乡道路的改造扩建，兴建立交桥、高速公路、快速通道以及连接郊区县（市）的主干道路，实现交通网络城乡全覆盖，提高区域内的通行效率，扩大城区面积。2012 年末，成都公路总里程达 22098 公里，其中高速公路594 公里，全年新改建公路 1510 公里。随着地铁的开通，成都市初步形成了城乡一体化的立体交通网络，城市建成区面积在 2012 年也扩大至 515.5平方公里，是改革开放前的 8 倍多。

表 6 - 7　2012 年成都市固定资产投资及增长情况

年份 指标	2008	2009	2010	2011	2012
全社会固定资产投资总额（亿元）	2993.3	4012.5	4255.4	5006.0	5890.1
同比增长（%）	25.3	34.0	6.1	19.2	17.7

资料来源：根据《2012 年成都市国民经济和社会发展统计公报》整理。

二　湖南"长株潭"城乡统筹发展模式

"长株潭"城市圈作为中部省份城乡建设一体化的代表，其城镇化率在 2012 年达 63.39%，常住人口达 1383.42 万，城镇人口为 876.95 万。"长株潭"由长沙、株洲、湘潭三市构成，在 2007 年被批准为全国"两型社会"综合配套改革试验区后，开始加速城乡一体化发展，提升城镇化率。湖南省委 2010 年经济工作会议也提出到 2020 年左右，"长株潭"的经济总量要占全省的一半，城市化率要达到 82%。湖南采取的具体措施主要有如下 3 项。

（一）通过产业发展推进城市化

湖南省是一个农业大省，长沙、株洲、湘潭周边县区众多，工业基础较为薄弱。湖南省政府以及三地市政府通过统筹安排城乡产业布局，合理升级产业结构，淘汰落后产能，推行新型工业化，促成城乡产业互补。首先，巩固农业基础，通过建设高标准的种植基地和加工基地，生产符合市场需求的农产品。其次，引入生态观光概念，将传统农业进行科学的升级，增加农民收入。通过有序进行产业升级，在巩固机械工业、烟草业等传统行业的同时，加快会展业、金融业、保险业、信息服务业、旅游业等第三产业的发展，扩大对第二、第三产业的投资规模，吸收农村向城市转移的剩余劳动力。2013 年 1～8 月湖南省第二、第三产业投资额分别达 4798.08 亿元和 5302.53 亿元，投资规模明显扩大。

（二）加强城乡基础设施建设

湖南省政府通过推动城乡连接道路、城际铁路、城际快速路、水电供应、通信电缆等设施建设，使"长株潭"城市圈及周边地区的基础设施建设形成一体化规划。具体来说，加快城乡电网建设，及时更新农村地区的老旧电网设备，实现农村地区电网全覆盖，并推行城乡电价同步化；在村村通自来水的基础上，优化水资源配置，提高乡镇供水质量，保证农村用水安全；总长 95.5 公里的"长株潭"城际铁路建设项目已于 2010 年动工，力争 2015 年建成通车。城际铁路的建成将有效减少"长株潭"城市圈及周边地区的交通成本，拉近沿线县市的空间距离，促进沿线县乡地区的经济发展。在公路建设方面，"长株潭"城市圈将建设一个高速公路环和"七横七纵"快速路网，并逐步取消三市之间的公路收费站，做到真正的三市城乡交通一体化。在通信方面，"长株潭"是我国城乡一体化发展的代表，2007 年正式实现三地通信一体化。一体化的通信基础设施，促进了地区内生产要素的高速流动和充分互补，促进了工业化和信息化的融合，改善了农村地区的生产生活条件和环境，使"长株潭"的"两型社会"建设发挥带动和辐射作用。

（三）统筹城乡社会保障和公共服务

在"长株潭"的城乡社会保障和公共服务的统筹规划方面，地方政府采取的措施主要有：①优化教育资源布局，提升教育资源质量，改变以往农村地区入学率、升学率较低等问题；②通过完善城乡地区医疗卫生服务体系，使城乡医疗卫生资源均衡发展，解决以往农村居民看病难、看病贵等问题；③加大县乡地区基层图书室、文化活动中心、健身场地的建设力度，丰富农村居民的业余文化生活，推进城乡文化事业统筹发展；④建立覆盖城乡区域的医疗保障制度，实现城乡居民医疗补助同步化，减轻农村居民的看病压力；⑤健全城乡社会保障体系，扩大保障覆盖范围，提高保障补助标准，解决农民工进城务工的后顾之忧；⑥逐步放宽中小城镇的户籍制度，降低农民落户城镇的门槛，让农村居民享受与城市居民相同的公共服务。

三 广东珠三角城乡统筹发展模式

改革开放以来，广东省作为东南沿海省份，其城乡一体化发展工作始终走在全国前列，2012 年城镇人口已达到 7140.36 万，城镇化率达67.40%。而作为全国三大城市群之一的广东珠三角更是广东城乡统筹发展模式的成功实践。珠三角地区包括广州、深圳、珠海、佛山、惠州、东莞、中山、江门和肇庆，大珠三角地区则把香港、澳门也纳入。珠三角城市群 2012 年的 GDP 已达 47897.25 亿元，城市化率早已超过 80%，初步达到中等发达国家水平。广东珠三角地区城乡统筹发展选择的是以城带乡模式，具体措施有如下 4 项。

（一）交通一体化发展

广东省从高速公路、高铁、地铁、城轨入手，打造珠三角地区的交通一体化网络，服务区域内的城乡居民，实现一小时生活圈。在高速公路方面，广东省 2012 年底公路通车里程达 19.49 万公里，其中高速公路里程达5524 公里，比上年末增长 9.4%。随着广明高速、连佛高速、广乐高速、二广高速等众多高速公路的加速推进，珠三角地区将实现县县通高速公路，促进城乡居民流动。在高铁、城轨方面，京广高铁、广深城际、广珠城际等众多高速铁路相继开通，莞惠城际、穗莞深城际、佛肇城际等城轨加速建设，未来珠三角地区的高速铁路网将使沿线城乡居民的经济生活联系更加紧密。在地铁方面，广佛地铁的开通标志着广州、佛山间的无缝对接，让沿线农村居民享受到了城市便捷的交通，促进了城乡统筹融合。同时，广东省通过上述大规模交通一体化发展，也刺激了珠三角的经济增长，提供了大量就业岗位，吸收由农村向城市转移的剩余劳动力。

（二）引导产业升级

广东作为改革开放后率先崛起的经济强省，工业化程度已经达到一定水平。

传统的高能耗、低产出、低附加值的资源消耗型经济发展模式已经和新型工业化发展口号相背离。为此，广东省提出"加快经济转型、建设幸福广东"的发展口号，有序引导珠三角产业升级，逐步淘汰落后产能，外迁高耗能、低产出企业。通过招商引资，引进高新技术企业，提升第二产业质量。同时大力发展第三产业，采取"以三促二"的发展模式，取得第二、第三产业双赢的局面。拉动地区经济增长，有效解决就业问题，为广大进城务工的农民提供更多工作岗位。2012 年珠三角第三产业增加值增长率达 9.3%，占 GDP 比重更是达到 51.6%。其中，金融业 2012 年全年固定资产额为 84.08 亿元，增长率达 175.6%；居民服务和其他服务业投资额为 26.83 亿元，增长率达 78.6%。通过科学的产业结构升级，以金融服务业为核心的第三产业已经上升为珠三角地区的支柱产业。

（三）促进农业发展

广东省以珠三角地区的农业发展为模板，在全省范围内推行农业现代化。通过出台支农惠农政策、加大农业投资力度、推广农业科技，扶持广东农业发展。2012 年广东全年固定资产投资额达 19307.53 亿元，其中农村投资额达 3373.26 亿元，增长率达 25.3%。作为农村地区发展的根本，广东省农业 2012 年全年固定资产投资额达 273.90 亿元，增长 29.4%。通过稳固第一产业发展，广东农业产量逐年上升，粮食产量从 2007 年的 1285 万吨增长至 2012 年的 1396 万吨（见表 6 - 8）。2012 年，广东蔗糖产量为 1279.30 万吨，比上年增长 6.4%；水果产量为 788.87 万吨，比上年增长 6.1%；此外，油料、茶叶、蔬菜等农产品的增长也较快（见表 6 - 9）。除了农产品产量增加所带来的直接经济收入，广东省还实行农资综合补贴、种粮补贴、良种补贴三项政策性补贴。产业升级吸纳了大量农民工外出就业，给农民带来了工资性收入。通过上述多渠道，广东省农村居民 2012 年的人均收入达 10542.8 元，增幅超过城镇居民 0.1 个百分点，缩小了城乡收入差距。

表 6 - 8 广东省粮食产量及增长率情况

指标 \ 年份	2007	2008	2009	2010	2011	2012
粮食产量（万吨）	1285	1243	1315	1317	1361	1396
增长率（%）	3.4	-3.2	5.7	0.2	3.4	2.6

资料来源：根据《2012 年广东国民经济和社会发展统计公报》整理。

表 6 - 9 2012 年广东省部分农产品产量及增长率

指标 \ 农产品	蔗糖	油料	蔬菜	水果	茶叶
全年产量（万吨）	1279.30	96.61	2982.71	1279.09	6.31
增长率（%）	6.4	5.1	4.6	6.1	5.8

资料来源：根据《2012 年广东国民经济和社会发展统计公报》整理。

（四）完善农村基础教育和保障体系

珠三角地区从农村地区的基础教育和社会保障等方面入手，完善农村的社会公共服务，改善珠三角地区农村居民的生活质量。广东省 2012 年教育业固定资产投资额达 342.79 亿元，主要用于教学楼、学生宿舍、公共图书馆等教育配套设施建设，使校舍设备达到标准化、现代化、规范化。同时，广东省也很重视农村教育软资源的建设，通过引进人才及提升待遇，吸纳建立了一支与教育规模增长相适应的高水准农村教育教师队伍（梁永丰，2001）。通过覆盖现代化教育体系，逐步解决城乡教育资源分布不均衡、教育资源质量不平衡等问题，实现城乡教育统筹发展。在社会保障方面，珠三角地区从保障性住房、养老保险、医疗保险等方面入手，构建了较为完善的农村保障体系。如深圳市 2007 年就出台了相关保障性住房政策意见，明确加强和改善非户籍常住低收入人口的住房保障，将非户籍常住人口低收入家庭分年限逐步纳入公共租赁住房保障体系，妥善解决了农民工进城住的问题。同时完善扩大城镇养老保险、医疗保险、失业保险、工伤保险等险种范围，将更多进城务工人员、农村地区居民纳入保险范畴，构建完善的城乡社会保障体系。

第三节　典型发展案例对江西省城镇化建设的启示

一　积极发展城市群

城市群、城市带发展是大多数国家和地区采用的一种城镇化发展模式。如日本太平洋沿岸城市群、美国东北大西洋沿岸城市群、五大湖城市群等都是世界知名的城市群，有着强大的影响力及辐射力。城市群可以说是城镇化发展进程的高级阶段，可以是一片区域、一个省、一个国家乃至世界的金融、科教、贸易、政治、经济等多维中心。通过勾勒、构建城市群、城市带框架，可以扩大城市面积，延伸城市的边界，形成城市间的互补、互动。

2012 年，江西省的城镇化水平达 47.5%，城市规模不断扩大，但仍然低于全国的平均水平（53.7%），这说明江西省的城市群仍不发达。发展城市群对江西省城镇化的发展具有重要推动作用。首先，城市群可实现资源在更大范围内的优化配置。一个内部经济发展协调的城市群可以使地理位置、生产要素和产业结构不同的各等级城市承担不同的城市功能，在区域范围内实现单个城市无法达到的规模经济和集聚效应。其次，城市群具有较强的辐射带动作用。这体现在两个方面，即中心城市对群体内其他城市的辐射和城市群整体对其他地区的辐射。最后，城市群可促进城市自身发展。构建城市群可以克服中心城市自身发展中的一系列局限性，可以在更大的空间范围内进行城市规划，从而更加和谐地发展。

二　以产业发展支撑城镇化

产业是城镇化的发动机，城镇化是产业的加速器。没有产业支撑，城镇会因此缺乏活力和竞争力。壮大城镇实力、提升城镇地位、强化城镇聚集和辐射功能，基础、关键和着力点都在产业。无论是国外的美国、韩国，还是国内的成都、湖南、广东，其在城镇化进程中都无一例外地依托了产业的发展。

城镇化的过程实质上就是区域产业结构不断由低级向高级演化的过程，是产业要素在空间聚集和在产业内部转移的过程。产业发展在城镇化过程中有先导和推动作用。从城镇化的历史来看，西方城镇化基本遵循一个自然的演化路径，先有产、后有城，产为因、城为果。同时，产业是城镇化发展的诱因、动力以及可持续发展的支撑。产业发展在吸纳就业、集聚人口、提高收入等方面具有举足轻重的作用，处于主导地位。只有产业发展才能使居民获得工作和稳定的收入，继而对公共服务和基础设施产生需求，城镇化才有形成和发展的必要及可能性。产业缺失将导致空心城镇化。当城镇化超前于工业化时，人为"造城"只能造出"空城"。没有产业布局和产业支撑的简单造城，只能导致乱上项目、浪费土地、劳民伤财，最终形成所谓的"空城""鬼城"。因此，加速推进江西省的城镇化进程，必须把产业作为城镇化的关键和核心，以产业发展支撑城镇化建设。

三 推动农业现代化和城镇化协调发展

农业是国民经济的基础，农业现代化是经济社会持续发展、城镇化稳步推进的支撑和保障。日本和韩国在工业化、城镇化快速推进的阶段，曾积极采取措施，努力改变农业发展相对滞后的局面。如日本着力提高农民的组织化程度和农业的科技含量，韩国则大力推进新农村运动，改善农村的生产生活条件。

江西是一个农业大省，农村人口比重较大。据统计，1953 年农村人口占全省人口的 90% 左右，2000 年约为 73%，2008 年底仍占总人口的 58.64%。因此，同步推进城镇化和农业现代化协调发展对江西省的城镇化发展尤为重要。城镇化实质上包含两个方面，即土地的城镇化和人口的城镇化。无论哪个方面，都将挤占农业生产要素。若要在农业劳动力和农耕用地都减少的情况下不出现食品价格畸高甚至是粮食安全问题，唯一的办法就是提高单位劳动力及单位土地面积的生产效率，这必须依赖农业现代化。同时，只有实现农业现代化，农民收入有了大幅改善，才能为城镇化的推进提供微观经济基础。否则，即便将农村人口名义上转变为城镇人口，消费需求无法显著提升，也将阻碍城镇化进程。由于在市场经济中，农业处于天然的弱势地位，所以农业现代化必须依靠政府的政策扶持和有效干预。因此，江西省今后应更加注重加大农业现代化投入力度，统筹城乡发展，实现城镇化持续健康发展。

四 加强基础设施建设

基础设施建设是城乡统筹发展的基础，是城镇化建设的重要组成部分。基础设施建设水平决定城镇的承载能力，无论是美国、日本等发达国家还是国内浙江、广东等沿海发达省份，在城镇化进程中基础设施建设先行都是被普遍采用的措施。

基础设施是为人类生产和生活提供服务的不可或缺的物质载体和基本条件。水利、交通、能源、通信、环保、文化卫生等基础设施具有重要的产业地位和明显的投资乘数效应，对保持城镇经济持续稳定增长和促进就业具有显著推动作用。江西省目前还属于欠发达省份，基础设施与发达省份相比存在不小差距，这些差距主要体现在高速公路、自来水供应、通信、水利设施、铁路及高速铁路等方面。例如，抚州市作为 2012 年省内 GDP 排名第八的城市，是江西省最后一个还未开通铁路的地级市，这一尴尬局面到 2013 年 9 月 26 日随着向蒲铁路的开通才得以改变。同时，受到城乡二元经济结构的制约，江西省在城市和农村的基础设施公共财政投入上存在不均衡，造成农村信息化建设、乡村路网建设、农村能源建设和乡村居住环境的滞后，严重影响了城乡统筹互动发展和全省的城镇化进程。因此，基础设施建设是江西省城镇化工作中不可缺少的一部分，是城镇化发展中重要的先行工作，是城乡统筹发展的前提。

五 完善城镇管理机制

完善的城镇体制是城镇化不可或缺的关键要素，国内外发达的城镇都无一例外地拥有高效完备的建设及管理机制，如前文所述的日本的农村地区社会保障制度，以及湖南的城乡社会保障和公共服务制度。

城市管理是一项综合性极强的社会系统工程，它涉及各个部门和单位，关系到千家万户，大到人们的生存环境，小到人们的衣、食、住、行等，具体到个人利益。城市管理是城市经济和社会发展的重要组成部分，是加快城市化进程和现代化城市建设的重要保障，是构建和谐社会的基础性工作。高效能的城市管理，能优化城市资源配置，扩大城市功能空间，降低城市运营成本，提升城市对资源要素的聚合力和功能的辐射力，促进城市可持续发展。在城镇化的发展过程中，江西省需要进一步转变思想观念，创新管理理念和运行机制，进一步加强队伍建设，适应新的形势，提升城市管理工作水平。

第七章　提升江西省城镇化发展的对策建议

在第十二届全国人大常委会第三次会议上，国务院关于城镇化建设工作情况的报告中指出，"应有序推进农业转移人口市民化；统筹推进户籍制度改革，全面放开小城镇和小城市落户限制，有序放开中等城市落户限制，逐步放宽大城市落户条件，合理设定特大城市落户条件，逐步把符合条件的农业转移人口转为城镇居民"，这是我国首次明确提出各类城市具体的城镇化发展政策。同时，在 2013 年 11 月举行的十八大三中全会上，通过了《中共中央关于全面深化改革若干重大问题的决定》，其中明确提出，"城乡二元结构是制约城乡发展一体化的主要障碍，必须健全体制机制，形成以工促农、以城带乡、工农互惠、城乡一体的新型工农城乡关系，让广大农民平等参与现代化进程、共同分享现代化成果。加快构建新型农业经营体系，赋予农民更多财产权利，推进城乡要素平等交换和公共资源均衡配置，完善城镇化健康发展体制机制"。

江西省在城镇化的发展道路上，需要在党和国家的总体指导下，结合江西省情，合理布局、有效推进、重点突破，实现城乡统筹下的城镇化建设稳步、优质提升。

第一节　江西省城镇化发展的区域布局

一　总体布局

在坚持"突出重点、统筹规划、合理布局"的原则上，围绕全省提出的"龙头昂起、两翼齐飞、苏区振兴、绿色崛起"区域发展布局，加快昌九昌抚一体化进程，推进赣南苏区振兴发展，促进赣东赣西"两翼齐飞"，推动县域经济加快发展，加快形成"北翼中带南赣、区域联动发展"的多极支撑、多元发展的格局。

(一) 北都

以鄱阳湖周边为发展区域,着力构建环鄱阳湖城市群,以南昌为核心,以九江、景德镇、鹰潭、抚州、新余5个市区为连带,从生态环境、产业布局、基础设施方面进行协调建设,统筹区内的资源配置、城市职能和规模以及产业结构和布局,注重城市合理分工,形成环鄱阳湖城镇体系,打造环湖城市群。

(二) 中带

主要以沿浙赣铁路、320国道和上海至瑞丽国道这三条交通干线的周边为发展区域,贯穿萍乡、宜春、新余及上饶,涵盖近20个城镇,横跨江西中部。沿交通线发展可利用良好的区域优势,带动周边城镇发展,坚持统筹协调、各显特色,形成全省中北部区域横向城镇群。

(三) 南赣

以振兴赣南等原中央苏区发展为机遇,以赣州、吉安为中心,科学规划城市功能和产业布局,进一步加快吉泰走廊城镇体系建设,推动赣县、南康、上犹与赣州中心城区同城化发展,推进章康新区建设,大力扶持瑞金、龙南等重要城镇发展,在强化城市基础设施和公共服务设施的基础上,形成赣南特色城市群。

(四) 区域联动

加强城镇之间的互通,打破行政区划,根据地域资源基础,加大资源共享力度,实现资源优化配置,优化合作环境,落实合作措施,加强沟通和合作,构建互动、互补、互惠的发展格局,建立无缝对接、联动发展的区域发展模式。如在昌九一体化建设中,以昌九高速和京九铁路为轴心,大力发展沿轴线南北纵向小城镇群,以大广高速、永武高速、316国道为轴,大力发展沿东西横向小城镇群,以轴带点,点轴互动,构建一体化空间节点。又如在昌抚一体化建设中,通过李渡镇、罗针镇的统一部署,形成集产业和城镇于一体的组团式发展,形成南昌、抚州互动式发展。

二　层级布局

根据当前的城镇发展体系，未来城镇化仍要在不同区域实施不同的发展策略，全省 11 个地级市、81 个县（县级市）、1400 个乡镇、17 万个乡村，各级城镇要因地制宜、突出特点、提高发展质量。

（一）中心城市

继续发挥 11 个地级市在经济、社会发展上的区域带动作用，打造南昌的核心增长极，着力发展九江、赣州两个次中心城市，加快将上饶、抚州、景德镇、鹰潭、新余、宜春、萍乡、吉安打造成具有较强辐射带动功能的区域中心城市，加快城镇化体系中的城市层级性建设。以中心城区为核心，延伸城市体系，有层次性地纳入周边临近县（市），联动性地形成"一核多区"的城市发展模式。具体来讲，逐步形成以"城区—镇—城乡结合区—中心村"的城乡一体化型都市区。以这种模式推动工业园区、产业集群在城市内的统筹布局。同时，加强区域性交通基础设施的配套，推动重大服务功能建设，加快与周边县市的一体化发展，通过都市区建设推进与周边县市域单元的统筹协调，加快对周边镇的辐射带动，打造综合承载力高、生态环境优良的都市区，推进区域经济发展的结构优化升级。

（二）城镇

充分发挥县（县级市）在连接城乡、辐射农村、扩大内需、促进区域经济发展等方面的重要作用，坚持以强带动、突显特色、统筹兼顾，大力推进中心城市周边的工业园区、卫星镇、旅游小城镇等的发展，重点扶持具有良好产业基础、便捷交通区位、丰富资源的城镇，完善其基础设施，充分挖掘其发展潜力，着力实施集聚人口、促进产业发展、规范土地运作、深化体制机制改革、拓宽融资渠道和加大资金扶持力度等政策措施，提高城镇的综合承载力，继续增创示范城镇，以示范镇的带动作用，积极探索在生态环保镇、特色产业镇等方面的创新发展模式，引导其吸纳人口、解决就业，全面提升城镇发展的速度和质量。

（三）农村

在顺应农村地区人口外迁趋势的基础上，坚持生态文明、绿色环保，根据农村不同的区位、资源和生态环境特点，因地制宜地引导乡村改造。着力改造棚户区、城中村，采取"就地城镇化"和"异地城镇化"相结合的方式，对有条件的乡村集中区进行"撤村并区"改造，特别是引导高山地区、湖泊水库地区和灾害易发地区人口向承载力较好的区域异地转移，实现人口有序聚集；同时对具有特色的乡村进行整治建设，重点推进特色农林业经济发展，保护并发扬乡土文化；出台产业、劳动力培训、住房建设等方面的优惠政策，着力改善村庄的基本公共服务和卫生环境条件，增加农村地区的发展活力，建设和谐秀美的农村。

第二节　城乡统筹下的城镇化发展路径

城乡一体化程度也是影响城镇化质量的重要因素。从前面的实证分析可知，江西省的城乡发展，无论是城乡居民收入还是基本公共服务水平均相差较大，即城乡一体化水平和程度较低，与深圳、北京相差甚远，这是未来江西省城镇化发展亟待解决的问题。提高江西省城乡一体化水平，重点是统筹城乡经济发展、提高农民收入、推进城乡基本公共服务均等化及加快农村产权制度改革等，加快构建"以工促农、以城带乡、工农互惠、城乡一体"的新型城乡关系。

一　主体路径：农民市民化

城镇化进程最明显的特征就是实现农民市民化，因此要推进以人为核心的新型城镇化，着力提高城镇化质量。根据国务院发展研究中心的相关研究，农民市民化是农民工在实现职业转变的基础上，获得与城镇户籍居民均等、一致的社会身份和权利，能公平、公正地享受城镇公共资源和社会福利，全面参与政治、经济、社会和文化生活，实现经济立足、社会接纳、身份认同和文化交融。农民工市民化是一个过程，这个过程的实质是公共服务和社会权利均等化的过程。

当前，江西省的城市务工农民面临一个共同的问题，这也是全国城镇化发展面临的困境，那就是农民工成为"半城市化"状态下的"边缘人"。由于大量农民工在转变成市民方面存在各种困难，因此这个群体成为在城乡间进行候鸟式迁移的"边缘人"，由制度层面、社会层面以及自身层面的因素导致的这种现象阻滞了城镇化的进程。要实现农民市民化，需要形成一套完善的社会机制，具体有：①完善农民权益保障的法律体系，提供专门的农民基本权益保护法律规定；②以农民就业为导向调整产业结构，实现结构调整对农民就业的推动作用，避免失业现象，同时引导调整产业的区域分布，实现农民外出务工的合理分流；③促进农民落户后融入城市，最关键的是公共服务的均等化，即农民在落户城市之后能够享受同城市居民一致的医疗、住房、教育、保险等，取消对农民就业的歧视性规定，将其纳入城市经济适用房和廉租房的范围，加大对农民在医疗、养老工伤等方面的保障力度。

二　实施路径一："户地"联同改革

当前的户籍制度成为农民进城的门槛，农村宅基地则是农民切实利益的基础，两者在城镇化的进程中是相辅相成又相互制约的关系。农民进城后既面临因城镇户籍限制无法享受同等社会条件的局面，又面临宅基地空置使自身利益无法得到保障的局面，因此，需要将二者协同起来进行改革，实现城镇化进程中的"双赢"。

户籍和宅基地制度的联同改革，是指在城镇长期居住的农民将其与在家乡宅基地相对应的建设用地指标转让给其所在的城市，作为城市扩张的建设用地指标，在宅基地复耕方面相应地增加农业用地保有量。在这个过程中，宅基地因建设用地指标的性质而提升了其市场价值，农民将放弃宅基地使用权所获得的收益，用于城市户籍、公共服务和社会保障的相关服务，城市公务服务建设也可得到相应的补偿，并且避免新进居民与原居民之间因公共资源分享而形成的矛盾（见图 7-1）。

三　实施路径二：城乡经济一体化

按照工业反哺农业、城市支持乡村的要求，大力发展农村经济，增强农村经济自我造血的能力。一方面，财政要按照存量适度调整、增量重点倾斜的原则，加大对"三农"的投入及对农业的补贴，加强农田水利等基

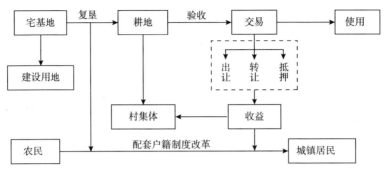

图 7-1　"户地"联同改革方案

础设施建设，推广农业新技术、新品种，提高农业生产率。同时，要大力扶持现代农业的发展，加快实施农业产业化经营，推进城乡规划一体化、产业布局一体化、村镇联动发展等，加快消除制约城乡协调发展的体制性障碍，形成城镇化与工业化、信息化、农业现代化同步协调发展的良好格局，统筹城乡经济社会发展。另一方面，要建立科学、合理的农产品保护价收购制度，稳定农产品的价格，保障农民利益，提高农民收入；加强农村剩余劳动力转移就业培训，拓宽农村剩余劳动力的就业渠道，增加农民非农产业收入及转移性收入；推进农民住房财产权抵押、担保、转让等，增加农民的财产性收入，缩小城乡居民的收入差距。

四　实施路径三：城乡公共服务均等化

按照城乡基本公共服务均等化的原则，扩大公共财政在农村的覆盖范围，加大对农村教育、文化、卫生、社会保障等基本公共服务的财政投入，建立保障水平与财政支出增速、经济发展速度等挂钩的增长机制。财政支出重点要向农村倾斜，向农村公共服务倾斜，要把财政新增的教育、卫生、文化等事业经费主要用于农村。加快构建城乡一体化的公共服务供给体系，以城市公共产品的供给水平作为标准和参照，逐步缩小城乡人均财政支出差距，提高农村的基本公共服务水平，推进城乡基本公共服务均等化，填平城乡公共服务的鸿沟，使农村的学校、医院等尽快接近城市水平。通过帮扶结对、信息技术等手段，推动城市优质资源向农村延伸，促进农村共享城市优质公共资源。可探索推动城乡教师、医生互动交流，使优质教育、卫生资源城乡共享，并适当向农村倾斜。教师实行"县管校用"，从"同县同酬"逐步向"同城同酬"过渡。农民工甚至是农村居民平等参加城镇职工医疗保险，逐步实现城乡居民平等参保、平等享受报销待遇等。建立以城带乡联动机制，逐步推进基本公共服务城乡制度衔接。

五　实施路径四：生态环境保护建设一体化

坚持"集约、智能、绿色、低碳"八字方针，城镇化要与资源环境承载能力相适应。当前很多地区的城镇化在高速发展过程中涌现出一大批超级城市和特大城市，与之相伴的是交通拥堵、空气污染、用水紧缺等众多"大城市病"，城镇化发展过程存在不可持续的风险。因此，要走集约、智能、绿色、低碳的新型城镇化道路，把生态文明理念和原则全面融入城镇化全过程。在发展过程中，不仅要重视速度的提升，更要重视质量的提高，要由重数量的外延式扩张转变为重品质的内涵式发展，建设幸福城镇、智慧城镇、和谐城镇。

第三节　加快城镇化进程的改革内容

一　户籍制度改革

（一）实行一元户籍制度

深化户籍制度改革，消除农民进入城市的障碍，首先就是要消除城乡二元分割的户籍制度，取消农业户口、非农业户口的区别，实行一元户籍制度。这在江西省部分地方已经得到贯彻，未来要实行全面普及，以实现人口在城乡之间的自由迁移。同时，要探索动态的户籍管理方式，目前江西全省的户籍管理是以家庭为单位的，属于静态管理，要从这种传统的方式向新型的管理方式转变，即以管"人"为主，保证公民的迁徙自由不受附加在户口之上的其他制度的限制，使其能够享受长期居住地的各项社会服务，实现对流动人口的有序管理。因此，户籍制度改革应着眼于减少户籍与城市居民福利的联系，同时促进不同地区间的公共服务适度均等化，以促进劳动力在长期稳定就业地落户为方向，可选取省内 1～2 个地级市作为户籍改革试点，探索性地实施《居住地人口管理条例》。

（二）实施区域差别化的户籍开放

有层次、有目的地实施差别化户籍改革，对于省会城市南昌，应保持一定门槛，确保城市规模的合理，保证公共服务的有效提供；对于九江、赣州等其他地级城市，应相应地以开放的态度降低门槛，允许有固定职业、工作年限达到一定程度的农民取得户籍；对于县（市）一级，则应对农民全面开放，实现小城镇的户籍开放政策。具体的实施标准，应坚持以就业和缴纳社会保障的记录为主，并以在一地工作和居住的年限作为给予户籍的排序条件。这样在不同规模、不同层次之间实现户籍的开放度，可有效调节农民进城的数量和速度，保证城镇化进程的有序、合理。

二 宅基地使用权改革

第一，逐步放开宅基地使用权流转，选择 1~2 个城镇开展农村宅基地使用权抵押试点及宅基地融资平台，提高农民土地的财产性收益。

在做好农村宅基地及农房确权登记和颁证工作的基础上，完善宅基地使用权价值评估机制和市场建设（可指定或成立专门的评估机构），建设良好的农村信用环境，并引导开展农村宅基地使用权抵押贷款保险业务和担保业务，有效分散贷款风险。结合先进地区的做法，考虑江西省情，可采用如下具体做法。

首先由政府出面，以引导资金的方式筹集社会资金，建立类似于基金会性质的宅基地融资单位，同时设立信用信息中心，由政府建立银行信用系统与非银行信用系统相融合的信息中心，进而由基层政府（镇、村）对村户进行信用评定，并录入信用信息系统。完成上述两项工作后，由宅基地融资单位同相关银行（农商银行等商业银行）签订宅基地使用权抵押业务的合作协议，建立一套完善的规章体系。有抵押意向的村户可向融资单位提出申请，单位同村户签订抵押协议，并向银行推进信用度较高的申请人并对其提供贷款。进一步地，由银行、融资单位、申请村户三方共同签订贷款合同（贷款额度一般不超过宅基地使用权价值的70%，贷款期限以中短期为主，贷款利息略低于一般授信贷款利息），对申请村户提供贷款。贷款后的管理由融资单位和银行共同进行，指导贷款使用途径，辅以必要的保险，确保按还款计划归还贷款本息。如出现村户逾期不能归还贷款的情况，则由融资单位代为偿还，融资单位有权对村户抵押的宅基地进行相关的处置，以偿还银行贷款。

第二，建立完善的宅基地有偿使用和退出机制，既可以扩大城区面积，又可以保证耕地增加。

在宅基地退出过程中，应充分尊重农民意愿，注重政府补偿标准与农民受偿期望的调和，以免因补偿标准过低而影响农民退出宅基地的积极性。依据"损失什么，补偿什么"的原则，应根据宅基地的特点和承担的主要功能，综合考虑退出宅基地后农民财产权利的实际损失以及未来收益的不确定性，主要从宅基地的住房保障功能、生产要素功能以及未来收益的不确定性三方面确定科学的宅基地补偿标准。

宅基地退出后，应充分考虑农村发展空间和农村产业发展用地，发展农家乐、乡村旅游等第三产业，保障农民获得长期稳定的财产性收益。同时应理顺土地的收益分配关系。宅基地退出后，节余建设用地用作城镇发展用地的，土地出让收入应反哺农村，主要用于农村基础设施、公益事业建设和农民社保投入；节余建设用地用作农村第三产业发展的，收益分配原则上以村集体和农民为主体，地方政府按法律法规收取相关税费；宅基地复垦为耕地的，按照节余归己的原则，收益应主要归农民个人。

加快研究建立宅基地退出与城市住房保障政策相匹配的激励政策。探索建立农民工租赁住房补贴及购买住房补贴制度，改革和完善城市住房政策，逐步将符合条件的农民工纳入城市住房保障体系，允许其租住公租房、廉租房，购买经济适用房、限价商品房。确保农民工进城就业有房住，宅基地退出无后顾之忧；对已在城镇落户或者在城市工作、生活达到一定年限的农民工，放弃农村宅基地的，给予享受城市住房保障或者购房补助的优惠政策。

三　新型乡村社区改革

当前农村发展面临的最严峻的问题就是农村"空心化"，这是统筹城乡发展、走可持续的城镇化建设路子的进程中无法避免的问题，能否适时、适当解决农村"空心化"问题，是农村城镇化道路顺利与否的关键。

第一，做好"撤村并区"的布置和规划。对"空心村"不可以采取一刀切的简单模式进行撤并，应根据村落的发展基础和条件进行因地制宜的处理，大致分为保留发展式、迁建式、城镇化三种方法。

对于有一定历史文化价值的古村落，应其特殊的不可复制的文明发展进步的痕迹，必须予以保护，不能够轻易考虑撤村，而应该考虑以适度建设与整治相结合或以整治为主，引导各项规划建设的实施，开发利用有特色的自然资源或发展旅游产业，形成具有特色的新农村。迁建式与城镇化的村落规划应以整治为主，在村庄城镇化和迁建前保证村庄交通、市政、公共服务设施等基本的生活条件和服务水平。对于这两类撤并，主要考虑在地域相近、产业类型一致、村民生活习惯相同的村庄进行整合，统一规划，建设公共服务设施，设立管理机构，组建成新的社区。

第二，提高土地资源的利用率。撤并工作之后，将出现大量空余的农村土地。要充分利用开发空余土地的价值，将其同荒山一起进行承包拍卖，鼓励农民进行承包经营，根据当地的气候和土壤性质发展林场、养殖场或经济作物林等。同时发展农民专业合作组织，依靠农业产业化经营和龙头企业振兴中心村经济，积极发展多种形式的适度规模经营，带动中心村建立立体农业结构发展模式。这样可以挖掘各种多层次的科学农业发展路子，盘活剩余土地，用有限的土地资源创造更多的财富，为农村产业结构调整创造有利的条件。

第三，做好村民的思想工作。农村的搬迁一直是争议较多、阻力较大的问题，由于恋旧居、经济困难等多方面原因，撤村并区面临较大难度。这就需要积极探索实行农村干部管理新模式，以强化农村干部的监督管理。新社区组建的同时，要依法选举产生新的领导班子，选出群众信任的带头人。社区干部工作管理要进一步精细化，实行重大事项票决、工作实施全程纪实、工作运行全程公开、工作月报等，提升社区工作的民主、公开水平。干部工资待遇实行职级制，社区党组织书记共设初、中、高三个级别，每个级别分设几个档次，按任职年限、村庄规模、工作实绩等情况确定职级，其他村干部参照执行。同时制定完善社区干部失职渎职责任追究办法。

四 社会公共服务体制改革

对于要融入城市生活的农民来讲，解决最基本的衣食住行是根本，这需要提供大量切实的社会公共服务。要着眼农民的切身利益问题，围绕农民工的就业技能培训指导、安居扶持、社会保障、公共服务等环节设计相关制度和政策。

第一，通过建立多层次的新型就业培训体系，促进农民职业技能提升。建立"多方分担、分级负责"的农民培训筹资机制。实施农民培训"一卡通"工程，实行刷卡付费，根据培训量予以补贴。改进培训组织方式，提高培训绩效。加强培训就业信息和绩效宣传，完善政府购买培训服务的机制，以减免税政策支持职业技能培训社会化、市场化，鼓励企业加大培训力度，建立农民技能培训绩效评价激励机制。完善政府促进就业工作的协调机制，把农民纳入就业服务体系。针对农民开设新的职业技能鉴定服务，激励农民立足本职岗位建功立业。

第二，开展多层次的农民安居扶持。将进城落户的农民纳入城镇居民住房保障范围，通过政府补贴租金，为在城镇企业长期稳定就业的农民提供廉租房、公租房。另外，制定农民居住最低标准，保证企业提供的农民住所达到基本生活条件；以减免费用为引导，鼓励企业加大投入，改善农民的居住条件；对退出宅基地的农民，通过不同级次城镇安置、不同类型的住房保障，保障其居住条件；支持企业为农民建立住房公积金制度。引导农民工将其收入和积蓄用在城市租房与购房上，对于购买城市经济适用房、限价房的定居农民工，可采取降低其购房首付款比例、延长还款期限等政策。把符合落户条件的农民工纳入廉租房援助范围，还要允许探索由集体经济组织利用农村建设用地建立农民工公寓，鼓励房地产商开发建设适合农民工租赁的社会化公寓，培育小户型房屋租赁市场。

建议在江西全省工业园区建设农民工公寓（家园），每个工业园区力争拿出一定数量的土地，建设农民工公寓及幼儿园、中小学等配套设施（先可在农民工集中或大型的工业园区实施），让农民工少花钱、住得下、留得住，真正安居乐业。这既可解决农民工住的问题，又可解决农民工在农村老家的留守儿童等后顾之忧，同时还能有效解决当前工业园区普遍存在的招工难、用工荒等难题，可谓一举多得。另外，通过农民工公寓和幼儿园、中小学等配套设施的建设还能有效推动产城一体、产城融合等，增加城市的生机与活力。

第三，建立和完善农民社会保障体系。按照"低门槛、便参保、广覆盖、易流动"原则，推动农民养老保险扩展和全省范围内的转移接续；健全农民工伤保险和大病医疗保险制度；建立以"一个平台、两套标准、城乡统筹、均衡服务"为特征的新型合作医疗保险制度。

第四，改善对农民群体的公共服务。优先改善农民子女的受教育条件，随同农民进城的子女按不同情况享受指定学校入学和划片入学的政策。对农村的留守儿童，在新型社区的基础上，加大就读寄宿制学校的比例。适时新建、改扩建中小学，扩大城镇基础教育资源的供给，调整乡村中小学布局，均衡配置教育资源。向农民提供国家规定的传染病防治、计划生育、生殖健康、妇幼保健等免费服务项目和免费药具。适应农民流动要求，让其自由选择子女在户籍地或实际居住地接受免疫接种。采取各种措施，努力满足农民的文化和精神需求。

五 拓宽农民市民化的资金渠道

这一点是针对政府改革所面临的问题。根据国务院发展研究中心的研究成果，在当前的物价水平上，我国实现一个农民工市民化的平均成本为8万元，具体包括农民工随迁子女教育成本、医疗保障成本、养老保险成本、民政部门的其他社会保障支出、社会管理费用以及保障性住房支出。2011年江西全省外出务工的农民共有780万人，其中在省内务工的农民工有211万人，并且仍呈现上升趋势。以市民化成本的全国平均水平8万元来计算，在当前要完成江西省农民工市民化所需的资金至少为1700亿元。当然，市民化是一个动态过程，资金的筹措也是分阶段完成的，主要问题在于资金的来源。从目前的发展形势来看，中央与省级政府可以通过财政的转移支付分担一部分，用于市民化后的农民家庭的教育、医疗补助和社会保障支出，地方政府通过地方财政，农民自己则通过市场机制再解决住房等余下部分。财政补助的资金来源可以考虑发行专项国债，也可以从国有企业上缴的利润以及股份减持中提取一定比例。

第四节 提高城镇化质量的配套措施

一 加强城市基础设施建设

从前面的实证分析中可知，江西省除城镇人均居住面积尚可外，其他基础设施指标都较落后，尤其是互联网普及率远远落后，影响了城镇化质量。因此，应加强城市水、气、路、管、网等基础设施建设，提高城市的承载能力和发展质量。

第一，建设高效、便捷的城乡立体交通网。加强对城市内部及城乡之间的交通规划，完善城际交通网络，打造公路、铁路、水运等立体交通体系，构建高效、便捷的城市内外交通网络。优化城市内部的路网结构，提高人均城市道路面积，优先发展城市公共交通，缓解城市交通拥堵等问题。

第二，建好市政公用基础设施。加快建设城市自来水、天然气等基础设施，提高自来水和燃气普及率，力争到 2015 年 11 个设区市的自来水和燃气普及率达到 100%；发展农村户用沼气、大中型沼气等农村能源设施；高标准建设和完善地下排水管等地下管网及停车设施等，提高抵御城市内涝等自然灾害的能力。

第三，建设城市智能信息网络。加快建设布局下一代移动通信网、下一代互联网、数字广播电视网、物联网等信息化基础设施，夯实城市数字化、智能化基础。在保障安全的前提下，积极推广互联网、物联网、云计算、大数据等现代信息技术在城市管理、公共服务中的普及应用，全面推进"三网"融合，提高互联网普及率、信息消费水平及信息化发展指数。建设好智慧城市，加快推进智能城管、智能交通、智能电网等，提高城市信息化、智能化和管理科学化水平，以信息化手段缓解城市拥堵、污染等"城市病"。

二　加大城市公共服务的财政支持

进一步压缩财政"三公"经费支出，减少财政供养人员。按照公共财政的要求，大力调整财政支出结构，财政支出要向公共服务倾斜，重点增加对卫生、教育、文化、社会保障等基本公共服务和生态环境保护的支出。通过调整财政支出结构、增加财政公共服务支出和公共服务供给，提高城市基本公共服务水平和社会发展质量。

三　出台城镇化监测考核制度

尽快制定出台全省城镇化质量评价考核指标体系，并以省委、省政府的名义下发，指导全省城镇化建设。加强对各指标数据的动态监测和考核，将各地城镇化发展质量年度评价结果作为地方政府绩效考核及干部考核的重要内容，并进行相应奖惩，以此形成激励。

下　　篇

第八章　昌九一体化发展战略研究

第一节　区域一体化发展的理论概述

区域经济一体化可以定义为：不同的空间经济主体之间为了生产、消费、贸易等利益的获取而产生的市场一体化的过程，包括从产品市场、生产要素（劳动力、资本、技术、信息等）市场到经济政策的逐步演化。安虎森提出区域经济一体化是建立生产要素充分自由流动的机制，实现生产要素的优化配置，提高整体的经济效率。其在研究中通过自由资本模型对区域经济一体化的效率进行了分析，并得出结论：通过一体化能够扩大区域的贸易总量，放大区域的产业份额，提高区域的福利水平。还有学者在研究中指出区域经济一体化的本质是因市场制度内在的缺陷而引发的制度变迁，区域经济一体化组织的建立是对缺失制度的一种弥补。区域经济一体化过程中存在的交易成本会随着制度安排的合理化而降低，从而释放出更多的潜在利润，使区域内的利益主体从中受益。就21世纪后半期世界范围发生的区域化、集团化历史实践而言，传统的区域一体化经济学理论是相对薄弱的，在实际应用中，有关区域性合作关系的概念的准确性不够，在使用上也有些混乱。在这种背景下，近年来有关世界范围内的区域合作现象的理论概念有所发展。

一　把区域一体化概念分解为多个新概念

鉴于区域一体化过程中政府行为和企业行为两个层面存在的明显差异，即政府目标和企业部门行为的经常性背离，以及进行区域一体化的政治意愿及其实际进展的差别，一些学者提出把区域一体化概念分解为两个新概念。一种方法是将其划分为以政府为主导的制度性区域一体化和以公司（跨国公司为主）为主导的功能性区域一体化，也有人用政治一体化和经济一体化来划分。无论用什么名称，问题的核心是把区域一体化的两个重要方面——组织制度建设和区域经济合作的实质进展——区分开来，避免将区域合作的组织制度建设等同于区域经济一体化。

制度性区域一体化（Institutionalization）的概念已逐渐被广泛采用，用以描述在区域集团化方面的政府行为，指合作伙伴国家之间出于发展合作关系的政治意愿建立一定形式的组织和制度。制度性区域一体化具有以下主要特征和功能：第一，对开展合作（或一体化）的重要意义达成共识；第二，高效及时地获得和相互传递信息；第三，开辟进行实质性政策协调（如对外政策）的可能途径。

同时，有关经济层面的区域一体化，即区域经济合作的实质进展的概念使用变得灵活化。在一般性论及区域化、集团化的区域经济合作关系时，对于欧盟的经济合作，使用"区域经济一体化"；除欧盟外，大多采用"区域经济合作"，而非"区域经济一体化"，以明确大多数区域集团在区域经济联系紧密程度和协调发展方面与欧盟的差距。有学者建议使用"贸易一体化"来描述以商品、服务和生产要素自由流动为目标的经济合作。在分析及描述某个区域集团的类型时，不再依赖传统的区域经济一体化的阶段分类法，而是根据其实际性质加以定位。例如用"区域性贸易集团"来概括当前存在的多种国家间合作组织，一些学者则认为用"区域产业圈"一词来概括东亚区域化的经验更恰当。

二 提出跨国次区域经济合作概念

20 世纪 80 年代后期和 90 年代初期，出现了一种国际性区域合作的新现象，即不同国家的一部分组合在一起开展区域经济合作。如东南亚增长三角、湄公河区域三角、图们江区域三角等。学者普遍认为它们不符合区域一体化的传统概念，与一体化的几种传统类型——自由贸易区、关税同盟、共同市场、完全经济联盟、完全政治联盟都不同。经济学家一般称为"跨国经济区"，地理学者把它定义为"跨国次区域经济区"（SREZs）。尽管人们对这个新现象的认识与定义远未统一，但跨国次区域合作作为一个描述国际性区域一体化的新概念已基本上被接受。由于它们主要位于亚洲，因此也被称作"区域一体化的亚洲解决途径"。

目前关于跨国次区域经济合作的代表性观点是：资源互补性和比较优

势、地理接近性和良好的基础设施是开展这种区域经济合作的基本条件；通过资源合并和产业互补来促进区域经济合作，把发达经济和欠发达经济的资源结合起来，把可利用的资本、技术、人力资源和可利用的土地、自然资源和劳动力结合起来，通过规模经济和地理集聚效应来提高竞争能力，产生经济效益。与传统一体化概念的主要差别在于：第一，在合作目标方面十分强调经济互补性的重要性，而不太在意均质性与共同利益；第二，在合作主体方面不依赖成员国政府，而通常是利用市场力量和政府导向的交互作用，其中有的虽由政府出面，但主要是由私有企业互相联系的经济活动组成的新的跨国界的空间经济组合，有学者谓之"自然经济地区""自然战略联盟""松散的联系同盟"等；第三，突破了国家界限，虽然其有毗邻或共同的国界，但在这类区域合作中主要发挥作用的不是国家的国界，而往往是民族、人文联系的地域界线。

第二节 昌九区域发展现状分析

一 总体概况

南昌和九江两市共辖 27 个县（区），国土面积为 2.62 万平方公里，大部分地区是鄱阳湖生态经济区的重要组成部分。地缘相接的南昌和九江属于典型的双核结构，一个是全省行政中心，集政治、经济、文化功能于一体，另一个是重要的门户城市，拥有 152 公里长江岸线的天然优势。南昌和九江将发挥江西省区域经济发展的"双核"作用。2012 年，南昌和九江两市的生产总值占全省的 34.1%，规模以上工业增加值占全省的 32.5%，财政总收入占全省的 30.8%。据江西省"十二五"规划，"十二五"末两市的经济总量和规模以上工业增加值都将达到全省的 40% 以上。这组数据让两市成为支撑江西经济崛起的"双核"变得毫无疑问。经过多年的建设与发展，昌九区域经济社会发展取得巨大成就，已具备一体化发展的良好基础，具有在新的起点上进一步实现科学发展、引领鄱阳湖生态经济区建设的优势条件，也面临重大机遇和挑战。

南昌、九江两市具有良好的经济发展基础。昌九工业走廊经过 10 多年的建设，已经形成相对完整的产业带，特别是自鄱阳湖生态经济区建设启动以来,南昌和九江抢抓机遇,深化改革,扩大开放,综合实力得到明显提升。2012 年,两市城镇居民可支配收入分别为 23540 元和 20330 元,农民人均纯收入分别为 9587 元和 7785 元,均居全省前列。

当前,昌九一体化发展面临良好机遇。首先,经济全球化和区域经济一体化深入发展,国际、国内合作交流不断加强,产业转移步伐加快,为昌九区域壮大特色优势产业、提升发展水平提供了有利条件;其次,我国正处于发展方式转变和经济结构转型的关键时期,国家高度重视鄱阳湖生态经济区的开发建设,目标是建设全国大湖流域综合开发示范区、长江中下游水生态安全保障区、加快中部崛起重要带动区以及国际生态经济合作重要平台,这为昌九区域发展高效生态经济、推进生态文明建设、又好又快发展创造了良好的政策环境;再次,构建长江中游城市群、打造中国经济增长"第四极",已成为赣鄂皖湘四省的共识,也得到国家层面的肯定,昌九两市联动发展,发挥区域集合效应,正当其时;最后,江西省委十三届七次全体(扩大)会议明确把昌九一体化作为区域升级战略的重中之重,昌九两市在江西省的区域战略布局中上升到空前重要的位置。昌九一体化正面临前所未有的发展机遇。

二 取得的主要成绩

经过多年的开发建设,昌九两市已经形成了一批竞争力较强的支柱产业、实力雄厚的骨干企业和市场占有率较高的知名品牌。汽车、新材料、绿色食品、生物医药、石化、钢铁、有色冶金、纺织服装等产业规模不断扩大,主营业务收入稳步增长。高技术产业发展势头良好,形成了一批国家循环经济示范园区和示范企业。县域经济发展迅速,特色产业初具规模。基础设施不断完善,交通、能源、通信、市政等保障能力不断增强,教育、科技、文化、卫生、体育、就业、社会保障等公共服务水平不断提高,社会事业全面发展。加之昌九在空间上毗邻,且同为江右文化发源地,人文历史相绵延,民风民俗相近,商贸、文化交流密切,在各方面都为昌九一体化打下了良好的基础。

三 面临的主要问题

第一,昌九区域经济发展的结构性矛盾和深层次问题仍然存在,经济社会与人口、资源、环境协调发展的任务繁重，发展高效生态经济面临较为严峻的挑战；第二，产业结构层次偏低，传统农业比重大，工业技术含量偏低，服务业发展滞后；第三，重大交通基础设施相对不足，功能较弱、配套能力不强；第四，大企业嵌入式特征明显，开放型经济发展滞后；第五，生态环境相对脆弱，经济建设与环境保护的矛盾较为突出；第六，高层次专业人才相对缺乏，干部队伍的整体素质有待进一步提高。

第三节　昌九一体化发展的总体思路

一　发展定位

昌九区域一体化发展的战略定位如下。

（一）鄱阳湖生态经济建设核心区

充分利用昌九区域的优势资源，推进两市可持续发展；发展环境友好型和资源节约型产业，先行探索生态与经济协调发展的新模式，率先建立现代生态产业体系，实现经济社会发展和生态环境保护的有机统一，为鄱阳湖生态经济区乃至全国生态文明建设探索新路径、积累新经验。

（二）全省发展升级的引领区

推动昌九区域产业升级，明确产业发展的主攻方向，打造龙头企业，增强经济发展竞争力。促进开放升级，着力提高招商引资的层次、水平，推动重点产业协同创新，深化昌九创新升级，支持创新要素向企业集聚，增强经济发展动力。推进南昌打造核心增长极和九江沿江开放开发，构建"昌九一体、龙头昂起"的生动局面。

（三）长江中游城市群的重要一极

以南昌、九江为核心，以昌九工业走廊沿线城市为纽带，形成具有一定规模的大中城市集群，与武汉城市圈、长株潭城市群、皖江城市带等长江中游城市群相呼应，共同支撑中部地区崛起。

（四）全国"四化同步"先行先试区

加强统筹协调，探索区域经济和社会发展过程中工业化、信息化、城镇化、农业现代化的内在联系和客观规律，探索"四化同步"发展的科学模式和体制机制，实现"四化同步"的发展目标。

二　发展目标

（一）近期目标

到 2017 年，经济实力显著增强，建成鄱阳湖生态经济区的核心增长区和发展带动区，成为中部地区重要的经济中心，地区生产总值达到 8000 万元左右，人均地区生产总值达到 7.5 万元；单位地区生产总值能耗显著下降，主要污染物排放总量得到有效控制；自主创新能力进一步提升，初步形成以先进制造业为主的产业结构；基础设施明显改善，基本建成高效安全、保障有力的支撑体系；城镇化水平大幅提高，2017 年城镇化率达到65%，初步形成城乡协调发展格局；对外开放水平显著提升，初步建成内陆开放型经济高地；基本公共服务能力极大增强，人民生活水平大幅提高。

（二）远期目标

到 2025 年，经济社会发展水平进一步提高，成为我国中部地区综合实力最强的区域之一；区域一体化格局基本形成，生态文明建设取得显著成效，科技进步对经济增长的贡献率大幅提升，基本公共服务初步实现均等化，人民生活更加富裕；人均地区生产总值达到 20 万元，城镇化率达到70% 以上。

三　战略布局

遵循"合理布局、突出节点、无缝对接、联动发展"的思路，综合考虑昌九区域经济社会发展格局、发展潜力、资源环境承载能力、区域主体功能，结合产业发展、城镇发展、基础设施和生态建设等发展需要，科学规划，合理布局，有序开发。着力打造南昌市、九江沿江地区两个发展核，沿昌九高速、沿京九铁路、沿江构建南北向工业发展轴，沿永武高速、沿鄱阳湖至都昌县构建东西向绿色发展带，以南昌临空经济区、共青城先导区建设为关键支点，以昌九全域内的小城镇群建设为节点，形成"双核相向、轴带联动、两区先导、城镇集群，功能明确"的生动发展格局，全面实现昌九一体化。

第四节　昌九一体化发展的主要内容

一　产业发展

昌九一体化产业发展应该按照产业布局的一体化要求，突破行政界限，引导南昌和九江根据区域条件、资源禀赋和产业特点，统筹规划、合理确定各经济板块的功能和产业定位，壮大优势产业，做强特色产业，完善配套产业，实现昌九产业分工协作、错位互补、联动发展的产业发展格局。

（一）战略性新兴产业

抓住国家发展战略性新兴产业的机遇，重点发展航空制造、新能源汽车、光电新源、电子电器、金属新材料、生物医药、先进装备制造、绿色食品、文化及创意等产业，到2020年，形成5~6个千亿产业集群，昌九区域战略性新兴产业产值在地区生产总值中的占比超过60%，形成一批在国际、国内有核心竞争力的优势企业和龙头产品。到2025年，战略性新兴产业进一步发展，带动作用进一步增强。

1. 航空制造产业

以洪都航空为依托，推进南昌航空工业城建设，加强大飞机、大部件、先进教练机、农用飞机等的研发与制造，打造大飞机零部件生产基地和国际转包生产基地。支持九江充分融入南昌国家航空城，参与南昌航空制造业的分工，共同打造航空制造业集群。

2. 锂电及电动汽车产业

以南昌小蓝经济开发区、南昌经济技术开发区为基地，依托江铃汽车集团公司、江西凯马百路佳客车有限公司和昌河铃木汽车有限公司，加快培育、壮大新能源汽车龙头企业，积极引进国内外新能源汽车整车和电池、电机等关键零部件生产企业，促进集群发展，联合打造中部地区新能源汽车生产基地。

3. 新能源产业

充分利用昌九两市的光伏产业在单晶硅、多晶硅、薄膜太阳能电池、电池模组件、光伏发电设备等方面的生产优势，按照产业分工协作模式，形成较为完整的光伏产业上、中、下游产业链，提升国内、国际市场竞争力。重点支持鄱阳湖区域及部分沿江和高山等风能资源丰富的地区开发风电。

4. 节能环保产业

将南昌打造成全省节能环保产业的研发中心，搭建节能环保技术创新和服务平台，吸引节能环保领域的龙头企业和高端企业入驻，提升科研院所和龙头企业的研发能力。重点发展九江节能锅炉、窑炉及配套设备。把南昌高新区打造成全省 LED 产业的核心，加速推进硅衬底 LED 外延、芯片、封装及照明应用产品产业化关键技术研究。引导两市相关企业围绕研发、衬底、外延、芯片、切割、封装及测试仪器和生产设备等各环节的分工合作，特色发展，形成 LED 产业集群。

5. 新一代信息技术产业

以南昌金庐软件园、南大科技园、浙大科技园、中兴南昌软件园等为载体，重点发展应用软件、嵌入式软件、软件服务外包、信息系统集成服务、电子元器件、半导体分立器件、集成电路、微处理器、通信终端、智能卡、数字视听产品等，促进龙头企业做大做强，发展新一代信息技术产业的高端核心地区。以九江城西板块、赤码板块和共青城工业园区为载体，建立完整的新一代信息技术产业体系，重点发展数码相机、手机、卫星导航通信、短波通信、液晶电视、电解铜箔、大型整流装置、音响、智能终端、云计算等产业。支持两市的电子电器按产业错位发展的模式打造昌九新一代信息产业集群，支持昌九两市打造智慧城市。

6. 新材料产业

支持南昌、九江依据各自的区域优势和资源优势，按总部—生产分离模式打造新材料产业集群。依托江铜南昌工业园，围绕铜箔、铜线、钢管、钢板带等，不断延伸产业链，大力发展铜精深加工业，积极发展钨精深加工业，打造全国重要的有色金属精深加工生产基地。依托方大新材料、鸿泰集团、大连实德、雄鹰铝业等龙头企业，重点发展质量、性能优良的铝型材、塑钢、铝塑复合板等，完善产业链，推进产业集聚。充分发挥九江有色金属资源优势和港口通道优势，重点发展铜、铅、锌冶炼和攀森新材料镍粒合金项目，逐步发展湖口、瑞昌、九江县、德安、修水等地的铜、铅、锌、镍、钴、钨、钼、钒等有色金属的深精加工。重点建设九江玻璃纤维及深加工产业基地，将星火工业园建设成全球最大的有机硅生产基地。

7. 生物医药产业

重点以南昌小蓝经济技术开发区、昌东工业园区、南昌经济技术开发区、桑海经济技术开发区和湾里药谷为基地，依托汇仁集团、济民可信、江中集团等龙头企业，重点发展现代中药、化学药制剂、生物制药等产品。加强生物技术成果孵化器、合同研究、留学生创业园等科技创新平台的建设。支持企业通过上市、重组等方式，培育一批百亿企业。以九江环城县郊和鄱阳湖西岸为基地，重点发展医药种植业，建立中药材种植基地，支持南昌生物医药发展。积极引导九江、南昌按基地—生产分工模式，共同打造昌九生物医药产业集群。

8. 先进装备制造业

构建以九江码头沿江产业区、金砂湾工业园、彭泽工业园和南昌高新技术开发区、经济技术开发区为主要节点的通用和专用设备产业集群，着力发展船舶制造、大型专用装备及零部件，完善配套体系，不断提升装备和制造水平，打造中部地区重要的机电产业基地。

9. 绿色食品产业

重点以南昌小蓝经济技术开发区、昌东工业园区和南昌经济技术开发区为载体，依托益海嘉里、达利食品、亚啤、雪津啤酒、李渡酒业、中粮、可口可乐、南昌润田、雨润、康师傅、娃哈哈等龙头企业，做大农副产品深加工业，延长产业链，联合打造区域品牌，提高经济效益和市场竞争能力。支持两地共同建设绿色有机食品基地，以公司＋基地＋农户的模式形成生态种植、养殖、产品精深加工和销售一体化的产业化体系，形成全省重要的绿色食品加工基地，打造昌九绿色食品制造产业集群。

10. 文化及创意产业

打造南昌国际动漫产业园、江西泛美动画实训基地、江西滕王移动互联网游戏产业基地。加强建设 791 艺术街区、八大山人文化产业园、LOFT699 文化创意园、江西省互联网文化创意产业基地等重点文化创意产业项目。整合民间文化资源，发展民间文化艺术，建设九江文博园、义门陈文化产业园、庐山·中国商道文化园区等特色产业园。支持南昌、九江共同挖掘、整合文化资源，建设统一的文化市场，共同打造文化创意产业。

（二）优势传统产业

做强做精以钢铁、纺织服装、石油化工为主体的优势制造业，将昌九区域打造成为国家重大制造产业基地。

1. 钢铁产业

充分发挥沿江港口优势，以湖口金沙湾为基地，积极推进新钢、萍钢、方大特钢联合重组，成立江西钢铁集团公司，引导南昌和江西省其他钢铁企业逐步转移到九江沿江开发开放区，建设现代钢铁物流综合服务平台，发展高性能优质钢材，建设以汽车、家电和造船用钢为主的高端板材制造基地，打造拥有千万吨级优质钢材生产能力的钢铁产业集群。

2. 石油化工产业

大力推进九江石化油品质量升级改造工程，加快发展石化产品深加工，不断拓展下游产业链，实现石化与精细化工的链接发展。完善产业布局，吸引化工项目在九江沿江城东板块和彭湖板块彭湖湾工业区集聚发展，精细化工项目在彭湖板块矶山生态化工区集聚发展。大力提高化工行业节能、节水、环保等技术的应用水平。以燃料油为基础，围绕市场需求，重点发展芳烃、丙烯、溶剂油、C1 等产业链和 60 万吨/年 PX 项目。重点支持九江石化产业园建设，建设具有世界先进水平和国际竞争力的非乙烯型炼油化工一体化石化产业基地，打造九江沿江石化千亿产业带。

3. 纺织服装产业

依托湖口、彭泽、瑞昌、德安优质棉花生产基地以及良好的产业发展基础，重点发展交织织物、装饰用布、产业用布等附加值高、市场需求旺盛的产品，建设江西最大的棉纺生产基地。支持两市充分利用纺织服装产业的现有基础，完善纺织——印染——面料——服装的产业链条，形成昌九纺织服装业的综合优势，打造在全国具有整体优势的纺织服装产业群。

（三）生态农业

面向市场做大做强昌九生态农业，大力发展跨区域的大型农业生产和加工企业，支持发展农业生产合作组织，培育壮大一批成长性好、带动力强的农产品精深加工企业，推进农业结构调整和产业升级。

1. 绿色大米生产加工

依托南昌市南昌县、进贤县、安义县、新建县和九江市九江县、都昌县、瑞昌市、永修县、修水县、武宁县、共青城市、星子县、太白湖垦殖农场等区域的优质水稻基地建设，大力发展以水稻为主的粮食加工生产，根据市场需求，开发具有良好市场前景的高附加值产品；进行大米加工技术与装备开发，延长粮食加工产业链条，扶持昌九区域大米加工龙头企业的发展。

2. 特色生态农业

在继续做好棉花、油菜、果业、蚕桑、苎麻等传统产业的同时，调整农产品结构，发展蔬菜加工，组建蔬菜加工企业集团，建立反季节无公害蔬菜生产基地，创立知名蔬菜品牌，着力培育壮大水梨、有机茶等特色生态农业。

3. 优质奶业

围绕现有的乳制品加工企业，以南昌市新建县、南昌县、进贤县、南昌经济技术开发区和九江市莲花高新工业园区为重点，支持龙头企业建立优质奶源基地。

4. 畜禽养殖及肉制品加工业

依托现有的种猪场，重点建设以南昌县、九江市、九江县、瑞昌市、永修县、修水县等为核心区域的优质生猪养殖基地，大力推广生猪优良品种，打造优质生猪养殖基地。重点建设以德安县、共青城为主的蛋鸡基地，以及以南昌县、进贤县、安义县、永修县为主的菜鸭基地。大力提高各类畜禽工业化屠宰的集中度，扩大畜禽加工产品的生产规模，强化食品安全管理，实现肉制品的洁净化加工和安全可追溯；大力发展冷鲜分割肉、腌制肉、熟肉制品三大类主导产品。

5. 绿色水产品养殖业

充分发挥昌九环湖沿江水域资源和水产品丰富的优势，优化渔业生产结构，扩大特色养殖，加强水产养殖基地建设，加强无公害和标准化健康养殖基地建设，培育和发展水产品交易市场，加快名特优产品开发，打好水产品的"鄱阳湖""军山湖"等品牌。

二　城镇发展

加快昌九区域小城镇的集群发展，填补双核、两区及轴带之间的发展洼地，实现城镇化与工业化、信息化、现代农业化的联动发展。按照布局合理、规模适度、功能完备、特色鲜明、生态良好的原则，沿昌九工业发展轴、绿色发展带，发展一纵一横两条小城镇群带，实现点轴联动，推动昌九双核相向发展。

（一）纵向小城镇群

以昌九高速和京九铁路为轴心，大力发展沿轴线南北纵向小城镇群，培育九江—德安县沿线小城镇群、共青城—永修沿线小城镇群、永修—新建沿线小城镇群和昌北小城镇群，形成南北发展的空间节点。

（二）横向小城镇群

以大广高速、永武高速和316国道为轴，大力发展修武小城镇群、武德小城镇群、德安中部小城镇群、星子县中部小城镇群，形成东西方向的空间节点和块状经济，构成绿色发展带的有机补充。

专栏1　城镇集群

沿昌九工业发展轴和绿色发展带大力发展小城镇群，以轴带点，点轴互动，构建一体化空间节点。

纵向小城镇群

● 九江—德安县沿线小城镇群。九江县在对接九江主城区、融入大九江的同时，有序推动南部马回岭镇方向的开发与发展，重点开发岷山乡马回岭镇，与德安县北部实现空间对接。德安县在与共青城相向发展的同时，向北拓展，实施高塘乡、林泉乡、黄桶乡连片发展规划。逐步形成以重点镇丰林镇为核心，由高塘乡、林泉乡、黄桶乡、岷山乡、马回岭镇构成的小城镇群，实现九江县南部与德安县北部的空间对接。

● 共青城—永修沿线小城镇群。共青城在实施与德安相向发展战略的同时，向南重点开发江益镇。永修在融入南昌的同时，向北延伸发展，重点开发与共青城江益镇接壤的重点镇虬津镇及艾城镇、燕坊镇，实现共青城南部与永修县北部的空间对接。

● 永修—新建沿线小城镇群。新建东北方向的铁河乡、大塘坪乡与永修东南方向的重点镇涂埠镇及三角乡、九合乡组团开发，实现新建与永修的无缝对接。

● 昌北小城镇群。以昌北机场为中心，加快发展新建县的重点镇象山镇及七里岗、樵舍镇、乐化镇与南昌的栖霞镇，形成以昌北机场为中心的小城镇群。

横向小城镇群

● 修水—武宁小城镇群。以重点镇三都镇为中心，加强修水、武宁交界处的清江乡、三都镇、船滩镇、庙岭乡和石渡小城镇群的建设，实现修水县与武宁县东西相向发展。

● 武宁—德安小城镇群。以316国道为轴，加快武宁县新宁镇、鲁溪镇、官莲乡和德安县的南义镇、车桥镇、横港镇的小城镇群建设，实现武宁县与德安县东西融合发展。

● 德安县中部小城镇群。加强德安县中部统筹城乡建设和城镇化建设进程，建设德安中部爱民乡、吴山乡、聂桥镇及磨溪乡的小城镇群。

● 星子县中部小城镇群。以星子县中心镇南康镇和重点镇温泉镇为核心，加快由南康镇、温泉镇、蓼花镇、华林镇及横塘镇构成的星子中部小城镇群的建设，与九江—德安沿线小镇群对接，形成东西经济带。

三　基础设施

昌九一体化过程中的基础设施建设应该按照统筹规划、合理布局、互利共赢的原则，重点加快交通、能源、水利和信息基础设施的现代化建设，构建畅通便捷、城乡共享的基础设施网络，增强昌九区域经济社会发展的支撑和辐射带动能力。

（一）交通设施

加快交通基础设施现代化建设，实现设施共建共享、互利共赢，增强昌九区域经济社会发展的支撑和辐射能力。推进交通基础设施同网建设，以昌九核心区建设为重点，优化区域内的交通网络布局，构建昌九两地间的快速通道和对外通道，提高整体通达能力和水平。到2025年，建成"立足昌九、服务全省、布局合理、能力充分、运行高效、功能完善"的现代化综合交通运输体系，共同构筑联动长珠闽和长江中游地区的全国性综合交通枢纽。

1. 公路建设

以加强南昌核心增长极、鄱阳湖经济先导区、昌九一体化先导区与周边地区的互联互通为重点，继续加快昌九高速公路网的建设，加快实施昌九高速公路"四改八"工程。加快昌九城际快速通道建设，形成南昌至九江较发达的快速运输通道。推进昌九高速公路、快速通道沿线连接线的建设，加快沿线及周边省道、县道、乡道的改扩建，提高连接中心镇的路网等级，完善公路路网结构，提升工业园区间的通达能力，为引导区域一体化发展提供先行条件和有效手段。到2020年，建成与城镇化、工业化布局相匹配的、路网结构等级合理的普通干线公路网络，到2025年实现区域内100%的县通国道、90%的乡镇通省道，国道路网二级及以上公路的比重达95%。

2. 铁路与轨道交通建设

依托京九铁路、昌九城际铁路和京九客专，着力提升昌九铁路的运输能力。加快昌九区域对外通道、区域内快速通道及重要铁路枢纽的交通设施建设，构建与长江中下游地区一体化布局的快速铁路网。着力推进合九客运专线（池九城际铁路）和武九客运专线的建设。做好南昌地铁延伸周边县区的规划，预留线位和站点空间，形成多种客运方式相衔接的昌九城市快速客运体系。推进京九铁路江西段电气化改造。科学论证区域枢纽站场布局，优化、完善南昌和九江现有火车站的功能。

3. 水运建设

将九江港、南昌港打造成为亿吨国内内河大港，统筹推进九江港、南昌港的分工协作，积极开发南昌港的中转枢纽功能，充分发挥九江龙头港的国内国际航运通道作用，构建河海联运的组合港发展架构，形成九江港"通长江、达上海"，南昌港"北通鄱湖九江、南连吉安赣州"的互动、互补发展格局。高标准整治长江干流航道江西段，加强赣江、修河的航道整治，提高航道技术等级，改善通航条件，到2015年，高等级航道达标率超过80%，实现千吨级船舶从赣江直达长江。统筹规划长江与赣江岸线的资源利用和港口布局，调整优化沿江港口结构，形成以九江港、南昌港为核心，以周边岸线港口为基础和补充，功能明确、层次分明的港口体系。推动九江海关与南昌海关达成绿色通关协议，实现九江与南昌"港口一体化"。

4. 机场建设

进一步科学论证和完善包括小型通勤机场在内的机场布局，提高机场的吞吐能力，扩大航空运输服务的覆盖范围。重点建设南昌昌北国际机场，加密国内、国际航线，发展空港经济，建设南昌国际货运中心，形成中部地区和华东重要的干线机场和中部地区人员进出境的重要枢纽。加快改造九江机场，扩建停机位及配套设施，增强航空综合功能，加快机场配套保障能力建设，增开经停九江机场的航线。

5. 枢纽场站建设

加快合客货运枢纽场站建设，推进重要交通节点运输枢纽化，实施运输组织集约化，实现昌九区域内不同交通运输方式的无缝衔接，达到旅客零距离换乘和货运无缝对接的目标。

专栏2　昌九交通一体化

● 高速公路工程

实施昌九高速公路"四改八"工程，拓宽昌九高速公路，增强昌九高速的运载力，由原来的双向四车道拓宽为双向八车道；推进都九高速、九江绕城高速、南昌南二环高速公路的工程建设。

● 昌九快速通道工程

修建南昌市区至九江市区的快速通道，完善昌九路网结构，优化通行环境，提升畅通条件。

● 铁路建设工程

推进合九、武九客运专线，实施京九铁路电化改造，提升昌九对外交通的便利性。

● 骨干航道建设

规划沿江地区形成"一横一纵"骨干航道，总里程为 237 公里，其中一级航道 156 公里（长江干线），二级航道 81 公里（赣江）。力争至 2015 年长江干线九江段（隶属于武汉至安庆段）水深将由 4.0 米提高到 4.5 米，加快港区疏港铁路建设，增强水运货运能力。2015 年赣江基本达到二级航道标准。加快推进南昌—湖口二级航道整治，使船舶吨位从 1000 吨级跃升为 2000 吨级，开辟江西省大宗商品的"黄金水道"。

（二）能源设施

统筹规划昌九区域内的重大能源基础设施，推进油、气、电输送网络的建设，提高能源利用效率，促进资源共享，提升管理水平，构建安全、清洁、经济、高效的一体化能源保障体系。

1. 智能电网

以提高供电可靠性为目标，推进特高压输变电工程前期工作和武汉经九江至南昌 1000 千伏特高压工程。建设环绕昌九区和中部负荷中心的"日"字形 500 千伏电网骨干网架双环网框架，加强南北向通道建设，并由双环网框架向东、西、南三个方向发散形成受端环网。利用先进的通信、信息和控制技术，构建以信息化、自动化、互动化为主要特征的智能化电网，满足主力电源和风电、太阳能光伏等可再生能源发电并网的要求。实现电网控制自动化、电网通信数字化，保持昌九两地电网与电源、输电与配电、一次与二次系统的同步建设、相互适应和协调发展。开展昌九区域新一轮的农网改造，加大农村电网、工业园区电网和配电设备的建设力度，提升并统一城乡电网的建设技术标准。

2. 清洁能源

大力推进清洁火电项目建设，启动区域性热电联产工程项目建设。积极推进清洁能源开发，在国家统一部署下推动区内核电建设，力争 2020 年以前开工建设江西彭泽核电厂一期工程 2×125 万千瓦机组。联合开发利用可再生能源资源，因地制宜地开发利用风能、太阳能、生物质能、水能、地热能等，提高可再生能源在能源结构中的比例，到2025年，清洁能源比例达8%。认真抓好绿色能源示范县、分布式光伏发电规模化应用示范区等示范项目建设。

3. 天然气设施改造

以川气东送和西气东输二线在江西境内的分输站为起点，建设形成昌九省级天然气管网，并力争同步建成对接国家西气东输三线和新粤浙线的省级天然气管网工程。按照合理有序、先试点后推广的原则，在昌九区域内逐步开展压缩天然气和液化天然气的车船使用，建设一批天然气加气站试点项目。规划建设一批具备制气功能的液化天然气储气库等天然气储备设施，切实增强天然气应急保障和调峰能力。

4. 成品油质量提升和管网建设

实施九江石化成品油质量升级改造工程，到2020年，实现原油综合配套加工能力1000万吨/年，推进九昌樟成品油管道建设。

（三）水利设施

统筹考虑昌九区域经济社会发展对水资源的需求，以保障供水安全为出发点，以绿色环保、人水和谐为目标，优化区域水资源开发利用和配置体系，加快农村民生水利设施建设，推进区域水资源开发利用、节约保护和管理、防灾减灾一体化。

1. 鄱阳湖水利枢纽工程

按照"调枯畅洪"的思路，适时推进鄱阳湖水利枢纽工程建设。合理调控鄱阳湖的枯水位，有效控制和改善湖区的水生态环境，合理开发利用湖区水土资源。充分发挥枢纽工程的生态环境效益和水资源综合利用效益。

2. 城市排涝体系

根据昌九区域的降雨规律和暴雨内涝的风险情况，合理确定建设标准。相邻市、县、区联合规划建设城市排水防涝、雨水滞渗、收集利用等削峰调蓄设施，制定、完善城市排水与暴雨内涝防范应急预案。2020年前完成水管网的雨污分流改造。

3. 防洪体系

统筹昌九区域防洪标准，建设安全协调的一体化防洪体系。加快推进河湖圩堤治理、长江干堤升级整治、主要支流及中小河流治理、蓄滞洪区建设、沿江区域防洪涝体系建设等，全面提高昌九区域的防洪治涝能力。

4. 农村水利基础设施

加快区内农村的民生水利建设，全面解决农村人口的饮水安全问题。加大灌区建设与改造力度，对现有灌区的灌排工程进行续建配套和完善；适当发展喷滴灌、微灌、低压管道等节水灌溉措施；对新建工程按节水标准进行设计与施工；加强重点水源的工程建设，新建一批效益好、投资省、见效快、有调节性能的骨干水源工程，提高水资源的开发利用率，灌溉保证率达到 90%，流域灌区灌溉水利用系数达到 0.6 以上。

专栏 3　昌九水利建设一体化

● 鄱阳湖水利枢纽工程

枢纽工程布置于入江水道的屏峰山—长岭断面，坝址宽约 2.8km，枢纽工程包括鱼道、拦洪泄洪闸、筏道、船闸等。拦洪泄洪闸共设 111 孔，每孔净宽 16m，总净宽 1776m，设计最大泄洪流量 32760m³/s；船闸为三线单级船闸，闸室有效尺寸采用 240m×34m×4.5m（长×宽×最小槛上水深）；过鱼建筑物设置在电站厂房右侧滩地上，采用阶梯式鱼道结合仿自然通道的综合形式，共设 216 级。

● 城市防洪工程

南昌防洪项目：富大有堤滨江宾馆段、沿江大堤、南岸堤、丰和联圩、乌沙河整治工程等。

九江防洪项目：湖口金沙湾工业园区防洪工程、棉科所堤、赛城湖、五一堤等。

● 大型灌区工程

赣抚平原灌区：南昌县、进贤县、英雄开发区、高新区、青山湖区。

柘林灌区：永修、德安、共青。

蒋南灌区：南昌县、新建县、青山湖区。

（四）市政与信息设施

按照统一规划、集约建设、资源共享、规范管理的原则，加快编制区域及各地市政及信息基础设施专项规划，加强相互衔接。有序推动昌九城市综合管沟建设，大力推进"智慧昌九"工程。

1. 昌九城市综合管沟建设

成立专门机构，统筹规划、合理布局市政、电力、通信、热力、给排水等各种管线，逐步推进昌九城市综合管沟建设。统一协调区域内新建管线的规划、设计和施工，探索城市管线运营的市场化机制，实现昌九区域内各种管线的科学管理与高效运行。

2. 智慧昌九信息设施建设

积极推动电信基础设施共建共享，大幅提高综合信息通信服务能力，有序部署下一代互联网建设。到 2020 年，城市和农村接入网速分别实现20M 和 4M 以上。进一步加快数字电视网络整合改造，电信网、广电网和互联网"三网"进一步融合，实现有线网络入户和无线网络覆盖公共区域，力争成为区域性信息通信枢纽。大力推进高山无线发射台基础设施建设工程和直播卫星"户户通"工程。铺设两市一体的光纤骨干网，到2025年，全面实现城镇化地区光纤到户。

专栏 4　智慧昌九示范工程

● 智能交通系统

通过道路收费系统、多功能智能交通卡系统、数字化交通智能信息管理系统、高速公路不停车收费（ETC）系统等多种模式的数据整合，提供基于交通预测的智能交通灯控制、交通疏导、出行提示、应急事件处置等管理平台。

● 智能城市环境系统

建设一体化城市环境信息采集网络，对水、大气等与人类生活环境紧密相关的各种资源进行信息实时采集和监控，及时发现和处理各种污染事件；借助先进的数据挖掘、数学模型和系统仿真，提升环境管理决策水平。

● 智能建筑系统

着力打造60个集安全防范、信息管理、车辆管理、监控管理等为一体的智能小区。

● 智能社区系统

新建一批宽带信息化示范社区，为居民提供数字音像、卫星直播电视、视频点播等内容，提高社区建设水平和管理水平。与物流配送网络、教育网络、医疗卫生网络等各专业网连接，向市民提供教育、娱乐、购物、旅游、医疗、税收、水电、电话费用自动化管理等多种服务。

第五节　加快昌九一体化发展的对策

昌九一体化发展是加快落实江西省区域发展战略的重大举措，推进昌九一体化发展具有重大战略意义。南昌、九江两市政府和省直属有关部门应高度重视，并在政策上给予大力支持，确保昌九一体化早日实现。

一　建立合理可行的利益协调机制

利益关系是政府间关系中最根本、最实质的关系。利益调节机制必须本着差别原则和互惠型理念，这样才能利益兼容。当平等互信的政治对话机制建立起来以后，互惠互利的利益调节机制就在根本上决定其他机制的生成和效度。政府间关系实际上是一种权力配置和利益分配的关系，因此利益关系成为地方政府间关系的核心问题。

在昌九一体化发展中，应考虑建立与之相适应的区域利益分享和补偿机制。区域一体化的出发点是地方政府通过合作共享整体利益。因此，昌九区域合作规则是否能够有效发挥作用取决于能否达成各方利益的平衡，实现双赢或共赢。这就需要有一个与此相配套的区域利益分享和补偿机制，即两地方政府在平等、互利、协作的前提下，通过规范的制度建设来实现地方与地方之间的利益转移，从而实现各种利益在地区间的合理分配。

二　加快昌九跨区域基础设施的统一规划

由于跨区域基础设施建设资金投入大、周期长，昌九任何一个地方政府单独承担都有较大的困难，同时由于基础设施存在正外部性特征，因此昌九政府的横向合作有了利益上的共同基础。跨区域基础设施建设合作是一个复杂的社会系统工程，其配置模式应采用多种方式和多条途径，以提高合作效能和配置效率。

昌九一体化趋势要求打破以行政区为单位的基础设施配置模式，构建以昌九都市圈、昌九工业走廊为依托的广域基础设施体系。广域基础设施体系是调整区域经济布局，增强昌九核心城市集聚和辐射功能，同时使区域内次级中心和中小城市充分利用昌九核心城市功能、加快发展的重要手段。同时，昌九政府需要建立一种激励两地进行合作的利益机制，例如，根据项目的性质，昌九政府对交通建设项目的投资可以作为资本金投入，也可以政府贷款的形式投入。

三　构建推动昌九产业集群的综合平台

构建产业集群平台，促进昌九经济一体化发展，主要应在以下三个方面做出努力：一是构建一体化对话机制；二是构建一体化政策平台；三是构建一体化互动平台。

首先，一体化对话机制需要建立两市政府间产业集群区域发展协调机构，建立各个层次的常设合作机构，做到组织有保障；谋划出台昌九产业集群中长期发展规划，做到发展有依据；着手制定促进本区域产业聚集发展的相关配套政策、法规，做到政策有引导。其次，一体化产业集群发展互动平台包括投资项目互动平台、改革发展互动平台、对外开放互动平台、一体化要素市场互动平台和产业集群发展的城市制度平台。最后，一体化互动平台要求昌九一体化立足于区域产业布局特点，把促进区域内产业集群协调发展作为区域经济战略和政策的中心。昌九要在国家和区域产业集群发展政策的指导下，出台符合本区域实际的产业集群促进政策。

四　加快昌九财政统一的路径

财政统一包括两重含义，故财政统一的实施路径也应包括两个方面：财政政策的一致性和财税机构的逐步统一。前者是后者的前奏，后者的实现将彻底消除两市财政政策的异化。

首先，统一两市的财政政策。尽快统一两地的财政政策，全面清理两地的税收优惠政策。目前两地的财税政策特别是涉及开发区、工业园区建设等方面的政策存在不一致。故应对两地的财税政策进行全面清理，特别是要清理、整顿对企业的各种扶持政策，净化经济发展的财政政策环境，从财税政策方面防止恶性竞争。其次，逐步实现财政机构的统一。成立昌九财政局，将两市财政局的人、财、物逐步合并，以昌九为整体，统一编制预算，统一组织收入。

第九章　推进"一圈两化"发展，打造大南昌都市圈的战略研究

第一节　打造都市圈的理论基础

一　区域一体化理论

区域一体化发展既是获得新发展机遇的内在要求，也是由外部环境决定的必然选择。从国际大环境来看，为共同的整体利益所进行的协调、磋商和合作已深入生产、贸易、金融等社会经济生活的更广领域和更深层次。更多的协作也伴随着更多的竞争，经济领域的全球化已经显示出不可抗拒的趋势，城市发展中的社会经济因素越来越具有不确定性，因此，通过整体环境建设提高竞争力逐渐在发展战略领域中占有越来越重要的地位。区域基础设施以及区域城镇空间环境的整体协调发展也逐渐成为区域经济合作的基本内容之一。区域一体化经历了田园城市、集合城市、有机疏散等早期的城市发展理论，逐渐演变出区域城市、大都市带、城市群等现代城市发展理论，为区域经济发展提供了理论性的参考。

区域一体化发展的空间特征主要表现在区域城镇空间的网络化、城乡空间的协调发展和建立综合交通系统并发挥其引导作用。一体化发展的区域城镇空间以网络化为特征，与传统城镇体系的含义有所不同。传统的模式必然形成以城市为重心的思维方式，在空间上城市具有中心性，在职能上城市处于支配地位，经济和其他活动也以城市为中心。

城乡空间的协调发展，主要是指在不同的空间层次和地区形成多中心结构，使相对集中的开敞空间系统与城市化空间系统紧密融合。尤其是特大城市和大城市能够避免围绕原有市区进一步圈层式扩张的趋势，引导区域空间向形成新的功能组团形式发展。为创造良好的环境，城乡建设空间

的结合也需要与自然环境系统的保护联系在一起。

利用综合交通可以引导和促进整体有序开发，改善地域空间结构，形成整体开发优势。交通发展轴往往也是城镇空间的发展轴，高速公路对区域内分散的小城镇相对集中发展所起到的作用已经显现，围绕高速公路出口，新的城市功能区逐渐形成。我国正在加大基础设施建设的投入，高速铁路、支线机场形成建设高潮，这为区域一体化发展提供了新的发展契机，使交通走廊建设与重点区域城镇建设结合的机遇和保障条件正在形成。

二 区域一体化发展的战略选择——都市圈

当前，城市发展有两个基本趋势：一是全球城市化和城市全球化，二是城市的区域化和区域的城市化。从全球竞争的角度看，当代城市竞争已不再是单个城市间的竞争，而是以中心城市为核心的城市区域或城市集团的竞争，而都市圈也是全球化分工、合作以及竞争过程中的基本单位。事实上，在国外城市发展的历史上，欧美或日本都市圈都已成为城市发展的主要模式和国家经济发展的主体。

随着城市化的快速推进和全球化的日益深入，各种城镇群体空间现象在发达国家与发展中国家普遍生成。都市圈是其中最重要的一种空间形式，它是由一个或多个中心城市和与其有紧密经济、社会联系的临接城镇组成的具有一体化倾向的圈层状地域结构，也是当今国家和区域参与全球劳动地域分工、经济协作与竞争的基本单元。都市圈规划是一种战略性的空间规划，是一种区域性的战略思考。它的主要目的是为该区域内的城市政府提出关于城市和空间发展战略的框架（方案），规划内容则以都市圈经济社会的整体发展战略、区域空间发展模式以及交通等基础设施布局方案为重点。当前南昌正处在快速城市化时期，都市圈将成为推动全市经济和城市化发展的重要地域空间形式。

三 都市圈的基本内涵

国内外对都市圈及类似城镇群体有过不同的阐述和研究，其中的差异源于不同地区城镇与区域发展的特点不同。一般认为所谓"都市圈"是指由一个或多个核心城市，以及与这个核心具有密切社会、经济联系的，具有一体化倾向的邻接城镇与地区组成的圈层式结构。"都市圈"是客观形成与规划主观推动双向作用的产物，其建立的根本意义是打破行政界限的束缚，按经济与环境功能的整合需求及发展趋势，构筑相对完善的城镇群体空间单元，并以此作为更大的空间组织的基础。

都市圈空间成长的动力主要源于四个方面：在社会因素方面是城市发展的一般规律，即城市化进程的不断提升；在技术因素方面是现代交通技术的进步促进了区域的联系；在经济因素方面是产业扩散与转移对形成区域经济一体化具有重大推动作用；在政策因素方面是政府的决策与规划也有目的地发展以中心城市为核心的都市圈经济区。都市圈的一般发展形式有核心—放射空间式、核心—圈层空间式和多中心网络化空间式，其组织类型一般有同心圆圈层组合式、定向多轴线引导式、平行切线组合式、放射长廊组合式和反磁力中心组合式。其功能定位一般是形成经济、市场高度一体化的发展态势，实现基础设施的共建、共享，保护并合理利用各类资源，其本质是从区域角度强化城市间的经济协调关系，推进跨区域合作，改善人居环境和投资环境，促进区域经济、社会与环境的整体可持续发展。

四　都市圈的发展模式相关理论

（一）都市圈的主导推动力量与发展模式

目前，都市圈形成与发展的主导推动力量与发展模式主要有两种：政府主导型的都市圈发展模式和市场主导型的都市圈发展模式。都市圈发展的主导推动力量可以来自政府的支持，也可以来自经济上自发的集聚效应。因此，根据上述不同的都市圈发展的主导推动力量，划分出这两种发展模式。

政府主导型发展模式是指发挥政府在都市圈发展方面的积极作用，政府通过行政、经济和法律的手段，实现资源要素的空间配置，组织和协调区域经济活动，更快地推动都市圈的发展。多数发展中国家走的是以政府为主导的城市化发展道路，由于发展中国家的经济发展战略具有较强的赶超色彩，因此其发展模式一般会向工业和城市倾斜。政府主导的都市圈发展在短期内是有效的，但从长远来看，它不能解决城市及都市圈中增长的动力机制问题，不能有效地完成社会分工和市场细分，并可能导致都市圈之间的不平衡增长，造成严重的社会问题。

市场主导型发展模式主要是指依靠市场因素和产业集聚效应，通过城市自身的发展，自发地形成一定规模的都市圈。也就是说，通过经济活动在中心城市与中小城镇及更为广阔的经济腹地之间的空间集群与空间扩散，使中心城市与中小城镇和经济腹地之间不断地进行物质与能量的交换，实现结构调整、功能转化和空间形态的变化，自我诊断、自我完善，以适应环境变化和经济发展的需要，实现要素的空间优化配置。区域自组织功能的强弱取决于区域内点、线、网络以及域面这些空间要素的发育程度及其空间组合状态。这种发展模式遵循了经济社会发展的自身规律，很少受到政府的干预，是欧美国家都市圈发展的主流模式。市场主导型模式也有一些弊端，欧美都市圈在城市环境与可持续发展方面也走过弯路，如伦敦和纽约都市圈都曾经污染严重，不过经过十几年的治理，情况已经发生了根本性的变化。

（二）都市圈内城市规模与发展模式

大都市模式主要是依靠发展特大型城市来促进都市圈的形成，特大型城市是都市圈的主体。大都市模式以英国、美国、日本为代表，这些国家都有规模巨大的世界级城市作为都市圈的核心。美国的城市化道路反映了国内外学术界已普遍注意到的世界城市化的一般规律，即在各种规模的城市中，大城市处于优先增长态势。大城市的优先增长，并不是大城市本身规模的无限扩展，而是大城市作为中心发挥辐射作用，带动周边地区的发展，使一定范围的地域变成城市化的地区，即所谓的"大都市区化"。在发达国家的工业化和城市化发展过程中，大城市作为城市化主导力量的现象十分明显。在发达国家中，大城市的发展在都市圈化的进程中发挥了主导作用，并派生出以大城市为中心的大都市区和都市圈的构造体系。

中小城市模式主要是通过发展中小城市来促进都市圈的发展，被称为"分散型"道路。该模式主要表现为人口大量集中在中小城市，各种工商企业和新兴产业也都集中在中小城市，中小城市在城市体系中居主导地位。尽管都市圈中的核心城市可能也具有一定的规模，但从总体来看，城市的规模都比较小，能级也比较低，中小城市成为都市圈的主体。这种模式以德国、荷兰、奥地利、意大利等西欧发达国家为代表，这些国家大都属于产业革命的先行国家，对效率的要求并不十分强烈。

（三）都市圈增长方式与发展模式

1. 集约型模式

集约型都市圈发展模式的主要特征是，在很大程度上由技术创新、人力资本积累、集聚效应、学习效应等因素形成的动力所推动，在同样的增长规模和增长速度下，所受到的资源约束压力较小。集约型模式有利于都市圈持续、稳健、良性增长，提高中心城市的辐射效应，实现都市圈能级的提升，从而更好地避免都市圈发展过程中的负面效应。

2. 粗放型模式

粗放型都市圈发展模式的基本特征是依赖大量的生产要素（如土地、资本等）增加来实现都市圈的发展，其中要素投入的增长速度通常较大幅度地高于城市经济的增长速度，由质量因素推动的增长部分比重较小，在经济增长中技术创新缓慢、劳动力素质较低、产业结构和产业组织不合理、经营管理水平较差。在粗放型发展模式下，虽然都市圈发展速度可能在短期内达到较高水平，但长期来看所付出的代价很高。

第二节 大南昌都市圈的发展现状

一 大南昌都市圈的基本范围

根据全省及南昌市相关的区域发展规划，"一圈两化"主要包括三个地域范围，其中"一圈"为南昌一小时经济圈，在地域范围上除南昌市区、新建县、南昌县、进贤县和安义县外，还包括永修、临川、丰城、樟树、高安、靖安、奉新、余干8个县市区；"两化"分别指昌九一体化和昌抚一体化，其中昌九一体化的地域范围为南昌和九江两地，共含22个县（区），国土面积为2.62万平方公里，人口为990万；昌抚一体化的地域范围为南昌和抚州两地，共辖20个县（区），土地总面积为2.62万平方公里，人口为820万。综合来看，"一圈两化"共辖南昌、九江、抚州 3 个地级市及 31 个县（市），全部国土面积约占全省的 30.76%，经济总量和财政收入超过全省的 40%，是一个涵盖范围广泛的经济发展区域。本书所称的大南昌都市圈，突破了传统的行政区域划分的范围，以南昌一小时经济圈中的南昌市区、新建县、南昌县、进贤县、安义县以及丰城、樟树、高安为内核，在发展布局中向北延伸至九江，向南延伸至抚州，分别以昌九一体化、昌抚一体化为两翼，形成以南昌为中心的区域城市群。

二　发展基础

（一）区位优势

南昌地处交通枢纽位置，随着一系列交通基础设施的建设，区位条件更加优越。南昌与抚州、九江的距离差不多，均在 100 余公里，抚州和九江是最有条件打造一体化、进行区域合作的两个城市，一体化后可对南昌南北呼应。南昌有综合功能相对完善的中心城市优势，是江西省的核心；九江有全省唯一的临江优势，是江西省对接中部和长江经济带的桥头堡；抚州离南昌最近，是江西省对接福建东南沿海地区的重要窗口。

（二）经济实力

近年来南昌市的经济增速明显提高，综合实力基本上可以带动区域发展，辐射效应将会逐步扩大。抚州、九江可以更好地接受南昌的辐射和带动，南昌也能依托其他城市的资源，实现优势互补、互利共赢。三市合作将打通江西对外开放的重要通道，对江西融入全国区域发展至关重要。

（三）生态人文

在全国区域竞争中，江西最具核心竞争力的是鄱阳湖生态经济区。南昌、九江、抚州同处鄱阳湖生态经济区内，并且是鄱阳湖城市群的核心区域。三个城市山水相连、人文相亲，各具特色和优势。

（四）政策机会

大南昌都市圈的发展面临难得的历史机遇。国家区域发展政策有利于大南昌都市圈的发展，近期国家将对城镇化发展的要求明确为建设若干城市群。江西省委、省政府提出了构建全省"龙头昂起、两翼齐飞、苏区振兴、绿色崛起"的区域发展格局。

（五）共识基础

政界、学界、企业界等一般都认为，南昌全力打造带动全省发展的核心增长极，加快区域合作、打造"一圈两化"已成为引领江西绿色崛起的重要路径。《鄱阳湖生态经济区规划》和《江西省"十二五"规划纲要》明确提出了"构建南昌一小时经济圈"的区域合作目标。

（六）合作基础

目前南昌、九江、抚州三市区域合作的框架协议已经达成，本着"平等协商、协调互动，优势互补、扬长避短，政府推动、市场主导，资源共享、一体发展"的合作原则，三市将在基础设施对接、产业布局互补、生产要素互通、银行结算同城、环境保护共建、科技创新协同等领域开展合作。召开了南昌、九江、抚州三市区域合作决策咨询暨首届协商会。三个城市在产业、资源和特色上具有很强的互补性，各具优势，有很大的合作空间。

三　发展环境

首先，江西目前处于转型升级、绿色崛起的重要阶段，南昌作为省会城市，肩负着更为重要的发展使命，这也是新一轮转型发展所带来的机遇。一般都市圈发展的阶段，包括积蓄能量阶段、突破障碍阶段、启动发展阶段、快速发展阶段和提升发展阶段。目前大南昌都市圈正处于突破障碍后的启动发展阶段，并向快速发展阶段迈进。在此阶段，交通等基础设施一体化的程度加深，区域之间达成有史以来更多的共识。

其次，转型时期必然带来经济的快速增长，面临经济上的新一轮快速增长期，南昌在未来需要将总量和人均水平提升到一个更高的层次，即迈入区域经济和产业一体化发展阶段。目前南昌的经济实力具备发展都市圈的基础，但是有些制约经济发展的瓶颈因素亟待突破。

再次，同经济发展相适应的社会、服务等方面的发展也是当前面临的关键点。尽管在南昌的社会发展中还存在一些与经济不相适应的方面，但是社会发展的体制机制正在健全过程中，综合服务环境正在不断完善，未来需要着力培育和提高社会服务水平。

最后，战略布局有待优化。在都市圈的布局方面，基础设施建设正在加速，南昌一小时经济圈基本形成，但功能建设需要提升。同时，在"一圈两化"的构建过程中，圈内的丰城、高安、奉新等地均可加入都市圈建设，形成一个科学、完善的都市圈布局，这是南昌发展战略布局中的重要内容。

四 制约因素

总体而言，南昌的经济实力还有待提升，在人口总量和经济规模上，南昌与长江中游城市群的其他省会城市还有一定的差距，这主要是受南昌的地域面积所限，南昌带动全省发展的"核心增长极"的城市空间容量和功能支持不够。

（一）资金制约

南昌支撑都市圈发展的财力还需要增强。虽然作为全省的核心城市，南昌每年的 GDP 增幅都超过了 13%，但经济总量仍然偏小。2012 年南昌的 GDP 总量为 3000.52 亿元，而同期与南昌相邻的主要大中城市中，武汉的 GDP 为 8003.82 亿元，长沙的 GDP 为 6399.91 亿元，合肥的 GDP 超过 4100 亿元。2012 年，南昌全市的财政总收入为 500.16 亿元，首次跨上 500 亿元的台阶，比上年增长 21.6%。而同期相邻的武汉完成财政总收入 2093.68 亿元，首次跨越 2000 亿元的大关，比上年增长 16.6%；长沙完成财政总收入 1230.41 亿元，比上年增长 11.7%。可见，虽然经济和财政收入的增速居前，但南昌与周边发达省会城市在经济发展和财政收入总量上仍存在较大差距。

（二）产业制约

南昌产业集群化的趋势不明显，产业结构不合理。根据地域自身的资源优势，目前南昌已经初步形成了汽车及零部件、空调、光电子和电子信息、食品、造纸、飞机、纺织服装、医药和医疗器械、机电产品、冶金和新材料等多种产业的集群化雏形，由此构建了分类众多的较为完整的制造业体系。然而从总体上看，南昌市的经济辐射能力仍不够强，产业集群化程度远不如沿海发达城市，集群经济效应发挥的效果不明显，与周边先进城市相比，还有较大差距。

三产的比值在一定程度上反映了产业结构是否合理的问题及经济发展的质量。南昌的三次产业结构由 2006 年的 2.3：64.7：33 调整到 2012 年的 5.3：47.8：46.9。南昌第一产业的比重仍然过大，占国民生产总值的 5.3%，这一方面凸显了中部粮食主产区的特点，另一方面反映了城市经济总量偏低。中心城市必须是经济、科技、文化等多功能综合发展的城市，应该以制造业、现代服务业为主。第二产业比重比第三产业比重稍高，表明城市经济还停留在靠工业来带动经济发展的阶段，这表明南昌产业结构的合理性不足。

（三）人才制约

几年来，通过各种努力，南昌市的人才环境得到进一步优化，人才层次不断提升，高层次人才队伍建设取得了一定成绩，但目前仍然存在一系列不适应大南昌都市圈发展的突出问题。第一，高层次人才总量不足，具有研究生以上学历或副高以上职称的高层次人才仅占人才总量的 10% 左右。第二，人才外流现象突出。南昌市人均工资水平总体偏低，在吸引人才的优惠政策和配套服务方面与其他城市相比存在较大差距，导致在引进高层次人才方面缺乏竞争优势，高层次人才大多流向经济发达地区，经济弱势与人才输出大市的矛盾非常突出。第三，人才专业结构和地域分布不合理。从专业结构看，企业高级管理人才、工程技术人才、科研人才等缺口较大，特别是经济发展亟须加强的支柱产业专业人才明显不足。从地域分布看，城区高层次人才相对集中，而经济相对落后的县、乡两级高层次人才匮乏。

（四）空间与土地制约

南昌的城区面积仅为 260 余平方公里，全市人口仅为 500 万，可供大规模开发建设的土地较少，影响城市规模的扩张和经济的发展。同时南昌的都市圈发展存在基础设施制约，城市基础设施密度有待提高。

第三节　打造大南昌都市圈的战略意义

南昌构建都市圈，是否符合区域经济发展的规律和当前经济发展的需要？本书对此进行了实证分析，以城市规模与经济增长之间的关系来探讨南昌构建都市圈的可行性，由此得出其战略意义。

打造南昌核心增长极、构建南昌都市圈与区域城市首位度、城市中心度紧密相关。在区域经济学中，城市中心度是近几年城市发展研究中的新理论，目前尚未有统一的权威性定义，通常将其理解为区域中一个地点对围绕着它的周围地区的相对意义的总和，是中心城市所起的中心职能的作用大小。目前对城市中心度的衡量也尚未有系统的研究，仅是根据区域经济社会发展现状分析中心城市的集聚和辐射能力。新华网发展论坛对我国城市中心度的排名，是根据城市的经济规模、交通辐射情况、大区机构设置和大企业分布情况四大指标来衡量的，这一点同当前对城市竞争力的研究相类似。根据《中国中部经济社会竞争力报告2013》中对城市竞争力的排名（其评价指标体系同中心度评价指标体系相类似），南昌在中部地区的城市综合竞争力排名里排第五位，可以理解其城市中心度在中部地区也相对落后，因此，构建大南昌都市圈、提升中心度对于增强南昌的城市竞争力是十分必要的。

与中心度类似，首位度概念也是评价和衡量一个区域的城市发展状况的重要指标。其无论是在理论还是实践方面都较为成熟，被广泛用于中心城市的发展研究中。因此，首先基于南昌的城市首位度进行实证分析具有较强的说服力。根据首位度概念，一个区域的最大城市称为首位城市，首位城市与第二位城市的人口规模之比叫首位度，可以通过两者之间的比较关系，来衡量首位城市在区域中的地位和力量，考察城市发展进程。而这种指标所反映的城市规模，可以与经济增长构建一种定量关系，进而考察城市规模对经济发展的贡献。下面具体进行模型分析。

一　模型选取

传统的计量模型研究表明，区域经济增长与城市首位度之间存在某种线性关系，而在现实的经济问题中，经济增长与众多要素之间并不是呈现单一的线性关系，因此非线性的、动态的计量模型能较好地应对此类问题，避免传统线性模型所引起的伪回归现象。通过对多种非线性计量模型适用范围的比较，结合区域聚集程度对宏观经济可能存在的非线性影响这一特性，笔者选取时变参数模型（Time - varying Parameter Model）来建立城市首位度与区域经济增长的关系框架。

时变参数模型是根据时间的变化，待估参数也相应变化的一种回归方法，其模型中的参数为变量，利用状态空间模型构造时变参数模型是较为常见的一种方法，其一般形式为：

$$Y_t = X_t\beta_t + u_t \tag{1}$$

$$\beta_t = \Psi\beta_{t-1} + \varepsilon_t \tag{2}$$

$$(u_t, \varepsilon_t) \sim N\left[\begin{pmatrix} 0 \\ 0 \end{pmatrix}, \begin{pmatrix} \sigma^2 & g \\ g & Q \end{pmatrix}\right] \tag{3}$$

其中，$t = 1$，2，$\cdots$，T，式（1）称为量测方程，是变量关系的基本模型，X_t 是随机系数的解释变量向量，随机系数向量是状态向量，β_t 是待估参数；式（2）称为状态方程，是对待估参数的估计模型，通常假定 β_t 服从一阶自回归模型，利用可观测变量 Y_t 和 X_t 来估计，Ψ 是待估参数的系数；式（3）是量测方程和状态方程的随机勿扰项之间的关系，即二者服从均值为 0、方差为 σ^2、协方差矩阵为 Q 且 $cov\ (u_t, \varepsilon_t) = g$ 的正态分布。

状态空间模型中的未知参数 β_t 通常用以卡尔曼滤波为核心的算法来估计状态空间模型。卡尔曼滤波是在时刻 t 基于所有可得到的信息计算状态向量的最理想的递推过程，当扰动项和初始状态向量服从正态分布时，其能够通过预测误差分解计算似然函数，从而对模型中的参数进行估计，并且新的观测值一旦得到，就可以利用卡尔曼滤波连续修正状态向量的估计。

基于上述方法，建立江西省城市首位度和经济增长之间的时变参数模型，运用卡尔曼滤波计算可变参数值，分析城市首位度对区域经济增长的影响。

二 实证分析

（一）数据处理

在首位度方面，结合相关文献，运用传统的两城市计算法。在人口数量的计算上，基于数据的可搜集性和可比较性，采用1985～2011年南昌城区非农业人口数进行计算（这里对目前行政区划下的南昌市区进行分析，从而与打破行政区划后的情况进行比较，以提高实证分析的参考价值）。在经济增长方面，以1978年的价格指数为准，采用消除通胀因素后的人均GDP，同时对人均GDP取自然对数，采EViews6.0软件实现数据运算（见表9－1）。原始数据均来源于相关年份的《中国城市统计年鉴》以及《江西统计年鉴》。

表9－1 1985～2011年江西人均GDP与城市首位度

年 份	人均GDP	城市首位度	年 份	人均GDP	城市首位度
1985	334.83	2.4662	1999	879.52	3.2550
1986	348.66	2.4010	2000	879.60	3.5368
1987	365.96	2.4846	2001	877.77	3.5298
1988	407.41	2.5107	2002	894.98	3.4503
1989	443.33	2.5418	2003	907.27	3.2871
1990	482.96	2.5519	2004	986.72	3.4492
1991	499.40	2.5563	2005	1026.20	3.6039
1992	519.41	2.5449	2006	1085.62	3.6984
1993	577.04	2.5477	2007	1153.52	3.7232
1994	695.75	2.5873	2008	1224.87	3.6958
1995	803.55	2.5636	2009	1189.12	3.7671
1996	866.90	2.5726	2010	1287.90	3.5715
1997	879.29	2.5716	2011	1417.42	3.4693
1998	879.51	3.2224			

（二）单位根检验

数据的平稳性是实现有效回归的前提，单位根检验是检验平稳性的重要方法。本书采用ADF检验方法来检验序列的平稳性，滞后阶数按SC准则确定。检验结果如表9－2所示。

从检验结果可知，人均GDP和首位度是非平稳序列，但其一阶差分值在10%的显著性水平下均呈现平稳性，可以认为二者是一阶单整序列。

表 9 - 2 变量的 ADF 检验结果

变 量	检验形式 (c, t, k)	ADF 统计量	临界值 (10%)	平稳性
$\ln RJGDP$	$(1, 1, 1)$	-2.2278	-3.2334	非平稳
$D(\ln RJGDP)$	$(1, 0, 0)$	-2.6335	-2.6299	平 稳
SWD	$(1, 1, 0)$	-2.1928	-3.2292	非平稳
$D(SWD)$	$(1, 0, 0)$	-4.7622	-2.6299	平 稳

注：(c, t, k) 中 c 表示漂移项，t 表示趋势项，k 表示滞后阶数。

（三）协整性检验

为使估计可靠，且城市首位度和人均 GDP 为一阶单整序列，故可对两者进行协整分析。采用恩格尔 - 格兰杰法，首先对变量进行 OLS 回归，然后将回归后的残差进行平稳性检验。建立两变量的 OLS 回归模型如下：

$$\ln RJGDP = 0.7303 \times SWD + 4.3739$$

保存该回归的残差 e 作为均衡误差的估计值。若 e 是平稳的，则首位度和人均 GDP 之间是协整的，反之则不成立。

经过检验可知，残差 ADF 的值分别小于显著性水平为 1%、5% 和 10% 的临界值，均拒绝存在单位根的原假设，即残差序列为平稳序列，表明人均 GDP 和城市首位度之间具有长期的协整关系。

（四）因果关系检验

虽然人均 GDP 和城市首位度存在长期的均衡关系，但是两者之间是否存在因果性还需要进一步验证。格兰杰因果关系检验从统计意义的角度探讨变量之间的因果关系，对此，运用该检验方法，选取滞后长度为 2，验证两者之间的因果关系。

由伴随概率可知，在 5% 的显著性水平下，拒绝"首位度不是人均 GDP 的格兰杰原因"，但不能拒绝"人均 GDP 是首位度的格兰杰原因"，因此，人均 GDP 和城市首位度两者之间是单向影响的关系，即首位度是人均 GDP 的影响因素，而人均 GDP 对首位度不产生影响，这种单向因果关系为下面的模型构建提供了有效保证。

（五）模型构建

上述检验证明江西城市首位度对经济增长产生一定的影响，为此可建立经济增长关于城市首位度的时变参数模型：

$$量测方程：\ln GDP = \beta_t SWD + u_t$$
$$状态方程：\beta_t = \psi\beta_{t-1} + \varepsilon_t$$
$$(u_t, \varepsilon_t) \sim N\left[\binom{0}{0}, \begin{pmatrix} \sigma^2 & 0 \\ 0 & Q \end{pmatrix}\right]$$

这里定义量测方程和状态方程的随机勿扰项的协方差为 0，即 cov（u_t, ε_t）$= 0$。运用 EViews6.0 建立上述模型，带入观测值，得到的统计结果如下：

$$量测方程：\ln GDP = 6.868 + \beta_t SWD + [var = exp（-31.084）]$$
$$状态方程：\beta_t = 0.020 + 1.01\beta_{(t-1)} + [var = exp（-7.824）]$$

根据回归结果，运用 Stata 计算该回归结果的 $R^2 = 0.985$，$DW = 1.861$，方程拟合程度较好；方程极大似然值为 29.298，量测方程和状态方程的参数估计 P 值均小于 1%，说明量测方程中的状态变量是显著的，整体回归估计是显著有效的。

进一步根据参数系数，估计系统的时变参数值 β，计算后的系数值如表 9 - 3 所示，同时图 9 - 1 给出了首位度时变参数估计值的变化趋势。

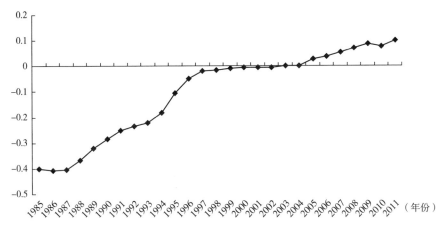

图 9 - 1　时变参数估计值变化趋势

表 9 - 3　首位度时变参数的估计值

年　份	参数值	年　份	参数值
1985	- 0.4014	1999	- 0.0074
1986	- 0.4075	2000	- 0.0071
1987	- 0.4023	2001	- 0.0049
1988	- 0.3686	2002	- 0.0056
1989	- 0.3218	2003	- 0.0005
1990	- 0.2844	2004	0.0026
1991	- 0.2496	2005	0.0277
1992	- 0.2360	2006	0.0383
1993	- 0.2217	2007	0.0531
1994	- 0.1802	2008	0.0691
1995	- 0.1048	2009	0.0857
1996	- 0.0497	2010	0.0766
1997	- 0.0200	2011	0.1021
1998	- 0.0145		

三　结论及意义

根据上述研究，结合南昌中心度相对偏低的现状，可以得出如下结论。

首先，根据威廉姆森假说（经济增长程度随着要素集聚的增加呈现先升后降的倒 U 形曲线的趋势），江西省目前仍处于倒 U 形曲线的上升阶段，这也是欠发达地区区域发展过程中的重要特征，发达地区之所以要抑制首位城市的规模扩大，是因为当其经济发展到一定水平后，单一城市的过度集聚不能带来效率的提高和资源的集约利用，辐射能力也会逐渐下降。因此，打造南昌都市圈、带动区域发展可以有效解决这一问题。同时江西省的经济发展水平还不高，南昌市规模的扩张能够集中优势资源，提高生产效率，形成产业的集群化发展，从而加快和带动全省经济发展，因此将南昌市打造为核心增长极符合江西省省情。

其次，从发展历程来看，全省首位度对经济增长的作用大致可分为三个阶段。第一阶段为 1985～1997 年，在这个阶段首位度对经济增长的贡献为负值，说明人力、资金等要素的分散状态阻碍了区域经济的发展，但首位度对经济贡献率的增幅较大，进步明显，差距逐渐缩小，反映出在该阶段随着南昌市规模的扩大，经济增长所受的限制正逐步减少。第二阶段为1998～2004年，在该阶段江西城市首位度缓慢提升，并实现了由负转正，属于典型的过渡性阶段，中心城市规模的扩大对经济增长实现了真正意义上的推动作用，资源的集聚发挥了其应有的功能。第三阶段为2005～2011年，这是城市首位度对经济增长的贡献"转正"之后的快速发展阶段。随着南昌城市规模的继续扩大，首位度的经济贡献率稳步上升，但相比于第一阶段，贡献率增幅明显降低，说明当前城市的发展速度放缓，资源的集聚效应和生产效率已经达到一定程度，难以实现快速提升，这也是未来需要解决的关键问题。

再次，自2004年以来，江西首位度对经济增长的贡献率的平均增幅为25%。虽然增幅相对稳定，但是总体贡献率仍处于中等水平，2011年其达到最高值也仅为0.102。这一方面反映出江西的城市规模化建设起步较晚，发展略为缓慢；另一方面则说明南昌作为中心城市，一味地依靠城市用地和人口数量的扩张并不能带来很好的区域经济效益，特别是进入城市化的中高级阶段后，要搭建更多发挥资源效能的平台，而不是简单地规模扩张。未来南昌市应进一步有效地集聚优势产业和资源，提升经济发展效益。

最后，综上所述，江西省城市首位度对经济增长一直发挥正向作用，即南昌市作为江西的首位城市，其规模的扩大对全省区域经济的发展起到促进和带动作用，并且这种作用呈现逐渐增强的趋势，首位城市南昌的扩大发展能够促进全省的经济增长，因此构建大南昌都市圈无论在理论上还是实践中，都是可行且十分必要的。

大南昌都市圈内的南昌、九江、抚州、丰城、樟树、高安等山水相连、人文相亲，各具特色和优势。南昌作为省会是全省的经济社会发展核心，九江作为北大门是江西省对接中部和长江经济带的桥头堡，抚州是江西省对接福建东南沿海地区的重要窗口，丰城、樟树、高安是南昌的"后花园"，各地相互合作将打通江西省对外开放的重要通道，对江西省融入全国区域发展至关重要。南昌与其他各地在产业、资源和特色上具有较强的互补性和很大的合作空间，强强联合、抱团发展，实现资源共享、区域产业互补和生产要素互通，有利于促进协调发展，发挥"1+1>2"的聚合效应，形成真正意义上的核心增长极。

　　大南昌都市圈的建立，对九江、抚州两个次中心城市的发展实力提升具有非常重要的战略意义。一是可以有效整合两市的区域资源和经济优势，发挥整体经济效益，同时进一步优化两市的经济结构，加快九江和抚州的产业结构的调整升级。二是凸显九江、抚州的发展潜力，通过优惠政策、优质服务、项目带动营造招商引资的良好环境。总之，通过大南昌都市圈的建立，可以不断完善城市规划和功能布局，优化城市管理秩序，提升城市品位，改善城市形象，提高城市的吸引力和竞争力。

第四节　国内外发达都市圈的发展经验

一　国外发达都市圈的发展经验

　　都市圈规划在国外已有悠久的历史，1944 年由 P. Abercrombie 制定的大伦敦规划就是一个著名的都市圈规划，美国的纽约地区规划、日本的东京圈规划都曾在当地城市发展和建设中发挥过良好的作用。至今，国外已有英国大伦敦、法国巴黎大区、德国柏林—勃兰登堡地区、荷兰兰斯塔德都市圈、美国北俄亥俄州城市体系、日本三大都市圈以及韩国首尔大都市区等都市圈规划先例（见表 9 - 4）。从其中一些具有代表性的都市圈规划实例看，历次都市圈规划都有其特征和问题导向，恰恰反映出都市圈规划所关注的焦点，包括区域生态环境、规划管制协调以及城镇职能分工等。

表 9 - 4　发达地区都市圈发展情况

地　区	荷兰兰斯塔德都市圈	德国柏林—勃兰登堡地区	日本大阪都市圈
发展特征	都市圈中心保留着一个由农业和游憩带组成的"绿心"，在城市发展历程中，这块绿心曾一度成为空间争夺的焦点，但 1950～1970 年几次完整的规划报告中明确提出保护中心绿带不受侵占和持续开发	都市圈规划跨越两个州，曾先后成立区域统一政府委员会、联合空间规划署等机构，共同制定都市圈规划方案并通过协商方式负责规划实施	都市圈内部组成了"商业的大阪、港口的神户、文化的京都"的职能协调体系
解决问题	人口、经济高度密集情况下都市圈的持续发展问题	跨行政区划的都市圈规划组织模式与规划实施途径	都市圈内部城镇职能分工

地 区	荷兰兰塔德都市圈	德国柏林—勃兰登堡地区	日本大阪都市圈
发展理念	自然生态与社会经济的平衡和协调发展	设立都市圈管制协调机构，协商解决腐化编制和实施问题	区域整体协调发展，组成内部互补协调、整体独立完善的都市圈职能体系

二 长江三角洲都市群的发展经验

长江三角洲地区之间的一体化合作在国内开始得比较早，20世纪80年代长三角就进行了一定的合作，1982年12月，国务院宣布成立上海经济区，并专门设立了上海经济区规划办公室，这标志着长三角地区区域一体化合作的开始。在此基础上，随着长三角各地区的经济不断发展，各地区之间的交流和联系逐渐密切，长三角区域合作的领域也不断拓展。虽然在此期间出现过合作的减少和领域的缩小，但总体上长三角地区的一体化合作态势是逐渐加强的，发展与合作始终是区域发展的主流。随着世界经济的发展，我国与世界的接触逐渐增加，长三角区域合作的领域与水平也不断地扩展与提升。

长江三角洲区域一体化的发展，主要体现在以下几个方面。

（一）推进共同市场建设，统一区域内贸易和投资政策

建立以资本、产权、劳务等要素为核心的区域性共同市场。建立健全诚信体系。建立长三角区域统一的信用指标体系和评价标准，实行统一的市场准入制度，完善统一的商标保护制度，避免地方保护主义，取消各类产品准入的附加条件。建立区域性统一的资信认证标准。建立区域性安全认证机构，对取得安全认证标志的产品制定流通规范，允许在长三角区域自由流通，消除以行政区界为依据的一切歧视行为和做法，为各类市场主体创造公平竞争的环境。对长三角区域内的各个主要城市，统一市场监管规则，实行工商联手，扩大和深化商品交流的广度和深度。鼓励和允许国内外资本以独资、合资、合作、联营等方式进入长三角区域的共同市场。

（二）推进长三角区域社会服务体系的共建共享

在长三角区域积极发展多元投资合作办学，鼓励长三角区域高等教育

机构的跨省份合作和跨省份发展，支持非公有资本参与非义务教育阶段公办学校的改制和重组，鼓励非公有资本投资建立高水准的高校，大力发展非学历培训。鼓励组建跨省份的医疗服务集团，允许非公有资本采用多种形式，参与基本医疗服务主体框架外的公立医疗机构的改制，兴办公益性或经营性医疗机构以及组建医疗投资公司、医院管理公司和医疗集团。以支持服务为突破口，积极探索建立以个性化服务为特征、面向整个社会的服务体系，使信息化在为部门提供服务的同时，其自身也逐步成为一个为整个社会服务的可持续发展的产业。

（三）构建基础平台，实现区域信息共享和合作

建设统一的长三角区域合作综合信息交流平台，在此基础上建立泛长三角交通、能源、经贸、旅游、物价、工商、质监、环保、卫生、食监、药监、公安、三防、商会和企业等各个领域的信息应用系统，建立稳定通畅的信息沟通渠道，实现长三角各领域信息互通共享、业务互动协作以及联合监管。建设三地各级政府的公务信息、企业信用评级和信用监管体系等，以实现信息公开与共享，以增加地方政府的政务透明度、公共信息的共享性和地方政府间的政务协作能力；鼓励各类非政府组织建设多样的分类信息平台，真正实现区域内的信息共享。加快推进长三角区域共性信息网络的互联互通、系统的协同开发和数据的共享共用，从而提升地区的信息化水平和管理水平。

（四）基础设施一体化建设

在国家长三角区域规划及全国交通发展规划的指导下，统一规划布局区域基础设施，构建包括公路网、铁路网、港门、空港等互融互通的现代化综合交通体系，努力实现建设、收费、管理、利益的共享。

同时，在长三角的一体化进程中也面临一些困境：行政壁垒阻碍一体化发展，地方政府之间存在博弈行为；产业结构趋同，区域间存在过度竞争；大量人口在区域内流动，社会管理能力不足；合作交流不充分，平台专题设立缺乏统筹等，这也是长三角目前在一体化进程中亟待解决的问题。

三 中部省域城市圈的发展经验

2010 年 8 月，国家发改委明确提出了中部地区六大城市圈，即武汉城市圈、中原城市群、长株潭城市群、皖江城市带、环鄱阳湖城市群和太原城市圈一体化的任务目标和实施纲领，支持城市群在重大改革领域先行先试。其中以武汉为核心的武汉城市圈和以合肥为核心的皖江城市带的城市圈发展经验对于南昌大都市圈的建设发展具有典型的借鉴意义。

（一）武汉城市圈的发展

武汉城市圈处在中国"中部之中"的经济腹地，是中国东西部产业梯度转移的桥梁和纽带，在中国城市群结构体系中，处在国家二级城市群的战略地位，是中部崛起的重要战略支点，是中部崛起中重要的先进制造业高地和现代服务业中心，是湖北最大、未来最强劲的经济增长极和长期持久建设的战略重点。武汉城市圈的发展主要具有以下 3 个特点。

1. 充分利用其良好的区位，打造交通枢纽

武汉城市圈位于全国经济地理的中心地带，自古就是重要的交通枢纽。武汉是全国最大的综合性交通和通信枢纽之一，四大铁路枢纽（北京、上海、广州、武汉）之一，有华中地区的航空运输枢纽天河机场和武汉港、武穴港和黄石港 3 座大型港口。以武汉为圆心，在 1200 公里半径区域内分布着全国 70 个大中城市，几乎包容了全国 80% 的经济实力，这一区域已经成为武汉城市圈的十小时经济圈。

2. 错位发展促进产业一体化

产业是城市经济的支撑，产业一体化是城市圈经济一体化的核心。武汉城市圈自 2009 年起，按照错位发展的模式，建立圈内产业交流合作平台，鼓励武汉与周边城市产业互动、双向转移、协调发展，有力促进圈域产业的一体化。

为推动武汉城市圈产业协作配套和一体化发展，湖北省发改委 2009 年出台了《武汉城市圈产业双向转移优化发展实施方案》，在对城市圈各市的优势产业、产业集群进行系统分析的基础上，提出了各市需转移及优化发展的产业，明确了城市圈内产业转移的方向。政策从支持城市圈产业集群、中小企业发展、加快科技创新、提高经济外向度等 6 个方面提出具体措施。明确了汽车及零部件、电子信息、石化、纺织服装、冶金建材、食品医药、轻工这 7 个圈内产业协作重点，并对城市圈产业转移重点项目进行了跟踪服务。完善了圈域工业经济运行分析监测体系，建立了重点企业、支柱行业的数据库和运行月报、旬报制度，为实时掌握圈内重点企业、重点产品的生产及市场变化情况，建立了稳定可靠的信息来源渠道。

3. 重视科教人才和创新优势

武汉拥有各类专业技术人员近 50 万人，武汉高校在校生规模居全国第 3 位，武汉东湖地区是我国仅次于北京中关村的第二大智力密集区。武汉市拥有科技活动人员 87544 人，普通高等学校 35 所（含国家重点高校 11 所），科研院所 150 个，省级以上重点学科 267 个、重点实验室 95 个、工程研究中心 45 个、科技企业孵化器 46 个，国家级企业技术中心 10 个，高新技术产业化基地 24 个。创新资源总量丰富且具有很强的区际比较优势。相对于东部沿海三大都市圈，武汉城市圈具有劳动力成本低、土地和原材料成本低、基础设施建设成本低的综合优势。

（二）皖江城市带的建设

皖江城市带是促进中部地区崛起的重点开发区域，是实施中部崛起战略的重要增长极，在承接中西部产业转移中具有重要的战略地位。皖江城市带的发展主要具有以下 4 个特点。

1. 经济基础较好，产业发展完善

皖江城市带示范区是安徽经济基础较好的地区。这一地区交通便利，产业结构相对完整，工业发展较快，整个区域生产总值在全省名列前茅。从地区生产总值来看，区域内合肥（1664.84 亿元）的总量超千亿元，芜湖（749.65 亿元）、安庆（704.72 亿元）、马鞍山（636.3 亿元）、滁州（520.1 亿元）超 500 亿元。

目前皖江城市带已经形成各有特色、优势明显的产业基础，具有冶金、建材、家电、化工和汽车及零部件等许多产业集群。同时，皖江城市带在现代农业、物流服务业、金融业等产业具有良好的产业综合配套能力。此外，皖江城市带的产业发展平台也逐渐完善，迄今为止已经拥有 4 个国家级开发区和 65 个省级开发区，政府支持扶助政策体系也更趋完善。

2. 积极利用外资，对外开放程度高

皖江城市带示范区是安徽对外开放最早、发展潜力最大的地区，具备较好的开放基础及增长潜力。2008 年，皖江城市带实际利用外商直接投资占全省的 79.1%；商品进出口总额为 192.37 亿美元，占全省的 77.4%。

3. 注重基础设施建设，交通体系完善

在皖江城市带内，长江黄金水道、快速铁路、高速公路等综合交通体系比较完善，区位优势明显，产业基础良好，配套能力较强。有日趋完善的交通运输网络，其中对接长三角的 6 条高速公路即合宁、马宁、宣杭、徽杭、合徐、沿江高速公路已建成，还有一批新的快速通道在加紧建设中，16 条国省干线公路与长三角连通，并基本达到同一标准。示范区内高速公路通车里程超过 1500 公里，公路密度比全国平均水平高出 1 倍以上。

4. 人才资源丰富，创新能力较强

皖江城市带示范区有多所高校和科研机构，人才资源十分丰富。区域内合肥（80574 人）、芜湖（24492 人）的普通高等学校毕业生人数均超万人。区域内合肥、芜湖的自主创新综合配套改革试验区的建设不断深入推进。

综合上述发展经验可以看出，无论是武汉城市圈还是皖江城市带都充分利用了其良好的区位优势，积极进行基础设施建设，构建完善的交通网络；建设形成优势明显的产业基础，不断深化区域内的产业一体化发展；注重培养科教、人力资源和创新优势等。

四　对大南昌都市圈发展的启示

国内外较为发达的都市圈一般都遵循几个共同点，主要表现在根据发展特点采取合适的发展模式，制度良好的发展规划，这是都市圈发展的前提；在政策方面，适应市场发展的需要，加大支持力度，这是都市圈发展的有效保障；在产业发展方面，以某一或某几种产业带动区域发展，产业结构的一体化是都市圈发展的经济基础，是都市圈能否形成的关键所在；在基础设施方面，通过交通、通信等基础设施的超常规发展带动都市圈发展，这既是都市圈发展的有效保障，也是发展的助推器；同时积极根据经济形势适时进行战略转型，因地制宜、因时制宜是都市圈发展过程中必须遵循的原则，经济、社会环境的变化是都市圈战略调整的风向标。

除上述几个方面外，在都市圈建设过程中还要注意形成良好的发展机制，有效助推都市圈的建设进程。

（一）市场机制是都市圈发展演化的根本路径

从 2006 年第一次发布中国都市圈评价指数至今，排名前 5 名的都市圈一直没有变化，分别是上海、广州、北京、杭州和南京 5 个都市圈，均属于东部地区。上海都市圈所在的长江三角洲地区，经济外向度很高，企业活力强，市场体系相对完善，市场机制在资源配置中发挥基础性作用。"圈中圈"的杭州圈更是摆脱了 20 世纪 80 年代经济相对落后的局面，实现了经济发展的飞跃。市场机制的建立，以及由此带来的企业市场化改革，是过去 20 年杭州圈迅速发展的根本原因。与杭州圈类似，南京圈的发展壮大在很大程度上也归功于市场机制的完善。同样，广州圈作为中国第二大圈，其经济的发展壮大与广州圈是中国经济开放的前沿阵地密不可分。广州圈是我国最早对外开放的地区，是我国市场机制发展最早也是目前最为发达的地区，市场机制在经济资源配置中发挥巨大的作用。可以说，正是市场机制的建立和完善，促进了广州圈的经济飞跃。相比之下，处于内地的石家庄圈、太原圈、西安圈，以及位于东北的长春圈、哈尔滨圈则发展相对滞后，综合竞争力不断下降。究其原因，一方面，其经济基础相对薄弱，区位优势相对较小；另一方面，其市场化改革进程相对较慢，市场机制在过去 20 年的完善程度不尽如人意。

市场机制之所以是都市圈形成发展的根本动力，其原因在于：第一，市场机制允许生产要素自由流动，使都市圈内部的集聚和扩散效应成为可能；第二，市场机制能够催生和培育中心城市，促进中心城市的迅速发展，形成区域经济的增长极；第三，市场机制能够保护都市圈内部最基本的经济联系，并保持经济联系的原始状态，避免行政干预强加的经济联系的偶然性，使都市圈的形成具有更牢固的基础；第四，市场机制的有效发挥，能够使都市圈内部的边缘城市在中心城市的辐射下得到发展，使都市圈内部的各个城市都从发展中受益，真正实现互惠互利。

我国正在致力于社会主义市场经济建设，都市圈也应当适应这种转变，建立健全市场化体系，充分发挥市场机制的资源配置作用。实际上，都市圈的形成不一定要打破现有的行政区划，而要把市场、区位、交通、通信、产业等因素联系起来。都市圈是各种要素不受行政限制自由流动与组合的结果，不是人为设计的结果。都市圈形成的主要力量是市场而不是政府，行政区划不是妨碍都市圈形成的根本原因。城市特别是中心城市是资源配置的主体，而不是政府。因此，都市圈是一个开放的经济组织，它随着若干个中心城市能级的提高和市场经济的成熟而逐渐由小到大、有低到高、相互交融地发展。

（二）中心城市是都市圈经济发展的核心动力

由于中心城市的特殊地理位置及作用，因而在都市圈经济发展过程中必须以中心城市为核心，充分发挥中心城市的经济势能，带动周围城市及城市腹地的经济发展，进而推动全国经济的发展。也就是说，都市圈发展必须是以中心城市为主导的。可以看出，都市圈是城市化水平和经济社会一体化程度较高的一种经济形态，其中有一个中心城市发挥着主导作用，中心城市依靠发达的交通、通信网络与周边城市和地区密切联系，其间有密集的人员、资本和信息的交流。在开放竞争的条件下，都市圈成为国际经济体系的一个重要环节，广泛地参与国际经济分工。都市圈是一个以城市为主导的区域，不受行政区划的限制，是在市场经济规律的作用下形成的，构成一个国家和地区经济社会的发展极。

中心城市与都市圈的经济发展息息相关。中心城市凭借其强大的经济势能，拥有很强的经济吸引和辐射能力，从而在都市圈经济发展过程中居主导地位。在上海圈的经济发展过程中，中心城市上海和两个副中心城市南京、杭州发挥着重要的主导作用，这一点为社会各界所公认。上海市地理位置优越，城市基础设施、服务设施完善，经济实力雄厚，金融服务功能强大，外向度高，与江浙腹地共享吴越文化，与其有着深厚的社会经济文化联系，在长江三角洲地区经济发展中发挥着"桥头堡"的作用。上海市的中心作用，加上南京和杭州的作用，为上海圈的经济发展插上了飞翔的翅膀。同样，作为"圈中圈"的南京圈和杭州圈，其中心城市南京和杭州尽管并没有上海那样的超强实力，但是也凭借自身的经济实力和强大的行政资源，在都市圈经济发展中发挥着主导作用。

济南圈和成都圈综合竞争力的上升，与济南和成都两市的经济迅速发展、经济实力迅速增强和城市服务功能增强密切相关。济南、成都本身既是经济中心又是行政中心，均处于平原地区的中心地带，与周边城市有着天然的社会、经济、文化联系，行政隶属关系更是加强了这种经济联系。反观地处内陆的太原圈、石家庄圈和长春圈等，其中心城市的经济实力有限，城市服务功能不足，仅凭行政力量，其在都市圈经济发展中的主导作用有限，对周边地区的经济影响偏弱。这些因素直接影响了这几个都市圈的经济发展，导致都市圈经济效应不明显。

可见，在我国 20 年的城市化加速进程中，主要中心城市的发展更为迅速，经济势能进一步提升，经济附着能力增强，在都市圈经济发展过程中发挥着主导作用。中心城市经济吸引和辐射功能的增强将有助于都市圈经济的发展。

（三）集约化增长是都市圈经济发展的主要道路

首先，从增长方式看，中国都市圈应该向集约型发展模式转变。在信息化和全球化时代，中国都市圈要为工业经济、信息经济提供高效益的环境，实现集约式增长，因此，中国需要选择以大都市圈为核心的城市化模式。显然，要抓住国际产业转移的机会，就需要能够提升现有产业、带动本土企业并对环境友好的外资，来促进我国都市圈的发展和功能提升，以避免"拉美现象"。其次，积极提升产业集群的集聚效应。集群经济是指以工业园区为载体，或者同一产业的企业"抱团扎堆"，集聚成簇，通过企业外部的垂直联系或水平联系形成产业集群，为国内外大型企业提供配套。也可以是提供专业化服务的模块供应商，积极参与国际制造业相关技术标准的制定，为制造业的发展争取更多的利益。最后，实现企业的模块化运营。"模块化"是一种解决复杂问题的方法，完全可以应用到企业的经营活动过程中去，这是大势所趋。从形式上看，"模块化"就是"专业化 + 网络化 + 整合"。专业化是指企业进行基于其自身核心能力的专业化经营，将非战略环节剥离出去，即垂直解体；网络化是指在专业化经营基础上所形成的全球性的模块化生产网络；整合是指在一条价值链上的各个价值环节，经由其内在的投入产出关系被垂直整合到该价值链上的高端价值环节中。从内容上看，企业的模块化包括企业内部的模块化和企业外部的模块化。企业内部的模块化包括业务的模块化、能力要素的模块化和组织结构的模块化；企业外部的模块化是指与某一企业内部模块化相关的所有外部企业及其相互关系的模块化，其结果是形成一个由核心企业主导和协调的模块化网络组织或模块集群化的网络组织。

因此，大南昌都市圈的建设应从以上经验中得到启示，采取符合自身实际情况的发展模式，在都市圈发展的过程中坚持适应性政策、产业一体化、基础设施一体化等有效措施，同时要注意避免过高的生态环境成本以及产城不融合、规划缺乏前瞻性、产业同构、互补性不强等问题，通过打造核心增长极，带动整个都市圈发展，打造具有影响力和竞争力的都市圈。

第五节　打造大南昌都市圈的战略部署

一　总体思路

按照要求，把"大南昌都市圈"作为共同努力的一个方向，在"资源共享、市场共拓、信息共通、合作共商、利益共赢"的基础上，以区域一体化为重点，建立健全优势互补、互利共赢的区域合作机制，逐步实现区域规划、基础设施、产业发展、市场要素、生态建设、公共服务等一体化，着力打造南昌核心增长极和"一圈两化"（南昌一小时经济圈、昌九一体化、昌抚一体化）的发展格局，抱团打造"大南昌都市圈"，使之成为能够代表江西参与中部乃至全国区域竞争的战略支点，在实现"龙头昂起、两翼齐飞、苏区振兴、绿色崛起"的全省区域发展新格局和战略目标中起到核心作用。为此，要集聚发展、融合发展、创新发展、联动发展、提升发展。

（一）集聚发展

打造若干跨区域的产业集聚区，以南昌现有的产业优势，联同九江、抚州的发展基础，形成汽车及零部件制造、生物医药产业、电子信息产业、装备制造业等产业集群，形成产业协同化发展的局面。

（二）融合发展

以先进产业为主导，加快新城区的建设，推进新城区在基础设施、功能布局上逐步完善。同时依靠城市发展的资源优势，进一步延伸产业链，发挥产业集聚效应，完善产业布局，实现城区产业结构的升级，壮大城区的综合实力，以产兴城、以城促产，产城二者实现有机融合。

（三）创新发展

围绕建设自主创新区域的要求，坚持创新性的发展道路，探索机制创新、协同创新，通过新型协调机制的建立（争取省级协调机制、固化市级协商机制、建立部门对接机制、建立信息互通机制），构建开放、共享的科技创新服务平台，促进大南昌都市圈的建设。

（四）联动发展

推进区域一体化进程，需要昌九抚之间形成交通一体化、信息一体化、市场一体化、社会一体化，联动模式的形成是都市圈建立的主要特征。同时要积极融入长江中游城市群的发展进程中，加强与武汉城市圈、长株潭城市群和皖江城市带的联系，全方位扩大开放，成为长江中游城市群的重要组成部分。

（五）提升发展

通过都市圈的建立，不断提升区域的产业功能、社会功能等硬实力，同时也要丰富文化方面的内容，增强发展的软实力，促进大南昌都市圈综合效益的实现。

二 功能定位

大南昌都市圈的定位要结合自身的发展实际，如南昌、九江、抚州的经济实力、区位特征、文化特色等，结合国内外发展趋势，站在更高的起点上，避免长三角、珠三角、环渤海发展中的缺失和弊端，坚持绿色崛起，形成"同城"效应。

（一）引领中部区域发展的都市圈

以南昌为核心，以九江、抚州为次中心，以昌九、昌抚经济廊道沿线城市为纽带，形成具有一定规模的大中城市集群，与武汉城市圈、长株潭城市群、皖江城市带等长江中游城市群相呼应，共同支撑中部地区崛起。

（二）引领全省发展的核心都市圈

推动昌九、昌抚区域的产业升级，明确产业发展的主攻方向，打造龙头企业，增强经济发展竞争力。促进开放升级，着力提高招商引资的层次和水平，推动重点产业协同创新，深化创新升级，支持创新要素向企业集聚，增强经济发展动力。构建"一圈两化"的全省经济社会发展核心区。

（三）引领生态文明的特色都市圈

充分利用昌九抚区域的优势资源，坚持可持续发展原则，发展环境友好型和资源节约型产业，先行探索生态与经济协调发展新模式，率先建立现代生态产业体系，实现经济社会发展和生态环境保护的有机统一，为全省乃至中部地区的生态文明建设探索新路径、积累新经验。

三 发展目标

通过"一圈两化"建设，实现产业空间布局及区域功能分工合理，基础设施体系联网，产业联动融合发展，公共服务均等，生态环境优美，人民生活殷实，经济社会全面融合，综合经济实力显著增强，经济辐射能力较好发挥，建成全省核心的一体化城市群。

（一）区域产业布局一体化，产业集聚效益增强

产业层次不断提升，产业结构明显优化，产业空间布局基本协调，主导产业不断集聚，现代产业体系基本形成，产业竞争力明显提升，旅游产品统筹开发，互利共赢的科学发展局面基本形成，综合实力明显增强。

（二）区域基础设施一体化，城市功能合理分工

初步建成网络完善、布局合理、运行高效、安全有序的一体化综合交通运输体系，信息、能源、口岸通关等基础设施全面对接联网，铁路枢纽型基础设施辐射力和影响力扩大。城市功能分工合理、优势互补，土地利用效率提高，交界地区同城化先行先试取得重大突破。

（三）区域生态保护一体化，环境质量明显改善

水环境和空气污染治理成效明显，生态环保联防联治新格局基本形成，区域整体环境质量进一步改善，可持续发展能力增强，率先构建资源节约型和环境友好型社会。

（四）区域社会服务一体化，公共事业融合发展

科技、教育、文化、医疗卫生和体育等领域的资源共享；就业、社会保障、人才等领域的服务基本实现一体化。

四　重点领域

南昌要坚持"大都市、共繁荣"的发展理念，促进经济与人口集中度的明显提升，完善基础设施和配套项目，按照区域聚焦、产业聚焦、政策聚焦、资源聚焦的发展路径，形成大产业、大都市、大环境的城市格局。

（一）转变发展模式，提升发展质量

提升南昌的发展规模，并不意味着单一地扩大城市用地规模、集聚人口，而是应吸引、集中优势产业和资源，充分发挥首位城市的平台作用，促进资源利用效率、生产效率大大提升。在南昌一小时经济圈、昌九一体化、昌抚一体化的协同带动下，加快南昌发展模式的转变，充分发挥省会城市要素集聚、经济带动、城市辐射、改革示范的作用，鼓励、支持南昌创新体制机制，拓展发展空间，壮大经济规模，努力培育一批高产、高效的产业集群和企业方阵，通过资源互补、知识外溢，形成较强的辐射能力，全面带动全省经济的快速发展。

（二）升级经济结构，提高经济效益

首位城市的核心集聚力为经济集聚，南昌应尽快形成以高端制造业和现代服务业为主体的经济体系，争取在优化结构、节能减排、快速高效方面取得显著成效。对此，南昌应进一步优化产业布局，推动其向高端化方向发展，加速推进汽车及零部件、食品和生物医药、新材料三大支柱产业的发展，打造航空制造、纺织服装、电子信息、机电、新能源、软件和服

务外包等优势产业集群。继续完善经济发展平台建设，为经济集聚提供必要条件。南昌应加快建成鄱阳湖生态经济先导示范区，推进国家级和省级开发区的整合扩区，建成一批新型工业、生态农业及现代服务业的特色基地和全国小微企业工业创业示范园区。积极推进有利于迅速提升南昌主导产业的重大项目建设，完善项目落实机制，将大南昌都市圈打造为全省工业化、农业现代化和城镇化的强大引擎。

（三）优化发展环境，提升城市职能

努力提升南昌的承载力与和谐度，把以人为本的理念融入城市建设与管理中，将拉开城市框架与完善城市功能有机结合，在促进城市扩容提质的同时改善人居环境。一方面要推进新城区建设，积极引导重大功能性社会事业项目落户新区，完善新城区的医疗、教育、文化、体育等公共资源体系，尽快改变民生社会事业机构集中于老城区的现状；另一方面要加快旧城区改造，加快老城棚户区和城中村改造，对传统的工业企业实施退城搬迁，加强文化建设，提升老城区品质。新老城区的建设都要着力改善人居环境，重点建设城市交通通道绿化工程、沿江沿湖生态廊道工程、生态村镇绿化工程等生态工程，加强湖泊整治、污水处理、环境监测、废弃物治理等城市环境整治工作，营造良好的宜居环境。

（四）改革体制机制，强化创新能力

大南昌都市圈的规模效益不仅体现在资源禀赋的集聚上，更重要的是体现在技术、人才、先进制度等潜在竞争因素的集中上，这样才能更好地发挥首位城市的辐射作用。南昌应有效提升城市建设的体制活力和创新能力，构建更具活力、更加开放的创新体系，增强经济发展的内生动力。加大财税、金融、土地等政策在国家级创新型试点、低碳试点、循环经济试点以及现代服务业试点上的扶持力度，优先开展市政公共设施产权制度改革、户籍制度改革、城市组团和产业集聚区管理体制改革，实现南昌在体制机制上的先行先试。加快建立以人才为支撑、产学研紧密结合的城市创新体制，建立人才引进绿色通道，设立创新支持基金，吸引技术和人才集聚南昌，实现知识溢出效应，带动全省经济跨越式发展。

第六节 打造大南昌都市圈的战略模式及路径

一 大南昌都市圈的发展模式

为适应区域一体化发展态势的要求，并进一步拓展这种一体化发展的深度和广度，江西在发展沿京九线城市带和沿浙赣线城市带的基础上，进一步打破行政区划，构建环鄱阳湖城市群。南昌作为江西全省的政治、经济、文化中心，近年来经济的快速、健康发展受到全国乃至全世界的关注。现阶段我国都市圈发展的普遍模式具有以下几个问题：行政力量居于主导地位、以小城镇作为城市化的主要形态和载体、增长方式粗放。目前，江西省内的都市圈发展也存在类似问题，并由此带来了全省国民经济的质量弱化，经济发展的成本被抬高，产业升级受到影响，经济可持续发展能力遭到破坏，环境污染加剧扩散等突出问题。因此，江西应该努力实现都市圈发展中市场主导和政府引导的紧密结合，坚持以中心大城市南昌为主导的发展路径，走集约型增长的都市圈发展道路。

（一）基本原则

1. 经济一体化原则

大南昌都市圈内的南昌、九江、抚州三市目前都还是独立的城市实体，各自都有独立的市政设施、生产设施和发展规划，重复建设、恶性竞争在所难免。发展大南昌都市圈应通过行政区划调整，实现三城市之间的财政经济统一支配，基础设施统一建设，形成有机的整体。进行统一规划和建设，实现建设和生产的整合，可以减少重复建设造成的浪费、优化产业结构、发展规模经济、提高经济效益，从而加快大南昌都市圈的经济发展，增强其综合竞争力。

2. 人本主义原则

人本主义即以人为本，以人们不断增长的需求作为大南昌都市圈城市建设的主旨。重点考虑提高城市居民的生活和居住质量，方便广大市民出行，实现生产清洁化，把大南昌都市圈建设成为适宜市民居住和生活的园林式旅游城市。

3. 现代化原则

现代化城市包括高科技的生产设施、现代化的基础设施、先进的文教卫生设施、智能化的行政管理设施和社会化的生活服务设施。因此，大南昌都市圈的发展必须考虑生产设施、基础设施、文教卫生设施、生活服务设施和行政管理设施的高层次、现代化和智能化。

4. 生态化原则

大南昌都市圈的发展要遵循、贯彻可持续发展思想，考虑人与自然环境的和谐和生态环境的良性循环。大南昌都市圈拥有丰富的自然资源，在对自然资源进行开发时难免对环境造成一定程度的破坏。因而，要注重对城市的绿化，在资源开发过程中要注意资源保护与治理。

5. 文化性原则

大南昌都市圈的文化资源丰富，是中国古代文化的代表。自古以来，南昌是钟灵毓秀之地、文化礼仪之乡。滕王阁、青云谱道院、绳金塔、万寿宫等论证着南昌悠久的历史。南昌又是一座英雄城，拥有八一起义纪念馆、八一纪念塔、新四军军部纪念塔等，是英雄城市的代名词。九江历史悠久，人文荟萃，文化底蕴丰富，是中国田园诗的诞生地、山水诗的策源地、山水画的发祥地。九江同时拥有以东佳书堂、濂溪书堂、白鹿洞书院等为代表的书院文化资源。抚州自古以来就是文化之邦、才子之乡，常是名人墨客会聚之地。"临川文化"已经成为一个特定的文化概念。抚州不仅人才辈出，同时还是江南地方戏曲出现最早和最兴盛的地方之一。

大南昌都市圈的城市建设，需要有现代文化意识，强调城市和各功能区的特殊形象设计。要重视地区的文化底蕴，营造地区的文化特色，强调建筑的文化意识。确保社区的文体娱乐设施，提高公民的精神文明素质。

（二）基本发展模式

大南昌都市圈作为南昌市委、市政府"一圈两化"的重要举措，同时也是省委打造核心增长极的战略需要，还是昌九抚三市加快自身发展的要求。因此，三个设区市应理清思路，突出重点，方向一致，共建"大产业、大交通、大都市"的区域发展格局。在这里，结合实际，大南昌都市圈应以"一个核心、两个对接、多节点放射"的发展模式为主旋律，突破行政分割，创新体制机制，强化分工合作，促进优势互补和集合发展。以大型城市南昌为核心向外辐射，发挥其龙头作用；以中型城市抚州、九江为对接点，形成联动发展；以小型城市共青城、丰城、高安等为节点，形成产业走廊支撑；最后以周边相邻县市为辐射区，进一步完善大南昌都市圈的建设。大南昌都市圈的发展模式应从以下几方面实施。

1. 产业一体化

结合实际发展情况，大南昌都市圈尚处于成长期，应将重点放在发展上，即以市场为导向，辅以政府政策支持，逐步建立三设区市间的一体化市场，构建南昌都市圈内的产业集群，旨在实现都市圈内资源利用效益的最大化。在这里，一体化市场包括资本市场、消费品市场、技术市场、劳动力市场、产权市场、旅游市场等。

南昌、九江、抚州等应根据各地的产业基础和特色，延长产业链条，加速产业集聚，逐步构筑一个优势互补、结构优化、布局合理、错位发展、协调发展的现代产业体系。通过对各市资源的优化整合，实现集中布局、强强联合、整体提升。对增量部分采取发展"飞地经济"的合作模式，按照"基础共建、产业共育、环保共担、利益共享"的原则，促进相关合作方良性互动、共建共赢。实现统一规划产业布局、统一产业政策、统一整合资源，构建分工合理、优势互补的发展新格局。

在核心城市与中型城市的产业有效联动的基础上，进一步实现南昌周边小型县市如永修、高安、丰城等的产业支撑，加速融入南昌。这有利于南昌核心增长极的培育，确保南昌具备打造核心增长极和经济升级版的现实基础。如丰城不断推进龙津湖总部经济服务业的基地建设，总部基地运行一年多，已吸引百余家大中型企业入驻，年营业收入超百亿元。再如，高安着力推进建材建陶、机械机电、现代物流三大支柱产业的集群发展，打造全省乃至全国有影响力的特色主产区。通过精心打造互动产业，对接南昌的经济辐射，构建对接南昌经济的"桥头堡"。

2. 基础设施一体化

昌九抚三地应推进能源、水利、信息等基础设施的共建共享，加强铁路、公路、航运重大交通设施的互联互通，构筑便捷高效的交通体系，将南昌打造成区域性综合交通枢纽。

如九江建议启动昌九一体化轻轨建设前期项目，减免昌九高速过路费，开通城际公交；尽快开工建设合九客运专线（池九城际轨道交通），使江西通过九江接入全国高铁网；推进昌九港口一体化发展，形成九江港对外"通长江、达上海"，南昌港对内"上连吉安赣州、下通鄱湖九江"的互补发展格局。另外，昌九高速四车道改八车道试验段工程进展顺利；昌北机场九江候机楼即将投入使用；昌九大道规划已经公示；武九客专即将开工，预计 2017 年开通，这都将加速南昌成为区域性综合交通枢纽的步伐。再如抚州提出要统一规划轨道交通网，建设昌抚城际铁路；以向莆铁路、杭南长客运专线为依托，充分发挥向莆铁路作为中西部地区通往东南沿海港口的骨干铁路线运输大通道的作用，为昌抚一体化和对接海峡西岸经济区创造良好条件。

3. 公共服务一体化

针对教育、卫生、旅游、通信、金融等多方面，加大资源的整合共享，加强管理制度的对接，逐步实现南昌都市圈公共服务一体化。

在金融方面，可逐步取消异地存取款手续费。同时，三市现有的城市商业银行可以进行有效合作，强强联合，业务互办，实现多元化、差异化竞争。针对商业信贷，三市银行可在一定程度上进行互补，全面支持各市经济发展。南昌作为都市圈的中心城市，在金融机构的引进、入驻工作上，应起带头作用。同时，应通过资源共享，加快金融机构落户其他两市。南昌发展"总部经济"，各金融机构纷纷在南昌建立省级金融服务平台和数据中心，通过平台和数据的资源分享，有效服务其他两市。

在教育方面，都市圈内居民子女异地入学享受同城待遇，可有效促进市际人才流动。完善农村教育工作，提高农村教育质量，实现大型城市、中型城市、小型城市、县乡镇教育质量同质化。依托南昌的高等教育资源优势，辐射周边两市及毗邻地区。同时通过高校间的交流合作机制，强强联合，实现高校教育水平共同进步。

在旅游方面，南昌的旅游资源非常丰富，有以江南名楼滕王阁和八大山人书画纪念馆为代表的古色旅游；有以南昌八一起义纪念馆等为代表的红色旅游；有以百花洲、象湖森林公园为代表的绿色旅游。九江拥有的名江、名湖、名山也很多，其旅游资源数量之多、密度之大、类型之全、品位之高，在全国均占优势，享有"天下江山眉目之地"的美誉，形成了一个以庐山为"龙头"，包括"六区"（牯岭、山南、沙河、永修、浔阳、共青）、"两点"（石钟山、龙宫洞）和"一线"（鄱阳湖水上旅游线）的大型旅游区。抚州有省级风景名胜区南城麻姑山、号称"百岛洞"的特大型水库——洪门水库等诸多自然景观，市内有王安石纪念馆、汤显祖文化艺术中心、汤显祖纪念馆等众多人文景点。因此，应加快都市圈内的旅游资源整合，统一运作、宣传和推广，实现多方共赢和旅游服务一体化。

（三）政府管理模式

都市圈的建设作为一种顶层的制度设计，大多由政府进行规划引导，形成完整的发展建设思路，进而付诸实施。而对于一体化进程中的产业发展、基础设施建设等问题，则需要坚持走市场化的建设路子，按照市场需求进行分配。现实中很多发展中国家或地区的城市发展不是在市场演进过程中形成的，而是借助政府的力量先进行资源的转移，再实现规模的集聚和市场的出现，这种由政府主导的模式虽然达到了城市格局调整的目的，但在资源转移和市场需求之间难以达到一种均衡，即资源转移不能引起有效需求，致使部分区域内的基础设施没有较好地发挥其优势而被强势地淡化，而有些区域则还未达到成熟就被强势发展，造成了一定的资源浪费。

在社会主义市场经济条件下，市场对资源配置起基础性作用。市场机制作为产业发展、基础设施建设等经济活动本身的一种内在的自行调整力量，构成了城市发展过程中的微观机制，在城市布局的调整中具有不可替代的作用。另外，针对南昌经济发展的环境与城市发展现状，同时结合其他地区的政府在城市布局调整中的共性规律，更好、更快地完成都市圈的建设，达到经济发展的目的，必须明确政府在建设中的地位与作用。南昌市委、市政府作为南昌国民经济和社会发展、经济结构调整等多项重要工作的直接责任部门，应注重市场机制和行政机制相结合，形成相互制约、相互补充、相互促进的城市布局调整和都市圈建设对策。

在经济发展、城市格局调整的过程中，特别是在进入工业化中后期阶段后，政府的逐渐退出、市场的主导就应该越来越明显，针对不同的区域制定不同的政策，行政权力适当下放，由主管部门、监督部门来确定政策，逐级上报，保证政策的合理性和可操作性。从都市圈规模效益的角度看，南昌市委、市政府等相关部门的管理模式包括两个不可或缺的方面。一是经济增长理念的转变。应摒弃以低成本生产要素优势为竞争手段的理念和发展战略，转向以结构和质量为核心目标、以高素质生产要素优势为竞争手段和增长动力的发展道路。二是政府部门在经济增长中的职能和角色的转变。由于当前的市场经济体制仍然不健全，所以其在都市圈的建设过程中应是"船长"而非"水手"的角色。政府部门促进都市圈建设的着力点不仅是市政投资、招商引资以及引导资源配置，还应包括创造良好的环境。其主要应该承担公共产品和经济性公共服务的供给责任，为城市的健康发展提供平等竞争的市场制度、高效的公共服务制度以及良好的金融环境、市场秩序、人才环境和基础设施等。

总之，政府部门应从宏观角度来维护市场机制在配置资源和调整城市发展格局方面的作用，防止仅靠市场机制自身调节经济增长和公共物品供给时出现的功能缺陷问题。政府干预要以不破坏市场调节为前提，努力为市场机制营造宏观政策环境，审时度势，制定相关的发展政策来配合市场机制对都市圈建设的主导，以达到和谐、稳定、繁荣的都市圈发展局面。

二 大南昌都市圈建设的战略路径

（一）主体路径：优化都市圈层次布局

主体路径的探寻是基于当前南昌发展的现状，从更易于操作实施的角度所提出的，具有区域发展的共性特征，同时又可结合南昌都市圈的发展个性，形成合理、高效的城市规模布局。

1. 科学推进中心城市的升级

联动性地发挥三个地级市在经济、社会发展上的积极作用，在以南昌市为中心城市发展的同时，着力加快九江、抚州两个城市的一体化发展，将其打造成具有较强辐射带动功能的区域次中心城市，逐步形成符合区域科学层级规模的城市结构体系，即以中心城区为核心延伸城市体系，有层次地纳入周边临近县（市），联动性地形成"一核多区"的城市发展模式。具体地讲，逐步形成以"城区—镇—城乡结合区—中心村"为模式的城乡一体化型都市区。以这种模式推动工业园区、产业集群在城市内的统筹布局。同时，加强区域性交通基础设施的配套，推动重大服务功能建设，加快与周边城市的一体化发展。通过都市区建设推进与周边中型市域单元的统筹协调，加快对周边小城市的辐射带动，打造综合的"都市—城市群"，形成首位城市同周边次位城市协调发展的科学布局。

2. 积极推进周边中小县（市）城的发展壮大

充分发挥县（县级市）在区域一体化进程中所具有的连接城乡、辐射农村、扩大内需、促进区域经济发展等重要作用，坚持以强带动、凸显特色、统筹兼顾，大力推进中心城市周边的工业园区、卫星镇、旅游小城镇等的发展，重点扶持具有良好产业基础、便捷交通区位和丰富资源的城镇，完善其基础设施，充分挖掘其发展潜力，着力实施集聚人口、促进产业发展、规范土地运作、深化体制机制改革、拓宽融资渠道和加大资金扶持等政策措施，提高城镇的综合承载力，继续增创示范城镇，以示范镇的带动作用，积极探索生态环保镇、特色产业镇等方面的创新发展模式，引导其吸纳人口、解决就业，全面提升城镇发展的速度和质量。

（二）辅助路径：适时调整行政区划

要建设大南昌都市圈，除了产业、基础设施等方面的一体化进程外，对行政区划进行适当的调整也是一种行之有效的手段。根据十八届三中全会的决定，城市发展要完善设市标准，严格审批程序，对具备行政区划调整条件的县可有序改市。对吸纳人口多、经济实力强的镇，可赋予同人口和经济规模相适应的管理权。建立和完善跨区域城市发展协调机制。

行政区划的调整是区域发展的顶层制度设计，是城市经济迅猛发展后城市空间结构战略调整的需要。行政区划的调整有利于增强城市竞争力，加强对某些重要资源的开发，增强中心城市对周边其他县市的经济辐射功能，从而加快城镇化进程。当前南昌的城市空间不足以适应大南昌都市圈的发展，从表9-5中可以看出，南昌的城市建成区面积不大，在中部六省会中排名最后。2004年对老城区进行区划调整后，东湖区、西湖区、青云谱区、青山湖区的面积分别达到18.73平方公里、34.5平方公里、40.4平方公里、160平方公里，常住人口分别约为45万人、42万人、26万人和43万人。南昌市老城区行政区域空间狭小、资源分散、产业雷同、效益难以发挥的问题日益突出，影响了城市现代化水平的提高和对旧城的更新改造。基于城市发展空间不足的考虑，南昌必须调整现有的行政区划。

表 9 - 5　　中部六省省会城区面积比较

单位：平方公里

城　　市	城区面积	建成区面积
南　昌	617	265
合　肥	839	300
长　沙	969	275
郑　州	1010	350
太　原	1460	310
武　汉	1615	500

　　同时，当前南昌的人口结构不优，城市人口总量不大，再者跨行政区界的区域规划以及城镇体系受到行政区限制，规划缺乏实施主体，贯彻执行难度大，跨区域矛盾突出，这些都说明了目前南昌市区的行政区划存在问题，行政区划的调整对于规范行政区的区域协调可以起到一定的推动作用。因此，南昌有必要进行行政区划调整，扩大行政区。

　　关于行政区划的调整范围，应该结合南昌城市经济发展的实际情况，综合一小时经济圈的辐射范围进行考虑。首先是对市辖区的范围调整。新建县与南昌中心区紧紧相连，东邻赣江，与南昌市城区相望，特别是近几年在红谷滩新区的带动辐射下，发展形势良好。在交通方面，320、105 和316 三条国道和昌九、昌樟、温厚高速公路以及大京九铁路均是出入南昌市区的重要干道，加之南昌航空港昌北机场就在新建县乐化镇内，其与南昌市区的发展有着密切联系，因此可以考虑将新建县内部邻近南昌市区的镇（长堎镇、望城镇、乐化镇）纳入南昌市辖区范围，况且在 2012 年新建县生米镇已经被划入南昌市区范围，这一先例充分证明了将新建县部分区域划入南昌市区的合理性。

　　在市辖县的调整方面，根据一小时经济圈，应加强新建、安义、进贤、南昌县城和周边县市丰城、高安、樟树、余干等的联动协同发展。具体来看，在地域分布上，丰城和高安是紧邻南昌的两个城市，同时两市也是鄱阳湖生态经济区中的主要城市，除地域邻近的特征外，两市在产业发展上同南昌也有共通之处。丰城市拥有丰富的矿产资源和强大的工业基础，可为南昌的经济发展提供强大的支持。高安的旅游、物流资源，可以与南昌的金融、技术、人才、信息等优势资源进行整合，将南昌整合成为集旅游产业、物流产业、化工产业、文化产业等为一体的城市经济圈。对于樟树市来说,其北距南昌88公里,面积为1291平方公里,总人口为60万,产业优势突出,药、酒、盐三大支柱产业发展强势,是鄱阳湖生态经济区中发展较突出的县级城市,其对南昌强化与周边新余、新干的经济联系具有良好的作用。

三 实施阶段

结合上述路径,大南昌都市圈的建设是一项长期的、不断发展完善的过程,需要分步骤、有层次地推进,对此设定如下都市圈建设方案,以指导大南昌都市圈的建设。

近期阶段:到2015年,将新建县的长堎镇、望城镇、乐化镇纳入南昌市区的管辖范围,形成新的城区,建成大南昌都市圈的雏形,同时为南昌行政区域的进一步调整做准备。

中期阶段:到2017年,将丰城和高安两市纳入南昌的行政范围,在南昌、九江、抚州以及"丰樟高"地区实现经济总量7000亿元,基本实现产业格局、通信、交通网络一体化,构成大南昌都市圈的基本格局。

远期阶段:到2020年,将樟树市纳入南昌市行政范围,完全形成的大南昌都市圈格局。实现都市圈的区域空间布局及功能分工合理,基础设施体系联网,产业联动融合发展,公共服务均等,城乡环境优美,人民生活殷实,经济社会全面融合,综合经济实力显著增强,经济辐射能力较好发挥,建成引领全省发展的一体化城市群。

结合上述发展目标,对都市圈形成的中远期阶段实施如下标准。

产业布局优化,综合实力增强。到2017年,都市圈内经济总量达9000亿元,单位生产总值能耗下降,三次产业结构进一步优化,到2020年经济总量达到1.2万亿元。

基础设施更加完善,城市功能合理分工。到2017年,都市圈内城镇化总体水平达到55%,到2020年再提高10个百分点。

环境质量改善,区域生态优良。到2017年,大南昌都市圈城镇污水处理率总体达到93%,2020年争取提升至95%,单位生产总值能耗和环境质量接近世界先进水平。

社会事业进步,公共服务融合。到2017年,社会保障体系覆盖城乡,医疗保险覆盖达到95%，2020年实现全面覆盖，人人享有基本公共服务。

由此，在市辖区和市辖县均扩张调整以及一体化建设的过程中，大都市圈得以逐步形成，在鄱阳湖生态经济区和江西省的城市发展格局中做出重要变革，形成真正意义上的南昌核心增长极。大南昌都市圈形成阶段的各个指标如表9-6所示。

表9-6 大南昌都市圈的形成阶段指标

类别/指标	大南昌都市圈的 基本格局（2017年）	大南昌都市圈的 完整格局（2020年）
地区生产总值（亿元）	9000	12000
人均地区生产总值（元）	52000	70000
城镇化率（%）	55	65
万元地区生产总值能耗下降（%）*	15	30
万元工业增加值用水量（吨）	90	70
工业固体废物综合利用率（%）	75	85
森林覆盖率（%）	44	48
城镇登记失业率（%）	4.0	4.0
新型农村合作医疗参保率（%）	95	约100

* 基数为2012年的统计数据。

第七节 加快大南昌都市圈发展的战略对策

十八届三中全会对城市建设做出了重要决定，要求完善城镇化健康发展体制机制，坚持走中国特色新型城镇化道路，推进以人为核心的城镇化，推动大中小城市和小城镇协调发展、产业和城镇融合发展，促进城镇化和新农村建设协调推进。优化城市空间结构和管理格局，增强城市综合承载能力。当前，南昌要打造都市圈的发展格局，就必须顺应发展趋势，迅速集中力量，加大建设力度，坚持"立足特色、突出优势、差异互补、区域协同、整体发展"的发展思路，大力实施"规划统领化、产业协调化、基础设施一体化和公共服务均等化"的具体方针政策，着力构建"南昌都市圈龙头昂起、昌九昌抚一体化两翼齐驱"的生动局面，共同努力打造江西发展的全新格局，进而带动其他区域腾飞发展。

一　构建科学的"一圈"发展机制

（一）升级都市圈经济结构，促进产城融合

打造大南昌都市经济圈，关键要以产业为支撑，把优化产业布局作为产业发展的重点任务，鼓励各地根据资源禀赋以及主体功能地位确定企业、产业发展的重点，优化重点产业的生产力布局，构建一个分工合理、主业突出、比较优势充分发挥的都市产业布局。

应尽快形成以高端制造业和现代服务业为主体的经济体系，争取在优化结构、节能减排、快速高效方面取得显著成效。对此，南昌、九江、抚州应积极培育"以产兴城、以城育产"的有机协调路径，通过产业的壮大和升级带动需求，激发城市的活力，利用城区的基础优势，促进产业集聚，增强产业竞争力。因此，提升、优化南昌都市圈的规模布局，在很大程度上取决于产业的布局优化，要坚持"发挥区位优势、适应产业需求"这一主线，实现城市培育产业、产业反哺城市的二元模式。南昌作为全省工业化、农业现代化和城镇化的强大引擎，在众多产业发展上具有一定优势，九江、抚州则应积极策应，根据自身基础，本着延伸产业链、扩大产业集群的原则，跨区域构建优势产业带和产业廊道，形成分工协作、错位互补、联动发展的产业发展格局，从而加快城市之间的相互融合，实现"产""城"互动、协调发展。

在产业方面，根据上述发展模式，首先，各区域的优势产业要"强强联合"。南昌、九江、抚州以及"丰樟高"地区的基础坚实、产业发展成熟、市场占有份额大的企业应强强联手，走跨越发展之路，形成新的产业链，呈现"两翼"齐飞的局面，增强两地企业的活力和市场竞争力，提升综合实力，扩大品牌和社会影响力。依据产业基础和发展方向，在都市圈中昌抚两地可以"强强联合"的产业主要有新能源汽车产业、机械产业和金属建材产业，昌九两地可以"强强联合"的产业主要有钢铁业、纺织服装业、石油化工业等传统的优势制造业。其次，具有比较优势的产业要实现"错位发展"。各地区要依托自身的产业、资源和地域优势，实行地域差异化发展和特色发展，地域间建立利益分享机制，形成良性竞争，提升区域总体竞争力。结合都市圈内产业发展现状，凡

在圈中的企业都可以达成协议，在产业发展方向上形成联合体，但在产品类型、产品等级和产品方向上应区分开，突出地域特色和比较优势，形成规模效应，共同进行市场开发和拓展。昌九、昌抚可以进行"错位发展"的产业主要有生物医药产业、绿色食品制造业、化工建材业、光伏光电等能源产业。"丰樟高"地区的优势产业则应以产业链延伸的形式，与南昌的相关产业在生产环节互相配合、协调，在绿色食品加工、生态旅游、盐化工等产业实现一体化。例如丰城的机械电子产业区已经形成一定的规模经济，形成了鲜明的产业特色，具有较强的产业承接转移能力，为大南昌都市经济圈的产业布局调整提供了强大的支持。旅游业是一个共性的产业，同样应该按照优势互补、各取所长的原则，整合南昌、九江、抚州的旅游资源，利用南昌丰富的资金、较高的管理水平和较大的市场来带动周边的旅游业发展，开发一体化的旅游线路，提高旅游竞争力，实现错位发展，避免旅游项目的重复建设。区域之间无论是强强联合，还是错位发展，都强调技术的互通、产业链的延伸、区域的分工布局以及产业集群效益的实现。

在城镇化建设方面，要加快昌九、昌抚和"丰樟高"区域小城镇的集群发展，填补一圈、两翼及相关轴带之间的发展洼地，实现城镇化与工业化、信息化和现代农业化的联动发展。按照布局合理、规模适度、功能完备、特色鲜明、生态良好的原则，实现点轴联动，推动昌九双核相向发展。在昌抚方面，要依托向莆铁路和海西经济区建设的机遇，加快以抚州为中心的赣东南城镇带的建设。沿昌抚高速公路和向莆铁路布局城镇，重点发展"云山组团"，建立抚州新区。在"丰樟高"方面，则应重点打造周边的卫星镇、县域副中心镇、风景名胜区内的旅游小城镇和其他交通区位良好、资源优势突出、经济发展潜力较大、基础设施相对完善、具有一定人口规模和产业基础的示范镇。

工业园区是产城结合的重要载体，在培育大南昌都市圈中应发挥其应有的作用，进一步明确园区的产业布局，规划基础设施建设。未来应重点在昌九、昌抚交界处规划发展新型园区，打破传统的行政区划概念，同时以相似产业、同一产业链为基础，实现各区域内的园区对接，引导昌抚两地工业园区加强互动与对话，建立工业园区之间产业发展联系与互动的机制。南昌高新技术产业开发区应重点发展航空、光伏光电、电子信息、生物医药、新材料等产业；内燃机、汽车机电、家用电器、电子信息产业则是南昌经济技术开发区重点培养的产业方向；桑海开发区、小蓝开发区、长棱工业区应该持续加大向新城区方向发展的力度；昌东工业区、昌南工业区应该向生活服务业及特色服务业方向发展。上述多种产业均同九江高新区、抚州金巢开发区、东乡开发区有着密切的产业关联，应通过园区的布局调整，实现南昌都市圈分工合理、主业突出、比较优势互补发挥的区域发展格局。

（二）优化都市圈发展环境，完善城市职能

基础设施是完善城市职能的首选，大南昌都市圈的基础设施建设应该按照统筹规划、合理布局、互利共赢的原则，重点加快交通、能源、水利和信息基础设施的现代化建设，构建畅通便捷、城乡共享的基础设施网络，增强区域经济社会发展的支撑和辐射带动能力。昌抚应以一体化为目标，完善高速公路网络，促进国省道公路升级，推进抚州机场的建设，加快城市轨道交通和城际快速通道建设，实现适应昌抚一体化要求的现代综合交通运输体系。"丰樟高"地区同样要重点推进城际交通的建设，可考虑在一小时经济圈内先行开通南昌城区至抚州城区、丰城市区、高安市区的公交客运班线，采取对接方式开行公交客运，加快交通一体化的实现。

在信息建设方面，应以通信设施建设为基础，以信息资源整合为突破口，加快信息技术的应用，推进"三网融合"，建设开放融合的信息网络体系和社会信息服务网络，以统筹规划、建设高度融合的信息网络为重点，大力推进信息资源共享。目前，昌九通信一体化"先走一步"，2014年两地之间通话将不收取漫游费，实现昌九通信非长途化。在此基础上，进一步助推都市圈内的电信基础设施共建共享，大幅提高通信服务能力，加快下一代互联网建设，实现有线网络入户和无线网络覆盖公共区域。在昌九、昌抚以及"丰樟高"地区建设智能交通系统、智能城市环境系统、智能建筑系统以及智能社区系统，实现"智慧南昌都市圈"。在城市内的产业、服务、居民生活等多方面实现信息一体化，推动工业化与信息化的深度融合，推进社会管理信息化，形成大南昌系统布局、层次分明的公共信息服务平台。

（三）改革都市圈体制机制，强化创新能力

统筹城乡发展是建立都市圈所面临的关键问题，有效实现城乡结合和农民工转型，是都市圈稳定扩容和发展的必要保障。因此，应在"一圈两化"范围内积极形成一体化的城乡统筹创新机制，加快推进城镇化建设。

首先是农民的切实利益保障问题。十八届三中全会要求维护农民的生产要素权益，保障农民工同工同酬，保障农民公平分享土地增值收益。南昌在都市圈建设过程中，要逐步放开宅基地使用权流转，选择 1～2 个城镇建设农村宅基地使用权抵押试点及宅基地融资平台。同时建立宅基地退出和与城市住房保障政策相匹配的激励政策，对已在城镇落户或者在城市工作、生活达到一定年限的农民工，其放弃农村宅基地的，给予其享受城市住房保障或者购房补助的优惠政策。探索建立农民工租赁住房补贴及购买住房补贴制度，改革和完善城市住房政策，逐步将符合条件的农民工纳入城市住房保障体系，允许其租住公租房、廉租房或购买经济适用房、限价商品房。确保农民工进城就业有房住，宅基地退出无后顾之忧。

其次是户籍制度问题。推进农业转移人口市民化，要逐步把符合条件的农业转移人口转为城镇居民。创新人口管理，加快户籍制度改革，全面放开建制镇和小城市的落户限制，有序放开中等城市的落户限制，合理确定大城市的落户条件。对此，南昌都市圈应实行一体化的城乡统筹政策，如实行一元户籍制度。消除农民的城市进入障碍，首先就是要消除城乡二元分割的户籍制度，取消农业户口、非农业户口的区别，先行性地实施《居住地人口管理条例》。

最后，要统筹城乡基础设施建设和社区建设，推进城乡基本公共服务均等化。稳步推进城镇基本公共服务常住人口全覆盖，把进城落户农民完全纳入城镇住房和社会保障体系，将其在农村参加的养老保险和医疗保险规范接入城镇社保体系。南昌都市圈的建设要同时开展多层次的农民安居扶持，建设农民工公寓（家园），每个工业园区力争拿出一定数量的土地，建设农民工公寓及幼儿园、中小学等配套设施（先可在农民工集中的园区或大工业园区内实施），让农民工少花钱、住得下、留得住，真正安居乐

业。按照"低门槛、便参保、广覆盖、易流动"的原则，推动农民养老保险扩展和跨区域的转移接续；健全农民工伤保险和大病医疗保险制度；建立以"一个平台、两套标准、城乡统筹、均衡服务"为特征的新型合作医疗保险制度。

在生态环境保护机制方面，建立水环境综合整治、空气污染防治、生态林业建设、湿地保持等区域环境保护一体化政策体系，实现环境管理制度的整体对接。加强环保信息沟通，公开跨界重点污染源信息，实施联合整治。对可能造成跨区域污染的重大建设项目实施环评联审，对有争议的，提交共同的上一级环保部门审批。共同研究跨界流域和区域的限批、禁批办法，严格控制高污染、高能耗项目的审批立项。联合开展环境污染调查，加强联动执法，杜绝污染转移，对由跨界污染引起的问题加强协调、有序调查、有效处理，形成污染型企业有序退出的机制。建立河流、大气环境监测合作机制，定期协商跨界监测断面、监测项目相关问题，制定阶段性合作计划。探索建立地区间排污权交易制度，开展区域间排污权交易试点。

在财税支持方面，对新建投产的大中型工业企业实施适当的奖励政策，对重大建设过程中涉及的行政事业性收费予以免收，经营服务性收费按低限减半收取。积极贯彻落实税法规定的相应优惠政策，重点对基础设施、公共服务一体化等方面予以支持，如对从事港口码头、机场、铁路、公路、城市公共交通、电力、水利等业务的企业实行税收"三免三减半"，对从事农产品流通和加工的企业予以免征增值税等。

在投融资机制方面，建立透明规范的城市建设投融资机制，允许地方政府通过发债等多种方式拓宽城市建设融资渠道，允许社会资本通过特许经营等方式参与城市基础设施投资和运营。拓宽一体化建设中的投融资渠道，积极促进各金融机构的沟通协调，由省政府金融办协调省金融机构和省内投融资公司加大支持力度，建立都市圈基础设施建设的中长期融资机制。加强同国开行、农发行等政策性银行的沟通协调，争取南昌都市圈基础设施建设的中长期融资，同时设立政府引导基金，吸引民间资本参与城市建设，拓宽融资渠道。

在文化建设方面，保护、传承都市圈内深厚的历史文化底蕴，彰显、传播南昌、九江、抚州的特色地域文化，建设"文化生态圈"，实现区域文化的融合与对接。以名人名史文化、书院文化、陶瓷文化、饮食文化等为重点，将南昌打造为文化产业发展的领军城市，积极同九江、抚州的文化进行贯穿、衔接。培育和发展艺术创作、动漫游戏、陶瓷、古玩、花鸟市场等文化产业集群，联手推出一批具有国内乃至国际影响力的文化活动精品，提高文化品牌竞争力，将九江、抚州等周边地区打造为南昌最重要的文化旅游休闲基地。

在社会管理机制方面，创新服务共管，加快政府职能转变，建设服务型政府，协同推进管理体制、市场体系、土地管理制度等的改革。建立城市管理跨区域联动机制，制定联动工作预案，联合开展专项行动。探索联合设立交界地区的公共事务管理机构，对重点范围进行重点监管，实现相邻地区的城市管理无缝对接。开展城乡统筹发展综合改革试点，在规划、土地审批、征地制度、占补平衡、节约集约用地等方面探索制度创新。建立"一圈两化"建设中重大项目的煤、电、油、气、运保障体系，形成有效机制，确保能源稳定供应。完善政府服务体制，共同推广"一站式服务"、"网上办事"和"网上审批"，率先联合推进审批管理"零收费"。开辟同城化建设重大项目的"绿色通道"。

二 推进系统的"两化"发展进程

（一）昌九一体化

关于昌九一体化发展的主要内容，详见第 8 章第 4 节相关论述，此处不再赘述。

（二）昌抚一体化

1. 产业发展

昌抚产业一体化的基本思路可概括为"纵向对接、无缝布局"。纵向对接指两市现有同类产业根据产业链分工、基础与优势，选择对接模式与对接点，建立同类产业布局的工业园区之间的联系与互动机制，达到昌抚产业之间的对接。

（1）产业纵向对接模式

①优势产业"强强联合"

南昌未来的发展重点是轿车、轻型载货汽车、轻型客车、特种专用车、城际高档客车和公交用车。应延伸动力机械制造业、大型输变电设备制造业的产业链，加快形成机电制造产业集群，将南昌建设成为在全国乃至全球有较大影响力的机电制造产业基地。

抚州在未来要大力引进和发展新能源汽车，推动新能源电动汽车的技术进步，合理规划布局新能源汽车的充电站点，力争成为全省乃至全国先行先试的示范基地。做大做强人民电器、明正电器、伊发变电等企业，延伸变压器的产业链，建设国家变电设备监督检测中心，打造全省变电设备生产基地及全国知名的变压器生产城。

两市在汽车及零部件的产业对接上，应以江铃整车零部件需求为依托，引导零部件配套企业和相关产业围绕江铃和抚州新能源汽车集聚。以南昌江铃集团年产40万辆整车为依托，抚州江铃底盘股份有限公司形成年产60万辆轻、中、重卡车底盘的能力，并择机新上轿车底盘项目，以达到延长产业链、缩短供应链、降低成本链、提升价值链的目标。扩大汽车零部件的合作规模，加快汽车产业链中尚且缺失的项目的对接，推进汽车零部件产业集聚和壮大，加快形成机电制造产业集群，共建以南昌为主体的轻型汽车产业带和机电制造产业基地。共同致力于中档SUV和新能源汽车、变电设备的技术研发，加大产品推广力度，建设新能源汽车和变电设备的配套设施，共建以抚州为主体的新能源汽车产业带和变压器生产城。

两市在金属建材产业方面也要加强合作，实现共赢。一是要建立金属建材协同创新中心，加大金属建材的产品设计和研发力度；二是要建立互通有无的生产、物流和销售信息网，共享信息；三是要建立铝合金塑料型材行业协会，促进行业健康有序发展。

②比较优势产业"错位发展"

在生物医药产业方面，南昌的生物医药产业在投资机制、技术水平、市场营销和品牌推广等方面具有相对优势，南昌、抚州两市可以采取合作研发、技术转移、策略联盟、吸引资金等方式，加强在中药一二三类新药、基因工程、生物疫苗、原料药和药物中间体、中药材规范化种植等领域的合作，共建以南昌为主体的现代中药和医疗器械产业带和以抚州为主体的生物制药产业带，提升两地生物医药产业的竞争力。

在绿色食品制造业方面，两地要加强绿色食品、有机食品、保健食品、冷冻食品、农副产品深加工等领域的合作，重点对接具有特殊营养功能的高能食品、营养强化食品、保健食品，食用纤维、植物蛋白质、食品添加剂等深加工产品，以及速冻、微波、休闲食品和方便、即食食品，提高两地有机、绿色、无公害果蔬食品的比重，优化食品的品种和品质。

在化工建材业方面，南昌应重点发展新型建筑材料，尤其是以二次资源综合利用为取向的轻质、高强、节能、环保、功能性的新型墙体材料。

抚州要发挥生产香精香料、化学农药、化学肥料、日用陶瓷和水泥等的优势，加快抚州香料技术研发和信息服务平台建设。重点做大添光化工有限公司的钛白粉，加快高效低毒农药的新产品开发，着力开发环境相容性好、使用方便的悬浮剂、水乳剂、微胶囊剂等新剂型。积极发展日用化工及食用香料等精细化工，大力发展塑料制品业。围绕高效农业和绿色原料基地建设，发展农用薄膜。满足市场需要，大力发展高强度、耐高温、抗老化的日用塑料、工程塑料及塑料家具等制品。做大黎川日用陶瓷，建设陶瓷产业技术研发、产品检测的节能服务中心。两地发展各自不同的产品，南昌为抚州提供科研、金融等方面的服务，抚州为南昌提供原料或初级产品。

③产业链延伸

南昌、抚州两市企业应依据在原材料提供、产品生产、运输、销售等方面的紧密联系，跨区域延伸产业链条。两市形成完整产业链条的产业主要有光电新能源产业和纺织服装产业。

在光电新能源产业方面，两市要全面加强合作，扩大和延长产业链，形成硅料、硅切片、太阳能电池、硅基薄膜太阳电池、LED芯片和照明等完整的光电新能源产业链，建成发达地区光电新能源产业的承接基地。同时，应加快开发风力发电和氢原子动力电池。

在纺织服装产业方面，应着力把抚州打造成为南昌的原辅料供应基地，形成纺纱、织布、辅料、后整理、配套生产、服装等完整的产业链。

④配套一体化

应根据优势产业的发展需要，为核心企业提供原材料、零部件、半成品、运输、销售等配套服务，从而形成产业一体化。南昌、抚州两市可以进行配套一体化的产业主要是航空制造业。

抚州要发挥机械加工优势，充分利用毗邻南昌航空高技术产业基地的区位优势，积极参与南昌国家航空高技术产业基地全面开工建设大飞机的项目，利用云山组团和抚州新区承接南昌制造业的梯度转移，将抚州新区建设成为大飞机零部件、配套件研发制造和机械零部件加工基地。

⑤总部—生产制造基地相对分离

企业应将生产基地外迁，而将总部留在中心城市，这样不仅能够实现企业的持续发展，而且通过总部—生产制造基地链条为中心城市与中小城市、欠发达地区之间开展经济合作、实现共同发展提供了一条有效的途径。在企业生产基地外迁的总部经济模式下，由于企业总部主要承担决策、研发、营销等职能，为其提供配套的主要是一些服务类企业，因此，企业通过总部—生产制造基地链条，还可以促进中心城市的"服务"与中小城市、欠发达地区的"生产"间的合作，建立基于"生产—服务"的新合作模式，拓展经济合作的范围，对生产制造基地所在区域产生直接和间接的经济效益。南昌、抚州两市可以进行总部—生产制造基地分离的产业主要是有色金属加工业。

南昌要发挥自身优势，构筑总部经济，提供科研、融资、市场等服务。抚州要充分利用向莆铁路运输便捷的区位优势，做大做强有色金属加工业，延伸产业链，大力推进抚北有色金属加工产业基地建设，将抚州打造成全省乃至全国的铜制品加工生产基地。

（2）昌抚产业空间对接

对现有产业，按园区互动要求，促进具有同类产业的工业园区建立联系互动机制；对于未来两市的产业增量，按产业布局要求，形成产业聚集，实现空间布局无缝对接。

①引导存量调整

根据昌抚两市各工业园区现有的产业布局情况，按产业相近的原则，引导昌抚两地工业园区加强互动与对话，建立工业园区之间产业发展联系与互动机制（见表9-7）。两市可以引导企业以资本为纽带，实行跨地区重组、兼并，实现生产要素的重新组合，达到生产力在两市重新布局，使企业做大做强，实现产业布局的一体化。

表 9-7　南昌与抚州产业类似的工业园区对接表

对接园区（南昌工业园区）	对接园区（抚州工业园区）	相近产业
昌东工业园区	金巢经济开发区	纺织、食品
	东乡开发区	纺织
	金溪工业园区	纺织、食品
昌南工业园区	金巢经济开发区	物流、服务外包
高新区	金巢经济开发区	生物医药
	东乡开发区	医药
经济开发区	金巢经济开发区	生物医药、食品饮料
	南城工业园区	食品、医药
新建长埝工业园区	南丰工业园区	印刷包装、食品
	宜黄工业园区	食品
	资溪工业园区	食品
桑海开发区	金巢经济开发区	生物医药
小蓝经济开发区	金巢经济开发区	汽车及零部件、食品饮料、电机和轻纺服装
安义工业园区	抚北工业园区	建材、精细化工
	金溪工业园区	精细化工

②培养产业增量

建立抚州新区，作为昌抚规划对接的桥头堡，实现产业布局一体化。发挥南昌市中心城区的集聚和辐射功能，着力打造以"一小时经济圈"为中间骨干的"哑铃"型工业经济新格局，逐步形成市城区向南昌靠拢、县城向市区靠拢、产业沿昌抚高速公路和向莆铁路布局的发展格局（见图 9-2）。抚州新区的产业布局不能脱离两市现有主导产业的基础，应按两市现有主导产业进行产业选择，并与现有主导产业形成紧密的经济联系。

专栏1　昌抚产业布局一体化重点建设项目

- 机电制造产业集群：在 2020 年前将南昌建设成为在全国乃至全球

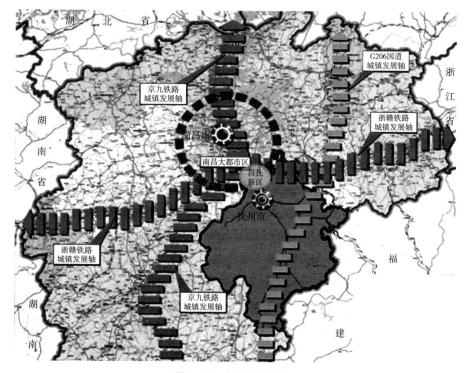

图 9 - 2 抚州新区选择

有较大影响力的机电制造产业基地。

● 变电设备生产基地：以抚州为主体，致力于变电设备的技术研发，加大产品推广力度，建设变电设备配套服务设施，在 2020 年前占领全国变电设备 15% 以上的市场份额。

● 光电产业基地：以南昌为主体，到 2015 年建立比较完善的半导体照明材料、照明芯片、照明封装、照明应用产业链，形成 1000 亿元的销售收入，占全国市场的 30% 以上。

● 新能源产业基地：以南昌为主体，到 2015 年，高纯硅材料、太阳能电池组件与发电系统、兆瓦级风电设备与螺杆膨胀发电机组等的营业收入达到 100 亿元以上。

● 现代中药和医疗器械产业带：以南昌为主体，培育生物医药、生物农业等新兴产业，形成产业链，建设艾滋病新药、抗癌原料药、新型功能糖、血细胞分析仪器、磁共振成像系统等重要生产基地，到 2015 年营业收入达到 100 亿元以上。

● 生物制药产业带：以抚州为主体，到 2015 年聚集生物医药企业 100 家，主营业务收入达到 500 亿元。

● 绿色食品生产制造基地：以抚州为主体，到 2015 年聚集食品生产和深加工企业 100 家，主营业务收入达到 50 亿元。

● 铝型材生产基地：将安义工业园打造为江西乃至中部地区最大的铝型材生产基地，到 2015 年主营业务收入达到 100 亿元。

● 精细化工生产基地：以抚州为主体，到 2015 年主营业务收入达到 200 亿元。

● 纺织服装原辅料供应基地：南昌纺织服装原辅料 90% 以上由抚州相关企业供应。

● 大飞机零部件、配套件研发制造和机械零部件加工基地：以南昌为主体，抚州负责配套生产，到 2015 年销售收入达到 500 亿元，到 2020 年达到 800 亿元。

● 抚北有色金属加工产业基地：以抚州为主体，到 2015 年聚集企业 100 家，销售收入达 300 亿元，到 2020 年销售收入达到 500 亿元。

2. 城镇发展

昌抚一体化过程中的城镇化建设应该紧扣新型城镇化这一核心，依托高速公路、铁路等交通运输网进行城镇化建设。例如，依托向莆铁路、海西经济区建设的机遇，加快以抚州为中心的赣东南城镇带的建设。向莆铁路是海西经济区首条连接中部和内陆腹地的现代化铁路，也是江西、湖北等中西部地区的重要出海通道。挖掘潜力，提升抚州、南城等城市的对外交通枢纽能力，促进江西与海西经济区的全面协作，对城镇化发展具有重大推动作用。

南昌作为江西的龙头城市，应充分利用各种资源，通过国际化功能的提升、区域性综合交通枢纽的建设、创新能力的提高和人居环境的营造，带动产业结构调整和新经济发展以及城乡协调发展，改变在区域竞争中的不利局面，建设成为区域性国际化的中心城市。

应进一步强化城关镇的中心集聚能力，加强工业园区、生活居住区、城乡交通枢纽和生态环境建设，形成县域单元的辐射带动极核。发挥城关镇与重点镇和一般镇之间的有机互动作用，推进城乡社会经济一体化。加强主要交通走廊地区县城的集聚能力，与地区以上中心城市之间加强分工与协作；发挥县域的特色优势，推动形成以城带乡、以工优农的市县联动发展新格局。

3. 基础设施

（1）交通运输设施

按照统筹规划、合理布局、适度超前、运行高效、安全有序的原则，统筹规划、建设昌抚区域交通基础设施，优化配置交通运输资源，强化枢纽和运输通道建设，促进各种运输方式紧密衔接，提高交通运输管理水平，构建适应昌抚一体化要求的现代综合交通运输体系。实现人与物的交通出行畅达、便捷、经济、舒适，促进昌抚两地的经济融合和整体协调发展，提高城市竞争力，促进经济社会可持续发展。

①完善高速公路网络

以沪瑞高速、京福高速为载体，进一步完善昌抚一体化的公路网络。从满足昌抚经济一体化发展的需要出发，抓住国家调整增加国道路网和省道路网的发展机遇，秉承高点定位、适度超前的原则，将南昌市的"六纵四横"干线公路网与抚州市的"五纵六横四联"干线公路网进行有效的连接和规划整合，构筑统一、协调、畅通的交通网络体系，实现交通同网。

一是建设东乡至昌傅的高速公路。此公路的起点为沪昆高速公路抚州东乡县邓家乡，经过圩上桥镇、马圩镇、临川罗湖镇，接福银高速，经抚北工业园、展坪乡、温泉镇进入宜春丰城市淘沙镇，经杜市镇、秀市镇、洛市镇，进入樟树市阁山镇，经洋湖乡、洲上乡、临江镇、昌傅镇，与樟树境内的昌傅互通枢纽相接。路线全长约为 140 公里，其中抚州境内约为 60 公里，宜春境内约为 80 公里，项目总投资约为 85 亿元。

此项目的建设是江西省形成鄱阳湖生态城市群的需要，是鄱阳湖生态经济区内的又一条重要高速通道，东接沪昆高速，西接昌樟高速和昌傅互通枢纽，经过鄱阳湖生态经济区内抚州、宜春两市四县十五乡（镇）。项目建成后，对形成以南昌为核心，以京九、沪昆铁路和福银、济广、沪昆高速公路为发展轴线的鄱阳湖生态城市群有重要的推动作用。同时，该项目的建设是优化江西省高速公路网络的需要。此项目建成后，沪昆高速公路昌傅至厚田至东乡段里程由原来的约 176 公里缩短至约 140 公里，使江西省东西向高速公路通道的里程缩短约 36 公里，节省了运输时间，降低了物流成本。此项目连接沪昆高速、赣粤高速、南昌至永丰高速（规划中）、福银高速和济广高速，使江西省高速路网新增一条横向通道，减轻了沪昆高速厚田段的交通压力，完善了江西省高速公路网络的功能。

二是建设南昌—乐安—宁都—于都高速公路。该公路的起点位于南昌，经抚州乐安与赣州市宁都、于都相接，南接厦蓉高速公路，路线全长约为 300 公里，抚州境内约为 100 公里，项目总投资约为 60 亿元。

此项目将填补江西省中部地区高速公路网的空白，完善江西省高速公路网的功能，为抚州市乐安县打通南下通道，也为赣州市宁都、于都两县提供了另一条北上通道。该项目北与南昌市相接，南与抚州市乐安和赣州市宁都、于都相连，将昌抚经济区与赣南、吉安等原中央苏区连接为一个大片区，对带动两规划区的产业发展、促进优势互补有重大意义。

三是加快国省道的改造升级。对抚州境内 G316、G206、G320 国道进行改善，使抚州境内的国道等级基本达到二级以上公路标准。交通密集路段以一级公路为主、平原微丘地区以二级公路为主、山岭重丘地区近期以三级而远期以二级公路为主，达到国省道路与高速公路网快速对接、国省道路与农村公路网快速对接、省际出口路基本对接的目标，优化公路网的等级结构配置，全面提高公路网的服务水平。重点对三级及以下省道进行改造升级，打通省际、市际"断头"路。

②加快铁路建设步伐

以向莆铁路、杭南长客运专线为依托，充分发挥向莆铁路作为中西部地区通往东南沿海港口的骨干铁路线运输大通道的作用，进一步推进山海协作，构建对外连接的战略通道，把抚州打造成为湄州湾港口在中部地区的重要腹地，为昌抚一体化和对接海峡西岸经济区创造良好条件。

向莆铁路位于赣东和闽中地区，该铁路由南昌（向塘）枢纽新南昌站引出，经抚州市的临川、南城、南丰、黎川 4 县（区），穿武夷山脉进入福建境内。铁路沿线在抚州境内设大岗、抚州北、抚州、南城、南丰 5 个停靠站。其中大岗站、抚州北站与 S214 连接，南城站与福银高速、济广高速、G316、S206 连接，南丰站与 S318 连接。该线路建成后将成为江西中部及西北部地区对接闽南三角区的主通道，缩短中西部地区与福建省的距离，南昌及其以北地区（包括西北、华北、华中地区）到闽南（厦门）地区走该线较走浙赣（皖赣）线、鹰厦线短约 117 公里，较走京九线、赣龙线短约 222 公里。向莆铁路与既有、在建或规划建设的京广客运专线、南京至九江城际铁路、武九客运专线、昌九城际铁路、沪昆客运专线杭州至长沙段等快速铁路衔接，成为江西及其他中部地区与福建沿海地区的快捷大能力通道。该铁路的建设对加强福建与中西部地区的联系和交流，拓展福州港、湄洲湾等沿海港口的经济腹地，缩短台湾海峡与大陆的时空距离，促进海峡西岸经济区总体格局的形成和发展，均具有重要的意义。另外，向莆铁路的建造，将结束抚州没有铁路干线经过中心市区的历史，将进一步加强抚州与南昌、福建的联系，有利于抚州融入海西经济圈。

杭南长铁路客运专线江西段，从浙赣省界至赣湘省界，途经省会城市南昌和上饶、抚州、鹰潭、新余、宜春、萍乡 6 个地级市，在江西境内共设 11 个车站。杭南长客运专线的建设对加强昌抚区域与长三角地区的联系，打通昌抚区域与珠三角及西南地区的快速通道，促进经济的快速发展，将起到积极的推动作用。该专线的建成，将搭建起昌抚通达长三角地区及长株潭城市群最为便捷的通道，可实现昌抚与珠三角及西南地区的快速通达，对加快推进昌抚沿线的城镇化进程，加快鄱阳湖生态经济区建设，实现江西在中部率先崛起，促进全省经济社会又好又快发展具有重要意义。

③推进新建抚州机场规划

推进新建抚州机场的前期论证和规划工作，争取将该项目列入国家 2020 年前的机场布局调整规划，待条件成熟后开工建设，相机做好与机场连通的公路规划研究。建设抚州机场，将进一步完善昌抚地区尤其是抚州的交通网络结构，优化陆路、水路、航空一体化的交通格局。

④加快城市轨道交通建设

先行做好昌抚城市轨道交通的论证和规划工作，积极争取国家立项。把城轨站点千米内土地纳入专项储备范围，在轨道交通站点周边的相应范围内实行土地的专项储备与联合开发。

⑤加快城际快速通道建设

目前，昌抚公路、G320 国道公路等远远不能满足昌抚交通一体化的需要。因此，应当对昌抚公路按照 60 米宽的城市道路的标准进行改造升级，裁弯取直，达到城市道路标准。并根据昌抚沿线的产业布局，按照建设生态宜居的新型城市群的目标，以高标准规划、建设一条新的城市快速道路，使其成为昌抚经济新的增长点。

⑥加快公交客运同城实施步伐

在道路条件许可的情况下，先行开通南昌城区至抚州城区的公交客运班线。根据目前的道路条件，采取对接方式开行昌抚公交客运，即抚州至进贤温家圳开行公交客运，南昌至进贤温家圳开行公交客运，在温家圳设立公交接驳站，对昌抚城市公交采取一定的优惠政策，加大燃油补贴力度，不断降低票价。

⑦推进交通运输枢纽站场和物流中心建设

以抚州货运站为主枢纽，形成抚州客货运站场为主枢纽的综合交通运输体系，打造公路、铁路相衔接的区域性客货运输集散地。建设抚州物流中心，并以此为枢纽，形成北融南昌经济群，西承樟高经济带，南接海西经济区，与铁路综合货运中心相衔接的赣东物流集散地，形成赣东"无水港"。建立南城县、东乡县、临川抚北镇、金巢崇岗镇的物流基地，把现代物流作为融入昌抚一体化的重要抓手，加快与南昌市昌北、昌南物流基地和南昌市商业中心的物流对接，建立南昌—抚州物流快速通道。

（2）能源设施

①天然气利用工程

加快提高天然气使用覆盖率，不断拓宽天然气应用领域，从传统的城市燃气逐步拓展到天然气厂、化工、燃气空调以及分布式功能系统等领域。加快市域内川气东送江西支线工程、市域内西气东输二线江西境内工程、市域内省天然气管网一期工程的建设。

专栏2　天然气利用工程项目

● 新建东阳门站：占地1.38公顷。

● 湾里、富山和万村高中压调压站，新建青云谱、青山湖和高新中中压调压站。

● 新建自东阳门站经乐化、湾里、望城、富山至万村高中压调压站的外环高压管网。

● 建设完善瑶湖片区、城南片区、朝阳片区、城东片区、蛟桥片区等地区的中压燃气管网。

②电厂电网工程

建设新昌电厂二期和南昌特高压输变电工程，加快建设市域内 500千伏和 220 千伏电网等骨干网架工程；建设市域内城乡配电网工程、市域内智能电网工程和南昌—吉安—赣州特高压输电线路工程；建设区域性热电联产工程、市域内工业企业余热余压发电工程、新农村电气化建设工程和农村水电增效减排等能源工程。

专栏 3　电厂电网工程项目

● 新昌电厂二期工程建设项目：规划建设两台 100 万千瓦机组，总投资约为 80 亿元。

● 华润热电项目工程：由华润电力控股有限公司在青山湖区罗家镇秦坊村新建两台 30 万千瓦发电机组，项目总投资为 100 亿元。

● 500 千伏电网建设主要内容包括：扩建梦山变电站和昌南变电站，使之容量均达到 1500 兆瓦。

● 220 千伏电网建设主要内容包括：扩建梧岗变电站（扩建容量为360 兆瓦）、艾湖变电站（扩建容量为 150 兆瓦）、董家窑变电站（扩建容量为 180 兆瓦）；新建七里街变电站（一期容量为 360 兆瓦）、东新变电站（一期容量为 300 兆瓦）、麻丘变电站（一期容量为 180 兆瓦）、前湖变电站（一期容量为 360 兆瓦）、黄家湖变电站（一期容量为 360 兆瓦）、鱼目山变电站（容量为 540 兆瓦）和西客站牵引变电站（一期容量为 180 兆瓦）

● 110 千伏电网建设主要内容包括：扩建东湖变电站、广南变电站、船山变电站、滕王阁变电站、京东变电站、白马变电站 6 座变电站；新建化原变电站、铁路变电站、梁万变电站、科技园变电站、辛家庵变电站、洪都变电站、抚生变电站、象湖变电站、梅湖变电站、莲二变电站、航空Ⅰ变电站、乐华变电站、天宝变电站、富樱变电站、红谷滩变电站、凤凰洲变电站、轨道交通 1 号专变电站和望城变电站 18 座变电站。

开工建设抚州电厂，加快推进抚州核电站的前期建设工作；开工建设华能抚州高新区分布式电站项目，进一步开发利用水能资源，发展风力发电，积极发掘山地风电场潜力；建设和完善电力传输网络，完善境内 500 千伏电网主网架，新扩建 220 千伏、110 千伏电网工程；开展智能电网建设，推进特高压电网建设；强化和完善电力设施保护。

③新能源工程

建设南昌太阳能示范工程、小水电代燃料工程、大中型生物质集中供气和发电示范项目和城市建筑浅层地热能制冷采暖试点工程。在城区推广太阳能一体化建筑，在农村和小城镇推广户用太阳能热水器。支持、鼓励有实力的企业建设小型光伏电站，作为企业办公用电的补充电源。积极推广固化成型、沼气利用、垃圾焚烧发电、秸秆气化、生物柴油等方式的生物质能利用，逐步改变农村的燃料结构，改善农村的生活环境。

专栏 4 抚州能源建设重大工程

● 火电：力争开工建设抚州电厂。

● 核电：继续推进抚州核电项目前期工作。

● 电网：规划扩建 500 千伏抚州变电站；扩建改造七里岗、松原等 3 座 220 千伏的变电站；规划新建抚州桥东等 27 座 110 千伏的变电站；实施新一轮农村电网改造升级工程；电网实施智能化改造，实施用电客户智能电表改造，新建电动汽车充电站 1 座和充电桩 200 个；新建抚州高新区 220 千伏输变电工程。

● 天然气：实施市中心城区天然气管网对接工程，配套建设天然气储备设施及压缩天然气（CNG）加气母站，实施抚州高新区天然气利用工程和华能抚州高新区分布式电站项目。

● 新能源：力争建成风电场示范项目。

● 城市燃气工程：新增市中心城区和县城供气能力 10 万立方米，扩建和改造管网 100 公里。

● 农村沼气工程：建设户用沼气和联户沼气工程。规划新建户用沼气池 0.3 万户，联户沼气工程 300 个。

（3）水利设施

推进乌沙河综合整治工程，争取到 2015 年乌沙河综合整治主要单项基本完成。积极实施病险水库、水闸除险加固工程，通过对现有水库的除险加固，使病险水库达到除险"摘帽"，逐步建立水库工程安全、监测管理设施齐备、管理高效、环境优美并最大化发挥水库各种效益的高标准安全管理体系，努力实现水库标准化、规范化、园林化的总体目标。

加强南昌市城市防洪工程城区范围内的防洪、排涝工程建设，堤防标准为百年一遇，排涝标准为 20 年一遇，主要建设内容包括：乌沙河电排站工程、丰和电排站工程、焦头河综合整治工程、杨家滩电排站工程和富大有堤延伸工程等。推进江西省新南灌区续建配套与节水改造规划以及新南灌区渠道、泵站建设，渠沟整治及新建 2674 公里，末级渠第改造及新建 2244 公里，建筑物改造和新建 5460 座。

（4）信息服务

昌抚信息一体化的发展重点是统筹规划、建设高度融合的信息网络，大力推进信息资源共享，切实保证信息网络体系安全。

①统筹规划建设信息网络

实施"数字昌抚"发展战略，统筹信息基础设施建设。加强昌抚各类信息网络的统筹规划、建设和管理，推进城际网络的高速互联和城市网络的光纤覆盖。统筹通信线路的建设，积极推动电信基础设施共建共享。加大昌抚有线电视网络双向改造力度，推动形成两市统一的有线数字广播电视网络。按照国家促进"三网融合"的政策方针，统一相关规范和标准，积极推进电信网、广播电视网和互联网的高速互联以及业务应用的融合。组织"三网"内容提供商和服务运营商等加入数字家庭产业联盟，通过构建开放式产业合作平台，推动"三网"运营商在宽带接入网络、公共网关和家庭内部网络等方面开展合作。根据推进国民经济和社会信息化的总体要求，推动工业化与信息化的深度融合，推进社会管理信息化，构建系统布局、层次分明的公共信息服务平台。

②加快信息资源共享

推动降低直至取消两市间固话长途和手机漫游资费，加快电信同城化。整合并大力发展宽带数据、互联网、互动增值业务，逐步实现数字电视基本频道、付费频道等频道资源共享，统一宽带和视频资费。加快推进统一的电子政务信息标准和规范建设，协同建设昌抚人口、自然资源和地理空间等基础数据库，推动电子政务、公共安全、市政管理等信息资源共享。不断推出跨区域业务办理、咨询服务、缴费充值等一系列便民服务，搭建一体化的"医疗通"、"社保通"和"交通信息化平台"等公共服务平台。

③加快信息网络安全保障体系的融合

统一党政机关信息安全突发事件处置流程，建立信息安全应急体系衔接机制，协同处置网络信息安全应急事件。整合数据信息交换目录，互通数据交换平台。促进网络信任体系建设，推进信息安全测评体系的建设与融合，实现数字证书互通互用，保障企业网上报税和市民网上交易的安全。

专栏 5　昌抚信息一体化重点建设项目

- 光纤通信网络建设工程：加快制定方案，到 2015 年完成 70%，到 2020 年全面完成建设规划。

- 3G 移动网络覆盖工程：结合试点经验，逐步铺开，力争在"十二五"末期前完成。

- 宽带入户工程：在 2015 年前完成行政村通宽带，在 2020 年前逐步实现宽带入户。

- 有线电视网络数字化整体转换工程：加快工程进度，在 2015 年前完成。

- 政务信息网络建设工程：争取国家和省政府的支持，在 2015 年前建成完善的公共服务平台。

- 数字认证体系建设工程：加快制定方案，推进前期工作，争取国家和省政府的支持。

三　形成有力的都市圈发展保障

推进"一圈两化"、建设大南昌都市圈是加快落实省委、省政府关于全省经济社会发展的重大举措，具有重大的战略意义。南昌作为核心城市，市委、市政府以及有关部门应高度重视，并在各项工作的实施上予以大力支持，为各项政策提供有效的组织保障，加大宣传力度，争取大南昌都市圈的早日实现。

（一）加强都市圈建设工作的组织领导

由省委、省政府牵头，组建多层次的组织协调机构，按照"省统筹、市为主"的原则，统一规划和推动一体化建设。在省级部门（江西省发改委等）层面成立大南昌都市圈建设工作领导小组，由市政府相关领导担任领导小组组长。设立大南昌都市圈建设推进工作办公室，该机构设在市发改委，负责统筹、协调各层面的日常工作。

建立南昌、九江、抚州的市长联席会议制度。市长为联席会议总召集人，各市分管发展改革工作的副市长为召集人，负责大南昌都市圈建设工作的总体组织协调。市长联席会议办公室设在各市发改委，承担具体的协调工作。市长联席会议每年至少召开两次，研究部署和协调解决都市圈建设过程中的重大问题。

（二）有序推进行政区划调整

大南昌都市圈的行政区域调整是一项复杂的系统工程，在具体实施上需要从上到下、自下而上地进行，需要制定一套完整科学的行政区划调整工作方案，保证调整方案的顺利实施和平稳过渡。根据行政区域调整的一般工作要求，应分以下几个步骤逐层推进、有序进行。

1. 前期准备阶段

首先，江西省民政部门应进行广泛的调研，调研的地域涉及全省各个市县，市县的人大、政协深入各县区开展调研，听取各方意见和建议。其次，新建、丰城、高安、樟树要成立行政区划调整小组，定期召开小组会议，明确各组工作职责，最后向政府提交行政区划调研报告。

2. 方案酝酿和宣传阶段

根据行政区划调研报告，召开南昌市行政区划调整工作领导小组会议，制定《关于南昌行政区划调整方案的实施意见》及相关配套政策，同时做好行政区划调整风险评估工作。广泛宣传方案，在南昌、丰城、高安、樟树的各个部门组织召开学习讨论会，明确思想和任务，召开全市县行政区划调整工作动员大会，全面部署行政区划调整工作。

3. 方案报批阶段

丰城市和高安市政府召开常委会议，形成关于行政区划调整的请示和会议纪要，市财政、国土、水利、环保等部门分别负责向上提交区划调整所涉及的经费落实、城市建设用地、水文、环保等方面的情况说明。南昌市政府召开常委会会议，形成关于同意行政区划调整方案的会议纪要，并向省人大申报关于新建、丰城、高安、樟树划入南昌区划的相关材料。

4. 组织实施阶段

根据省政府批复组织实施行政区划调整工作，市区政府召开行政区划调整工作会议，做好涉及建设项目、资产、档案等的整理和移交工作。妥善处理行政区划过程中出现的思想认识、人员分流、资产处置及其他涉及社会稳定的问题。

（三）在全社会范围内加大都市圈建设的宣传力度

通过多渠道的宣传使"一圈两化"的基本理念深入人心，为南昌都市圈的建设提供良好的舆论环境，扩大其知名度和影响力。依托南昌本地文化，塑造大都市圈的内涵，以文化创意的发展来增强南昌都市圈的"张力"；在电视、广播、报刊上设立大南昌都市圈的专栏，定期跟踪、采访都市圈的建设情况，听取民众意见；通过融合赣文化特色，依托省市文广部门、歌剧团等，在"一圈两化"的区域内举办巡回演出，通过舞台表演宣传区域一体化和都市圈的发展理念；组织省内知名专家在各高校、行政部门、企事业单位进行宣讲，为大南昌都市圈的发展献计献策，同时形成较强的舆论效应和浓厚的文化氛围。

第十章 南昌市新城区建设中产城融合的机理研究

第一节 南昌市新城区的界定

改革开放以来，随着国民经济的持续快速增长，南昌工业化、城市化进程不断加快，特别是整体城市化水平在近20年的时间里得到大幅度的提升，并正在经历城市功能的重大调整。事实上，以新城区开发为契机成长起来的城市边缘区已成为南昌城市化和工业化发展最为迅速的地区。

一 南昌城的变迁与发展

早在6000多年前，南昌就建有若干个原始居民点。目前可以准确指出的南昌最早居民点是齐城冈和青云谱砖瓦窑厂附近的两处。3000年前，古代南昌居民的聚集区南起青云谱、北至艾溪湖。

商周以来，南昌地区就有着较发达的农业和手工业，已进入阶级社会，但至今还没有证据说明那时已建立城市。据文献记载和考古资料，最早的南昌城应是汉高祖六年（公元前201年）大将军灌婴所筑的豫章城，俗称灌婴城或灌城，距今已有2000多年的历史，取"昌大南疆"和"南方昌盛"之意，定名"南昌"。南昌地处江南，水陆交通发达、形势险要。南昌先后有豫章（汉）、洪都（隋唐）等称谓，是历代县治、郡府、州治所在地，向来繁荣昌盛。

随着南方封建经济的发展，唐代的南昌城经历了一次重大变迁和巨大发展。早在唐朝初年，人们就将豫章城西移，并在原灌城之西南隅重筑新城。经过两度扩建后的洪都城，规模比汉代灌城扩大了一倍有余。宋代的洪州城在唐代的基础上又继续扩展近1倍，现在的青山路口至贤士湖一带都属城内的范围。

元代的南昌城基本因循宋城。明初朱文正改建南昌城，将西城墙收缩内移30步，城区面积比宋城缩小了许多，废去5座城门，疏通、开挖护城河，以利于城市的防守，从而使南昌成为一座完备的古城。

清依明制。直到1928年，南昌城墙因军阀混战和城市扩建拆毁，南昌城墙和城门完成了防御性的历史使命，从此结束了城堡式南昌的历史。并在原城墙的基础上建成榕门路和环城路。接着又修建了中山路和德胜路，作为市区内的纵横干道。1937年，赣江上建成了第一座公路大桥，使城区得以向江北扩展。

新中国成立后，城区迅速扩展。城区面积由8.28平方公里发展到65平方公里。城区范围扩展至谢家集、青云谱和塘山地区，还先后建立了昌北、罗家、蛟桥工业区以及湾里区。

近年来，南昌一方面通过行政中心迁址建设红谷滩新区，疏散老城人口；另一方面在城市原有空间格局的基础上加上了圈层结构。南昌第三产业相对较强而第二产业相对较弱，这种产业结构导致江南工业用地的拓展受到限制，需要围绕老城中心和新区"做文章"，商贸服务业的选址原则是尽可能靠近市中心人流最为密集的地区。

2009年12月，《鄱阳湖生态经济区规划》上升为国家战略，迎来了高速铁路时代、地铁经济时代、低碳经济时代、鄱阳湖时代的南昌开始步入揽梅岭入城、跨赣江繁荣、临鄱湖发展的"山江湖综合开发新时代"。南昌的决策者果敢地做了一个决定：整合城市资源、推进组团发展。按照鄱阳湖生态经济区总体规划布局，南昌将以"山江湖"综合开发为龙头，加快形成新型城镇化和城市建设新格局，在"一江两岸、南北双城、双核拥江、组团发展"的城市发展总体思路下，打造"双核三圈五组团"的全新发展格局，形成族群式、多层次、网络化、生态型的现代化城市框架，"三圈"即以市政设施建设为基础的中心圈，以瑶湖、乐化、九龙湖、莲塘、湾里"五大组团"开发建设为重点的中部圈，以组团范围以外的向塘镇、长垅镇、民和镇、李渡镇、龙津镇"五个重点镇"建设为重点的外围圈。按照"政府主导、县区负责、统一规划、市场运作、分步实施、滚动建设"的原则，积极推进"五大组团"的开发建设，以组团开发拓展城市空间，逐步打造出在江西省区域范围内以南昌为核心的都市经济圈。

二　南昌现有地理和行政规划

南昌地处江西中部偏北，赣江、抚河下游，濒临我国第一大淡水湖鄱阳湖西南岸。东连余干、东乡，南接临川、丰城，西靠高安、奉新、靖安，北与永修、都昌、鄱阳三县相邻，南北最大纵距约为 121 公里，东西最大横距约为 108 公里，总面积约为 7402 平方公里。全境以平原为主，东南相对平坦，西北丘陵起伏，水网密布，湖泊众多。

南昌市为江西省的省会，是全省政治、经济、文化中心。全市共辖四县（南昌县、新建县、进贤县、安义县）、五区（东湖区、西湖区、青云谱区、青山湖区、湾里区）、两个国家级开发区（南昌高新技术产业开发区、南昌经济技术开发区）以及一个新区（红谷滩新区）。全市总人口为 475.17 万，其中市区人口为 219.94 万，是全国 35 个特大城市之一。在历史上，南昌曾有"吴头楚尾，粤户闽庭"的盛誉，如今又是唯一一个聚于长江三角洲、珠江三角洲、闽江三角洲的最佳节点，是处于承东启西、沟通南北的独特战略地位的中部城市。京九铁路、浙赣铁路穿行境内并在此交合，三条国家级高速公路在此聚散，赣江水道注入鄱阳湖而通江达海，昌北机场是南昌市的国际航空港，由此构成了一个立体交通网，提升了南昌的交通枢纽地位。

三　新城区的概念界定

随着我国工业化和城市化的进程加快，国内各个大中城市相继出现人口规模的膨胀和用地规模的扩大，进而带来交通拥堵等多方面问题。在经济发展的同时，城市的产业规模也在扩张和升级，制造业和服务业也加速发展，原有的城市规模和产业结构已经无法满足各方面的需求。于是进行城市区域空间的结构调整和产业布局的优化，来缓解城市现有的巨大压力变得势在必行，而新城区的建设就是一种很好的解决途径。

一般认为，新城区的概念最初来源于霍华德的"花园城市"理论。建设花园城市的主要目的，是有效疏散大城市的工业和人口，改善城市的工作环境，提高城市的生活标准。霍华德所倡导的花园城市理论在随后的许多新城布局中得到了应用。笔者将"新城区"定义为：在城市化快速发展的过程中，为了有效解决城市问题和促进区域发展，有计划地在距中心城区一定距离的半城市化地区，依托一定的资源（交通设施、风景、大学、医院等），经过重新规划和建设的、具有一定城市规模和密度的相对独立的城市地区。

四 南昌新城区的具体地理范围

根据上述新城区的定义，南昌市的新城区分布于中心区的四周，包括近 10 年发展起来的红谷滩新区、高新技术开发区、经济技术开发区、桑海经济技术开发区，同时还包含"十二五"时期重点发展的"组团"。组团，又名外围组团，是指位于大城市郊区，交通便利、设施齐全、环境优美，能分担大城市的居住、产业、行政等功能，具有相对独立性的复合城市新区。根据南昌市"十二五"发展规划，未来 5 年南昌市的新城区将以组团的形式实现建设规划。在南昌市新城区建设的"组团"设计中，提出了南昌五大组团的规划构想，分别是乐化组团、瑶湖组团、昌南组团、九龙湖组团和梅岭组团（见表 10 - 1）。由于红谷滩新区、高新技术开发区、经济技术开发区、桑海经济技术开发区已经发展得相对成熟，城区建设也相对完善，因此本研究的重点是"五大组团"，通过对已建成的新城区的总结分析，对在建的新城区提出更为适当的产城融合的发展路径。

表 10 - 1 南昌市在建新城区范围和概况

组团名称	规划区域	面积和人口	发展目标
乐化组团	东至赣江、南连经开区白水湖工业园、西至梅岭、北至机场和京福高速公路	用地面积为 69.54 平方公里，总人口为 25 万	建设成为空港新城
瑶湖组团	南昌二环（昌东大道以东），昌南大道以北、赣江以南、高新行政区边界（焦头河）以西	用地面积为 185 平方公里，人口约为 80 万～100 万	建设成为现代化科技及产业综合新城
昌南组团	东至京九铁路、南至城区南外环、西至赣江、北至昌南大道	用地规模约为 130 平方公里，人口规模约为 95 万	建设成为以汽车制造、食品医药为主导产业的现代化综合新城
九龙湖组团	北至生米大桥（南二环）、东至赣江、南至铁路西环线、西至赣江	用地为 80～100 平方公里，人口约为 60 万	建设成为集办公、居住、休闲、会展与一体的现代化新城

续表

组团名称	规划区域	面积和人口	发展目标
梅岭组团	北临永修县、南靠新建县、东接经开区、西邻安义县	行政区划范围面积为254平方公里，其中梅岭片区人口规模约为15万	建设成为观光、休闲、疗养、度假的旅游休闲新城

　　总的来看，"五大组团"建设作为中心城区空间扩散、人口疏散、产业转移的重要基地，是南昌市当前新城区建设的主要方向，应通过培育优势产业，促进产业群和新型城镇化的发展。根据"五大组团"的总体规划布局，南昌将投入 158 亿元、推进 92 项"五大组团"开发建设项目。"五大组团"的开发建设，将进一步拓展南昌的城市空间，真正奠定南昌市组团推进、山江湖并重的城市发展形态。"五大组团"的规划布局让南昌的城市建设与发展有章可循，而这其中，快速便捷的地铁无疑是促进"五大组团"整体发展的纽带。南昌市的城市空间格局如图 10-1 所示。

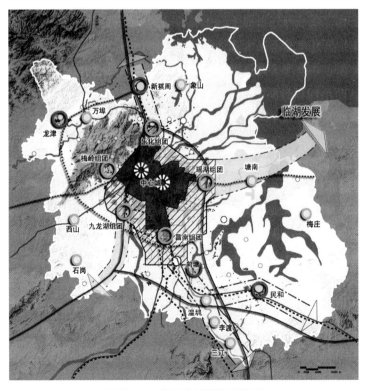

图 10-1　南昌市城市空间格局

第二节 产城融合的理论及相关经验总结

一 产业发展理论

产业发展理论是研究产业的发展规律、发展周期、构成要素、产业组织、产业聚集与扩散、发展政策等问题的理论。对产业发展理论进行研究有利于政府决策部门根据产业各个不同发展阶段的规律采取不同的产业政策。

(一) 产业结构演变理论

产业结构同经济发展相对应而不断变动，在产业高度方面不断由低级向较高级演进，在产业结构横向联系方面不断由简单化向复杂化演进，这两方面的演进不断推动产业结构向合理化方向发展。

1. 配第一克拉克定理

配第一克拉克定理是科林·克拉克（C. Clark）于1940年在威廉·配第（William Petty）关于国民收入与劳动力流动之间关系学说的基础上提出的。随着经济的发展和人均收入水平的提高，劳动力首先由第一产业向第二产业转移；当人均收入水平进一步提高时，劳动力便向第三产业转移；劳动力在第一产业的分布将减少，而在第二、第三产业中的分布将增加。人均收入水平越高的国家和地区，其农业劳动力所占比重相对越小，而第二、第三产业劳动力所占比重相对越大；反之，人均收入水平越低的国家和地区，其农业劳动力所占比重相对越大，而第二、第三产业劳动力所占比重则相对越小。

2. 库兹涅茨法则

库兹涅茨（Simon Kuznets）在配第一克拉克研究的基础上，通过对各国国民收入和劳动力在产业间分布结构的变化进行统计分析，得到新的理解与认识。基本内容是：第一，随着时间的推移，农业部门的国民收入在整个国民收入中的比重和农业劳动力在全部劳动力中的比重均不断下降；第二，工业部门的国民收入在整个国民收入中的比重大体上是上升的，但是工业部门劳动力在全部劳动力中的比重则大体不变或略有上升；第三，服务业部门的劳动力在全部劳动力中的比重基本上都是上升的，然而，它的总收入在整个国民收入中的比重却不一定与劳动力的比重一样同步上升，综合地看，是大体不变或略有上升。

3. 技术升级与产业链延伸

技术升级与产业链延伸是产业结构中理论研究的重要内容。在没有新的产业形式出现的情况下，通过产业技术的不断升级而对传统产业进行改造，不断提升产业自身的质量，在某种程度上也是一种产业升级。如用高新技术产业改造传统产业，可以催生出一些新的产业形态，如光学电子产业、汽车电子产业等。今后产业结构升级淘汰的将不再是夕阳产业，而是夕阳技术。除了技术升级外，对现有产业的价值链进行延伸、增加附加值也是产业结构升级的一种重要方式，如培育与当前的主导产业有前向、后向和侧向联系的其他产业等。

（二）区域分工理论

从区域角度分析城市在区域中的优势、劣势和发展潜力等，确定城市在区域中所发挥的作用和所扮演的角色，进而确定城市产业，避免"就城市论城市"的产业确定方式。

1. 比较优势理论

比较优势理论主要包括绝对优势理论和相对优势理论。

（1）绝对优势理论

1876 年亚当·斯密在其巨著《国富论》中，对国际分工与经济发展的相互关系进行了系统阐述，提出了绝对优势理论。他认为不同国家或地区在不同产品或不同产业生产上拥有优势，对于相同产业来说，各国存在生产成本的差异，贸易可以促使各国按生产成本最低的原则安排生产，从而达到贸易获利的目的。

（2）相对优势理论

1817 年大卫·李嘉图在其巨著《政治经济学及赋税原理》中以劳动价值论为基础，用两个国家、两种产品的模型，提出和阐述了相对优势理论。他指出，由于两国或两个地区劳动生产率的差距在各商品之间是不均等的，因此，在所有产品或产业生产上处于优势的国家和地区不必生产所有商品，而只应生产并出口具有最大优势的商品；而处于劣势的国家或地区也不是什么都不生产，可以生产劣势较小的商品。这样，彼此都可以在国际分工和贸易中增加自身的利益。长期以来，相对优势理论都是指导国家或地区参与分工的基本原则，并得到许多经济学家的进一步阐释和发展。

2. 新贸易理论

随着传统产业理论缺陷的逐步显现以及现实经济发展的不断提速与变化，美国经济学家保罗·克鲁格曼提出了新贸易理论。他认为，不同国家或地区之间的贸易，特别是相似国家或地区同类产品的贸易，是这些国家根据收益递增原理而发展专业化的结果，与国家生产要素禀赋差异关系不大。发展任何一种专业在一定程度上都具有历史偶然性，在不完全竞争和同类产品贸易的条件下，生产要素的需求和回报状况取决于微观尺度上的生产技术条件。生产技术的变化，可以改变生产要素的需求结构和收益格局，从而影响相似要素条件下的贸易，促成同类产品的贸易。

新贸易理论还认为，不完全竞争和收益递增的存在，为国家和地区采取战略性贸易政策、创造竞争优势提供了可能。比如，有一些部门规模经济（特别是外向型经济）十分突出，可通过促进这些部门的出口和发展获得竞争优势，从而改变其在国际或区域经济中的专业化格局，向着有利的方向发展。

3. 产业集群理论

产业集群作为一种新的产业空间组织形式，其强大的竞争优势引起了国内外学者的广泛关注，在城市规划中受到越来越多的重视，特别是在发展中国家和地区。

在城市规划与城市研究中，产业集群主要指以中小企业为主体，相关的企业、研究机构、行业协会、政府服务组织集结成群的经济现象，它既是行为主体的一种结网、互动，又是一种市场化行为催生的产业组织模式，其最基本的特征是基于分工进行竞争性配套与合作，具有产业链条长、内部专业化分工细、交易成本低、人才集中、科技领先、公共服务便利等优势，因而具有强大的竞争力。

从产业发展定位角度看，一个区域或城市在产业选择或引进时，应注意其与已有企业或产业之间的关联程度，要考虑其是否能延伸现有产业链或提升现有产业的技术水平，最终融入集群中，增强地区或城市的产业发展潜力并提升整体的产业竞争力。

（三）发展阶段理论

1. H. 钱纳里的"标准结构"理论

美国经济学家 H. 钱纳里运用投入产出分析方法、一般均衡分析方法和计量经济模型，通过多种形式的比较研究考察了以工业化为主线的第二次世界大战以后发展中国家的发展经历，构造出具有一般意义的"标准结构"，即根据国内人均生产总值水平，将不发达经济到成熟工业经济的整个变化过程分为 3 个阶段 6 个时期：第一阶段是初级产品生产阶段（或称农业经济阶段）；第二阶段是工业化阶段，其中 2、3、4 分别为工业化阶段的初期、中期和后期；第三阶段为发达经济阶段（见表 10 - 2）。

表 10 - 2 人均 GDP 与经济（产业）发展阶段对应模型

时 期	人均 GDP（美元）	发展阶段
1	364 ~ 728	初级产品生产阶段
2	728 ~ 1456	
3	1456 ~ 2912	工业化阶段
4	2912 ~ 5460	
5	5460 ~ 8736	发达经济阶段
6	8736 ~ 13104	

注：人均 GDP 为 1982 年的数据。

2. 霍夫曼定理

德国经济学家 W. 霍夫曼通过对当时近 20 个国家的时间序列数据的统计分析，提出了著名的霍夫曼定理：随着一国工业化的进展，霍夫曼比例是不断下降的。霍夫曼比例是指消费资料工业净产值与资本资料工业净产值之比，即霍夫曼比例 = 消费资料工业的净产值/资本资料工业的净产值。

霍夫曼定理的核心思想是：在工业化的第一阶段，消费资料工业的生产在制造业中占主导地位，资本资料工业的生产不发达，此时，霍夫曼比例为 5（±1）；在第二阶段，资本资料工业的发展速度比消费资料工业快，但在规模上仍比消费资料工业小得多，这时霍夫曼比例为 2.5（±1）；在第三阶段，消费资料工业和资本资料工业的规模大体相当，霍夫曼比例是 1（±0.5）；在第四阶段，资本资料工业的规模超过了消费资料工业的规模（见表 10 – 3）。

表 10 – 3　霍夫曼比例阶段指标

工业化阶段	霍夫曼比例
第一阶段	5（±1）
第二阶段	2.5（±1）
第三阶段	1（±0.5）
第四阶段	1 以下

二　城市发展理论

城市规模效益理论、城市规模分布理论和城市发展动力机制理论是城市发展理论的核心内容，本章将主要观点综述如下，这有利于我们形成城市发展的系统观。

（一）城市规模效益理论

关于城市规模的基本含义，理论界取得的一致意见是指城市的地域规模及人口数量。城市的地域规模常常由城市的人口规模决定，在大多数情况下两者存在正相关关系。其原因在于城市人口及地域规模指标易于计量和比较分析，且能基本反映城市的基本状况。但城市规模还应当突破城市地域规模和人口数量的量化指标，看到反映城市功能的一系列质的指标。城市规模越大，其公共服务设施往往越先进，经济发展水平及现代化水平也越高，我们要看到经济的辐射和带动功能。城市规模是质与量的统一体，不能只追求量而忽视了质的提升。

1. 城市规模与经济效益

城市规模效益一直是学者关注的重心。1989 年饶会林先生从经济、社会、环境和建设四个方面分析了城市规模效益，并认为无论从哪个方面看，大城市的效益都高于中小城市；1995 年赵晓斌等人用量化的方法从经济、社会、环境等多角度论证了中国城市规模与效益存在很高的正相关关系，指出城市规模越大，效益越好；2002 年王小鲁、夏小林先生根据全国600 多座城市 1989～1996 年的发展数据对规模收益与外部成本进行计量分析后指出，较大规模的城市有明显的正规模收益，而且优于小城市；

2001～2002 年度的《中国城市发展报告》对全国 43 个具有代表性的城市的生活、空间、智力等成本收益指数进行了测度与综合分析，结果表明大城市的发展成本远远低于中小城市，并指出在规模经济和土地资源可持续利用的双重约束下，应该优先发展大中城市。尽管各学者的研究方法与数据取样不尽相同，但结论不谋而合，由此可见城市规模效益是一个不容忽视的普遍性规律。

20 世纪 70 年代，英国学者 K. 巴顿将城市的聚集经济效益划分为 10 大类，并在此基础上提出了相应的城市促进功能，在城市经济学界产生了深远的影响，很具有代表性。

专栏 1　巴顿的城市十大功能理论

（1）扩大本地市场的潜在规模；

（2）大规模的本地市场能降低实际生产费用；

（3）在提供公共服务事业时，可降低输入本地区原料及部件的费用；

（4）当工业在地理上集中时有助于促进辅助性工业的建立，以满足进口需要；

（5）日趋积累起来的一种职业安置制度；

（6）有才能的经营家与企业家在城市中得以集聚；

（7）在大城市中，金融与商业机构的条件更为优越；

（8）城市的集中能经常提供范围更广泛的设施，如娱乐、社交、教育等；

（9）工商业者更乐于集中在城市，可以更为有效地进行经营管理；

（10）处于地理上的集中时，能给予企业很大的刺激去进行改革。

2. 城市规模与社会效益

对城市的社会规模效益做出系统探讨的学者并不是很多，但基本形成了共识，都认为城市在积聚大量财富，即形成经济规模效益的同时，也提升了城市的社会规模效益。饶会林先生的观点具有代表性，他认为，一方面，任何文教、卫生、科技事业的发展，都离不开土地、资金、劳动力和固定资产的投入。在一定限度内，这些投入的集中度越高，获得的收益越大。另一方面，大城市人口的素质相对较高，这些都铸就了大城市具有更高层次的精神文明。由此，有学者在探讨我国的城市化道路时指出，大城市能够满足我国城市化的主体——农民对更高层次社会文明的追求。有学者认为，理论界对农民的关注程度显然不够，没有充分考虑到我国农民对城市化的期望与需求。虽然人口进入大城市需要付出很大的成本，但大量具有城市生存能力的农民不惜成本进入大城市正说明他们对更高层次的文明的追求，这不是建设一些水平低的"离土不离乡"或"离乡不离土"的小城镇所能满足的，因而认为人为地阻止人口进入大城市显然是不合理的。

3. 城市规模与环境效益

以往学者总认为大城市有严重的"城市病"，城市规模并不具有环境效益。主要表现为：众多的人口拥挤在空间有限的城市，住房紧张、交通紧张、就业压力大大增加；由于人口和经济社会活动的集中，特别是汽车等自动交通工具的增加，环境污染严重；社会分化加剧，贫富悬殊，在一些地方形成"贫民区"，甚至出现社会治安的严重恶化。

从世界各国大城市的发展历程来看，早期的城市发展确实存在牺牲城市环境来获得经济效益的弊端，人们往往容易走入城市规模扩大必然引起"城市病"的误区，然而这并不是现代城市固有的顽疾，环境恶化问题在现代城市发展过程中并未出现，相反，以往存在的环境问题也得到有效的治理。主要原因在于，首先，随着经济社会的发展，人们的物质生活不断提升，人们对可持续发展的认识不断深化，经济效益带来的物质享受与外部环境优化带来的精神享受相比较，后者显得更有效用，这使增加环境优化成本成为可能。其次，在城市发展过程中不断积聚的经济实力以及日益先进的现代技术水平与工艺过程为治理环境污染提供了保证。再次，现代城市规模等级越高，第三产业越发达，高新技术产业和服务业的发展也缓解了对环境的破坏。最后，20世纪90年代的发展经济学家研究表明，人口由农村向城市的迁移过程是人们为获得更好的发展机遇而"用脚投票"的结果，是一种理性的行为，而且大城市规模仍在扩张，这也预示其还有一定的发展空间。发展经济学家同时指出，如果一个国家采取限制人口迁移和城市发展的政策，尽管在一定程度上可以缓解"城市病"，但必然在其他方面带来更大的成本。总而言之，城市环境问题与城市规模的扩张并无必然关系，以此来限制城市发展是站不住脚的。

（二）城市规模分布理论

城市规模效益理论说明了大城市对区域经济发展的引擎作用，而城市规模分布理论则指出了城市规模体系的重要性。大城市的作用是巨大的，但其不能脱离中小城市及城镇和农村的协调发展。

大城市对区域经济发展的引擎作用是巨大的，但要充分发挥其对区域经济的带动作用，必须有"二传手"，以形成最佳的城市体系。所谓的"等级规模定则"（Rank - Size Rule）在城市规模分布的研究中经常被提到，按照这一准则，当城市由最大到最小排列时，城市的排列序列与该城市的人口的乘积约为常数，也就是说，一个国家第二大城市是最大城市人口规模的一半，第三大城市是最大城市人口规模的1/3，依此类推。等级规模分布其实是帕累托指数为1的帕累托分布，这一定则虽然缺乏充分的理论基础，也被很多学者所质疑，但是，历史上仍然多次被不同的国家所采用。基于廖什（Losch）区位理论研究基础的"中心地"理论也常被用来说明城市规模的分布。按照这一理论，一国之内应并列存在不同等级和结构的城市，因为不同的产品与服务由不同等级的城市提供会更有效、更经济。

不管上面的等级设计是否正确，至少我们应该看到一个国家或地区的城市，从来就不应该只被看作是空间填充格局的一个点，城市应当是一种被赋予等级概念的、功能互补的、整体效益最大化的一组体系。整个国家的城市应当形成一个结构和谐、流通顺畅、交互有序的网络系统，形成一个金字塔式的结构体。

在这种思想指导下，城市既是从大到小在垂直方向上的有序结构，也是在水平方向上的功能互补，从而形成整体高效运行的城市体系。因此，尽管笔者主张发展大城市，发挥大城市的主导作用，但这并不是否定中小城市和小城镇的发展。我们需要摒弃过分强调城市体系的某一组成部分的观念，因为这样容易导致整体系统出现不协调、不均衡的状况。

（三）城市发展动力机制理论

如果说前文的城市规模效益理论与城市规模分布理论解释了静态的城

市结构问题，城市发展动力机制理论则解释了城市的形成及演化问题。城市发展不能靠主观想象，必须遵循经济规律，因此要使提供的城市发展思路具有一定的可操作性，从源头上再次关注城市发展的动力机制就显得尤为重要，这可以避免在城市发展中犯主观主义的错误。

1. 城市发展是自然演进过程

对于城市的产生学术界尚无定论，目前主要有如下三种观点。

（1）经济或市场决定论

该理论认为没有生产的剩余就没有足够的物质支持人们在城市聚集。城市的产生最初是基于分工和交换的需要。"市"这一交换场所的出现，正是因为畜牧业和手工业从农业中分离出来，使一部分人从事手工业、建筑业和服务业活动，这样生产剩余逐渐扩大，商贸活动增加，从而产生了交换需求。

（2）地理或环境决定论

该理论认为人类最初的居住方式取决于特定的地理位置、气候条件和资源状况等自然因素，由此也带动了农业剩余产品和劳动分工，促进人口集中，出现城镇。

（3）功能决定论

该理论认为城市由以下三大功能催生出来。其一，城市为军事防御而产生；其二，城市的产生与宗教和祭祀活动有关；其三，古代城市是统治需要的产物。总而言之，城市的产生是一个自然发生的过程。

产业革命改变了城市的内涵，它使城市成为人类生产、生活的主要空间。属于城市经济的工业的高生产性使工业很快替代农业成为工业化国家的经济主体；大批劳动力从农村转移到城市参与工业化经济的生产活动。经济中心和人口向城市的集聚意味着城市化，城市化带来了市民化革命和社会结构的变化。以工业化时期的英国为例，1750 年伦敦只有 75 万人，1850 年增加到 236 多万人，到了 1875 年又增加到 424 万人，前 100 年的人口增加数还不如后 25 年的增加数。1801 年英国 5000 人以上的城镇只有 106 个，居民只占全英国人口的 26%；到 1851 年城镇增加了 265 个，居民占全英国人口的 45%；到 1891 年城镇增加至 622 个，居民占全英国人口的 68%。由此可以看出，近代工业的发展是城市化进程加快的最大动力，城市的发展取决于生产力的发展和社会分工的不断细化，是自然演进的结果。

2. 城市发展的动力源自城市产业的发展

尽管城市发展是自然演进过程，但显然是可以通过各种人为可控因素来引导推动其发展的。

城市化是经济发展的空间聚集和分化过程，从城市化的生成机制和发展演变的本质过程来看，城市化与经济发展水平密切相关，归根结底取决于一个国家或地区的工业化发展水平。城市化取决于工业化，工业化决定城市化是一条客观规律。工业化带动先进的生产力和新的文明因素向其他产业渗透，导致产业结构多元化，一些传统产业也因此得到提升，产业结构不断高度化，由此进一步形成产业布局的空间聚集与分化。由于城市对产业布局的空间集聚与分化具有天然的优位效应，蓬勃发展的新兴产业不断向城市聚集，从而不断形成新的就业岗位，吸引劳动力向城市转移。因此，仅仅将现在的城市化进程归结于工业化也许并不是很恰当，但是将城市化归结于产业驱动却是合理的，这里的产业不仅指工业，还包括农业、高科技产业以及旅游业等第三产业。

由此我们可以得到两点启示：第一，城市化的形成与发展是工业化推动的结果，对于城市发展不能就城市论城市，而需要从地区经济发展和产业结构高度来评价与思考；第二，城市化演进的本质过程是就业结构的城市化，城市化与发展大城市都需要从产业和就业两个方面来培育城市的强质性功能，形成"产业—就业"拉动型的城市发展路径。

3. 产业聚集归属城市经济

我国城市经济学家在探讨城市动力机制时把它简化为二元理论模式，即自上而下型和自下而上型。前者是指国家有计划地投资建设新城以实现乡村向城市的转型；而后者则是以乡村或个人为投资主体，通过乡村工业化实现乡村的城市化。在20世纪50～70年代的城市化进程中，自上而下型起到了主导作用，现在以各种形式发挥着重要作用。而乡村工业化则从20世纪80年代开始迅速推进了乡村城镇化。从今天发展的实际效果来看，形式上的城镇化并没有取得很大的成功，日益受到学术界和实践操作者的质疑。

1978年以前的30年，我国走的是一条重工业道路，重工业的一个重大缺陷就是利润率非常低，如果没有来自消费品产业高利润的补偿，重工业不能进行自身的扩大再生产。于是我国采取了抑制消费品产业发展、重工业单兵突进、以工补农的发展模式，由此走出一条逆城市的道路。逆城市化在政策制度上人为地把中国人口分割成农村人口和城镇人口两个截然不同的利益群体。改革开放后的 20 年，以农民"离土不离乡"为目的的农村工业化就是在将农工差别和城乡差别制度化的背景下推行的，尽管取得了巨大成绩，但它违背了工业经济出于城市经济这一客观规律，因此导致了今天农村工业化的粗放增长和远离城市圈的乡镇企业的凋落。农村工业可以说是改革开放 20 多年来粗放型经济发展的主要原因之一。

事实证明，城市化不是城市规模的盲目扩大，不是魔术般地县变市、乡变镇，也不是遍地开花的小城镇开发，而是由产业驱动的城市自然演进过程。

三　产业与城市互动发展的内在机理

产业发展是同经济发展相对应而不断变动的，在科学技术进步的强力推动下，这种变动主要表现为产业结构由低级向高级演进的高级化和产业结构横向演变的合理化，即产业结构的演变。产业结构的高级化主要是指一国经济发展重点或产业结构重心由第一产业向第二产业和第三产业逐次转移的过程，标志着一国经济发展水平的高低和发展阶段与方向。产业结构的合理化就是产业与产业之间协调能力的加强和关联水平的提高，它是一个动态的过程。这种结构的高级化和合理化推动经济向前发展。

城市化具有极其丰富的内涵，国内外学术界对城市化的定义已经争论了很多年，不同学科对城市化有着不同的定义，至今仍未达成一致，存在很多说法。在此，我们用综合的观点来看待城市化，城市化不仅是一个劳动力向城市集聚的过程，而且在这一过程中还带来了产业的集聚，并由此催生出一系列生活方式和生产方式的转变，它深刻影响人类社会的人口、社会和经济等运行方式。因此，城市化正是城市发展的体现。

（一）产业结构演变对城市化的影响

产业结构的转化是城市化过程的重要推动力。城市化过程就是区域产业结构不断由低级向高级演化的过程，是产业要素在空间聚集和在产业内部转移的过程。其结果表现为城市外延的扩大和内涵的逐步提高。城市化必须以产业的发展为基础，以产业结构的转化为动力。产业结构对城市化的影响主要表现在以下方面。

1. 通过影响要素市场来影响城市化

城市的发展需要土地、人力和资金等生产要素。城市化的本质就是随产业结构的优化和升级而实现生产要素在城乡区域间的合理配置的过程，而市场是实现资源合理配置的最有效的机制。因此，只要能使土地、劳动、资金等生产要素市场化并合理有序地流动，城市化就能随着产业的演进正常地推进。而产业结构的演进则可以通过影响要素在市场上的潜在回报率直接影响它们的投入方向，城市可以利用产业更替过程中置换出来的土地和资本要素，不断提升和拓展城市的功能，走内涵式发展道路。

2. 通过改变人力资本结构来影响城市化

人力资本是影响城市发展的重要因素。城市的人力规模、人力结构、人力素质、人力资本投入以及供给关系直接影响城市的发展潜力和竞争力。产业结构的转变促使各种经济要素在城市聚集，这也包括作为主体的人能够为城市所接受，并且使人力资本不断积累。从产业资本的构成来看，产业结构演变的过程其实就是一个从自然资本主导到金融资本主导再到人力资本主导的转变过程，产业结构的演变，势必要求教育得到广泛发展，这会极大地改善该区域吸收知识的能力，促使人力资本的规模和结构发生变化，从而促进城市化的发展。

3. 通过投资乘数效应来影响城市化

产业结构的变化源于投资结构的变化。根据比较利益原则，投资一般都倾向于获利相对较大的产业，这些产业一般都是区域的主导产业或优势产业。按照产业关联理论，优势或主导产业的确立可以促进相关产业的联动发展，从而提高整个区域的国民收入水平，促进就业结构的变化，这就为农村人口向城市转移开辟了新的产业空间。同时，农村人口大量转移到城市，城市规模逐渐扩大，这只是完成了城市化的初级阶段，即城市外延的扩大，城市化还将在城市产业结构优化的带动下，逐渐完善自身功能，优化就业结构，不断提高居民的生活质量，即向内涵化方向迈进。因而产业结构的不断演化升级将带动城市化由低级阶段走向更高级的阶段。

产业结构能通过影响要素市场和改变人力资本结构及通过产业的关联效应等机制，促使产业要素在产业部门内部和空间上的转移与聚集，实现资源的优化和合理配置。产业内部的要素转移使城市化的动力结构经历由自然资本主导到金融资本主导再到人力资本主导的阶段性变化；空间上的转移使城市空间结构由最初的均衡布局发展到集中，再由集中向更高级别的有序合理布局发展，最终达到城乡一体化的最终目标。总之，产业结构的演变导致产业要素在空间和各产业间转移，这必然引起不同发展阶段的城市化动力机制发生变化，不断推动区域城市化由低级阶段向高级阶段迈进。

（二）城市化发展对产业结构的影响

在产业结构升级和优化的过程中，引起产业结构演变的因素很多，自然条件和资源禀赋、人口、技术、资金、商品供应、环境因素、国家政策等因素都直接或间接地对产业结构产生重大影响，在诸多因素中，最根本的推动因素是技术的进步和人力资本的积累。但这些因素最终都会从影响供需结构及变化这个角度来发生作用。

1. 城市化为产业结构演变提供要素供给上的支持

自然资源禀赋、劳动力、资金、技术、基础设施是影响产业结构演变的重要生产要素。在城市化的不同发展阶段，这种要素供给支持有明显的差异。在城市发展的早期，城市规模较小，经济发展水平低，加之处在产业发展早期，资金积累不足和技术水平较低，城市功能不全，城市只能为劳动密集型的轻工业提供少量技术劳动力和大量非技术劳动力，支撑能力有限。随着市场化的发展，城市发展加快，达到中期阶段后，城市的集聚效应和规模效应得到显著提高，资金、技术、劳动力等生产要素都有了大量的积累，城市的功能相对完善，城市为产业结构的演变提供了较为充裕的劳动力资源和资金。城市化的集聚效应带来资本的增长，使产业结构向资金密集型的重化工业转变成为可能。城市化发展进入后期阶段后，城市化对产业结构演变的支撑作用主要表现在城市已成为科技、信息的集散地和人才的聚居地，这种作用转化为科技水平的发展，使以服务、金融、贸易、通信为主的新兴第三产业得到较快增长。同时城市化的发展还为产业结构的有序演变提供了基础设施。这些基础设施包括交通运输、邮电通信、能源供应、城市基础设施等诸多方面，尤其是城市化中后期交通、通信等网络建设使产业结构向更高层次发展，产业关联度提高，区域分工更为合理，从而实现区域经济一体化，即实现产城一体化。

2. 城市化通过消费需求扩张拉动产业结构升级和演替

这种拉动主要表现在对产业结构演变的需求因素的影响上，需求包括城市需求总量和需求结构两个方面。需求总量和结构的变化会引起相应产业部门的扩张或缩小，也会引起新产业部门的诞生和旧产业部门的衰落。从总量上看，人口数量的增加和人均收入水平的提高均会扩大消费需求，进而促进产业的变动。从消费结构看，个人消费结构、中间需求和最终需求的比例、消费和投资的比例等变化也会促使社会产业结构发生相应变动。

（1）直接拉动作用

随着城市化的发展和收入水平的提高，个人消费需求结构和消费规模都随之改变（见表 10 - 4）。一方面，由于农业人口不断地向城镇转移，非农业人口总量增加，意味着农村低消费人口转化为城镇的高消费群体，带来的是需求市场规模的扩大和社会需求总量的增长，为产业结构的有序演变提供了良好的市场条件，使轻工业企业获得了良好的发展空间，并能够获得充足的资本积累，为产业由劳动密集型向资本密集型和技术密集型转移奠定了基础。另一方面，随着城市化的发展和产业结构的演变，社会经济实力增强，人均收入水平相应提高，个人消费结构趋于高级化，消费由满足衣、食、住等生活必需品的温饱需要，转向对耐用消费品和服务的多元化以及多层次的需求，这极大地推动了为耐用消费品的大批量生产提供

表 10 - 4　消费结构与产业结构的关联

人均年收入（美元）	消费需求	消费结构	产业结构
300 及以下	解决温饱	生理性需求占主导地位	第一产业占主导地位，轻纺和日用品在第二产业中比重较大
300 以上，1000 及以下	追求便利	以生活必需品为主	资金密集的重工业得到快速发展
1000 以上，3000 及以下	追求个性时尚	多样性、多变性、高档次、非物质消费大大提高	第三产业进入深加工化和高技术化
3000 以上	追求生活质量	高档次生产生活服务	以服务业为主

中间产品的重化工业的发展。同时个人消费结构的高度化将刺激企业提高技术水平，开发新产品，为企业增加技术投入提供推动力，这又进一步推动了产业结构的技术升级。

（2）间接拉动作用

城市人口增加，加大了对生产生活所必需的住宅、供电、供水、公路、铁路、通信等一系列城市基础服务设施的需求。在城市发展中，为了满足这些需求，必将兴建大量的公用设施，这些设施的兴建，对相关产业的发展有明显的拉动作用，并间接带动其上下游产业发展。城市化的持续推进将为基础设施产业提供持续扩张的市场，成为产业结构升级的有力助推器。

3. 城市是产业结构演变的空间载体

城市对产业结构演变的载体作用，主要表现在为产业结构的演变提供了地域空间。一方面，由于影响产业结构演变的物质和非物质生产要素都要落实在一定地域上，加之集聚效应和规模效应的存在，因此城市成为这些要素在地域上最重要的空间载体。另一方面，城市化的发展以及规模效应和集聚效应的增大，又会进一步促进这些要素向城市流动、转移和集聚，为产业的升级提供更好的空间支持。如果没有产业空间载体的变化，就不可能有产业结构的全局高度化，城市化是产业空间实现的主要形式。

没有城市化或城市化滞后，就没有或缺乏产业演变所需的生产或非生产要素的集聚，无论是主导产业的更替还是相关产业的发展都不可能获得必要的资源和有助于实现规模经济的市场牵引，也不能提供产业发展和集聚的空间载体，这必然使产业发展失去空间依托，制约产业结构调整和升级。相反，城市化适度超前于产业结构的演变，能够为产业结构调整提供一定规模的市场需求、充分的要素供给、完善的基础设施、配套的生产与生活服务等，这样会更有利于产业结构的提升和转化。

根据以上分析，产业结构演变与城市化互动的关系如图 10-2 所示。

综上所述，城市与产业是相伴而生、共同发展的，城市没有产业支撑，即使再漂亮，也是"空城"；产业没有城市依托，即使再高端，也只能"空转"。并且，城市化与产业化要有一定的匹配度，不能一快一慢、脱节分离。只有两者双向融合、均衡发展，才能实现互相拉动、互相促进

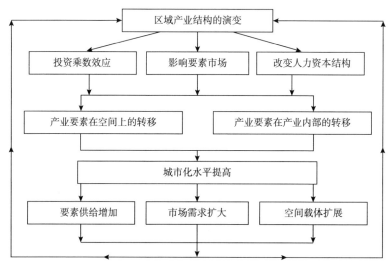

图 10 - 2　产业结构演变与城市化互动

的良性循环。产业活了,人的需求就活了,城市的内在活力也就激发起来了,城市形态也就有了"魂";反过来讲,城市功能的完善和品位的提高也会为产业发展提供条件并增强其竞争力,而这才是城市和产业的本义。

(三) 基于传统优势产业布局的新城区建设

1. 旧城区改造与产业分布调整并举

近年来,随着中国城市化进程的不断加快,许多城市都对旧城区进行了改造,在这个过程中也伴随着城市产业的转移和升级。在旧城区改造工作尚未完成时应当合理规划、统筹安排,有意识地引导产业向集聚化和规模化发展,使相似产业的企业、产业链上下游的企业、产业研究和服务机构在地理位置上尽量接近,形成有规模的城市功能区。在特定的功能区中,产业中的各个企业可以共享智力、物流、基础设施等,有利于最大限度地利用城市建设的各项功能,形成产业专业化服务优势。

在旧城改造时,要特别注意按照城市的不同区位因素安排产业分布。例如,冶金与材料工业区要向旧城区外围移动,尽量远离主要河流、水体和居民区,避开季风上风向(东南—西北方向),避免伤害人身健康,并建立集中的工业用水和废水排放疏导设施,同时要靠近铁路,方便原料及成品运输,城区建设应当设立专门的废弃物循环系统,并在冶金和新材料功能区周围设置绿化隔离带。

城市化的不断推进和功能区的划分，使原本杂乱的产业分布呈现秩序化、专业化的特点。不同功能区所提供的服务和基础设施各具特色和优势，对本区主导产业的发展起到支持作用，而主导产业的发展反过来进一步强化了功能区城区建设的专业化和特殊化，呈现产业与城市建设紧密结合、产城发展相互影响、城区功能的目标性和指向性突出的态势。另外，旧城区的发展与改造可以得益于原有产业的迁移与变更，核心地区的金融、服务、商贸、行政特点将更加分明，有利于经济繁荣、充满活力、环境优美、生活优质的市中心的形成。在房地产放大效应的带动下，旧城区高楼林立、道路密集的城建特色将进一步加强。

2. 加强传统优势产业在新城区建设中的统筹和规划

由于传统优势产业发展比较成熟、产业规模较大，因此在新城区建设中一定要做好统筹规划，既不能盲目地将传统优势产业安置在新城区，也不宜割裂新城区与旧城区及原有产业的有机联系。

新城区的发展，一般容纳的是朝阳产业、新兴产业，普遍以培植本地新经济增长点、促进产业升级、改善环境质量为目的。因此，在南昌市新城区建设中，传统优势产业不仅进入成本较高，而且带来的经济环境效益也比较低。由于传统优势产业在旧城区已经形成了规模，并倚仗旧城区所拥有的各项区位优势发展，所以应当以改造调整为主，不适合盲目地另起炉灶，继续占用过多的土地和资金。

不过，新城区的建设也不应当远离传统优势产业所处的功能区，否则城区建设将面临资源、资金、物流、人力等方面的困难，难以发展壮大，甚至不能独立生存。所以，新城区一般应当依托传统优势产业辐射出的经济、资源和人才优势，以现有城区为中心，形成"众星拱月"的格局，在进一步发展壮大后甚至可以超过旧城区，变为"群星璀璨"的格局。当新旧城区各自的辐射带动作用逐渐趋同、融合时，它们之间的区划边界也将逐步消失，成为一个规模更大的旧城区。这时，原旧城区中的传统优势产业极有可能逐渐衰落，原新城区中的新兴产业逐渐成为支柱，而新的新城区建设又会在城市周边进行。因此，新城区建设与旧城区及传统优势产业的关系实际上极为紧密，应进一步加强统筹规划，避免产业分布混乱和城区功能重叠的情况再次发生。

四　产城融合中的政府行为述评

（一）政府职能和行为的基本理论概述

通俗来讲，政府行为也是政府职能的一种具体运作方式。它是国家行政机关及其工作人员对社会公共事务进行管理、协调、组织、领导中所发生的各项行政活动的总称。它包括政府各个部门、各个层次的行政决策和执行的运作过程，又包含某些个人代表政府所从事的行为。就微观层面而言，政府行为代表政府每位工作人员的行为，个人代表政府行使行政权力，这种行为受到广大公众的评判，它直接影响政府在人民心中的形象，也代表政府的权威。就宏观层面而言，政府行使社会制度和政策的供给者职能，它代表整个社会经济运行的大方向，也维持着整个社会的运行秩序。由于行政活动的内容十分复杂、丰富，所以政府行为的具体表现形态也必定是多种多样的。

政府行为的首要特征是其公共性。政府从其产生时起就对社会经济、政治、文化领域进行管理，并以公平、高效率为宗旨。其次是非营利性，政府的义务就是服务于公众，这一点不同于企业的营利性。

在市场经济体制下，市场对资源配置始终起着基础性作用。政府的经济职能是对国民经济进行全面的规划、协调、服务和监督。具体来说，政府部门应承担以下经济职责。

1. 调控者的职责

主要是调整总供给和总需求，维持经济总量基本平衡，熨平经济周期性波动；运用税收政策和产业政策，引导微观经济主体的行为方向，指导产业结构合理转化和优化，以实现对经济总量的调节和控制。

2. 公益者的职责

实现并维护一定的公共目标，协调社会成员的利益，增进社会福利。主要包括三大公共目标。一是提供公共产品和准公共产品。政府部门担负着国防、社会治安和稳定、市政建设等公共产品和教育、医疗、文化科技等准公共产品领域的实现任务。二是界定和保护产权，鼓励和保护有益的外部效应，预防和制止有害的外部效应。三是调节收入分配，避免个人收入差距过分拉大。制定合理、有效的收入分配政策，严格限制非理、非法收入，并通过个人所得税和消费税来调节收入差距。

3. 管制者的职责

政府部门具有其他经济组织所没有的强制力，政府部门对企业和私人的经济活动可以进行某些限制和规定，主要是防止垄断和过度竞争，为市场主体营造一个公平竞争的环境，逐步建立全国统一开放的市场体系，并且要保护消费者和雇员的利益。

4. 仲裁者的职责

在市场竞争各经济主体之间，一旦发生利益冲突，政府部门将根据既定的规则，进行公正的协调、处理，合理界定冲突者之间的经济利益，防止超经济的强制发生。

5. 维护社会经济秩序的职责

目前激烈的市场竞争环境很容易诱发一些人铤而走险，产生非法侵犯他人权益的动机，导致违法犯罪行为发生，扰乱社会经济秩序。而防止和打击经济领域的违法犯罪行为，则是政府部门的职能。

综上所述，城市发展中的政府职能，主要是指政府要改变对经济的监管框架，退出微观领域，集中精力加强与改善宏观经济调控，创造良好的市场环境。

然而，政府究竟应该扮演怎样的经济角色，这一直是很长时间以来政治家和经济学家争论不休的课题。在市场经济运行中，市场还存在很多缺陷，所以政府必须对经济加以干涉，从而维护社会经济秩序。同时在政府失灵的情况下，需要市场对资源起基础性配置作用。所以在现代市场中，政府的经济职能必须以市场对资源起基础性配置作用为前提，结合市场与政府，达到共同调节、控制市场的目的。

（二）产城融合发展中政府角色的定位分析

城市的发展离不开政府的决策，研究城区建设过程中的政府行为具有良好的指导意义。本研究的从城市发展中的政府职能理论入手，结合产城融合中的产业集群、城区现代化发展战略等经济行为，具体分析政府在新城区建设中的着力点，剖析政府在新城区产城融合的不同发展阶段中所起的作用。

1. 新城区建设中的政府职能分析

（1）公共物品的提供者

在新城区建设的产城融合发展过程中，消费的非排他性是公共物品的一个显著特征。社会公共物品的提供，应该更多地由政府来承担。盲目地在公共物品领域进行市场化，就如同政府盲目干预经济一样，必然导致不良的后果和使用率低下，还会影响公共物品的有效提供和使用。在公共物品提供过程中，不仅要增加公共财政收入，更重要的是要加强各个部门的严厉监管，有效杜绝政府失灵，让政府更好地为社会公众服务，推进新城区建设，促进产城融合的有机发展。

（2）政策和制度的供给者

在新城区建设的产城融合发展过程中，政策和制度保障是不可或缺的。公共政策的有效供给包括公共政策供给的科学性、针对性、及时性、有效性等几个方面的要求。政策的功能主要体现在针对产城融合发展的主要方向和可能出现的问题，实施管制、引导、调控和分配等。政策按其手段特征可划分为三类，第一类是工具政策，即常用的财政政策和货币政策等；第二类是目标性政策，即解决经济、社会重大问题的综合政策，如城区剩余劳动力吸纳和流转的管理政策、扶贫政策、产业政策等；第三类是制度性政策，指对经济、社会行为或具体制度选择的许可或限制、禁止政策，这类政策对制度创新和新城区建设也是至关重要的。

（3）宏观经济的调控者

在新城区的经济条件下，政府的一个最基本的职能就是依靠宏观调控手段，保证新城区经济和社会的稳定发展。这种干预是很有必要的。当前我国大部分城市在经济发展过程中的主要问题就是生产过剩和产业结构不合理。在传统的新城区建设中，产业发展结构性矛盾突出，既重复布局又缺乏配套性和延伸性。政府应加强区域产业布局，引导新城区按当地实际，发展优势、特色产业，并延伸产业链，实现产业优势互补和错位发展，形成产业发展一体化。重点应是优化产业布局，改善产业配套环境，形成产业链和产业体系，实现产业一体化发展。在推进产业结构调整和优化升级方面，应坚持以重点产业为向导，以企业为主体，走新型工业化道路，推进高新技术产业成长。此外，新城区政府还应大力发展循环经济和低碳经济，建设资源节约型和环境友好型社会。

（4）法律法规的制定者

经过30多年的经济体制改革和城镇化发展，我国各地区的产业布局和城市建设已逐步完善，市场在资源配置中的基础性作用也日益明显。当前，各设区市积极开发新城区，通过产城融合的道路推进现代化城市发展，因此政府的主要任务是完善城区经济体制，建立良好的城区经济秩序，包括城区的发展规划和布局。新城区经济体制的建立和完善离不开新城区法律制度的建设，新城区经济秩序的建立是一个伴随着新城区经济法治化的发展过程。

因此，政府应制定新城区经济中与各种基本产业和企业经济行为相关的法律法规，建立适应新城区经济发展的法治基础。近几年来，我国大部分地区关于新城区的经济法治建设步伐较快，各种相关法律法规陆续出台。但我国大部分新城区的经济秩序还没有达到健全和完善的程度，当前的新城区经济法治建设离现代化新城区经济的要求还有一些差距。政府当前应进一步做好新城区产城融合发展的相关法律法规的出台工作，并针对产城融合发展中所出现的新情况和新问题，对现有的相关法律法规进行认真研究和修改。我们看到，在新城区基础性作用发挥的同时，破坏和扰乱新城区秩序、阻碍新城区发挥作用的情况也依然存在，对于有法不依、执法不严和违法不究等问题，政府应大力整治，努力为新城区的建设和产城融合的发展提供良好的法治环境。

2. 产业集群发展中的政府行为研究

关于产业集群和产城融合的发展，有些经济学家认为集群的产生是由市场或者企业主导的，有些则认为政府主导更有效。

在韦伯的区位理论看来，集聚的产生是自下而上的，是通过企业对集聚利益的追求自发形成的。马歇尔特别强调了与当地社区同源的价值观念系统和协同创新的环境及富有特色的本地信用系统。波特认为，不要去干预市场、扭曲竞争，而应去寻找制约集群发展的因素，并着手解决。与此相反，增长极理论和地域生产综合体理论认为自上而下更有效。增长极理论认为，一个地区要取得经济增长，关键是在本地区内建立一系列推动性产业，通过产业集聚推动经济增长，这种推动性产业的建立可以依靠国家政策或地区政策自上而下地完成。同样，地域生产综合体理论认为综合体的建设完全是由国家投资完成的，自上而下形成集聚。

　　根据产业经济学对产业集群的理论分析，产业集群有个缺陷是组织和产业的锁定效应，消除组织和产业的规避性是把产业集群的缺陷变为优势的一个良好途径。本研究主要从三方面展开来分析：一要从区域发展的层面出发，而非按照固有的行政区划进行产业集群规划，打破行政分割和各自为战的局面，促进资源的自由流动和有效配置；二要加强社会信用制度供给，营造区域社会文化环境，促进集群系统的要素联结，提升集群的创新能力；三要以全球产业分工体系为背景，引导产业集群嵌入全球价值链，走高端发展道路。

　　因此，为了打破我国产业集群发展中价值链低端的锁定状态，一方面，政府要营造良好的微观商务环境，根据集群自身发展特点，在充分挖掘内生增长因素的同时，积极嵌入全球价值链，带动集群价值链升级；另一方面，政府应积极组织和参与同国际经济行为主体的对话，为产业集群的发展营造公平、公正的国际竞争环境。

　　对于一般性产业集群的发展路径而言，其遵循四个发展阶段：萌芽期、成长期、成熟期和衰退期。在不同阶段政府所起的作用和角色定位各有不同（见表10 - 5）。

表10 - 5　产业集群不同发展阶段的政府行为

发展阶段	政府行为
萌芽期	1. 制定政策规范和科学规划，合理确立产业集群的发展目标 2. 打破阻碍市场化的壁垒，促进统一要素市场和产品市场的形成 3. 创造有利于产业集群形成的软硬环境
成长期	1. 引导专业化分工与协作，使网络自组织功能不断强化 2. 推动集群内外企业机构的交流合作以提高创新能力 3. 推动区域品牌建设，不断扩大集群的市场影响力
成熟期	1. 促进产业集群创新系统的形成 2. 塑造信任、合作的社会文化环境 3. 维护平等竞争，促进产业集群健康持续发展
衰退期	1. 资金援助 2. 劳动力援助

　　在萌芽期，政府要发挥强有力的引导和保护作用，引导其向良性方向发展，在政策方面给予支持和保护，使其获得良好的发展环境，为后期苗

壮成长奠定坚实的基础。

在成长期，政府的主要职能是培育与发展产业集群。其培育与发展产业集群的主要目标是形成一种有效的经济增长方式，其手段是完善基础设施，制定各种政策，为产业集群发展创造良好的外部环境。在工作上要尽量避免或减少直接的行政干预，主要利用市场的力量，依靠产业集群内在的运行规律，积极引导集群内的企业向良性方向发展。

在成熟期，由于各方面的条件和政策已经具备并且已经逐步完善，因此政府在此阶段主要是通过监督执行，从而保证产业集群健康稳定发展。

在衰退期，政府应撤出投资，促进其尽早衰退，以减少损失，并迅速将有效资产进行转移。

（三）产城融合发展中的政府职能及典型模式

在我国城市化建设的道路中，各地区政府根据当地的产业和资源优势，积极探索适宜的发展路径，呈现不同的发展特点，形成了具有代表性的管理模式。本节将结合国内政府定位的成功案例，来剖析政府在新城区建设的产城融合发展中的主要作用。

1. 广东——放权型政府管理模式

20世纪80年代，广东的做法是积极进行改革和开放的尝试，然后向中央政府申请正式的许可，在省内则主要是赋予各地更多的灵活性，因而被总结为"见到绿灯大胆走，见到黄灯快步走，见到红灯绕着走"的广东经验。这种灵活性主要是规避当时中国无处不在的审批权。广东的改革过程是典型的自下而上的进程，珠三角地区的各级地方政府为发展本地经济，普遍通过灵活变通使自己的权力得以实际放大，比如将一个投资规模超过自己权限的项目分拆成若干个项目，使每个项目的投资额都在自己的审批权限以内。广东省政府官员对类似的变通通常采取默许态度，在大多数情况下给予一定的支持，甚至还积极到北京寻求正式的批准和许可。因此，在20世纪90年代初之前，广东省政府在经济决策方面的工作主要是与中央谈判，争取更大的权限以及国家的政策支持，而将大量的经济决策权限下放给市级政府，不太直接干预地方的发展。

专栏 2　放权型政府

赋予地区更多的灵活性，仅争取城区建设和产业发展的优惠条件和政策。地方政府掌握重大经济权限，根据城区位置发展适宜产业，以此形成一定的产业集群，不断在实践中探索宽松政策的可操作性和实用性，并及时反馈，以对政策进行适时调整，推动城区经济和社会的稳步发展。

2. 上海——规划布局型政府管理模式

上海的政府操作模式与广东基本相反。1949 年以后，作为一个直辖市，上海是中国经济规划和管理最好的地区，上海的工业体系在"文化大革命"中未受重大冲击。20 世纪 90 年代以后，上海遵照政府的规划，基础设施严重老化的浦西及一片空白的浦东循序渐进地发展起来，与 20 世纪 90 年代珠三角地区一哄而起的模式有巨大的区别。10 年中，上海在社会稳定中实现了增长方式的彻底转变，在井然有序中实现了新旧体制的转换，在超前探索中实现了城市管理的转型。

20 世纪 90 年代中国领导人对发展的路径选择已经有了全新的认识，新加坡的市场经济模式得到了更多的认可。新加坡的模式可以说是东亚奇迹中"强政府"的重要范例。但上海模式是市场经济与强势政府的完美结合，上海的强势政府有其独特个性，特别是其资源调动和策略转化能力相当强。上海市政府正是凭借其在产业布局和城市建设方面的良好规划和管理，注重产城融合，才实现了上海的产业结构大改变、生产力布局大调整、产业结构大调整、百万居民大动迁、百万职工大转岗和百万人口大流动，这些都是在短短的时间内、在有限的空间中实现的。

专栏 3　规划布局型政府

根据城区位置和地方产业发展，制定合理、完善的规划，严格按照政府所规划的布局进行城区建设，引导产业结构升级，在规划的产业集群中促进城区发展，用明确的文件和针对性极强的政策支持，促进产业与城市的有机结合，以推进新城区的建设。

3. 江苏——政府推动型管理模式

20 世纪 80 年代，苏南农村曾经在中国农村经济发展中起到了突出的作用。进入 20 世纪 90 年代，随着中国告别了短缺经济，苏南乡镇企业进入举步维艰的阶段。在严峻的现实面前，苏南以企业产权制度转变为形式的变革大举兴起，带动了江苏南部外向型经济的发展。在这种外向型经济的发展中包含强烈的政府行为，与广东发展初期外资特别是港资自发进入的情况有较大区别。江苏不具备珠三角接近香港的地缘优势，又没有天然的良港，原籍江苏的海外华侨也不多。因此，在启动阶段，江苏吸引外资的活动更多是由地方政府推动的，政府的这种行为体现在两个方面：一是通过设立开发区，人为创造外资进入的条件（新加坡工业园区和苏州新区是典型）；二是各级政府积极组织招商队伍，到上海、珠三角、香港、台湾和其他地区招商，并形成一套独有的招商理念，如"亲商、安商、富商""不说不能办，只说怎么办""投资者不仅看'笑脸'，更看效率""外商的成功就是我们的成功"等。由此可见，江苏地方政府在推动外向型经济方面颇具主动性。

专栏 4　政府推动型管理

政府在保持原有管治的稳定性和连续性的前提下，对既有的产业模式做出自我调整。这种调整体现在政府不断退出原有的权力领域，逐步放松对市场的干预和管制；将原有的县区改造成为工业园区和新城区，创造有利条件吸引外资，从而建立适当的产业集聚区，实现产城融合的发展路径。

4. 浙江——自由放任同营造外部环境相结合的政府管理模式

浙江的政府行为与江苏区别较大，更接近广东的模式。浙江的地方政府基本上是"无为"型的政府。浙江的企业生产以外部的市场为导向，当地企业之间通过市场建立了紧密的分工和协作关系，各种生产要素的配置者是市场，也就是说，这种模式下的企业是在市场指挥棒的指挥下运行的。

在这种模式中，政府的职能是营造良好的市场环境（硬软环境）和引导企业按市场规则运作（如注意提高产品质量，打击"假冒伪劣"等）。随着市场环境的变化，"温州模式"日益显现活力，更具竞争力，更符合建立市场经济体制的改革方向。所以，按市场化判断，温州更贴近社会主义市场经济的目标模式。

专栏 5　自由放任同营造外部环境相结合的政府管理

通过一系列制度，建立本地区良好的市场运作环境，使部分产业拥有良好的发展空间，而对于产业内部和企业的运作，则用市场手段进行调节，以此建立同市场相符的、具有持续竞争力的产业集群，进而建设以产业为基础的城区，形成产城融合的格局，积极推进城市发展。

五　发达地区产城融合发展的经验总结

一个远离美国经济中心的边陲小镇发展成为太平洋经济圈中重要的世界级城市——洛杉矶，推动上海成为国际金融中心的新城区——浦东新区，以及日渐成为支撑天津市经济发展的重要力量并总体上表现出经济"增长极"诸多特征的新区——滨海区，这些城区的建设无一不是产城融合发展的典型案例，其成功经验对南昌新城区提高产城融合效率、推动科学发展、建设国际化先进城市具有重要的启示和借鉴作用。

（一）美国洛杉矶城区发展的经验总结

在产城融合发展的过程中，要重视加快产业结构的调整及产业的升级，从而发挥其推动城市发展的作用。在从一个贫穷的养牛小镇发展成世界级城市的过程中，洛杉矶产业适时的转型升级起到了极其关键的作用。

1. 由边陲小镇转变为地区性中心城市

1892 年，洛杉矶在郊区发现了大量石油，石油开采业最先发展起来。随着港口、交通设施和其他基础设施的不断完善，到 1920 年，洛杉矶已成为美国主要的石油生产基地。油田开发直接促进了炼油和石化工业的发展，一些大型钢铁和橡胶公司也在这里设厂，汽车、航空、造船、机械制造和电影工业等日渐兴起。在此过程中，洛杉矶通过一系列兼并活动，到

20 世纪 30 年代末，由一个小城市转变为地区性中心城市。

2. 由地区性中心城市转变为全国性城市

洛杉矶的现代化发展始于二战期间，联邦政府通过军事订货、设立军事设施和军事基地等途径，向西部投入大量的资金。已拥有一定工业基础的洛杉矶备受青睐，获得大量的联邦资金，这使洛杉矶在萧条年代保持了经济增长。在洛杉矶经济中占重要地位的飞机制造业正是在这个时候发展起来的。战争需求刺激了钢铁和汽车工业发展，20 世纪 40 年代后期洛杉矶形成了除美国东部外最大的一体化汽车制造综合体。从 1950 年开始，洛杉矶制造业的产值超过旧金山，也超过东部的底特律、克利夫兰、匹兹堡和费城，成为仅次于纽约和芝加哥的美国第三大制造业城市。

3. 由全国性城市转变为世界级城市

20 世纪 60 年代，美国大都市区的发展呈现一种新现象，大都市区的人口从城市向郊区大规模迁移，即郊区城市化，并且大都市区由单核式结构向多核式结构转变，其中最典型的是洛杉矶大都市区。从 20 世纪 60 年代开始，洛杉矶市中心区就开始以服务业为导向调整产业结构，逐渐形成政府机构、企业总部、商业和工业核心、军事—工业综合体以及国内外金融资本控制管理中心的集聚区域，而郊区则逐渐发展成为具有一定独立性的次中心城市。随着洛杉矶地区的快速发展，离洛杉矶中心较远的新区也得到发展。到 20 世纪 80 年代，洛杉矶的工业实力进一步强化，高科技产业蓬勃发展，第三产业兴旺发达，产业结构日趋合理，人口持续增长，逐渐步入全球性城市之列。目前，洛杉矶已成为全球文化、科技、媒体、经济、国际贸易的中心城市之一，是当今美国仅次于纽约的第二大城市。

由农业到工业，再由以制造业为主到以高科技产业和服务业为主，产业的适时升级推动洛杉矶不断向前发展。

（二）上海市浦东新区发展的经验总结

1. 自主创新，推动产业升级

中国内陆重要的先进制造业基地和现代服务业基地，长江上游地区金融中心和创新中心的建设，需要自主创新作为内生动力来推进，需要产业高级化来承载和引领，自主创新是培育新兴战略性产业、改造传统产业、提升产业能级、推动区域产业高级化的强大动力。

浦东新区非常注重自主创新，其充分利用财政、金融等政策手段，全方位加强创新能力建设。两江新区以北部新区为依托，为创新平台建设和政策体系建设奠定了较好的基础。

2. 以第三产业为动力推进城市化

城市化的初始动力来自农业生产率的提高，城市化的核心动力是工业化带来的集聚经济和规模经济，城市化的后续动力来自第三产业。

浦东新区开发开放以来，城市建设加快发展，市容环境、商业业态、居住设施不断完善。浦东从落后的乡村崛起为外向型、多功能、现代化的新城区，成为中国改革开放的象征，成为上海现代化建设的缩影。在此期间，第三产业引领了浦东新区经济的快速发展，从而促进了浦东新区的城市化进程。

（1）浦东新区第三产业发展提速

20世纪90年代以来，上海先后确立了第三、第二、第一产业的发展顺序和第二、第三产业共同推动经济增长的发展战略。随着市场经济向纵深发展，浦东新区第一、第二产业中的农业、采矿业、制造业在生产总值中的比重逐步下降，而为生产、生活服务的第三产业的比重逐步上升，在世界新技术革命的推动下，发展进一步提速，浦东新区的产业结构发生了巨变。统计资料显示，浦东新区1990年的生产总值为60.24亿元，2001年突破1000亿元，2005年达到2108.79亿元，2008年达到3150.99亿元，2009年达到4001.39亿元，而2010年达到4707.52亿元（见表10-6）。

从浦东新区三次产业的发展情况看，其结构层次不断提升。第三产业增加值占新区GDP总量的比重由1990年的20.1%发展到2010年的56.07%，其中"八五"期末的1995年、"九五"期末的2000年、"十五"期末的2005年和"十一五"期末的2010年的比重分别比基期1990年提高10.4个、26.4个、28.8个和35.97个百分点。2010年浦东新区的生产总值占全市的27.42%，其中第三产业增加值占全市的41.54%。

（2）浦东新区三次产业比例调整加快

浦东注重加快产业调整步伐，依靠体制创新和科技创新机制。1990年

表 10 - 6　浦东新区生产总值的三次产业划分

单位：亿元

年　份	国内生产总值	第一产业	第二产业	第三产业
1990	60.24	2.22	45.89	12.13
1991	71.54	2.41	53.45	15.68
1992	101.49	1.89	73.72	25.88
1993	164.00	2.12	114.45	47.43
1994	291.20	3.19	197.13	90.88
1995	414.65	4.22	283.92	126.51
1996	496.47	4.57	320.31	171.59
1997	608.22	4.95	376.87	226.40
1998	704.27	5.30	412.82	286.15
1999	801.36	5.47	435.66	360.23
2000	923.51	5.72	488.60	429.19
2001	1087.53	6.06	560.29	521.18
2002	1244.00	6.38	635.54	602.08
2003	1510.32	6.67	767.53	736.12
2004	1850.13	6.00	952.25	891.88
2005	2108.79	6.09	1070.96	1031.74
2006	2365.33	5.88	1194.47	1164.98
2007	2750.76	6.06	1306.49	1438.21
2008	3150.99	5.88	1430.25	1714.86
2009	4001.39	30.61	1706.29	2264.49
2010	4707.52	31.47	2036.58	2639.47

三大产业比例为 3.7：76.2：20.1，1995 年调整至 1.0：68.5：30.5，在新区生产总值中，第二产业占绝对主导地位；到 2000 年该比例调整为 0.6：52.9：46.5，第二产业的比重逐年下降，第三产业属上升阶段，其对经济增长的作用已日趋明显；到 2005 年，第二产业和第三产业的比重差值仅为 1.9 个百分点，第二、第三产业经济趋平稳发展，呈现第二、第三产业齐头并进，共同推动新区经济发展的态势；2007 年、2008 年第三产业均突破 50%，2010 年第三产业占 56.1%（见表 10 - 7）。

表 10 - 7　浦东新区生产总值的结构比重

单位：%

年　份	第一产业	第二产业	第三产业
1990	3.7	76.2	20.1
1991	3.4	74.7	21.9
1992	1.9	72.6	25.5
1993	1.3	69.8	28.9
1994	1.1	67.7	31.2
1995	1.0	68.5	30.5
1996	0.9	64.5	34.6
1997	0.8	62.0	37.2
1998	0.7	58.6	40.7
1999	0.7	54.4	44.9
2000	0.6	52.9	46.5
2001	0.6	51.5	47.9
2002	0.5	51.1	48.4
2003	0.5	50.8	48.7
2004	0.3	51.5	48.2
2005	0.3	50.8	48.9
2006	0.2	50.5	49.3
2007	0.2	47.5	52.3
2008	0.2	45.4	54.4
2009	0.8	42.6	56.6
2010	0.7	43.2	56.1

（3）民营企业集聚第三产业

历年上海浦东新区的统计年鉴显示：1990 年以前，浦东新区的民营企业法人单位仅有 826 家，到 2000 年增加到 10709 家，截至 2010 年底发展到 80091 家，增速迅猛，而且第三产业的发展快于第二产业，民营企业中第三产业占 80% 以上。

（4）发展现代服务业，跃上新平台

浦东获批综合配套改革试点之后，一系列金融利好政策出台。近年来央行上海总部、上海证监局等重大功能性金融机构落户陆家嘴，金融期货交易所挂牌。金融机构的相继到来，将推动浦东金融产业高地进一步形成。近年来，以现代服务业为核心的金融业开始领跑浦东第三产业，至2010年底浦东新区金融机构的总量已达649家，占上海市总量的80%以上。物流业发展取得新进展，浦东国际机场实现两条跑道相对独立运行，机场航班大增，货物运输量也相应增加；外高桥港区在航线分流的情况下，集装箱吞吐量逐步增加；保税区建立了贸易企业、生产企业、物流企业三大类别运营中心的物流园区，和港区实现了"区港联动直通直卸"新型操作模式，形成了港区、航运、物流园区的良性互动。旅游、会展联动发展，大型会议、展览、旅游活动等使商务客流不断增加，促进了商业零售、餐饮、宾馆、景点、旅行社等的收入增长。

3. 实施产业空间载体带动战略，培育增长极的核心功能

实施载体带动战略，是地区实现超常规发展、做大经济总量、增强高端产业和要素聚集能力、培育增长极的集聚和辐射功能的重要举措。

上海浦东新区在开发建设过程中，自始至终都非常注重产业空间载体的打造及功能培育，已经和正在形成一批分工明确、特色突出、产业及要素高度聚集的功能区，成为增长极的重要功能支撑。目前浦东已经形成了一批高端产业及要素高度集聚的功能载体，包括集航运、物流、信息港以及高科技、高附加值加工为一体的外高桥保税区，具有国际影响力的陆家嘴金融贸易区，以信息、汽车等现代制造业为重点的金桥出口加工区，以微电子、生物医药、软件等高科技产业为重点的张江高科技园区，以设施农业为特征且已成为全国现代农业标杆的孙桥现代农业开发区，以软件及服务外包为主的上海浦东国家级软件园以及以旅游、会展、休闲等为重点的世博园区等。

随着这些产业空间载体逐步成型，四大效应已经凸显出来：一是规模效应，新区GDP占上海GDP的比重由设立初期的7%，提高到2009年的30%；二是集群效应，产业载体的打造使同类产业和要素在空间上高度集聚，是产业集群形成的重要基础，最典型的是金融产业集群的形成；三是资源配置效应，建成区空间产出率由初期的1.59亿元/平方公里，提高到2009年的8.19亿元/平方公里，工业用地地均第二产业产出为14.30亿元/平方公里（第二产业与工业用地比值），公共设施用地、居住用地与仓储用地地均第三产业产出为10.72亿元/平方公里；四是功能平台效应，建成区已经成为浦东新区聚集高端产业、整合高端要素、引领和带动上海及整个长三角区域参与国际分工与协作的战略平台，成为上海建设国家中心城市、打造世界重要节点城市的核心功能支撑。

4. 坚持人才战略，不断增强智力支撑

浦东开发开放以来，围绕提出的"构筑人才高地"的战略目标和"人才国际化"的战略命题，按照"识才有眼、用才有胆、爱才如命、惜才如金"的要求，大力开展"育人、引智、开发"三大工程，通过体制改革和制度创新，不断完善人才引进措施，加强人才培养工作，优化人才创业环境，提高人才开发国际化、市场化、信息化和法治化程度，人才队伍在总体规模、整体素质和结构布局等各个方面都有了明显改善，为浦东开发建设提供了强有力的人才保障和高水准的智力支持。

（1）人才总量快速增长，人才规模不断扩大

截至 2009 年底，新区共有从业人员 230.27 万人，人才总数为 65.22 万人，是 2001 年人才总数的 2.5 倍多，平均每年增长 26.15%。从业人员中的人才密度达到 29.34%，比 2001 年增加 7.46 个百分点。新区人才已呈现向第三产业集聚的状态，2009 年第三产业与第二产业的比重分别为 75.25% 和 24.75%，而 2001 年分别为 63.8% 和 35.9%。

（2）人才层次整体提升，整体素质显著提高

新区共有两院院士 19 人，享受国务院特殊津贴以及国家"新世纪百千万人才"等各类专家和高层次领军人才 521 人；共有博士研究生和硕士研究生 8.22 万人，本科生 26 万多人，有研究生学历的人才比重由 2001 年的 5.22% 提高到 2009 年的 19.42%，有本科学历的人才比重由 42.34% 提高到 56.17%。新区 198 家区级研发机构拥有研发人员 2.4 万多人，其中技术开发人员 1.9 万多人；国际化人才总量约为 16 万多人，占常住人口的 6.0%。高端人才队伍呈快速发展趋势，为新区的发展带来强劲动力。

（3）人力资源发展模式日益多样化，人才作用显著增强

浦东金融、物流、会展、房地产等现代服务业和电子、生物医药等高科技产业的快速发展，形成了资本、技术高度密集的产业群体，同时吸纳了大批高层次和高技术人才。用人单位和人才在人才工作中的主体地位日益显现，市场在人力资源配置中的基础性作用日趋明显，新区已经集聚了

一批知名人才中介服务机构，共有人才中介服务机构 210 多家，人才中介服务机构数量占全市总数的 21.2%。迅速崛起的产业高地和服务高地，加快了浦东人才高地的形成。

（4）人才国际化程度显著提高，创新实力不断增强

浦东人才的国际化程度显著提高，主要得益于新区大力实施留学人才"千人回归"工程、大力发展总部经济并在浦东的跨国公司加快推进高层管理人员和技术人员的本土化。企业博士后工作站有 70 家，分站（点）有 30 家，工作站数量占上海博士后工作站数量的 1/3。目前，按照新区 2009 年的 GDP 5000 多亿元计算，新区的人均 GDP 达 11.02 万元，高于全市和深圳的平均水平。新区高技术产值在 2009 年同比增长 21.1%，基本形成高端产业与高层次人才互动、协调发展的良好局面。

5. 管理制度创新，改善投资软环境

制度经济学认为，经济生活中出现的问题主要是由制度造成的，要解决经济发展的问题，必须从制度调整与改革入手。浦东开发的实践证明了制度经济学的这一观点。浦东管理制度的创新分为三个方面，正是这些制度的创新加速了产业的升级和城市化进程。

（1）行政管理模式的改革

开发开放之初，为了消除传统管理体制中存在的机构多、班子多、人员多的弊端，浦东新区从转变政府职能和行政管理体制入手，以"精简、统一、高效"为目标，按照政企分开的原则，通过"放、转、并、简、让"等措施，实现了职能转变与机构精简的统一，建立了以强化综合服务管理和综合调控职能为特点的行政管理模式。这套管理模式具有政企分离、高度精简统一的特征，新区工委和新区管委会均为副省级，享有计划单列市的权限，有利于争取国家优惠政策并行使其权力。

（2）行政审批制度综合改革

浦东新区对行政审批制度进行了综合改革，主要从三个方面深化：一是按照率先与 WTO 接轨的要求，清理不适应体制创新和经济发展要求的项目，大幅度减少或改进审批事项，规范审批程序，浦东政府从"审批式管理"逐渐走向"服务式管理"；二是探索建立体制外的投诉制、体制内的监察制、自上而下的问责制和社会化的评估制四项制度，加强政府运作的公开性和透明度，提高政府的行政效能；三是培育和发展市场中介服务

体系和行业协会。

（3）审批流程简化

在政府服务方式方面，浦东先后实施了一系列旨在简化办事程序、方便广大投资者的改革措施，完善"一门式"服务，提高了服务效率。例如，在全国 15 个保税区中，外高桥保税区率先实行"贸易企业登记制"，将贸易企业进区的手续办理时间由原先的 1 个多月缩短到 1 天；率先实施"大通关"，空运货物通关时间从过去的 72 小时缩短到 6 小时。

随着浦东开发建设的深入，浦东政府的行政管理体制改革正以建设"责任政府、服务政府、法治政府"为目标，从管理模式、政府职能、政府效能三个层次进行。这些改革既提高了政府办事的效率，又极大地改善了浦东投资的软环境。

第三节　南昌市城市化发展评价研究

一　城市化发展的一般规律

城市化发展有一个比较明显的规律，在初始阶段、加速阶段和终极阶段呈现不同的特征。1979 年，美国著名学者诺瑟姆将这一过程概括为"S"曲线。在初期阶段，城市水平较低、发展较慢；到了加速阶段，人口向城市迅速聚集；而城市化进入快速发展阶段以后，城镇人口比重的增长又趋缓慢甚至停滞。

在初始阶段，城市化水平能达到 10% 就表明城市化进程开始启动，此时城市人口占区域总人口的比重低于 25%，城市发展缓慢，经历的时间长，区域处于传统农业社会状态。在加速阶段，城市人口占区域总人口的 30% 以上，农村人口开始大量进入城市，城市人口快速增加，城市规模扩大，数量增多，城市人口占区域总人口的比重达到 60% 以上，工业在区域经济和社会生活中占主导地位。在稳定阶段，城市人口占区域总人口的 70% 以上，随着人口和产业向城市集中，市区出现了劳动力过剩、交通拥挤、住房紧张、环境恶化等问题。汽车普及后，许多人和企业开始迁往郊区，出现了郊区城市化现象，城市人口增长速度下降。

近几年，随着国家对城镇建设支持力度的加大，南昌市城市化进程呈现快速发展的势头。随着南昌市城镇人口比例逐渐提高，南昌市的城市化发展进程基本符合诺瑟姆曲线的特征。从产业结构角度来看，南昌市的城市化进程基本处于快速发展阶段。近几年第一产业的贡献率趋于平稳下降；第二产业在总产值中所占比重最大，贡献率最高，工业的发展在推进城市化的过程中起着举足轻重的作用；第三产业稳步发展，对吸纳就业做出较大贡献。

二　南昌市城市化发展的评价研究

（一）南昌市城市化水平评价指标体系的建立

1. 建立城市化评价指标的基本原则

科学性原则：指标体系的建立要具有科学性，能充分反映城市化发展的内在机制，具体指标能够反映城市化的含义和南昌市城市化发展的水平与效益。

全面性原则：城市化过程是经济、人口、生活方式、环境等诸多因素系统转化的过程，构建该指标体系要能够全面反映城市化水平的主要特征。

动态性原则：城市化是一个动态的系统，因此反映城市化水平的指标体系也要具有时代特征，能够综合反映南昌市城市化发展的现状和趋势。

独立性原则：指标不应重复或相关，对含义相近的一类指标，应筛选出具有代表意义的少数几个指标，以使指标体系结构简洁、评价准确。

可操作性原则：对于某些数据不易收集、难以量化的指标，应根据物元的可拓性等理论，开拓出可以量化的替代指标。

区域性原则：不同地区的自然条件和社会经济条件各不相同，且城市化发展的侧重点也不同，因此要针对不同地区设计不同的指标体系。

2. 指标体系的建立

结合当前对城市化发展的一般评价模式，综合区域城市化发展的基本情况，本研究选取以下指标对江西省区域城市化水平进行评价，以分析南昌市当前城市化水平的发展程度。

表 10－8　南昌市城市化水平评价指标体系

一级指标	二级指标	三级指标
城市化水平指标体系	经济水平系统	人均 GDP 第二、第三产业增加值占 GDP 的比重 全社会固定资产投资额 人均财政支出
	人口系统	城市化率 第三产业从业人员的比重 每百万人中受高等教育的人数
	生活方式及生活质量系统	人均社会消费品零售总额 每百万人拥有公共交通车辆数 每百万人拥有医院床位数 人均拥有道路面积 人均绿地面积 教育支出占 GDP 的比重 每百万人拥有公共图书馆藏图书数
	环境系统	用水普及率 建成区绿化覆盖率

（二）　对南昌市城市化水平的评价分析

城市化水平是一个社会、经济、文化等多种因素综合作用的多维概念，需要从多个方面对其进行测定。为了测定江西地区的城市化水平，我们采用前面建立的城市化水平指标体系，利用 2010 年江西省 11 个地市的指标数据对其进行分析。为了简便，我们用 X_1，X_2，…，X_{16} 来表示以下具体指标：人均 GDP，第二、第三产业增加值占 GDP 的比重，全社会固定资产投资额，人均财政支出，城市化率，第三产业从业人员的比重，每百万人中受高等教育的人数，人均社会消费品零售总额，每百万人拥有公共交通车辆数，每百万人拥有医院床位数，人均拥有道路面积，人均绿地面积，教育支出占 GDP 的比重，每百万人拥有公共图书馆藏图书数，用水普及率，建成区绿化覆盖率。

要确定城市化水平，首先要确定各指标的权重。目前评价指标权重的确定，大多是将指标体系分成不同的层次，将主观赋权法和客观赋权法有机地结合起来，定性分析结合定量分析，常见的有德尔菲法、AHP 法、主成分分析法等。

本研究采用主成分分析法来确定指标的权重，进而得到城市发展水平综合评估模型。主成分分析是一种数学变化方法，它通过线性变化把给定的一组变量 X_1，X_2，$\cdots$，X_n 转换为一组不相关的变量 Y_1，Y_2，$\cdots$，Y_n（两两相关系数为 0 的随机变量，或样本向量彼此相互垂直的随机变量）。主成分分析法是考察多个变量间相关性的一种多元统计方法，它研究如何通过少数几个主分量即原始变量的线性组合来解释多变量的方差－协方差结构。具体地说，即导出少数几个主分量，使它们尽可能多地保留原始变量的信息，且彼此间不相关。主成分分析法常被用来寻找判断某种事物或现象的综合指标，并给综合指标所蕴藏的信息以恰当解释，以便更深刻地揭示事物内在的规律。

首先，将数据输入 SPSS 13.0，采用方差最大法进行旋转，输出所有主成分，发现前 3 个主成分的贡献率高达 86.209%。

主成分个数的选取也可以从主成分分析结果的碎石图中看出，如图 10 - 3 所示，明显的拐点为 3，可以得出保留前 3 个主成分将能概括大部分信息，前 3 个主成分贡献占总方差的 86.209%，说明提取前 3 个主成分是比较合适的。

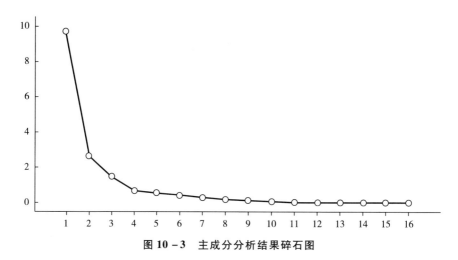

图 10 - 3　主成分分析结果碎石图

表 10 - 9 是初始因子载荷矩阵（未旋转），据此可写出各观测量的因子表达式，如：$X_1 = 0.920F_1 - 0.150F_2 - 0.111F_3 + \cdots$，各因子前的系数表示变量在因子上的载荷。

表 10 - 9　初始因子载荷矩阵

	主成分		
	1	2	3
X_1	0.920	-0.150	-0.111
X_2	0.909	-0.186	0.120
X_3	0.449	0.831	0.129
X_4	0.807	-0.387	-0.330
X_5	0.939	-0.112	0.032
X_6	0.669	0.577	0.213
X_7	0.881	0.451	-0.011
X_8	0.911	0.359	-0.046
X_9	0.926	0.348	-0.010
X_{10}	0.836	0.184	-0.091
X_{11}	0.863	-0.407	-0.016
X_{12}	0.842	-0.337	0.091
X_{13}	-0.881	0.260	0.129
X_{14}	0.532	-0.410	-0.424
X_{15}	0.423	-0.100	0.733
X_{16}	0.188	-0.593	0.702

表 10 - 10 为因子旋转后的载荷矩阵，因子旋转后的因子载荷系数取值显得更加极端，即取值更加向 0 或 1 靠近，这样对公共因子的解释和命名更加容易。

表 10 - 10　旋转后的载荷矩阵

	主成分		
	1	2	3
X_1	0.827	0.417	0.156
X_2	0.749	0.415	0.376
X_3	-0.131	0.942	-0.063
X_4	0.945	0.131	0.011

	主成分		
	1	2	3
X_5	0.767	0.478	0.278
X_6	0.136	0.886	0.149
X_7	0.449	0.881	0.035
X_8	0.533	0.821	0.040
X_9	0.536	0.827	0.081
X_{10}	0.583	0.632	0.042
X_{11}	0.879	0.194	0.317
X_{12}	0.786	0.252	0.387
X_{13}	-0.860	-0.304	-0.168
X_{14}	0.781	-0.066	-0.129
X_{15}	0.099	0.280	0.798
X_{16}	0.183	-0.253	0.885

主成分个数提取原则为主成分对应的特征值大于 1 的前 M 个主成分。

从旋转的因子载荷矩阵可知 X_1，X_2，X_4，X_5，X_{11}，X_{12}，X_{13}，X_{14} 在第一主成分上有较高载荷，说明第一主成分基本反映了这些指标的信息；X_3，X_6，X_7，X_8，X_9，X_{10} 在第二主成分上有较高载荷，说明第二主成分基本反映了这几个指标的信息；第三主成分主要反映的是 X_{15}，X_{16} 这两个指标。于是可以用这三个新变量来代替原来的 16 个变量，并将主成分命名如下。第一主成分：经济和生活质量指标；第二主成分：人口指标；第三主成分：环境指标。

本研究采用回归法计算主成分得分，并采用加权平均法计算江西省各地市的综合得分 F，即

$$F = (F_1 \times 41.616\% + F_2 \times 32.117\% + F_3 \times 12.476\%)86.209\%$$

结果见表 10 - 11，正分表示城市化水平高于平均水平，负分表示城市化水平低于平均水平（其中 F_1、F_2、F_3 分别表示三个主成分的得分）。

本研究采用 Q 型系统聚类法，运用类内平均连接法，选择欧氏距离的

平方，使用 SPSS 13.0 对 2012 年江西省的 11 个地级市进行聚类。下面是 SPSS 13.0 的输出结果及结果解读。

表 10 – 11　2012 年江西省区域经济实力综合评价值排名

地　区	F_1	F_2	F_3	F	排　名
南昌市	0.17091	2.95065	– 0.39259	1.1249	1
新余市	1.88920	– 0.2370	0.222269	0.8558	2
景德镇市	1.02271	– 0.2744	1.09151	0.5494	3
萍乡市	0.76189	– 0.1935	– 0.03295	0.2909	4
九江市	– 0.4622	– 0.1111	1.508252	– 0.046	5
鹰潭市	0.56411	– 0.7081	– 0.44299	– 0.055	6
抚州市	– 0.6813	– 0.1814	0.380741	– 0.341	7
吉安市	– 0.0993	– 0.6366	– 1.61338	– 0.518	8
上饶市	– 1.4863	– 0.0221	0.79043	– 0.611	9
宜春市	– 0.5662	– 0.2790	– 1.65515	– 0.616	10
赣州市	– 1.1133	– 0.3071	0.143846	– 0.631	11

表 10 – 12 给出了参加聚类分析的 16 个变量的记录数统计结果。共 11 个有效数据参加了分析，无缺失值记录，总记录数为 11 个。

表 10 – 12　聚类统计结果

有　效		缺　值		总　计	
数　量	百分比	数　量	百分比	数　量	百分比
11	100.0	0	0.0	11	100.0

表 10 – 13 给出了分类结果的类成员表。本研究输出的是分成 5 类的结果。

表 10 – 13　类成员表

类成员	1	2	3	4	5	6	7	8	9	10	11
5 类	1	2	3	4	3	5	3	4	3	3	4

表 10 - 14 是分类结果的垂直冰柱表。在表中，第 1 列表示分成多少类，因系统属聚合法，所以从聚类过程看该表应该从下往上看。如果最近相连的两个样品列中间出现"X"，则表示这两个样品已合并成一类，否则在该步聚类时还属于不同的两类。

表 10 – 14　垂直冰柱表

类别数量	情　　况																				
	11		8		4		10		7		9		5		3		6		2		1
1	X	X	X	X	X	X	X	X	X	X	X	X	X	X	X	X	X	X	X	X	X
2	X	X	X	X	X	X	X	X	X	X	X	X	X	X	X	X	X	X	X		X
3	X	X	X	X	X	X	X	X	X	X	X	X	X	X	X	X	X		X		X
4	X	X	X	X	X	X	X	X	X	X	X		X	X	X	X	X		X		X
5	X	X	X	X	X	X	X	X	X		X		X	X	X	X	X		X		X
6	X	X	X	X	X	X	X		X		X		X	X	X	X	X		X		X
7	X	X	X	X	X		X		X		X		X	X	X	X	X		X		X
8	X	X	X		X		X		X		X		X	X	X	X	X		X		X
9	X	X	X		X		X		X		X		X	X	X		X		X		X
10	X		X		X		X		X		X		X	X	X		X		X		X

表 10 – 15 是江西省 11 个地市城市化水平的划分结果。

表 10 – 15　2012 年江西省区域城市化水平分类结果

分　类	各设区市
第Ⅰ类市	南昌市
第Ⅱ类市	景德镇市
第Ⅲ类市	萍乡市　新余市　赣州市　宜春市　抚州市
第Ⅳ类市	九江市　吉安市　上饶市
第Ⅴ类市	鹰潭市

（三）结论

从上述分类可以看出，南昌经济发达，城市化水平在江西省最高；景德镇由于传统产业的集群效应，其经济结构比较特殊；萍乡、新余、赣州、宜春、抚州具有类似的经济特征；吉安、上饶为江西不太发达的城市，九江市由于城市基础设施不完善，因此也被归于此类；鹰潭由于其工业发展水平相对较高，对环境造成一定影响，在一定程度上阻碍了城市化进程。

综上所述，不难发现除省会城市南昌以外，其他城市的经济、人口、环境等指标的得分都比较低，这都极大地制约了城市化水平的提高，严重削弱了经济等因素对城市化发展的推动作用。另外这些城市在基础设施等方面也存在建设不合理等问题，这些都是江西11个城市在今后发展过程中应当着重注意的地方。

三　南昌市新城区"产城融合"的机理分析——以红谷滩新区建设为例

产业是城市发展的基础，城市是产业发展的载体，二者相互促进、互为依托。要建设和谐的产城关系，必须考虑将产业融入城市，促进城市进步，而城市则接纳产业，为产业提供载体和发展条件，从而实现产城互动与和谐发展。产业与城区建设的融合与互动，主要通过"以产兴城、以城促产"来实现。

在产业发展过程中，产业必须能够与城市"融合"，作为城市的有机组成部分，而不是简单地"设立在城市中"。产业设置只有适应城区特有的条件，才能推进城市发展进步，否则，产业的影响与需求将与城区的实际情况和功能格格不入，这不仅会制约产业本身的发展壮大，也会破坏城市的原有格局，使城市功能紊乱、基础设施建设退化。因此，做好城市区位和产业发展规划十分重要，要充分考虑到城市功能的补全和完善，利用产业集聚的规模效益来带动和辐射城市基础设施和服务部门的建设。同时，要积极提高产业自身对城市建设进行投入的积极性，鼓励企业投资建设经济效益良好、服务对象众多的服务或支持设施，从而产生正面的外部效应，利产利城。此外，产业发展集聚所带来的人口迁移、物流便利、商贸繁荣也是推动周边地区迅速城市化和人口结构转变的重要因素，这是产业发展对城市作用的"以产兴城"机制。

因此，在城市建设过程中，必须重点考虑产业的"嵌入"节点，只有节点设置得恰到好处，才能使产业集聚有序、规律地在城区排列组合，从而形成规模化、高效化的城区内产业组织。这就需要根据城市不同地段的区位优势以及不同产业自身的特点和需求进行统筹规划，使产业集中分布在区位因素合理、服务设施完善、功能设置恰当的城区中，这样就可以集中本区的优势资源，有针对性地发展相关产业，从而避免城市中产业集聚分散、发展各自为政、规模效益低下的情况。城区建设是产业存在的物质基础，良好的城市环境可以大大提高产业所需的硬件服务能力，促进商贸、金融的流通与活跃，并且强化产业的经营活力、信息优势和物流能力等。城市建设不仅能在基础设施、服务体系、物流能力上促进产业的发展，还能吸引人才和投资，为产业带来更加广阔的市场和充足的劳动力与资本。城市对周边地区向心作用的加强，能进一步强化、巩固产业已经取得的优势地位，从而形成良性循环，构建"以城促产"的良好机制。

从当前南昌市新城区的发展情况来看，产城融合主要体现在以工业园区、高新技术开发区为载体的发展模式中，即划定园区位置及布局，以主导产业、重点产业为支撑扩充园区的规模和提高其承载力，以此来促进就业及基础设施等的不断完善，从而建设新城区。本研究以具有代表性的地区——红谷滩城区为例，研究南昌市新城区产城融合的发展机制。

2001 年，南昌市委、市政府提出并实施了"开发红谷滩、打造一江两岸"的城市发展战略。21 世纪的前 10 年是红谷滩基础开发与功能开发同步、城市建设与城市成长并重的重要时期，经过南昌市上下共同的努力，红谷滩新城的阶段性任务已基本完成，一座高标准、现代化、外向型的新城雏形成为南昌市面向 21 世纪的象征，为南昌市的发展拓展了空间，为提高南昌的城市综合竞争力做出了巨大贡献。

作为南昌市发展速度较快的新城区的典型，红谷滩地区在产城融合的过程中，坚持"以产业带动城区、以城区布局产业"的方式，综合利用政治、文化、规划等多方面因素，形成了其城区发展的内在机制。

（一）合理正确的布局规划

新城的行政区域面积不断扩大，从最初规划建设中心区的 4.28 平方公里发展到包括红角州、凤凰州在内的 50 平方公里，下一步将包括九龙湖片区在内（78 平方公里），"一江两岸"的格局基本形成，为大南昌的发展拉开了骨架。中心区已成为集行政、商务、文化和居住等多功能为一体的现代化新型城市中心区；凤凰州片区成为以居住、休闲和商贸为主的城市生活新区；红角州片区定位为教学科研、旅游会展、创意创业和高级商住区；九龙湖片区将打造成具有生态观光、体育文化和物流商贸功能的区域交通枢纽中心。

（二）新型综合城区的打造

以服务业为支撑点打造新型综合城区，着力形成以生活性服务业为主体、生产性服务业为重点、新兴服务业为突破口的现代服务业框架，构筑布局合理、功能凸显、结构优化、特色鲜明的红谷滩区域服务业发展体系，形成新城繁荣的产业内生驱动力。紧扣"绿色、低碳、环保"的要求，重点引进投资强度大、财税效益好、科技含量高、产业带动力强、环境污染少的现代服务业，形成金融信息产业、总部楼宇产业、商贸物流产业、宾馆餐饮产业、文化创意产业、会展体育旅游产业和软件服务外包产业 7 个高端服务业的产业集群。以沿江产业带、商贸基地、楼宇经济、总部基地、基础教育和专业产业园区为载体，创新、创造、转变发展方式，推动经济又好又快发展，最终实现红谷滩区人民就业和收入的双增长。

在产业发展中，红谷滩以服务产业发展为方向和目标，提高产业项目的标准，以高规格的重点项目为核心载体，迅速增强城市经济的整体实力。全区 50 亿元以上的项目有 4 个，20 亿元以上的项目有 11 个，1 亿元以上的项目有 155 个，其中进区项目 124 个，自建项目 31 个。城市西客站、九龙湖南昌市体育中心、前湖迎宾馆、华南城、国际会展中心、赣江之星摩天轮等一批辐射范围较大的项目，已对江西省各市甚至我国中部地区产生较大影响，成为南昌市中心城市综合功能的重要载体。

（三）便捷发达的城区交通网络

红谷滩新区持续加大基础设施的投资力度，坚持城市规划建设高标准，高强度的投入加快了城市化进程和城区面貌的巨变。建成区内交通干道 113 公里，形成以丰和大道、红谷大道、赣江大道、学府大道和庐山南大道等为主的区内交通蛛网形网络结构，形成连接周边区域的交通网络构架。新增公共绿化面积 1215.6 万平方米，人均公共绿地面积为 24.3 平方米，绿化覆盖率达到 42.5%，已建成的傩文化公园、沿赣江景观带、南昌之星摩天轮等成为南昌标志性的亮点景观，从而使"新南昌"的形象初现成效。

（四）提升公共服务职能

红谷滩新区建设坚持社会事业高起点，保证市民生活质量，新区保持对社会事业的高强度投入，基础性社会事业得到快速发展。新建南师附小、育才小学和南昌二中等设施先进的标志性学校，新建中寰医院、省中医院红谷滩分院、市第一医院红谷滩分院等高水准医院，新增基础教育学校 10 余所，全区共建成社区服务中心 36 个、社区卫生服务中心 4 个、社区卫生服务站 8 个、文化活动中心 1 个、社区体育健身路径 290 余条，基本缓解了市民对教育、医疗、文化和娱乐方面的需求。

（五）建立高水准的城区管理体制

南昌市委、市政府和红谷滩管委会不断提高对城市建设和城市发展的判断分析能力、管理控制能力和综合协调能力，综合管理能力显著增强。特别是 2008 年应对国际金融危机后，红谷滩管委会积累了丰富的经验，已逐渐形成较强的调控能力，对经济的驾驭能力不断增强，初步形成了既具有特色和优势又符合市场经济通行原则的管理体制，为红谷滩新区建设和发展提供了良好的组织保障。

总体而言，产城融合发展的主要机制是"以产兴城、以城促产"的有机结合，其主体自然是"产业"和"城市"；一条主线——发挥区位优势、适应产业需求的合理规划——贯穿整个产城互动、和谐发展的过程，城市孕育产业、产业反哺城市的二元互动形式是产城融合发展的基本脉络（见图 10－4）。

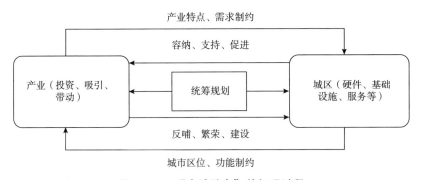

图 10－4　"产城融合"的机理过程

第四节 南昌新城区建设中"产城融合"的思路研究

一 产业集群对南昌城镇化的效应分析

产业集群是推进城市化进程的重要动力，这一结论在发达地区的城市化进程中得以证实。城市化首先是人口城市化的过程，人口向城市地区集中，从农业人口变为非农业人口。大量企业为了获得规模经济在某一地区集聚，为社会提供了大量就业机会，吸引劳动力从农村向城市转移，从第一产业向第二、第三产业转移。区域形成规模性劳动力市场后，劳动力在市场内快速流动，劳动力的生产技能和整体素质得到提高，企业对优秀人才的搜寻成本降低，从而吸引更多相关产业的集聚，形成外部规模经济。产业集聚对人口的巨大集聚作用，为城市化进程提供了源源不断的动力。

产业集聚加快城市规模的扩张。产业集聚在带动人口集聚的同时，必将吸引相关产业、辅助产业、配套产业和服务业在该区域集聚。产业集聚带来了生产的规模经济和消费的规模经济，生产者和消费者为了获得各自的规模经济，开始往此地迁移，使某些非中心城区的工业、商业等基础活动增加。生产和需求激发城市经济不断发展，促进城市规模不断扩大。

产业集聚有利于城市竞争力的提高。产业集群内的企业相互竞争和合作，促进了知识和技术的创新与扩散，有助于区域产业整体竞争力的提高，而产业竞争力是城市竞争力的重要表现，城市竞争力的提高又必然能够吸引更多资本、技术、人才等要素流入该地区，带动区域城市化快速发展。

（一）传统优势产业集群促进"产城融合"

目前，南昌市有冶金和新材料、电子信息和绿色家电、机电制造、纺织服装、食品等几大传统优势产业。这些产业与目前南昌市的城市规划建设紧密结合，对城市化进程的推动作用比较明显。以冶金和新材料产业为例，依托江西省丰富的金属及稀土资源，南昌市形成了颇具特色和规模、带动性较强的冶金和新材料产业链。

例如，以江西铜业集团为代表的大型金属开采冶炼企业是冶金和新材料产业链的主干，产业主要活动均由主干展开；以南昌有色金属设计研究院及南昌大学材料学院为代表的学术研究机构，是南昌市冶金及新材料产业链的基础，为该产业在南昌的扎根立足提供必要的智力和技术资源；南昌市的机场、公路、河运等交通节点及设施形成了冶金及新材料产业的神经和脉络，以保障原料、产品等物资流通的顺畅和及时；近百家冶金、材料相关企业形成了这个产业的组织和血肉，使整个产业形成一套旺盛的代谢体系，能够生机勃勃地发展成长。此外，还有一些外围产业，如以南昌冶金宾馆为代表的餐饮、住宿等服务业，为本市冶金新材料产业提供有益的补充。这样，整个冶金及新材料产业就形成了一个有机的整体和完整的链条。

冶金和新材料产业与城区建设的融合与互动，主要体现在通过产业发展拉动就业、辐射带动周边产业（如服务业等）以及推进基础设施建设，从而使城市化进程不断加快、城区建设不断完善。而城市的发展反过来为产业发展提供良好的经营环境和必要的基建支持，吸引人才及资本流入，从而构建和形成良好的产业区位环境。这种发展模式虽然推动并体现了城市与产业间的互动，但是城区内却没能形成产业集聚。主要原因在于旧城区缺乏城市规划以及产业发展缺乏指导性和计划性等，产业在城市中的分布比较散，许多资源不能集中有序地利用，一些基础设施甚至重复建设，远远没有达到高效使用，从而大大阻滞了城市发展对产业的带动作用。另外，由于产业内企业、研究机构、服务体系等呈节点状分散分布，因此产业系统对城市建设的推动能力也十分分散，各节点中间容易形成大面积的"产业真空"区，在这个区域内产业与城市建设几无联系，使该区域的发展更加缺乏目的性和导向性，进一步阻碍城市总体的产城融合和互动发展。

除了冶金和新材料产业以外，其他几大传统的优势产业——电子信息和绿色家电、机电制造、纺织服装、食品等——也存在相似的问题。这几大产业的组织结构比较相似，拥有的区位优劣势基本重合，在城市中分散分布的地理态势也十分普遍，因此产业与城市结合发展的结果、态势、不足也都大同小异。需要注意的是，这几种产业分布在城市中呈现相互重叠的现象，使市区功能划分进一步混乱，城市建设对各产业都有支持但都不够。由于旧城区人口稠密、环境复杂、历史遗留问题众多等因素，现有产业分布结构不易改变，因此在新城区建设中需要加以注意和改造。

（二）产业集群促进城市发展路径的改进

随着产业集群的不断发展，产业集群所在地区的第二、第三产业也会蓬勃发展，使城市在发展路径上有所改进。电子信息、机电制造、航空、汽车配件等一批优势产业形成集群，规模以上工业的主营业务收入达到2700亿元，规模以上企业超过千户，一批新兴产业迅速成长，一批产业基地成为南昌区域竞争力的重要组成部分，初步建成中部地区具有较强竞争力的先进制造业基地。建设了具有一定特色的区域性现代服务业中心，职教规模在全国排在前列，商贸、物流业规模总量加速扩大，结构改善，服务外包、文化产业等现代服务业发展迅速，旅游等传统服务业加快提升。

（三）产业集群为南昌的城市化提供了物质支持

产业集群的快速持续发展为城镇化的发展积累了大量的经济实力和财源。例如，国家级经济开发区——南昌经济技术开发区区内拥有千吨级国际集装箱码头、江西唯一的国家级保税物流中心、南昌火车货运站、邮政物流中心和建设中的航空物流中心等。目前，区内有各类企业近800家，其中规模以上工业企业120家，已形成新材料、家用电器、电子信息、汽车和机电五大特色鲜明、优势突出的主导产业。园区的经济迅速崛起，推动了当地工业的快速增长，工业化进程的提升加速了地区的城区建设步伐。

二　以产兴城，推进新城区建设

南昌市在"十一五"期间，通过积极培育产业集群，有力提升了全市的经济发展水平，同时在产业集群的发展过程中，形成了由产业带动的城区发展，以产业的提升推进新城区建设的兴起。

当前南昌的产业集群处于快速发展阶段，具有以下几个特点：一是现有产业集群多数已形成完整的产业链，如高新区的光伏产业；二是产业集群多数以具有主导产品的大企业为龙头，且以众多中小企业为配套，延伸形成产业链，如小蓝汽车零部件产业集群；三是集群类型既有原生型，即本地原有产业发展起来的集群，如青山湖区的纺织服装产业集群，又有从外面引进或转移来的潜入型产业集群,如高新区的服务外包产业集群。

因此,南昌市应通过对主导产业和优势产业的选取和定位,合理布局产业集群,以助推新兴城区的发展。

(一) 南昌市总体产业集群布局

1. 半月形产业集聚带

环南昌市北部、东部和南部,以两个国家级开发区和小蓝开发区为核心增长极,重点集聚高技术产业、先进制造业和生产性服务业,重点提升产业发展的规模效应和质量效益,建设光伏产业园、LED 产业园、动力城、汽车城、航空城、家电制造基地、新材料制造基地、软件和服务外包基地和生物医药基地。突出差异性发展、集聚式发展和裂变式发展。促进昌南工业园、昌东工业园、罗家地区和蛟桥地区调整结构,减少区域内的工业排放,成为复合型都市产业园区。

2. 沿江产业拓展带

以赣江为主轴,以两岸现代服务业核心集聚区为增长极,建设红谷滩中央商务区、两岸城市服务带生活圈、九龙湖组团铁路枢纽服务业区、樵舍新型重化工业基地、临港产业园、低碳产业园、赣江三角洲现代生态农业示范区等。对沿江产业带的基础设施进行专项部署和建设,尽快形成优良的产业支撑条件。加快发展沿江产业带,构筑南昌市临湖(鄱阳湖)发展的产业脊梁。

3. 昌九走廊产业增长带

沿京九铁路轴线,布局乐化空港经济圈核心区、桑海生物药谷、向塘产业物流新城和大温圳工业圈,增强南昌的产业极化功能,推动昌九工业走廊加快形成,加快昌九同城化发展步伐,推动省会都市合作区的形成和发展。重点发展临空产业,做大生物医药产业规模,把向塘的区位优势加快转化为竞争优势和经济优势,促进县域特色工业发展。

4. 空港—河港枢纽型产业发展区

以航空和河港枢纽建设为契机,以区域快速路网为支撑,依托南昌经开区、乐化、桑海和樵舍的发展,建设临空制造业基地、临港产业园、空港物流枢纽、航空快递中心、国际性商务服务中心、铁路物流园及南昌保税物流园等,以点带面,开辟临空临港的产业新区和现代新城。布局装备制造高端零部件、电子信息产品、生物科技、医疗器械制造研发等临空高科技产业，以及高端商贸、休闲、旅游、会展、物流等临空现代服务业；布局新型重化工业基地、循环经济产业园等临港现代制造业基地，推动大昌北区域加快发展，促进南昌跨江繁荣。"十二五"重点开发建设空港经济实验区、龙头港区和樵舍港区。

5. 环城旅游生态型产业新兴区

充分利用环城的自然资源，依托梅岭、西山、南矶山、鄱阳湖、军山湖及农业旅游设施等重要节点，建设快速路网，贯通水道、绿道，加密城郊公园、景区、林地，加强基础设施和旅游设施建设，开辟环城水上游大通道，加强生态保护、环境整治和文明提升，建设以原生态、野趣、农家乐为主题的环城公园带，大力开发休闲生态旅游，加速发展城郊经济，推进城乡一体化建设。

综上所述，南昌市应积极培育特色产业，适当划分各产业园区的功能。以 3～5 个重点发展的主导产业来形成国家级工业园区，以 1～2 个重点发展的主导产业来规划省级工业园区，每个主导产业占园区工业经济的比重不低于 15%。建立健全科学考核评价体系和激励约束制度，引导产业项目集中、生产要素集聚、配套服务集成，实现集群共生、联动发展。以大项目催生大产业、带动大配套、形成大集聚，形成布局合理、特点明显、功能互补、结构优化的产业集群发展格局。同时，加强工业和服务业的融合发展，在确保工业经济占经济总量的比重不低于 70% 的前提下，支持高新区、经济开发区、桑海开发区、小蓝开发区、长堎工业区向新城区方向加快发展。支持昌东工业区、昌南工业区优化结构，加快发展生活服务业和特色服务业。南昌市重点产业集群所在城区和布局情况如表 10 - 16所示。

表 10 - 16　南昌市重点产业集群区

重点产业集群	所在城区
航空、光伏光电、电子信息、生物医药、新材料	南昌高新技术产业开发区
内燃机、汽车机电、家用电器、电子信息	南昌经济技术开发区
汽车汽配、食品饮料	江西南昌小蓝经济开发区
针织服装、生物医药	南昌昌东工业区

续表

重点产业集群	所在城区
印刷包装、医药食品	江西新建长堎工业区
现代物流	南昌昌南工业区
新型建材	江西安义工业区
生物医药	江西桑海经济开发区

（二）以产兴城的重大实践——"五大组团"

城市化与产业集群之间是相辅相成的、共同促进的关系。因此，南昌新规划的"组团"建设也可遵循这种模式，在确定主导产业和功能定位的基础上实现新城区的快速发展，实现以产兴城。

1. 乐化组团：打造空港示范新区

乐化位于新建县中部，京九铁路、银福高速公路、105国道、南昌市东西外环公路、乐昌公路、赣江河道穿境而过，昌北机场雄踞其内，交通非常便利，南昌万吨级的大型集装箱码头紧靠乐化西河，是南昌新城大昌北建设的前沿阵地和昌九工业走廊的黄金地段。

（1）发展定位

以昌北国际机场未来的发展为依托，以空港服务业、临空制造业、航空物流业为主导产业，建设生态优美、功能完善、具有相对独立性的空港示范新区。

（2）建设思路

乐化新城区临近昌北国际机场，机场带来的巨大客流量以及乘客主体较雄厚的经济实力是这个地区的主要区位优势。在产业选择上，要注意充分利用这个优势，依托国际机场带来的客流量，其主导产业应当是服务类行业，比如房地产、餐饮、金融、商贸、娱乐等。在客户群体及其消费能力的推动下，该区容易形成高档住宅集聚区和商务聚集区。服务类行业的发展可以大大推进城市建筑、基础设施的完善和高档化，使城区功能更偏重于消费和娱乐，这无形中就塑造了该区的建设风格和产业经营理念，即高端、品位、时尚。

（3）规划布局

该组团可依托昌北国际机场，发挥空港对区域经济的带动作用，集空港服务业、临时制造业、航空物流业等相关产业为一体，着力建设临空高档商住区和综合性、现代化的临空商务区，形成临空经济区，建设成为空港新城。

城区建设的高档化可以强化航空港已经形成的现代感和商务气息，能够使本区的不动产迅速升值，吸引更多的消费者和投资者，从而刺激房地产、餐饮、商贸、金融、娱乐等产业的进一步扩张。整个临空经济区的城区建设和产业发展相辅相成、互相促进，使产业和城市真正融为一体。

2. 瑶湖组团：打造创新城市标志性地区

瑶湖位于南昌市东郊，隶属高新技术开发区，现已被南昌市政府规划为高校园区，拥有江西师范大学等一批高校，具有人才优势，非常适合高新技术产业的发展。由于本地区水体众多，因此低碳、环保就成为产业选择的标准之一。本区将以轨道1号线和轨道3号线为导向，形成以围绕轨道交通的综合功能区为核心、产业两翼发展、外围适度拓展的空间格局。

（1）发展定位

以先进制造业、高科技产业和休闲旅游度假业为支撑，打造功能完善、相对独立、可持续发展的生态科技组团。

（2）建设思路

该组团可依托瑶湖高校园区，高起点建设瑶湖科技城，打造区域科技商务服务区。同时重点发展光伏、半导体照明、服务外包等低碳生态产业，以航空制造业、LED产业为基础，带动相关产业协调发展，构建集产品制造与科技研发、商务办公与生活配套功能于一体的现代化科技及产业综合新城。

本区发展的主导产业可以定位于航空制造业，依托中航工业洪都集团，创建航空城。洪都集团是我国教练机、强击机的主要生产供应商，具有极强的技术底蕴和研发能力，产品广受国内外用户的好评。借助中航工业洪都集团搬迁、发展新兴产业的机会，瑶湖高新技术区可以凭借科技组团和高新技术产业集聚的优势吸引洪都集团在区内落户，还可以建设高水平的航空器试飞基地。同时，本地的其他产业如新材料、半导体、电子技术等可以为航空器材研发提供便利条件，并积极推动中航工业与科研实力比较雄厚的南昌大学材料学院及南昌航空大学的产学研合作，使瑶湖高新区乃至整个南昌市成为国内知名、实力雄厚的航空城。

（3）规划布局

①麻丘综合功能片区：打造成为集中生活的小镇

麻丘综合功能片区将被打造成为一个集中生活的小镇，在商业金融、文化娱乐、商务办公、生活居住等方面为东岸地区提供全面的服务，以支撑整个东岸地区的产业发展，创建生态环境良好的综合区域。

麻丘综合功能片区北起昌德高速及其连接线，南至南胡村（建设用地边界），西起瑶湖，东至福银高速（东外环），规划用地约为 12.8 平方公里，建设用地约为 10 万平方公里，人口规模约为 12 万人。

②瑶湖组团产业基地：融制造、科研、办公与生活配套功能于一体

瑶湖组团产业基地的规划结构为三圈层、四带和四片区。第一圈层是滨湖的绿色开敞空间和休闲游乐景观层，第二圈层为产业配套的生活居住及公共设施配套层，第三圈层为产业发展分布层；四带指围绕瑶湖现有水系及高速路通道，形成四条发射状的水系绿化景观带；四片区指依托水系绿化景观带形成四个功能片区。

3. 昌南组团：打造公园生态示范城

莲塘位于省城的近郊，北部与南昌市区接壤，是南昌市"一核五片区"昌南片区的核心地带，素有省府"南大门"之称，乃南昌县县城所在地，属全国重点镇，是全县的政治、经济、文化、信息交流中心。成立于2002 年的南昌小蓝经济技术开发区地处莲塘，目前已经形成汽车汽配、医药、电机电器、轻纺服装、食品饮料五大支柱产业。此外，食品医药、电机电器、轻纺服装在小蓝经济技术开发区中也占有重要地位，这些已经形成规模的产业可以成为昌南新城区建设的补充，但是需要注意的是这些产业大多在旧城区形成了一定的集聚，因此作为新城区重点培育的产业需要在产业链上进行相关的延伸和升级。

（1）发展定位

依托小蓝经济开发区，重点打造现代汽车城，建设象湖片区，主动接受南昌中心城区的辐射，加速两者的对接与融合。以汽车制造及零部件、食品医药等先进制造业为基础，形成以工业为依托的经济发达、交通便捷、布局合理、环境优美的现代化综合新城。

（2）规划布局

昌南组团共分莲塘、小蓝经济开发区、昌南新城片区三大功能片区。

莲塘片区作为南昌县政治、经济、文化中心，东起京九线，西至南高路，北起城北路，南至城南路，有着得天独厚的地理优势，是昌南组团建设的核心片区。莲塘片区目前已形成"五纵五横"的路网体系。昌南组团应依托小蓝经济技术开发区，以南昌市江铃汽车集团为核心和主干，打造汽车及零部件生产基地。汽车制造产业需要拥有比较便利的交通物流条件，而昌南组团北临昌南大道，南接铁路西环线，东至京九铁路，西靠赣江，交通极为便利，适合成品汽车及其零配件的加工制造。本区的道路交通建设会成为城区基础设施的突出重点之一，服务功能也将偏向物流。另外，汽车产业属于资金密集型产业，本区也要相应加强金融服务机构的建设，以支持产业资金链运转。产业对劳动力的需求比较大，因此可以在象湖片区建设一个住宅功能区，方便产业工人就近居住。

4. 九龙湖组团：打造都市圈的副中心

九龙湖组团包括红谷滩九龙湖片区、新建县望城工业园和生米镇，其中红谷滩九龙湖片区是整个九龙湖组团的核心。九龙湖片区位于南昌市西南部，整个片区为典型的丘陵地貌，呈西高东低态势（三组丘岗自西向东延伸，两组沟谷自赣江由东向西汇聚），在南部形成一个天然湖泊——九龙湖。九龙湖片区目前正在实施的项目有南昌西客站、南昌国际体育中心等11个，西客站、南昌华南城等七大项目即将陆续交付使用。作为九龙湖片区的中心，西客站周边将发展成为区域性商业中心，远期则可依托望城工业区大力发展现代服务业，成为区域生产性服务中心、生活性服务中心和创新中心。

（1）发展定位

集商务办公、流通服务、创新研发、先进制造业于一体的功能相对独立的生态宜居新城，打造成现代化的区域交通枢纽和生产性服务中心，建设成为南昌都市圈的城市副中心。

（2）建设思路

该组团独特的地理位置造就了其独特的资源优势，在将来的发展中可依托赣江、湖泊、丘陵、温泉等自然资源优势，大力发展会展、旅游、休闲娱乐等现代服务业和新兴产业，形成集办公、居住、休闲、会展于一体的综合新城。

（3）规划布局

九龙湖组团规划方案将打造"两片五区"，"两片"：生活片、生产片；

"五区"即西客站商贸居住综合区、九龙湖生态综合区、望城生活配套综合区、望城物流产业发展区和长堎外商投资工业区。其中,生活片顺接红角州,布局生活和生产服务配套功能;生产片则临高速、临铁路、临国道布局工业生产和物流市场等产业功能。充分利用和保护现有的山、水、林,保持园林绿地规模和生态廊道,并与城市建设区相互渗透、融合。

5. 梅岭组团:打造旅游集散基地

梅岭风景区是国家重点风景名胜区,是一座城郊结合、丘陵和山地结合的国内大中城市内罕见的多功能型风景名胜区,适宜观光度假、避暑休闲、会议洽商、文化探源、宗教寻根、革命教育、科普科考等多项活动。经过20多年的开发建设,梅岭风景区现已形成生活设施基本配套、基础建设粗具规模、景区管理已上正轨的基本格局。规划中的十大景区中已初步开发并产生效益的有洪崖丹井、狮子峰、神龙潭、长春湖、紫清山、洗药湖等景点。景区年接待游客50万人次左右,并且每年以15%的速度递增。根据风景区内的旅游资源状况,全景区划分为各具特色的10个景区:湾里城区游览区、洪崖丹井—紫清山游览区、铜源峡—幸福湖景区、洗药湖(罗汉岭)休闲度假区、神龙潭景区、店前(翠竹山庄、跌水沟)游览区、狮子峰—泮溪湖—望狮涧景区、潘仙洞—紫阳宫景区、梅岭头游览区和罗亭游览区。

(1)发展定位

围绕都市森林、休闲新城的发展目标,通过建立新的城镇化发展模式,明确旅游业的主导地位,深度拓展与旅游相关的产业和职能,加强发展引导,推动经济社会转型。

(2)建设思路

该组团应以梅岭为依托,整合周边旅游资源,加快梅岭综合开发,打造湾里旅游集散基地,构筑区域大生态旅游圈。其中北部为溪霞水库景区和象山森林公园,南部为流湖温泉和厚田沙漠,西部为西山、梦山和安义古村,东部为都市区。适度发展生态农林业,构筑重要的生态保护功能区,形成观光、休闲、疗养、度假旅游新城。

(3)规划布局

结构布局为老城特色旅游服务区、新城综合服务区、旅游地产开发区、文教科研区和主题休闲功能区。主导产业为旅游接待业、休闲娱乐业、房地产业和体育文化业。

　　需要说明的是，九龙湖新城区建设与梅岭新城区建设在区位优势和功能特色上有相同之处。这两个组团的新城区建设，都是依托优越的自然环境，开发旅游、疗养、娱乐、住宿等服务行业。这两个新城区一个乐山，一个乐水，都需要合理规划，保护和利用大自然带来的财富。工业制造业在建设旅游休闲新城中显然不合时宜，而且成本也过高。此类新城区建设应与周围的自然环境相匹配，不需要高楼大厦，务求方便舒适、风格轻松。旅游、疗养、娱乐等服务类产业也不应过分现代化、高档化，应当结合本区实际资源，开发亲近自然、放松身心的项目。

　　在开发自然资源、建设旅游休闲新城的过程中，务必注意环境本身的承载能力，不能使产业过度发展，对环境造成过重压力。因此，新城区的规模和企业数量不宜过大、过多，以求不破坏自然环境的整体性和再生能力。

三　以城促产加快产业集群升级

　　通过合理的规划布局和近几年日趋完善的发展，南昌市新城区内主导产业所形成的集群逐步实现规模扩大和结构升级，产业链也有所延伸，以新城区适当的发展模式带动了产业的有效提升。

（一）高新区内重点产业集群

　　南昌高新技术产业开发区坚持"优先发展高新技术产业，重点发展软件产业，大力发展先进制造业，配套发展第三产业"的发展战略，与现有产业发展相结合，重点发展光伏、半导体照明、服务外包等低碳生态产业，大力发展航空、电子信息、生物医药等高技术产业。

1. 光伏产业

　　充分发挥现有光伏产业园的优势，大力实施光伏产业发展战略，集聚发展后端产业链，构建集研发、生产、配套、总部、教育培训等为一体的布局，以赛维（南昌）LDK、赛维 BEST 为中心，建设南昌光伏产业基地，着力构建集硅片、电池片、电池组件、导电玻璃、薄膜电池、太阳能电站等为一体的完整产业链，打造极具竞争力的光伏千亿产业集群，成为世界级光伏产业园。加速推进若干个 1GW 光伏项目建设，建设以太阳能电池新技术、新产品开发为重点的光伏产业集群，提升光伏电池及组件生产能力，加快系统集成建设，开发先进适用的光伏系统优化设计技术，开发生产太阳能光伏发电系统平衡部件，积极发展光伏配套产业。

2. 光电（LED）产业

以金沙江 LED 产业园、联创光电 LED 产业园为突破口，进一步充分发挥晶能光电、联创光电等龙头企业的实力和带动作用，在初步形成 LED 产业链的基础上，着力扩大产业链上各环节的规模。进一步深入研究核心技术，力争将专利技术覆盖所有 LED 生产领域。通过技术攻关与研究开发，力争在功率型及超高亮度 LED 外延片和芯片制造技术、高性能 LED 封装技术等关键技术和工艺上有新的突破，全面提升 LED 产业的技术档次和水平。借助国家硅基 LED 工程技术研究中心平台，深化研究并抢占传统应用领域，拓宽思路开辟新的应用领域，建设在我国具有竞争力的 LED 产业园。

3. 航空及零部件产业

依托洪都航空工业集团，以国家大力发展大飞机项目为契机，遵循"大项目—产业链—产业群—产业基地"的理念，加大建设和招商力度，借鉴美国西雅图、欧洲图鲁兹航空城、西飞国际等国内外先进经验，积极参与大飞机部件的研制和生产，提高飞机部件的专业化生产能力，大力推进南昌航空城建设。加强与中航工业和中国商飞的合作，快速推进航空城一期、二期和中国商飞第二试飞基地等项目建设，全面完成大飞机零部件和国际转包产业园建设，全面承接大飞机第二总装厂布局，启动航空城码头建设，形成一个集航空产业产品研发与制造、航空通用运营与服务、航空教育、博览、旅游、文化、运动娱乐为一体的航空产业集群，建设成为具有鲜明特色的现代化航空工业城。

4. 电子信息产业

着力增强自主创新能力，提升产业核心竞争力；发展一批市场需求大、技术优势强的软硬件产品，进一步优化电子信息产业链，提升电子信息制造业的集群水平，大力发展信息通信、新型基础元器件、应用电子、信息家电及计算机等产品。加大对第三代移动通信、数字广播电视等领域应用产品的研发和产业化，加大整机生产对产业链进一步发展和完善的带动作用；加快推进"三网融合"技术、4C（计算机、通信、消费电子、内容）融合技术的发展并产业化；促进电子信息产业与制造业的有机结合和双向互动发展。

5. 服务外包产业

南昌已被国务院确定为中国服务外包示范城市，又被授予服务外包产业"最具潜力城市奖"。目前，高新区服务外包企业数约占全市总数的90%、全省的85%，本土的先锋、思创、泰豪以及引进的微软、IBM、中兴、用友、英华达等软件和服务外包企业有300多家，以 IBM - 先锋、微软 IT、中兴培训等服务外包培训机构为依托，服务外包人才培养和实训工作被业界及媒体誉为"南昌模式"。南昌在发展该产业方面与沿海先进发达城市基本上站在同一起跑线上，而且在人才等方面还具有一定的比较优势。

（二）经济开发区内重点产业集群

南昌市经济开发区坚持以技术高端化、产业集聚化、资源低碳化、基地生态化推动先进制造业结构调整，全力打造汽车机电、家用电器、电子信息等产业集群，形成"主导明显、优势突出、链条完整"的先进制造业体系。

1. 汽车产业集群

以汽车机电制造为核心，以 K 系列内燃发动机为主要增长点，以配套产业为助推力，建设"汽车城、动力园"，实现产值千亿级目标。

快速发展内燃机动力产业。K 系列发动机采用全球领先的 K 发明专利技术，全力以赴做好项目跟进、服务和协调工作，全力推进占地3000亩的内燃机动力产业基地建设，将基地建设成以生产、研发、装备为主体，带动物流等相关产业同步发展的动力园。壮大发展汽车及零部件产业。紧紧抓住国家交通网络不断完善的历史机遇，以高新技术及先进适用技术加快汽车及零部件产业的规模化和一体化水平，重点领域产品的研发能力达到全国领先，逐步优化以中高端产品为主体的产品结构和产业格局，做大做强汽车及零部件产业。在机电产业方面，围绕零部件企业、整车企业和专用设备产业，不断加大机电产业链的密度，发挥现有机电集群效应的综合优势，抢占国内高端市场，成为机电研发、采购、制造以及销售的集中地。

2. 家用电器产业集群

提高家用电器的整机生产能力，围绕奥克斯、齐洛瓦等重点企业，发展壮大空调、冰箱产业的规模，做好奥克斯150万套空调项目和齐洛瓦年产500万台冰箱项目，引进国内2~3家如格力、海尔等著名空调和冰箱企业入驻园区，增强空调、冰箱等家用电器的生产能力。

3. 电子信息产业集群

发挥欧菲光项目的龙头作用，发展壮大精密光电薄膜元器等电子元器件产业，提高产品集中度。以唐人电子的信息通信设备及研发项目、昌泰文化科技的 Space PC 电脑生产项目为抓手，聚集一批相关企业发展信息通信设备和计算机产业。

（三）桑海经济技术开发区内主导产业集群

提及桑海，其生物医药产业享誉全国。经过几十年的积淀和发展，桑海开发区已经建立起丰富的医药资源和深厚的医药文化底蕴，基本形成以济生制药厂、桑海制药厂为龙头的医药产业集群，是全区的支柱产业。生物医药产业属于南昌市"十二五"期间重点培育的战略性支柱产业之一，大力发展生物医药产业，打造"桑海生物药谷"，是桑海开发区充分发挥自身的区域特色和比较优势，有效地助力全市经济发展的重要选择。

1. 发展壮大生物医药支柱产业，打造"生物药谷"

着力打造集生物医药研发、制造、商贸、现代服务等环节为一体的生物医药产业集群区，将生物医药产业打造成为桑海开发区工业经济的支柱产业，将桑海生物医药产业基地打造成为江西省规模最大的"生物医药城"。紧扣中药材种植、提取、饮片加工、中成药制剂等中药产业链和大型医药仓储物流两条主线，通过建设生物医药产业集群专有基础设施，加快产业载体建设，打造江西省中药材的种植、提取和饮片加工的研究中心，建设医药物流中心，成为江西省和国内各地区中药材、制剂等医药产品流通的关键节点。加快医药产业联动发展，形成生物医药研发、制造、流通相互促进、协调发展的格局。加快产品研发与创新，形成产学研结合、技术和资源共享的新机制，培育一批重点产品。

2. 围绕医药产业招商选资，做大做强存量药企

充分发挥全区已有医药产业的集聚优势，加快企业"内生外引"，引进和扶持一批骨干企业、知名企业和有特色的中小型生物医药企业。积极引进优势医药企业和配套企业，完善产业链，壮大产业规模。锁定重点目标企业，鼓励国内外知名生物医药企业来桑海投资兴办实体和设立新药研发服务机构，促进联合开发、合同研究和合同生产。根据桑海区"十二五"规划，全区将在未来5年进一步扶持区内已有医药企业发展，培育数十家主营业务收入超过10亿元的企业，重点扶持江西南昌济生制药厂、江西南昌桑海制药厂、江西杏林白马药业有限公司等企业；培育10~15家销售收入超过1亿元的企业，主要扶持南昌济顺制药有限公司、江西民康药业有限公司等企业；扶持1~2家生物医药上市企业，力促江西杏林白马药业有限公司在3年内上市；在生物医药商贸企业方面，形成1家主营业务收入超过10亿元的企业，2~3家主营业务收入超过5亿元的企业，5家主营业务收入超过1亿元的企业。

（四）红谷滩新区内重点产业集群

红谷滩目前处于从新城建设成长期转入新城繁荣成熟期这一阶段，作为以现代服务业为中心的新城区，红谷滩应以建设大南昌、大昌北为着力点，进一步提升金融、商贸流通、创新创意和文体交流等服务业的中心地位，积极疏解和承载老城区及周边区域的城市功能转移，完善红谷滩新城的城市功能。根据"十二五"规划，红谷滩新区未来重点发展的产业集群有商贸流通业、房地产业、金融产业以及酒店餐饮业等。

1. 商贸流通产业

构建市级大型商业中心。在中心区构建以绿地中央广场、国际金融中心和联发大厦等为主体，集现代服务业为一体的城市综合体（商业综合体）。全区将构建3个特色商业中心，按辐射半径3公里或者覆盖8万~10万人口的标准设置，以大型综合超市为主体，建筑面积为3万~4万平方米。打造一个轨道交通网点商业区，根据轨道站点面积大小、周边人口集散情况和产业特色，开发形成轨道交通沿线站点商业功能区。建设多个综合性社区商业服务中心，人口规模达到1万~2万人、服务半径为200~500米的社区，均需配置综合性社区商业服务中心。

2. 房地产业

红谷滩的房地产业要以"平衡总量、优化结构"为指导思想，达到"结构基本合理、供求基本平衡、价格基本稳定"的发展目标，加强土地储备和宏观调控，加强房地产市场管理，使房地产继续成为红谷滩的支柱产业。

优化用地结构。保持居住、商业、公共设施用地均衡发展，合理利用开发土地资源，强化竞争，推动土地增值，提升土地级差效应；加强全区基础设施与公共设施配套建设，改善人居环境，完善社区服务体系，创造方便舒适的居住环境；在九龙湖片区，按照总体规划的要求，有序推进生态休闲、商贸流通、办公居住等房地产项目。

3. 金融产业

积极引进跨国金融机构、代表处和全国性银行的区域总部入驻红谷滩，加大对地方性银行总部的引进力度，吸引全国性保险、证券的江西区域总部入驻红谷滩，引导金融机构集聚发展，力争 5 年后在红谷滩的中外金融机构接近 50 家，成为中部品种最齐全、创新最活跃、环境最完善的金融中心核心功能区。

营造金融服务软环境，打造红谷滩的金融品牌。加快推动组建中部地区金融研究中心，提供金融服务业的信息服务，与金融机构保持紧密联系。在市金融办和有关部门的支持下，出台红谷滩新区金融扶持政策，降低入驻成本，凸显金融贸易区的吸引力，做好机构入驻咨询以及已入驻金融机构的服务工作。

争取新型金融业务试点，鼓励金融产品创新。争取国家支持，设立或发展风险投资基金和产业投资基金等，积极探索碳排放交易市场等战略意义重大的金融及其衍生品交易市场进驻新城，鼓励已入驻的金融机构创新金融工具和服务，完善管理结构。积极利用全民创业的机遇，激活南昌的民间资本市场，为金融业带来新鲜血液。

4. 酒店餐饮业

优化酒店类型和布局结构。打造功能齐全、布局合理和高中低档结合的旅游住宿体系，提升红谷滩的对外接待能力，积极推进香格里拉酒店、喜来登酒店等五星级酒店的建设，新建高星级商务酒店，适时推出一些具有鲜明特色和明确市场定位的主题饭店，包括商务饭店、青年旅馆、汽车旅馆、度假旅馆、康体宾馆等。

打造赣江休闲新天地。充分利用赣江沿江景观带的宜人景色，以赣江文化为品牌，以生态环境为保障，以完善配套设施为抓手，发展休闲和个性酒店，发展若干特色风情街、酒吧街、美食街以及商务俱乐部等现代休闲场所，形成有赣江特色和风格的主题娱乐产业集群。在未来 5 年内红谷滩将建成 5~8 家四星级以上酒店和 8~12 家休闲个性酒店，打造 8~10 个餐饮品牌和休闲品牌，形成辐射整个南昌市的休闲之都。

综上所述，产城融合的实质就是平衡，产业的提升激发城市的活力，形成城市形态；反之，城市功能的完善也为产业发展提供了条件，增强产业竞争力，二者相辅相成、互相推进。南昌市新城区"产城融合"的路径就是在新建新城区内引进先进产业作为主导，加快新城区的建设，推进新城区在基础设施、功能布局上的完善；在已建新城区内利用城区现有的资源优势，进一步壮大主导产业，延伸产业链，发挥产业集聚效应，完善产业布局，实现城区产业结构的升级，壮大城区的综合实力。通过这种路径，实现以产兴城、以城促产、产城有机结合。

第五节　南昌新城区建设中"产城融合"的发展对策

当前是南昌由传统工业迈入现代工业的关键时期，鄱阳湖生态经济区建设和"山江湖"综合开发战略的全面实施，必将推动南昌新城区产业结构进一步优化升级，为新城区发展特别是战略性新兴产业发展提供广阔的空间。第七届全国城市运动会在南昌举办和轨道交通等一批重大基础设施的建设，也极大地推动了南昌新城区的投资环境进一步改善，为南昌新城区的建设和产业发展奠定坚实的基础。

南昌新城区建设中的产城融合必须抓住契机，以邓小平理论和"三个代表"重要思想为指导，全面贯彻落实科学发展观，以科学发展、进位赶超、绿色崛起为主题，以加快转变经济发展方式为主线，以促进产业结构战略性调整为主攻方向，坚定不移地实施大开放主战略和新型工业化核心战略。坚持总量扩张与效益提升相结合、加快发展与转型升级相协调、改造提升传统产业和发展战略性支柱产业相统一，进一步加大财政和政策支持力度，推进重大项目，培育骨干企业，做强优势产业；进一步加快园区建设，优化产业布局，打造产业集群；进一步增强科技创新能力，提高经济运行质量，转变经济发展方式；进一步优化产业发展环境，全力推动南昌新城区建设迈向新水平。

一 "产城融合"发展中产业的提升对策

（一）坚持新型城镇化道路，实现生态和产业协同发展

城镇化是一个国家或地区由传统农业社会迈向现代工业社会不可逾越的阶段，是区域经济社会发展的综合载体，是欠发达地区实现现代化的必由之路。南昌新城区建设必须立足市情，大力推进新型城镇化，着力提高城镇综合承载能力，全方位提高城镇化发展水平，推动城镇化由偏重数量向注重质量转变、由偏重经济发展向注重经济社会协调发展转变、由偏重城市发展向注重城乡一体化发展转变，坚定不移地推进城镇化，为"十二五"发展奠定良好基础。

新型城镇化的实质是，在经济发展方式上实现从粗放向集约转型，在发展重心上从注重经济增长到关注品质提升、社会发展和民生改善转型，在产业结构上从产业链低端向中高端转型，在城乡关系上从城乡分割向城乡一体化转型，在可持续发展上从污染严重到资源节约、环境友好、生态城镇转型；在空间结构上从无序开发向有序开发转型。南昌在新城区建设过程中，必须转变过去粗放式用地、用能的状况，建立资源节约的发展思路，走集约型城镇化道路，以较少的土地资源来满足规模较大的城镇化需求；充分发挥南昌的生态优势，通过提高产业的组织化程度，形成生态建设的产业化，把生态效益与经济效益结合起来。通过大力培养生态科技智力优势，提高自主创新能力，实现产业增长方式由资源消耗型向创新驱动型转变，由生态保护型向生态产业发展型转变，推进产业结构逐步升级，努力构建以"生态良好、产出高效、示范辐射"为主要特征的生态产业发展体系，实现生态和产业协同发展，积极将低碳理念融入南昌新城区的发展中，努力建设生态园林城市、生态产业城市和低碳经济城市。

（二）继续优化第一产业，努力发展现代都市型农业

首先，要以科技为先导，发展优质、高效农业。发展南昌都市型农

业，要依靠科技进步，多管齐下，全面提高南昌农业在质量竞争、服务竞争和价格竞争中的综合竞争力。其次，要以农产品基地为依托，围绕拳头产品，发展特色高产农业。根据国内外市场需求，从南昌四县的区位优势和资源优势出发，围绕主导产业和拳头产品，推行一个稳定（确保粮、棉、油、水产品等主要农产品的产量相对稳定）、三个开发（加速开发"四特"农产品、加速开发替代品、加速开发出口创汇农产品）、五大基地（名优特精农产品生产基地、农副产品深加工基地、良种良苗引种繁育基地、农副产品出口创汇基地和旅游休闲农业基地）的策略。再次，要以农业产业化为途径，增强农业竞争力，通过优势资源的开发利用和政策扶持，形成南昌农业的产业特色。最后，要以观光农业为切入点，促进"第一产业的第三产业化"。

（三）不断提升第二产业，积极打造先进制造业基地

按照走新型工业化道路的要求，主动承接产业转移，并注重优势互补及产业链的衔接和延伸，把加快制造业发展作为主攻方向，选择有比较优势的行业和项目来重点扶持和发展，着力打造城市的关键性支柱产业。第二产业的结构调整，要走科技含量高、经济效益好、资源消耗低、环境污染少、人力资源优势得到充分发挥的新型工业化道路。支柱产业是一个地区综合竞争力的重要表现，它以技术上的先导性、产业上的关联性以及后续的裂变扩张能力，对地区经济发展起着举足轻重的作用。近年来经济发展比较成功的地区，大多在关键性主导产业上取得了显著的突破，形成了明显的产业集群和特色优势。

因此，在南昌新城区建设中，必须把发展产业集群作为建设现代制造业基地的重要举措，坚持市场主导和政府引导相结合的原则，以增强城市核心竞争力为目标，积极实施集群发展战略，实行差别化的产业选择和定位，运用非均衡发展规律，倾全市之力培育数个集区域化布局、专业化经营、市场化联动、社会化协作为一体的，具有较高知名度、较高技术含量和较强市场竞争力的标志性产业集群。要大力发展主打产品，推动以十大产品制造基地为主体的南昌工业体系的建设；要提升南昌制造业工业园区的整体水平，做大、做强、做优、做特工业园区；要分类建设南昌先进制造业基地，以市场为导向，以资本为纽带，以市场化运行机制为保障，以

骨干企业为龙头，着力培育壮大一批国际化、集体化、多元化、现代化的企业集团，构筑经济发展的"航空母舰"；要运用科技创新推动南昌制造业升级，以具有比较优势的产业为基础，通过技术创新、产品升级及配套延伸，培育壮大一批有技术含量和比较优势的高新产业群，构筑新型工业化的重要增长极。

（四）突破发展第三产业，致力建设现代服务业的区域中心

1. 建设现代区域商贸中心

首先，商品市场的规划建设应在城郊接合部，外环线周边，应高起点、高标准、高品位，适当超前定位。其次，要做大做强商贸龙头企业。再次，要加快推动红谷滩中央商务区建设。最后，推动市级商业中心、区域商业中心、卫星城区商业中心共同发展。市级商业中心包括城区市级商业中心和红谷滩新城中央商务区。区域商业中心是城市商贸业发展的增长点，是中心城区商业布局的重要环节及节点，应予以巩固和发展。卫星城区商业中心包括长堎、莲塘、湾里、民和和龙津，5 个卫星城区商业中心离南昌商业核心区路程较远，应加快发展建成以基本消费品为主体的属地型商业中心。

2. 建设现代区域物流中心

要努力构筑现代物流业的发展平台。进一步加快城市运输基础设施建设，提高铁路、公路、航空之间协调配合的程度，增强其社会服务功能；以信息化带动南昌市现代物流的发展；推进现代物流业体系建设。按照"城内大商场城中特色街、城郊大市场城外大物流"的商贸规划要求，规划建设城南物流园区、城北物流园区、城东物流园区和城西物流园区；在规划的外环线之内建设若干个物流中心，作为联系物流园区和生产企业、商贸流通企业和最终消费者的纽带。配合规划建设的多个物流园区，在高新开发区、南昌经济技术开发区等处附近各规划建设一个综合性物流中心。

3. 建设现代区域金融中心

一要建设南昌一流的金融 CBD。统筹安排好 CBD 的土地开发，注重增强 CBD 的集散功能、管理功能与服务功能。积极创造条件，引导外资金融保险机构、国内外大企业总部和各类中介服务机构集聚，提高 CBD 集聚和

扩散生产要素的能力。加快核心区的开发建设，建成一批标志性项目，初步展示 CBD 的整体形象。二要大力发展金融市场。不断完善南昌的证券发行市场；扩大直接融资规模，推动南昌上市公司购并重组和规范运作，全面提高南昌上市公司的质量。三要建立和发展大额存单市场。四要建立和完善南昌的国债市场。五要建立和完善票据市场。

4. 建设现代区域消费中心

首先，全力发展以连锁业态为主的多业态经营。实现百货大楼、洪城大厦集团、新洪客隆、南昌亨得利等商业企业向城市、乡镇、村延伸，拓展连锁商业网点，精心培育南昌本土连锁经营企业快速发展。其次，积极打造商业特色街。要进一步形成更多的以节点式商务、休闲、娱乐、健身、餐饮、购物为中心的特色街。挖掘城市文化精髓，实施文化兴商，创新商业内涵，新培育多条具有南昌城市文化特色的商业街区。再次，发展会展产业。南昌要通过完善会展配套服务体系，努力扩大会展规模，精心培育品牌会展，积极拓展会展空间，加强产业关联，充分发挥政府的作用，推动会展产业发展。最后，发展旅游业。南昌要充分开发利用丰富的旅游资源，依托"水景南昌、英雄城市"的特点，整合资源、强化特色、塑造品牌、开拓市场，把景区、景点串成旅游线路，围绕吃、住、行、游、购、娱，建立健全旅游服务体系，完善旅游各项服务功能，提高旅游环境质量。

二　产城融合发展中新城区的建设对策

（一）强化城区规划对新城区建设的指导作用

完善合理的城区规划能够确保执行力度，是保证城区合理地进行建设和城区土地合理开发利用及正常经营活动的前提与基础，是实现城区社会经济发展目标的综合手段。因此，南昌市对新城区的建设务必做到合理、适度，综合人口、环境等各方面的要素，对新城区进行合理定位，规划过程要做到切实严谨、反复论证、广纳意见。

（二）注重对商业气氛的营造

在南昌市快速发展的过程中，新城区一般都属于跳跃式的开发，从全市的发展规律和商业开发模式来看，旧城区商业对新城区的支撑作用有限，新城区的发展需要优先考虑自身的商业问题，新城区需要在多方面促进商业发展，特别是在政策方面。同时，南昌新城区内的商业如何与区域内的商务、旅游和教育等其他复合功能良性互动、互为依托，最大限度地形成资源共享，从而扩大区域的辐射力，是商业发展面临的核心难题。

（三）关注交通对城区发展的重要影响

当前南昌市老城区的交通状况存在一定问题，给居民的生活和工作带来极大的不便。南昌市新城区在规划内部道路交通体系的同时，要注重区域与外部城市干道的衔接，这是至关重要的一点。大型公共交通设施的建设是解决问题的必然选择。轨道交通以其容量大、输送效率高、环保而越来越受到人们的青睐。南昌市未来要以轨道交通作为新城区与老城区之间重要的交通工具，在保证可行性的基础上扩展轨道交通的规模，增加线路，实现老城区和新城区之间的有效连接。

（四）重视教育、医疗设施和文化氛围的建设

南昌市在新城区的建设过程中，要特别重视文化教育和医疗设施的建设，当前居民对生活水平的要求逐步提高，教育和医疗是区域建设中最基础的，其影响一个地区的发展潜力乃至竞争力。调查显示，城市居民认为最能体现城市文化的地方，几乎全部都在旧城区。南昌市新城区的建设要充分认识到教育和医疗设施完备的重要性；同时要充实新城区的文化建设，使新城区的发展与当地文化融为一体，在植入老城区原有文化的基础上，形成有新城区自我灵魂和更新能力的城市文化氛围。

三 产城融合发展中政府职能的政策建议

政府在新城区建设中是引导产城融合的宏观调控者，南昌市政府应根据南昌市区域产业发展程度、城市化建设程度而适时做出调整。在现代化城市的发展过程中，产城融合要经历从初期到发展再到成熟的逐步深化的阶段，因此，南昌市政府应针对不同阶段的产城融合现状，扮演适当的角色，发挥应有的作用。

（一）产城融合的成长期中南昌市政府的政策

产城融合的成长期决定了整个新城区的发展模式和成长路径，新城区的主体建设都要在这个时期完成。因此，结合产业集群不同阶段的政府行为理论，在这个阶段，南昌市政府应该实施诸多调控政策。

1. 改变传统的管制角色

南昌市政府应通过强"市"，即强化市场，来改变过于"强势"的政府管制角色，即运用更多的经济和法律手段，完善间接管理，从重管理转向重服务，从重经济效益转向重全方位的社会效益。在"越位"方面政府要彻底退出，纠正"错位"，填补"缺位"，把主要精力转到为市场主体提供服务和创造良好的发展环境上来。

南昌市政府应该充当产业发展的信息提供者，找到新城区产城融合的产业发展定位，这样作为竞争主体的产业和企业才能找到产业发展的优先顺序，进而推进新城区的现代化建设。政府不应该是产业的帮手或支持者，不能一味地分区划片来规划城区发展。应提升生产要素的质量，培育市场需求的高级化和精致化，引导企业生存和城市发展战略的远瞻性；促进相关产业和上下游产业共同创新升级，将产业发展同城区建设有机结合起来，这些才是政府应该做的。从根本上讲，为了真正促进产城融合，市政府应该赋予产业或企业改善和创新的动力，以此拉动新城区的建设。

2. 产城融合中的职能定位

南昌市产城融合发展中政府的公共策略和角色定位如图 10 - 5 所示。

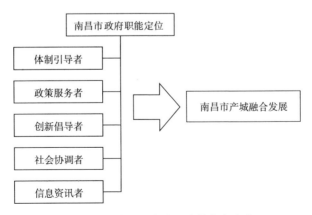

图 10 - 5　产城融合中政府的角色定位

（1）体制引导者——制定新城区产城融合的发展规划

一般来讲，产城融合中的产业基地要按照"市场导向、国际合作、体制创新、军民互动"的发展理念，坚持走专业化、市场化、国际化道路。坚定不移地实施自主创新和国际合作"两条腿走路"的战略，这样一方面加快关键技术的自主研发，推动产学研结合，另一方面有助于积极参与国际产业分工，吸收国外的先进技术和管理经验。

在产业集群的基础上形成城区建设，根据产业现状制定详细的城区发展规划。"十二五"时期是产业结构升级的关键时期，也是加快新城区建设的重要时期，要设定预期目标，合理规划，分期完成，以产业发展带动城区建设，以城区建设为产业发展提供服务。

（2）政策服务者——完善产城融合的服务体系和政策

南昌市政府应通过完善基础设施来完善社会服务体系，为产城融合的发展提供良好的环境。

一是制定各种优惠政策。政府应在土地价格、政府代理服务、收费减免等方面制定一系列优惠政策，为产城融合的发展创造宽松的外部环境。在建设用地指标上给予倾斜和支持，按照发展需求，调整新城区内土地利用总体规划，保证基地内基础设施和生产性建设项目的用地需要。对重点产业的相关项目，减收新增建设用地的有偿使用费，减收土地出让金。

借鉴扶持重点产业的相关政策，结合市财政状况，可以考虑实施一些量化性的财税优惠政策。比如，对于进入城区的重点产业及相关高技术企业，其主业收入超过70%的，企业所得税按15%征收；对于城区内新办的高科技企业，其税收按照高新区高技术企业对待。项目用地有偿使用费的地方收取部分返还企业，免收购置生产经营用房交易手续费和产权登记费，免征建设过程中的上水、排水增容费，返还和免收的税费主要用于企业的技术开发，以吸引更多的企业进入新城区进行投资。

同时，市政府还可以考虑，各新城区内的高新技术企业和生产性企业，达到一定规模并具有较高效益的，自注册登记之日起，3年内可享受不超过该企业所缴增值税10%的财政补贴。

对进入新城区的企业，积极协调各项贷款，优先推介与国际大公司的合作，优先参与承接海内外的项目，优先选派人员参加出国培训等。

二是健全法制化建设。良好社会文化环境的建设离不开法制化建设，政府应加强法制化建设，为稳定发展保驾护航。通过开展立法、执法和法制教育等多层次工作，为先富起来的一部分人和外来投资者以及他们的商业活动提供法制保障。同时政府应做到坚持依法办事，对企业的诉求迅速反应、有效纠偏，进一步健全统一、开放、公平、竞争有序的现代市场体系，为产业的发展和城区的建设提供良好的外部环境。

三是建立多元化的融资方式，引进外商投资。建立多元化的融资方式，特别是引进外商投资，是促进新城区建设的一大主力。政府应加强体制创新和环境创新，广泛开辟投融资渠道，形成政府引导、企业自有、市场融资、外商参与的多渠道、多方式的投融资体系。

对于新城区内的产业来说，初始期急需引进国外的先进经验和资金，大大加快产业集群化的步伐。政府更应该结合新城区的状况，从经济方面建立多元化的融资方式，吸引更多外商进行投资。新城区内产业集群的相关企业不仅应积极提高自己的销售额，增加资金积累，还应该积极进行其他形式的融资，在企业发展之初采取各种形式的市场融资渠道。政府应该建立一套比较完整的信贷体系，对中小企业实行一定的优惠政策，从而促进产业集群的发展。

（3）创新倡导者——健全产城融合的创新系统

产城融合需要创新的力量，产业集群在支持创新方面具有独特优势，因为产业集群是一个开放的系统，它向各种信息源开放。但是处于初始期的中小企业的技术攻关能力较为薄弱，导致其更需要地方政府提供有效帮助，来健全企业集群的技术创新支持体系。

一是营造人才工作环境。利用基地创业资金对引进的国际、国内相关产业领域的中青年高级人才进行资助，包括无偿提供住房及相应的医疗保障等。对短期工作的高级人才、特聘专家，经认定后，每月给予一定的科研和生活经费补助。此外，新城区还应制定、实施一系列优惠政策来吸引海外人才，如成立留学生服务中心来提供专业帮助，划拨专项基金鼓励他们在新城区内的产业基地进行创业等。

二是加强知识产权保护。由于知识产权具有明显的公共品性质，因此其社会报酬率远高于私人报酬率，如果不能对专利权和知识产权进行有效保护，将会打击中小企业进行技术创新的积极性并妨碍国外先进技术的输入。政府应大力加强知识产权的保护，实施专利产业化工程，以充分发挥专利制度在促进技术创新中的积极作用。设立专利专项基金，按照不同的档次对所出专利进行奖励。

三是推进产业集群专业化，促进新城区现代化。走专业化道路是促进新城区产业集群化、现代化发展的最有效途径。专业化不是指单一化，而是指在这个行业内充分发挥主观能动性，将行业做"精"、做"深"，按照专业化、社会化、市场化分工的方向发展，关联互动，形成群落，进而以产业带动城区发展，形成现代化的新城区。

（4）社会协调者——塑造信任、合作的社会文化环境

良好的社会文化环境是新城区建设的必要条件，建立信任、合作、以人为本的和谐社会文化环境更是推动产业集群发展的有效策略。政府要平衡经济发展和社会效益之间的关系，这是现代化新城区的要求，也是产城融合发展的根本原则。能否建立和谐的社会环境，体现政府在协调社会关系、稳定社会治安方面的能力。

新城区内的产业基地是由很多不同的研究院所或企事业单位组成的，政府除了宏观方面的扶持之外，还应该在微观方面帮助这些企业或研究院所建立协作关系网络，从而有效地减少人力或物力资源的浪费，维护平等竞争，引导专业市场发展；建立小企业与大企业之间的协作体系，切实维护中小企业的利益；培育生产资料租赁市场。同时，当地政府还应该赞助论坛为产业集群成员提供交流平台，从而使各企业能够相互沟通、交流，进而更好地合作。

（5）信息资讯者——提供信息服务

政府应当为城区内产业出口和国际化经营提供信息、咨询和培训等多方位的支持和服务。积极通过各种渠道，尤其是政府驻外机构、贸易促进会和其他各种民间组织的信息渠道，为产业集群成员企业提供各种出口信息服务，组织企业兴办和参加各种专业展销会，把产品介绍到世界各国，提供参与国际合作的机会。依托大学及有关机构和民间团体，举办各种业务培训，特别是出口业务经营及对外经贸方面的培训，提高企业业主的国际经营水平和素质。充分利用专家、民间组织和政府机构的力量，为部分产业发展提供市场调研、项目分析和市场营销等方面的咨询和服务。

（二）产城融合发展的成熟期政府的淡出对策

在城区不断发展的过程中，南昌市政府的作用不是一成不变的。正如斯蒂格利茨所言："不同的发展阶段，必须重新检验政府的作用。当经济不断增长、市场不断增长的时候，有些过去需要政府做的事情就变得不再需要，因为市场会做得更好。"因此，随着南昌市产城融合的深入发展，政府淡出是一种必然的趋势。政府应逐步将权力交给城区内的市场和企业，从直接干预的功能中淡出，主要起"市场增进"的作用，即"尽可能的市场，必要时的政府"。政府在产城融合发展中的强力推动作用具有阶段性特征，即政府在其发展过程中的部分职能属过渡性职能，随着产城融合的逐渐完善，城区和产业集群进入成熟阶段后，如果某些强干预措施无法对城区的良性发展起到支配作用，过渡性职能必须逐步淡出，政府转为行使市场主导型模式下的职能。

1. 南昌市政府淡出应遵循的原则

政府作用淡出是各园区发展到一定阶段的必然选择，在这一演进过程中，必须遵循一些基本的原则。

（1）合理界定政府作用边界原则

政府作用从产城融合中淡出，必须始终遵循市场经济规律，并结合本地的实际情况，合理确定政府作用的有效边界，明确有所为、有所不为的范畴，这是实施淡出的基本前提。既要对完善的市场经济条件下政府在工业园区中的职能定位做出总体的制度安排，又要正确处理总体框架与具体制度的关系。界定有效边界是一项复杂的系统工程，必须充分考虑制度安排的合理性和可操作性，特别是要与新城区产业建设本身的实际相结合，融入更多的灵活性。

（2）适时抉择原则

南昌市政府作用淡出的目的是充分利用市场机制的作用，更好地促进南昌市新城区的产城融合又快又好地发展。地方政府要动态把握新城区的产城融合建设进程特别是市场化程度，注意观察政府作用的各项措施的有效性，及时发现淡出的时点，防止出现政府供给陷阱。同时，在政府作用淡出的过程中，要注意克服原有政策的黏性，防止产生滞留效应。

（3）成本原则

从本质上讲，政府淡出行为也是一种经济活动，有收益也有成本，因此，在政府作用淡出过程中，要始终贯彻成本原则。在制定各项操作方案和选择操作时机的时候，必须进行成本分析。既要充分考虑转轨方案本身实施时的成本最小化和收益最大化，又要充分考虑制度变迁对新城区的产城融合发展和产业集群形成所带来的影响，只有更有利于产业集聚、更有利于新城区的快速健康发展、更有利于创造更多的收益，其制度变迁才是合理的，淡出才是成功的。

2. 政府淡出需要注意的问题

（1）调整制度

制度对于政府作用淡出具有决定性的作用。正如科斯所指出的："没有适当的制度，任何有意义的市场经济都是不可能的。"市场经济的公平性、市场经济的竞争性、市场经济的规范性、市场经济的开放性以及与市场经济相适应的财产制度和人们在市场经济中的自由选择都要通过政府的制度安排来加以确认。因此，南昌市政府要及时清理、调整新城区的产城融合中各种不利于发挥市场机制作用的制度，包括各种审批制度和政策。特别是要及时调整投资政策，使各类社会资本成为投资主体，改变新城区在建设初期主要靠政府投资启动的局面。

（2）让渡管理职权

在南昌市新城区的产城融合发展初期，由于行业协会、商会等各类中间体组织远没有发展起来，为推进新城区的发展，政府承担了大量的微观协调和管理职能。随着市场体系的健全和园区水平的提高，中间体组织迅速壮大，地方政府要将过去的直接管理职能让渡给中间体组织，充分发挥其自律、发展、协调、互助、服务、交流、调解、制衡的功能。中间体组织是现代市场经济的第四大协调机制，通过它们分解政府的经济职能，抑制了政府权力无限扩张的趋势，保证了市场机制作用的正常发挥，是市场经济发展的必然要求。

（3）转换招商引资角色

就当前的形势来看，南昌市新城区的产业集群发展主要是通过招商引资来实现的，而且初期都是以政府为主体，企业和中间体组织处于从属和相对被动的地位。在新城区发展到一定阶段以后，政府要退出，企业和中间体组织要进入，突出以商招商、以特招商、以大招商、以优招商，政府提供配套服务。比如，以核心企业或商会为龙头，自主组织企业团队到省外、国外招商洽谈，或引导外来企业举办同乡会、协作会，促使企业家聚集新城区，了解新城区，投资新城区。

（4）建立政府行为的社会评价和责任约束机制

政府作用淡出，既是来自政府本身的变迁行为，也需要社会的监督和评判，这样才能更好地检验操作的实际效果，也有利于不断改进路径。为此，南昌市需要建立政府行为的社会评价和责任约束机制。主要是政府在实施淡出的政策和措施前，要建立包括预期目标、预算安排、责任人员和奖惩措施在内的实施方案。同时，建立由各方面代表（新城区管委会代表、企业代表、人大代表、专家学者等）组成的评议机构，重点对实施进程和实施后果进行评价。应建立经常性意见反馈机制，由评议机构组成人员对政府在南昌市各新城区的产城融合中的行为方式进行分析，及时提出改进政府工作的对策建议。

第十一章 南昌县推进城镇化
建设发展对策研究

第一节 城郊地区推进城镇化进程的必要性

一 农村城市化的基本内涵

城市化是人类社会发展的必然趋势和不以人的意志为转移的客观规律。在西方发达国家，城市学历来就是科学研究的热点之一，并涌现出许多著名的城市研究学者和一系列城市研究理论。从中国的情况看，由于受多种因素的影响，至少在20世纪70年代以前，中国并没有正面提出过城市化问题，也没有开展过这方面的研究。中共十一届三中全会以后，中国的城市化才得到了迅速发展，人们也开始从实践中逐渐认识到城市化在加快经济发展和促进社会文明进步中的重大作用。尽管30多年来，中国城市化理论和实践的发展取得了令人瞩目的显著成效，但与西方发达国家相比，整体上还比较落后。从当前情况看，我国众多现存矛盾和问题的解决，都将得益于城市化的快速推进。而正确认识城市化的基本内涵，准确把握城市化发展的动力机制，是深化理论研究、加快城市化发展的前提和基础。

综观各学科对城市化的不同理解，概括起来主要有三种代表性的观点。一是人口城市化观点。这种观点将城市化定义为农村人口转化为城市（镇）人口或农业人口转化为非农业人口的过程。埃尔德里奇认为人口的集中过程就是城市化的全部含义，克拉克则将城市化视为第一产业人口不断减少，第二、第三产业人口不断增加的过程。二是空间城市化观点。该观点认为城市化是指一定地域内的人口规模、产业结构、管理手段、服务设施、环境条件以及人们的生活水平和生活方式等要素由小到大、由粗到精、由分散到集中、由单一到复合的一种转化或重组的动态过程。日本社会学家矶村英一把城市化分为动态的城市化、社会结构的城市化和思想感情的城市化，基本包含了上述观点的各方面内容。三是乡村城市化观点。这种观点强调乡村与城市（镇）的对立和差距，认为城市化就是变传统落后的乡村社会为现代先进的城市（镇）社会的自然历史过程。

以上三种观点都有一定的正确性，但是都不够全面。总体来看，城市化实质上是一个以人为中心的、受众多因素影响的、极其复杂多变的系统转化过程，包括硬件结构和软件结构两大系统的更替和提升，是一种从传统社会向现代文明社会的全面转型和变迁过程。城市化不仅是农业人口转化为非农业人口，并向城市（镇）集中和聚集的过程，而且是城市（镇）在空间数量上的增多、区域规模上的扩大、职能和设施上的完善以及城市（镇）的经济关系、居民的生活方式以及人类的社会文明广泛向农村渗透的过程。城市化过程既是越来越多的农民从土地中解放出来的过程，同时也是广大农村居民的物质生活和精神生活得到极大提高，逐步实现城乡协调发展，最终消除城乡差别和工农差别的过程。

农村城镇化作为整个城市化过程的一个重要侧面，是城市化体系中的一个重要组成部分。它主要是指以乡镇企业和小城镇为依托，实现农村人口的工作领域由第一产业向第二、第三产业变化的职业转换过程和居住地由农村区域向城镇区域（主要为农村小城镇）迁移的空间聚集过程，其本质就是农民生活水平的提高、生活质量的改善和整体科技文化素质的增强，使农民过上与城镇居民无多大差别的生活。

从实践的角度看，农村城市化和农村城镇化是两个既有联系又有区别的概念。从两者的相同点来看，它们都是指人口从分散到集中，农村人口转化为城镇人口，农村地域转化为城镇地域，农业活动转化为非农业活动，农村价值观念转化为城镇价值观念，农村生活方式转化为城镇生活方式的多层面、宽领域、纵深化的综合转化过程，从这个角度看，两者之间并没有本质上的区别，是两个完全可以通用的概念。从两者的不同点看，虽然这两个概念都是指农民的职业转换和居住地的空间转移过程，是农村产业结构变动与重组的过程，是农村人口素质不断提高的过程，是城乡生产要素双向流动的过程，但两者的侧重点是不同的。农村城市化的侧重点主要是农村人口向大中城市转移的城市化过程，即以现有城市来吸纳农村人口，农村人口向现有大中城市转移集聚而现有城市不断扩大的过程。而农村城镇化则主要是指农村人口向农村区域内的小城镇转移和集聚的城镇化过程。农民向现有大中城市转移和集中是一种较为理想的城市化方式，也符合农民祖祖辈辈的向往，但我国特殊的国情条件，决定了农村人口向小城镇的转移、集中将是我国城市化发展的主流。因此，在当前条件下使用农村城镇化这一提法更贴近中国农村人口非农化的发展实际，更能体现中国城市化的独特道路。

我国的城市化过程，既有与世界城市化规律相一致的一面，又有区别于世界城市化规律的特殊一面。中国的特殊国情，决定了中国农村的城镇化不仅是中国城市化的重要组成部分，同时也是实现农业现代化和国家城市化的基础和载体。在中国，没有农村的工业化、城镇化和现代化，就没有整个国家的工业化、城市化和现代化。与城市化相联系，城乡一体化是城市发展到高级阶段的区域空间组织形式。它是指在生产力高度发达的条件下，城乡完全融合、互为资源、互为市场、互相服务，在经济、社会、文化、生态等各个方面协调发展的过程。在这一过程中，并不是所有农村都变成城市，更不是城市乡村化，而是彻底消除城乡二元结构，使高度发达的物质文明和精神文明实现城乡共享。从我国的现实条件看，实现城乡一体化是一个相当漫长的过程，而实施农村城镇化将是实现这一目标的重要途径之一。

对于城镇化建设，十六大提出了"走中国特色的城镇化道路"，十七大的进一步补充是"按照统筹城乡、布局合理、节约土地、功能完善、以大带小的原则，促进大中小城市和小城镇协调发展"，十八大则提出"新型城镇化"，在未来城镇化的发展方向上释放出了"转型"的新信号。国务院总理李克强在多个场合谈及中国城镇化的新思路。他说，中国已进入中等收入国家行列，但发展还很不平衡，尤其是城乡差距量大面广。他强调，推进新型城镇化，核心是人的城镇化，关键是提高城镇化质量。

新型城市化就是坚持以人为本，以新型工业化为动力，以统筹兼顾为原则，以和谐社会为方向，以全面、协调、和谐、可持续发展为特征，推动城市现代化、城市集群化、城市生态化和农村城市化，全面提升城市化的质量和水平，走科学发展、集约高效、功能完善、环境友好、社会和谐、个性鲜明、城乡一体、大中小城市和镇协调发展的新型城市化路子。

（一）集约高效

把新型城市化与新型工业化结合起来，走集约高效的城市化道路。集约高效就是充分发挥空间集聚效应，突出循环经济，提高知识、技术、信息的贡献度，强化规模效应，节能降耗，转变发展方式，建设宜业城市。

（二）功能完善

把新型城市化与城市现代化、集群化结合起来，走城市功能完善的城市化道路。功能完善就是不断增强城市的综合承载能力，不断完善各类城市功能，不断培育城市个性，形成城市特色，建设特色城市。

（三）社会和谐

把新型城市化与构建社会主义和谐社会结合起来，走社会和谐的城市化道路。社会和谐就是公平公正、结构稳定、利益协调、充满活力、安全有序，建设和谐城市。

（四）环境友好

把新型城市化与城市生态化结合起来，走环境友好的城市化道路。环境友好就是着力减少污染排放，加大污染治理力度，突出城市生态建设，推动城市与自然、人与城市环境和谐相处，建设生态城市。

（五）城乡一体

把新型城市化与社会主义新农村建设结合起来，走城乡统筹的城市化道路。城乡统筹就是统筹城乡经济社会发展，逐步改变城乡二元结构，把城市基础设施向农村延伸，把城市公共服务向农村覆盖，推进农村工业化、农业企业化，提高农村的城市化水平，促进大城市、中小城市、镇、村协调发展，建设新农村。

二　南昌县推进农村城市化的必要性

城市化是现代化的重要标志，城市化的发展将从根本上改变现有的以单纯工业化为主要内容的现代化发展模式，也是传统农村社会向现代化社会发展的自然历史过程。由国家发改委牵头，财政部、国土资源部、住建部等 10 多个部委参与编制的《全国促进城镇化健康发展规划（2011～2020 年）》将在不久对外颁布。该规划将涉及全国 20 多个城市群、180 多个地级以上城市和 1 万多个城镇的建设，为新型城镇化提供了发展思路，提出了具体要求。按照上述规划，未来中国新型城镇化的建设，将遵从公平共享、集约高效和可持续三个原则，按照"以大城市为依托，以中小城市为重点，逐步形成辐射作用大的城市群，促进大中小城市和小城镇协调发展"的要求，推动城镇化发展由速度扩张向质量提升转型。

2012 年初，南昌县被列为"全国统筹城乡一体化试验区"。南昌县作为江西省的第一大县，同时也是省会南昌市经济社会的重要组成部分，大力推进南昌县城郊的城市化，不但能提高南昌县的经济、社会、文化、科技等综合发展水平，提升南昌县的城市建设品位，而且在一定程度上能够缓解南昌市当前所面临的市场结构和产业结构调整中出现的矛盾，有效地增强南昌市工业化中期发展的生命力，转变粗放经济的增长方式，提高经济增长的整体素质。

首先，推动南昌县（城郊）的城市化可以促进南昌的农业劳动力向非农产业转移，拉动农业结构调整。农村人口向城镇转移、集中的过程，本身就是城镇建设过程。大量农村人口向城镇转移，将带动城镇居民住房、道路、供电、通信、供排水工程、文化、医疗等公共服务设施的建设，所有这些建设无不需要大量劳动力。因而，这一过程可为南昌的发展创造出大量非农就业机会。另外，城市化是农产品加工业迅速发展的标志。随着城镇集聚人口的增加，对食品的消费需求会急剧上升，进而拉动农产品加工业发展。农产品加工业的发展，不仅可以为从农村转移到城镇的新增人口提供更多的就业机会，还会对农产品原料的品种和质量提出新的要求。在农产品加工业高度发展的条件下，农业经营者必须按照加工业对农产品原料的质量、品种、数量要求去组织生产，做到区域化布局、专业化生产、质量标准统一、产品用途专一。所有这些都将促进南昌农业生产结构向优质、专用化方向发展。此外，城市化是商品性农业快速发展的动力。南昌县的城郊人口向城镇集中，在城镇稳定就业和生活，这部分人将不再是传统意义上的农民，其生活方式和消费水准将发生实质性变化。

其次，推动南昌县（城郊）城市化可以推进南昌成为全省发展的核心增长极。2012年6月6日，江西省召开全力支持南昌发展、打造核心增长极动员大会，标志着省第十三次党代会提出的支持南昌打造成为带动全省发展的核心增长极的重大战略，进入了全面实施、加速推进的崭新阶段。要实现"核心增长极"这一目标，南昌必须下大功夫，其中一个重点就是，要充分发挥城市的辐射作用。南昌是省会城市，要在规划好、建设好、管理好城市的基础上，按照城乡统筹、区域发展的要求，站在更高的位置上，把大周边辐射带动起来，在鄱阳湖生态经济区城市群中强化自身的辐射带动作用，在长江中游城市群发展中发挥自己的关键作用。南昌县及其城郊作为南昌的重要组长部分，其城镇化能够有力地支持南昌成为全省发展的核心增长极。

最后，推进南昌县（城郊）城市化可以促进城乡社会经济协调发展。首先，南昌县（城郊）城市化能够有力地促进南昌房地产业的发展。南昌县的农村人口转移到城镇，必须解决住房问题。在市场经济体制下，城镇新增人口的住房问题，只有依靠市场来解决。无论是自己购买住房，还是租赁商品住房，都将促进南昌城市建筑业和建材业的快速发展，促进南昌城镇房地产市场的形成和发展，形成与市场经济体制相适应的城镇住房制度。其次，推进南昌县（城郊）城市化将带动南昌农村的产权制度改革。一是乡镇企业的产权制度改革。城镇化过程既是农村人口向城镇集中的过程，更是各类生产要素向城镇集中、各类产业在城镇兴起和发展的过程。由于城市的营销环境大大优于乡村，乡镇企业为了更大的发展空间也会向城镇集中，这样它的原有社区属性和集体所有制也会改变，以适应生产要素优化组合的需要。二是农村土地使用制度的改革。在城镇化过程中既要保证城镇化建设对土地的需要，又要有效保护农民作为土地所有者的土地权益，就必须建立和形成新型的土地使用制度。

因此，采取有效措施加快南昌县（城郊）城市化建设，是整个南昌市现代化导向战略的一个重点。

第二节 发达地区城郊县城镇化建设的经验借鉴

一 城市化进程中苏南模式的经验

苏南模式是党的十一届三中全会以后，在邓小平理论的指引下，苏、锡、常地区的广大干部群众在推进社会主义现代化建设的实践中，从实际出发，创造性地贯彻执行党的基本路线和基本方针，所逐步形成的具有区域性特点的经济社会发展路子。

苏南地区位于太湖之滨、长江三角洲中部，人多地少，但农业生产条件得天独厚。并且苏南地区毗邻上海等发达的大中工业城市和市场，水陆交通便利。苏南地区的农民与这些大中城市的产业工人有密切的联系，接受经济、技术辐射的能力较强。同时，苏南地区还是近代中国民族资本主义工商业的发祥地。早在计划经济时期，苏南地区就有搞集体经济的传统和基础，为发展乡镇企业积累了宝贵的经验和必要的资金。

苏南地区采取以乡镇政府为主的资源组织方式。政府出面组织土地、资本和劳动力等生产资料，出资办企业，并由政府指派所谓的能人来担任企业负责人。这种组织方式将能人（企业家）和社会闲散资本结合起来，很快跨越资本原始积累阶段，实现了苏南乡镇企业在全国的领先发展。不可否认，在计划经济向市场经济转轨初期，政府直接干涉企业，动员和组织生产活动，具有速度快、成本低等优势，因而成为首选形式。

苏南地区通过发展乡镇企业，走的是一条先工业化再市场化的发展路径。这一发展路径有以下几个特点。第一，与城市经济辐射密切相关，并逐步形成城乡经济一体化。苏南的乡镇企业一开始就立足于为城市经济提供配套服务，与城市联合创造的产值占苏南乡镇工业总产值的1/3，与城市形成各种形式的企业群体和企业集团，与科研机构形成科研—生产联合体，形成依托城市、大企业和科研单位的互相渗透的城乡经济一体化。第二，苏南模式是在传统的社队企业基础上发展起来的，在所有制形式上仍沿用公社时代社办、队办两级社队企业。以乡、村两级集体所有制为主，有户办、联户办等多种层次。第三，苏南乡镇企业以工业尤其是以非农副产品加工业为主。这是因为苏南农业尽管发达，但农副产品上交任务重，除口粮外，能留下自己加工的少，加上较普及的商品经济观念，突破了就地取材、加工、销售的格局，走上了以非农副产品加工为主的产业道路。第四，苏南的乡镇企业立足农村，支援农业。苏南乡镇企业的原始积累来自农业，其所有者和职工大多是农村村民，并且大多是兼业农民，企业也是建在农村，从而形成苏南乡镇企业在农村经济中产生，反过来又繁荣农村经济的良性互动局面。

　　苏南模式的成功经验及特色有以下八点。第一，坚持以公有制（集体经济）为主，又不断在实践中改革公有制的实现形式，积极探索在公有制条件下能够更好地解放和发展生产力的新路子。第二，坚持以按劳分配为主，走共同富裕的道路，又不断改革具体的分配方式，积极探索一种"效率优先、兼顾公平"的分配机制。第三，坚持以市场经济为取向，又比较自觉地接受国家的宏观调控。第四，坚持自力更生的方针，又实行全方位的开放。第五，坚持以农业为基础，在推进工业化的进程中，实现农业与工业的协调发展。第六，坚持以城市为中心、以小城镇为纽带、以农村为基础，形成了城乡一体化发展的新格局。第七，坚持以经济建设为中心，又大力促进各项社会事业的全面发展。第八，坚持"两手抓、两手硬"的方针，实现物质文明和精神文明建设的协调发展。

　　苏南模式的优点主要体现在以下方面。第一，乡镇企业可以从不多的社区积累中获取原始资本，并可以依靠"政府信用"从银行取得贷款，还可以无偿或低成本占用社区内的土地资源，廉价使用社区内的劳动力，从而带来创业成本的节约。第二，地方政府可以利用其身份和信誉，为企业获取计划外的原料、促进产品销售和处理商务纠纷，并帮助管理人员规避来自财产转移和国家政策歧视方面的风险，这也是许多私营企业宁愿放弃一部分财产控制权和收益权，争当集体企业的一个主要原因。第三，政府组织资源，企业规模一般比较大，可以生产一些资本密集型的产品。

　　苏南模式是"地方政府公司主义模式"、"能人经济模式"和"政绩经济模式"，本质上是"政府超强干预模式"。有学者把苏南乡镇政权对乡镇企业的实际干预和控制看作一种乡镇的"地方产权制度"，认为其事实上存在政企不分的问题，同时产生了低激励和负激励效应。但改革初期大量经济空隙的存在为包括苏南地区在内的乡镇企业的异军突起提供了历史机遇，使在很长一段时间里，苏南地区的政府超强干预模式取得了辉煌的成果。在那段时间，企业的一部分利润被用来建学校和乡村养老院，农地也被集中到种田大户。政府干预的结果是使乡镇企业承担了大量社会政府职能和"公共企业家"职能。尽管这种结果在一段时间内可能是积极的，但政企不分的集体产权制度的隐患最终由于外部宏观环境和竞争环境（如买方市场的出现）的变化而使苏南经济滑坡，人们对苏南模式开始提出了疑问。

1998 年，随着我国进入买方市场和国际经济环境的变化，经济空隙的数量、形式和分布发生了本质变化，使在同一个空隙中生存的企业遇到前所未有的竞争，苏南乡镇企业经历了第一次改制。当时的做法大多是把乡镇企业改成由集体控股的股份制企业。但这次股份制化以后，乡镇村的地方产权制度问题仍然存在，政企不分的弊端仍然没有得到根本的解决。由于设置"不可分配给个人的集体股"以及地方政府通过集体股掌握决策权等做法，地方产权制度以另外一种形式制度化和合法化了。

第一次改制并未建立企业内部治理规范化的现代企业制度，或者说，产权清晰了，但集体控股的存在又造成了新的政企合一，使许多县市在考虑进行必要的二次改制。二次改制的方向是政企分开，打破地方政府的地方产权制度，确立生产者和消费者在市场中的自主地位，以及私人作为独立产权主体的地位。二次改制的实质是让市场内生的发展力量发挥作用。二次改制转移出来的乡镇企业的社会政策职能需要政府来承担。

二 城市化进程中珠江模式的经验

珠江模式是人们对广东省珠江流域中以广州、深圳等为中心的 14 个市县，自改革开放以来向市场经济转轨过程中社会经济发展道路的概括和总结。改革开放后，珠江三角洲在从计划经济向市场经济转轨的过程中，利用国家赋予的优惠政策，以其独特的地理区位、土地和劳动力等优势，与外来资源相结合，创造了由地方政府主导的外向型快速工业化经济发展模式，走出一条具有中国特色的沿海地区新工业化的发展道路。

珠江三角洲的乡镇企业诞生于公社化时期，起步于 20 世纪 70 年代，到十一届三中全会以后得到蓬勃发展，其原因主要有以下几方面。第一，区位优势明显。该区域毗邻香港、澳门，交通和通信便利，有众多华侨和港澳同胞，使其能迅速了解国外信息并引进各种技术，在同港澳的经济往来中培训了技术和管理人才，为发展外向型乡镇企业提供了重要条件。第二，珠江三角洲农业发达。农村实行联产承包责任制后，农村经济的发展和农民生活水平的提高，使乡镇企业的发展获得了资金、劳动力、农副产品供给等要素保证。第三，经济模式转变。改革开放政策使农村从封闭的产品经济模式转向开放的商品经济模式，使它能充分依据本身的条件发展"三来一补"，并进而引进外资和技术设备，发展自己的创汇企业和骨干企业，形成外向型乡镇企业体系。第四，科技经济辐射。城市科技和经济辐射使乡镇企业的人才和企业素质获得了进一步的成长和提高。

珠江三角洲的工业化能够在改革开放以来实现跳跃式的发展，关键在于地方政府获得了指导和推进地域经济发展的主动权，主要包括两个方面的因素。一方面，改革开放后，广东实行了"财政包干"的特殊政策以及逐级放权的管理体制改革，使各级地方政府都享有较大的财政支配权，有自己可以支配的相对独立的利益，可以对市场、资源灵活应对，敢于创新，从而培育多层次的地方利益主体，使它们均走上相对独立的经济发展道路。另一方面，地方政府在发展本地区经济方面有了根据本地的实际情况进行理性选择和自主决策的弹性空间。相对独立的经济活动和政绩考核，使地方政府的行为常常带有现代经济学中的经济人的某些特点，分权改革后的地方政府在某种意义上扮演了这一时期的模拟市场经济体制下的企业和企业家的角色。

珠江发展模式最显著的一个特征是外向型经济。由于珠江三角洲独特的区位条件，在改革开放前，其与毗邻的港澳地区在客观上构成了一个落差很大的区域二元经济结构。改革开放后广东先行一步的特殊优惠政策环境，使港澳资本连同劳动密集型产业、技术和管理等，借两地落差形成势能，大规模向珠江三角洲地区转移，使珠江三角洲的工业化发展步入新的阶段，大量本地农村劳动人口走进工厂，并吸引了数以百万计的内地农村剩余劳动力向珠江三角洲地区转移。

珠江模式的又一典型特征是以乡镇企业和三资企业为主体。三资企业是外部引入的经济组织形式，而乡镇企业的崛起则是中国农村工业化的特殊道路，借助三资企业的引入促进自身组织的转型，是珠三角地区经济组织创新的主要内容。

珠江发展模式的另一个重要特征是其市场体系的发育程度高，而且是内外联动、多层结合、以外为主、双向接轨的市场化发展过程。在珠江三角洲的新工业化进程中，市场经济使各种生产要素得到优化配置，将不同所有制、不同国别、不同属性的资金和生产要素转化为一股强大的动力，抓住各种发展机遇，迅速推进经济的腾飞。

根据以上分析，珠江三角洲大胆探索，创造了珠江模式，走出了一条利用外资和多方筹集资金发展乡镇企业，进而通过企业与产业的集群推动城市化发展的成功之路。但是，在珠江模式的发展过程中，产业层次总体偏低，产品附加值不高，贸易结构不够合理，创新能力不足，整体竞争力不强；土地开发强度过高，能源、资源的保障能力较弱，环境污染问题比较突出，资源环境约束凸显，传统发展模式难以持续；城乡和区域发展仍不平衡，生产力布局不尽合理，空间利用效率不高；社会事业发展相对滞后，人力资源开发水平、公共服务水平和文化软实力有待进一步提高；行政管理体制、社会管理体制等方面的改革任务仍然繁重，改革攻坚难度越来越大。上述问题亟须高度重视并采取有力措施认真加以解决。同时，"三来一补"产业的空间流动性和对外依赖性特点，决定了这种产业的历史暂时性。

三 对南昌县推进农村城市化的启示

苏南模式、珠江模式的成功经验给我们带来了很多思考，也为南昌县（城郊）农村城市化的推进带来诸多启示。

在特定的大环境下，从实际出发，审时度势、因地制宜地探索适合南昌县（城郊）农村城市化的模式，采取适合本地区发展的对策，这是苏南模式和珠江模式给我们的最重要的经验和启示。这两大模式最成功的一点就是在特定的历史时期，从本地区的实际出发，依靠自身特有的区位优势和传统文化，乘着改革的春风，充分发挥地缘、业缘、亲缘关系，大力发展乡镇企业，促进本地区经济社会发展，进而推动本地区城镇化的发展，走出了一条适合本地区农村城镇化的道路和模式。

首先，在推进南昌县（城郊）农村城市化过程中，要注重政府的财政支持，以发展集体经济为主，多种经济共存。在所有制结构上，实行以乡（镇）、村两级集体经济为主、"五个轮子"（乡办、村办、农民联户办、个体办和其他合作形式办）一齐转的多层次结构；形成以镇办、村办、联户办和股份合作等集体所有制企业为主，以个体和私营企业（包括"三资"企业）为补充的新格局。在产业结构上，以第二产业（工业）为主，大力发展第三产业。一方面充分利用农村剩余劳动力、闲散资金和传统技术，形成新的生产力，促进商品经济的发展；另一方面各层次间相互竞争、相互促进，从而使整个经济结构充满生机和活力。在经营形式上，以集体经营为主，个体、租赁、"三来一补"、中外合资和合作等多种经营形式相结合，积极发展包括同外商合资、合作经营在内的多形式的横向联营，以外向型经济推动小微企业快速发展。

其次，民营经济是城市化发展的主力军。苏南模式和珠江模式的成功经验已表明，民营企业对本地的城市化进程做出了巨大的贡献。城市化需要大量资金，靠国家投资显然是不现实的，因此必须充分调动民间主体参与城镇化建设，依靠民营经济的发展，带动农民进城。以个体经济为主体的民营经济可以成为小城镇的实际内容和有力支撑，农村家庭工业的发展有助于形成别有特色的专业村、专业乡。农村工业发展的内在要求促使大批农民进城，小城镇的发展又把周围的专业村、专业乡包括进来，将分散的民营企业集聚起来，变成小城镇的组成部分，并促进家庭企业的联合发展。小城镇的建设和民营经济的发展相互促进，形成良性循环。促进民营经济的发展是小城镇建设的关键，只有民营经济发展了，才有足够的资金投资建设公共设施，兴办科学文化教育事业，提高居民素质，才能有效地加快农村城镇化和现代化的进程。

再次，以现代化方向为目标，以科学发展观为指导，在企业发展方向上合理布局，一方面，要发展特色产业，培育产业集群。苏南模式和珠江模式的实践表明，任何一个城镇要得到发展都应该有相应的产业给予支持，都应该充分依据本区域的资源、地缘、人才、技术、资金等比较优势，发展特色产业。另一方面，政府等相关部门要完善外资投资环境和相关机制，积极吸引外资，推动外向型企业与其他企业同时发展。积极引进国外的先进科学技术和设备，带动企业的技术进步，同时注重企业改革，使小微企业的生产和经营管理逐步实现现代化和科学化。在企业经营体制上，注重由骨干企业组成的企业集团的发展，提高企业的市场应变能力，在竞争中取得优势。

最后，以农村经济发展为己任，积极拓展资金渠道，大力发展小微企业。在发展小微企业的资金来源上，利用人缘、区位条件，采取多种措施，积极拓展企业发展的融资渠道，如采取引进外资、社会集资、银行贷款等办法，解决农村经济发展过程中的资金不足问题。除此之外，政府也应紧密关注小微企业的发展状况，为小微企业的发展提供管理和技术上的支持，以辅助民营经济和小微企业健康发展。

第三节 南昌县推进农村城镇化建设现状分析

农村城市化是一个国家和地区经济社会现代化程度的重要标志。南昌县"十二五"规划指出，南昌县正积极融入鄱阳湖生态经济区建设和山江湖综合开发战略，推进"核心城—中心镇—特色乡镇"的新型城镇体系的形成。加速推进昌南组团开发建设，全力打造新型城镇化示范区主阵地。重点打造蒋巷镇、塘南镇和三江镇三个中心镇，增强对周边地区的辐射功能。

一 南昌县农村城市化建设取得的主要成绩

（一）基本实现城乡规划一体化

首先，南昌县以全域规划、全面规划理念为基础，实行国民经济和社会发展规划、土地利用规划、城市总体规划"三规"融合，形成相互配套、全面对接的规划体系。其主要目的是强化区域功能定位，加快编制城乡空间结构、城镇体系、土地利用、综合交通、基础设施、产业布局、公共服务以及生态环境规划，形成城乡发展的整体优势，实现城乡发展的互促共进。

其次，严格城乡规划管理，基本形成了一体化的城乡规划编制、实施和监管体制，实现规划编制实施的规范化和法制化。同时，加强对城乡规划实施的监管，加大对违法、违规建设行为的查处，进一步强化规划的引导和约束功能。

最后，以中长期经济社会发展预测为基础，注重城市空间拓展的有序推进和功能布局的不断优化，保障集镇和村庄规划建设水平的不断提高，使农村社区的规划布局更加合理，城乡有序发展局面基本形成。

到 2011 年，南昌县已编制了 128 平方公里的昌南组团战略规划、县城总体规划、向塘总体规划，编制了昌南商务中心区、旧城区改造、南高公路两侧、昌南新城、小蓝银湖片区等 6 个控制性详规，完成了城区基础设施、排水管网、小蓝开发区公建布点、住房建设等 6 个专项规划，银三角分区规划正在编制，城市框架由老县小城逐步走向宜居新城。

（二）城乡基础设施不断完善

首先，南昌县坚持城市设施建设与农村设施建设并重、生产设施建设与生活设施建设并重、产业设施建设与生态设施建设并重，通盘谋划城乡重大基础设施布局和建设，强化城乡空间联系，优化城乡发展布局，做到布局统一规划、项目统筹安排、功能同步发展，实现城乡基础设施联合共建、联网共享。

其次，针对农村发展中的薄弱环节，加快以农村公路通达、电力扩容、安全用水、环境整治为重点的"四大工程"建设，抓紧制定实施方案、明确责任主体、落实具体项目、建立推进机制，促进城市基础设施向农村延伸，实现市域供水、供电、供气以及通信、信息网络一体化，提高城乡基础设施配套能力。

（三）城镇化比例逐步提高

10 年前，乘车从莲塘镇到老福山立交桥，市民习惯性地称为"进城"；10 年后，市民从位于昌南新城的家中出发前往中心城区上班，这样的现象在南昌已经是再平常不过的事情。南昌市民生活、工作的圈子正变得越来越大，而这种变化也成为南昌县从"市郊县"向"市县同体"这一目标迈进的缩影。近年来，南昌县紧紧抓住鄱阳湖生态经济区建设和山江湖综合开发战略实施的历史机遇，以打造昌南组团为契机，大力推进新型城镇化建设，使县域经济融入城市经济的步伐进一步加快，一个新的都市经济繁荣圈正在昌南划出越来越明显的痕迹。随着"市县同体"这一战略目标的逐步实现，昌南正快速摆脱与市区在城市建设和经济发展等方面呈现二元化特征的窘境。

在鄱阳湖生态经济区建设上升为国家战略后，南昌适时推出了打造"五大组团"的构想，全力打造昌南组团，使其成为推动南昌县新型城镇化建设向前迈进的又一股"东风"。因此，南昌县的新型城镇化建设也从传统发展模式向以昌南组团为核心，以莲塘、向塘示范镇为龙头，带动蒋巷、三江、塘南重点镇等共同发展的城乡一体化大格局转变。

昌南组团中的莲塘片区，在 20 世纪 80 年代初期面积不过 4.5 平方公里，人口才 4.2 万；到"十一五"期末，建成区面积已达 46 平方公里，人口为 38 万。昌南组团规划正式实施后，莲塘片区的建设不能再走片面追求规模扩张、空间扩张的老路了。围绕着"打造魅力莲塘、建设江南名镇"的总体目标，莲塘镇全力建设新型城镇化实验区，大力发展都市服务业成为新的选择。目前，全县城镇人口已达 55 万，城镇化水平为 51%，比 10 年前多了 1 倍。

（四）城镇化品位不断提升

现代化、集群化、生态化是新型城镇化建设的方向，也是南昌县在打造昌南组团的过程中突出自身特色的关键途径。目前，以莲塘老城区为核心，向塘、小蓝新城、昌南新城、银三角四个片区构成昌南组团的基本框架，城镇化品位不断提升。

南昌县围绕打造"工业物流城、宜居公园城和生态示范城"这一发展思路，在城市规划序列中引入了新概念，依据各片区的地理位置和产业基础，实现错位发展，凸显各个片区的特色。在制定南昌县域发展战略时，围绕南昌核心增长极发展思路，坚持与南昌市同城同体、借势而为；在制定产业发展战略时，坚持扩容提质，扩大汽车及零部件等的生产规模，提升产业层次和质量；在制定空间发展战略时，则坚持在"滨江拥河"上突出特色；在制定生态发展战略时，则侧重营造蓝脉绿网生态浮岛，建设宜居宜业生态新城等。

从莲塘镇的发展个例来看，金瀚丽晶四星级酒店与皇朝家私、肯德基、国美、雷克萨斯 4S 店等知名品牌的项目先后落户莲塘，其中仅雷克萨斯 4S 店这一个项目，税收强度就达到了每亩土地 50 万元。全镇范围内拥有个体营业户 6000 余家，各类大型专业市场 8 个，特色商业街 3 条，营业面积 2 万平方米以上的大型超市 2 个，年销售额达 23.7 亿元，一个充满生机与活力的生态商贸"昌南绿城"正初现雏形。

（五）城镇面貌焕然一新

近年来城市化建设不断推进，政府围绕不同时期的县域经济发展规划和城市发展专项规划，加大投入，革新管理机制，使南昌县城镇面貌焕然一新，为实现农村城市化积累了丰富的经验。

昌南新城河湖水系众多，生态基础良好，各类污染程度极低，与污染日益严重的沿海经济区相比，堪称一片净土。为此，昌南新城建设改造和疏浚小型河道，增加湖区面积，推广生态驳岸，建立滨水绿色走廊，构建"河网＋湖区"的蓝脉体系。同时，将候鸟走廊与城市生态走廊连为一体，强化绿色空间渗透，构建绿网体系。再将蓝脉与绿网进行整合，形成了一道"蓝脉串联、绿带成网、水映绿绕"的美景。目前，昌南新城已建成的道路总里程近 25 公里，在建道路总里程达 33 公里，29.8 平方公里的城市发展框架已经拉开。同时，重点推进学校、医院、公交等配套建设，增强新城的生活服务功能。其中，投资近 1 亿元、占地 106 亩的南昌现代外国语学校以及投资 6000 万元、占地 120 亩的东新实验学校第一期已经竣工并交付使用。而仍处待开发状态的滨江片区，未来将成为与南昌中心城区比肩的临江商务区，亲水、生态、宜居及汇集高端商务，将成为该片区的魅力品牌。

向塘片区将以现代物流业为重心，打造一个以纵贯现代物流业、商贸业和加工业为特色的物流商贸重镇。目前，向塘片区总投资达 5878 万元的德星城大道和总投资达 3751 万元的向西大桥、莲溪二桥项目正在建设；总投资达 15 亿元的铁路、公路物流基地项目、总投资达 2260 万元的棚户区改造项目、总投资达 4000 万元的新自来水厂项目以及总投资为 5000 万元的奇佳物流项目都已启动。

（六）农村面貌改善明显

"十二五"以来，南昌县继续推进新农村的建设试点工作，新增农村劳动力 4.5 万人，完成 864 个村 4 万余户农户的改水、改厕、改路工作和庭院、村旁、村道绿化工作，打造了蒋巷埠上魏家、黄马南安桐树下、向塘山背、塔城青岚四个市级综合示范点；全力推进造林绿化"一大四小"和"森林城乡、花园南昌"工程建设，累计完成造林绿化面积 16.8 万亩，森林覆盖率提升至 10.4%；创造性实行农村垃圾"规划下管两级、处理下管一级"的运行模式，18 座压缩式垃圾中转站投入运营，集中发放垃圾清运车 108 辆，农村垃圾"收集、运输、处理"体系逐步完善，农村面貌明显改变。

二　南昌县农村城市化建设面临的主要问题

综观南昌县近年来城市化建设的总体状况，确实取得了巨大的成就，但仍然存在一些问题，这些问题必须得到有效、及时的解决。

（一）城乡二元结构依然严重

首先，科学的户籍管理制度亟待建立。受户籍二元化结构的影响，城乡统一、迁徙自由、以身份证管理为中心的户籍管理制度依然无法实现。

其次，城乡公共服务资源差异依然存在。要推进农村城市化，不但应该加快形成城乡基本公共服务均等化的体制机制，而且要合理划分各级政府提供基本公共服务的责任范围，建立投入保障机制和多元参与机制。但目前南昌县在教育和医疗资源的分配方面，城乡差异依然明显。因此，要推进城乡教育均衡、协调发展，逐步扩大免费教育范围，实现城乡优质教育资源共建共享。同时，要推进医疗卫生体制改革，构建城乡统筹的公共卫生体系，完善城乡公共文化服务体系，加强县乡基层公共文化设施建设。

（二）就业和保障体系亟待建立

农村城市化的一个重要基础就是健全的就业和保障体系。但从南昌县目前的情况分析，平等就业制度、职业培训制度、就业服务制度，以及面向所有就业困难者的就业援助制度并不完善。需要建立城乡统一的人力资源市场和公共就业服务网，加速农村劳动力向第二、第三产业转移，实现城乡劳动力充分就业。

从城乡社会保障体系分析，农民工的养老保险制度尚未建立，城镇各类就业人员平等享有社会保障还未实现。为此，需要加快建立低费率、广覆盖、可转移的新型农村社会养老保险制度，提高农村新型合作医疗保障水平，逐步整合基本医疗保障经办管理资源。同时，需要不断探索建立城乡一体化的基本医疗保障管理制度，完善和实施城乡一体的社会救助体系，建立覆盖城乡的社会保障信息网络。

（三）土地管理体制机制改革需要继续深入

土地管理体制机制是南昌县农村城市化面临的一个绕不开的重要问题。其中，最为重要的是耕地保护机制、土地市场机制、征地用地制度和安置机制。

从耕地保护机制分析，农用地分类保护、耕地有偿保护、耕地保护有偿调剂制度尚未建立。因此，需进一步完善耕地开发整理制度，探索建立土地开发整理多元化投入机制，统筹实施耕地整理和农村建设用地整理。

从土地市场机制分析，需要进一步加快建立城乡统筹的土地市场体系和土地价格体系。建立农村土地交易平台，推进农村集体建设用地使用权流转、农村土地承包经营权流转、林权流转，探索农用地转用指标和耕地占补平衡指标交易。

从征地用地制度和安置机制分析，要依法办理农用地转用、土地征收手续，纳入政府土地储备。要试行农村集体土地先征后转，同时要通过集体建设用地土地使用权入股、土地股份合作、货币化安置等形式妥善安置被征地农民，将失地农民纳入社会保障体系。

（四）交通及城市基础设施等标准差异明显

要使县城与南昌城区实现无缝对接，关键便在于弥补这些差异，在道路、排水、绿化等方面进行一体化建设。因此，南昌县在推进新型城镇化建设的过程中，要按照"高起点规划、高标准建设、高水平管理"的原则，以城市建设的标准来推进各项工程的实施。如在建的莲塘大道，宽度为40米，总投资达2.6亿元，平均每公里投入达4000万元，已经达到了高速公路的资金投入量。南昌县是南昌市区的"南大门"，在过去南莲路和迎宾大道（南高路）是进出市区的主要通道，而随着南昌县融入主城区步伐的加快，这些通道已经逐渐不能满足对外交通持续增长的需求。因此，南昌县又开始建设滨江大道、东新大道、昌南大道，从而实现与南昌南外环的对接。同时，南昌县还致力于打破县域内条块分割的制约，坚持把莲塘核心区、小蓝经济开发区、象湖新城区和向塘商贸物流区统一规划、统筹建设、统一管理，促进四位一体、互动发展。

在无缝对接的推动下，该县的城市道路、供气、供水、绿地、环境治理等得到长足发展。一大批重点项目的完成，更提升了城市品位，城市功能日趋完善。

银三角开始融入南昌县的发展行列，则是近年来该县逐步消除区域内条块分割的标志性事件。随着银三角收费站的拆除，交通隔离的约束被打破，实现了小蓝经济开发区与向塘铁路－公路枢纽型物流基地的有效对接，该地将成为一个以商贸服务、旅游休闲、创意文化为核心的新型经济服务区，成为南昌县新型城镇化建设中一个新的经济增长极。

（五）产业布局出现明显断层

伸展"筋骨"只是实现"市县同体"的第一步，最重要的还是培育南昌县融入南昌主城区的内生动力——产业支撑。以工业产业的繁荣为支撑，优化城镇产业布局，壮大城镇经济增长极，这样才能使南昌县与南昌主城区的联系变得"有血有肉"。

通过主动融入鄱阳湖生态经济区建设和山江湖综合开发战略，目前南昌县已经打造出汽车及零部件、食品饮料两大产业群。仅小蓝经济开发区就已聚集企业546家，吸引工人近8万人。2005年底，南昌县的工业总产值不过142亿元，工业财政不过3.5亿元，而如今分别达到500亿元与19.5亿元。事实上，县域经济的实力壮大了，城镇化建设的内生动力随之激发。不久前，南昌县共用151.7亿元资金支持共105个城镇化建设项目。其中，莲塘片区有54个，投资额为42.87元；小蓝经济开发区有16个，投资额为10.23亿元；向塘片区有11个，投资额为49.9亿元；昌南新城片区有23个，投资额为18.1亿元；银三角片区有1个，投资额为30.6亿元。

（六）土地制约，建设资金缺乏

受国家土地调控政策的影响，项目用地指标日趋紧张，报批难度不断增加，增补平衡指标难度大，大型重点项目要省发改委批文给用地指标，小型项目根本批不到用地，项目纷纷落户却不能及时批到土地指标，造成迟迟不能开工，用地指标问题成为向塘发展的又一制约因素。

向塘镇属于人口大镇，财政供养人员基数大，每年都有大量人员办理离退休手续，供养人员逐年增加。城市维护费用逐年增长，基础设施建设和工业项目开工等都需要大量资金投入，建设资金完全依赖财政投入。全国重点镇建设既没有资金支持又没有优惠的土地政策，仅凭向塘一个乡镇的财力进行打造，资金投入显得捉襟见肘，使向塘新型城镇化建设的后劲不足。

此外，由于流动人口较多，居民素质亟待提高，城镇意识和环保意识需进一步强化。加上管理人员不足，环卫设施有待完善，"脏、乱、差"等问题仍然存在，城镇管理难度大。部分乡镇存在基础设施薄弱、质量不高等问题，供水、卫生、文化、体育等公共设施有待进一步完善。

第四节　南昌县推进农村城镇化建设途径分析

在当前的特定时期下，积极推进农村城市化，特别是中部地区的农村城镇化，是我国在外部市场不振、内部市场不大这样一个背景下的正确选择。首先，在国际经济疲软导致国家出口导向型经济发展模式存在诸多困难的大背景下，要保持经济的持续健康发展，就必须寻找内部的新经济增长点。其次，在城镇化进程中，农村、农业尤其是农民增产增收是破解二元经济结构的一个较好选择。农村城市化，不仅是区域面貌的城市化，也是农业发展模式的集约化和科技化，同样也是属地农民身份的趋同化和聚居的合理化。

可以说推进城市化建设将是一个一石多鸟的选择。第一，能为大中城市的房地产投资降温，把资金吸引到农村小城镇，既能推进小城市的建设，又能利用城市建设继续发挥房地产在拉动 GDP 增长中的作用，发挥房地产业与众多产业相关联的特点，保持经济的稳定增长，还可以解决大城市的房地产泡沫问题。第二，能够推进新农村建设。新农村建设的核心是提高农民的收入，增加农村的公共产品供给。一部分先富起来的农民迁移到小城镇，使过去以"过密化"为特征的人多地少的矛盾有所缓解，也使土地流转和规模经营能够实现。第三，拉动农村的内需是未来我国转变经济增长模式的关键。由于我国农民的收入增长较城市缓慢，加上农村医疗、养老、教育等相关保障长期缺失，因此农村市场的消费没有被撬动起来。事实上，农民对现代生活方式还是向往和乐于接受的，家电下乡等活动受到农民的积极响应就是很好的说明。属地农民在家用电器、交通工具、住房、教育、医疗、文化生活等方面的消费，在很大程度上依赖城镇提供的消费环境和消费条件，没有城镇作为载体，农民就是有消费能力也无法消费。加快农村城市化进程，还能孵化更多的消费量。城镇化必然带动基础设施、旅游设施和公共服务业的建设，带动城镇工业、建筑材料、交通运输、商业餐饮、文化消费等。第四，农村城市化能减少农业水土资源流失、草场过度放牧等问题，实现人口、资源和环境的良性循环，实现县域经济可持续发展。第五，在中部加快农村城镇化步伐，发展农村经济，可以有效缩小地区差别和城乡差别，特别是中部地区大多数还是落后地区，有利于增进相互团结。

一 南昌县农村城市化发展的重点方向

考虑前述内容，笔者认为南昌市农村城市化发展的重点方向应由以下"五化"来体现。

（一）积极推动居住社会化，建设新型城市附属社区

1. 高起点规划

按照"集中统一、合理布局、节约用地、综合开发、配套建设"的原则，积极争取南昌市规划部门的相关支持，选择在交通方便、基础设施配套相对较好的地段，定点规划建设村民集中安置区，彻底改变一户一宅、居住分散、基础设施不配套、浪费土地的现状，改变靠主干道、靠传统集市、靠祖屋宗祠等传统方式。

2. 高水平建设

按照"统一规划、统一设计、统一标准、统一层高、统一色彩"的要求，以村为单位，统一建设"上宅下店"或"后宅前店"的多层单元式住宅区。按照以房换房、物业用房实行成本价、经营用房实行市场指导价的方式落实被征地农民的安置用房，建议一半用于居住、一般用于就业出租或商业经营，解决生活生产之忧。

3. 高标准管理

采取多种教育方式，引导搬迁农民转变生活生产方式，使之尽快融入城市。对已成型的村民小区进行综合整治，可重点考虑开展"三清四包五改"活动。对居住相对分散的村实施整体规划，加速推进生态家园建设，突出抓好"六改"，逐步形成新型社区。

（二）积极推进就业非农化，促进农业转移就业

按照"服务有组织、输出有基地、就业有岗位、求职有技能、创业有门路、权益有保障"的总体目标，统筹城乡就业，将被征地农民的就业问

题纳入县政府年度计划和城市就业体系。

1. 打造政策平台扩大就业

加快设立村级劳动保障服务站，完善被征地农民就业和失业登记制度，提供就业援助、就业推荐和就业指导等免费服务，并针对零就业家庭建立"一户一卡"专门台账，落实就业优惠政策。积极开展引导性观念培训、谋生型技能培训、个性化订单培训和开发性创业培训等，为有劳动能力和就业愿望的被征地农民免费提供培训一次。坚持举办被征地农民专场招聘招生会，"送岗位、送技能、送服务"活动进村入户，推动农民向第二、第三产业转移就业。

2. 依托项目建设转移就业

依托现有工业园区、骨干企业和大型物流项目等吸引农民向非农产业转移。

3. 鼓励自主创业带动就业

实施"全民创业明星工程"，对符合条件的被征地农民，在政策、资金方面给予扶持和倾斜，帮助他们办理税费优惠、小额贷款和创业基金，财政部门可每年拿出专项资金为农民提供贷款贴息，部分经济实力强的村镇如蒋巷、塘南等，还可考虑对被征地农民创办企业给予一次性奖励。

4. 发展第三产业吸纳就业

大力发展社区服务业，开辟新型服务项目以吸纳农民就业。鼓励农民自主择业，引导农民进入第三产业。

（三）积极推进保障社会化，解决农民后顾之忧

1. 建立养老保障机制

通过广泛摸底、学习考察、配合调研、提交议案等方式，积极为市县政府推行城区被征地农民基本养老保险提供决策参考，力争将符合条件、自愿参保的被征地农民全部纳入统筹。同时，部分集体经济比较发达的村，可采取"低标准、广覆盖"的办法，对达到退休年龄的被征地农民实行生活补贴。

2. 建立医疗保障机制

新型农村合作医疗制度要坚持完善，医疗卫生服务设施建设要持续进行，乡镇级卫生院要有定点门诊，要大力推行特困群众大病医疗救助制

度，对适龄儿童计划免疫类疫苗免费接种，对符合条件的农村白内障患者实行免费治疗。

3. 建立社会救助机制

建立政府领导、部门负责、社会各方参与的社会救助工作体系；实施农村最低生活保障制度；实施农村"消危行动"，对有条件的村民危房进行改造重建；落实"两免一补"政策，实施"助学工程"。

（四）积极推进受益多元化，帮助农民增收致富

1. 用足政策让农民受益

严格执行中央各项惠农政策，对相应补贴实行"一折通"发放。加大公共财政向农村的倾斜力度，区级财政的支农投入和政府用于农村的固定资产投资增量要有保证，县级预算要确定部分资金用于乡村规划、基础设施建设及维护。切实规范涉农收费，确保农村中小学校、农民建房、计划生育、务工经商办证等不存在违规收费现象。农村义务教育严格执行"一费制"。收费上缴财政专户，认真落实收支两条线。合理进行征地补偿，过渡期间的临时安置补助坚持按程序发放，做到以人为本。

2. 拓宽资产让农民受益

如塘南镇的城郊休闲旅游度假示范区的打造，可以引导农民走城郊休闲服务出让经营的路子；蒋巷的山江湖示范区和绿色蔬菜生产基地可走旅游观光和农业生态的路子；三江镇的蔬菜枢纽地可走加工附加值路线等。

3. 扩大务工让农民受益

把服务民营企业和解决农民就业结合起来，大力发展"打工经济"，实现务工性收入占比的提升。

4. 发展集体经济让农民受益

坚持走资源利用型和资产运营型路子，如塘南镇引入滕王阁实业有限公司作为其战略合作伙伴的做法，既可形成整体合力，又可借助市级甚至省级企业的外部力量争取政策支持。

（五）积极推进待遇市民化，加快农民身份转变

1. 政治待遇市民化

不断扩大农民的民主政治参与权，村班子换届应实行直选，全面推行镇、乡（村）务公开，健全"议事恳谈"制度，完善村民代表会议制度，镇乡重大事项要直接听取农民意见，村级重大决策和资金使用必须通过村民代表会议同意。形成民主决策、自我管理和自我服务的新型农村民主管理模式。鼓励农民加入企业党团组织、工会和职工代表大会。

2. 经济待遇市民化

与南昌县享受同等待遇，农民领办各种实体，享受外来投资者工商登记费返还政策，回归人员创业，享受外来投资者同等招商引资优惠政策等。

3. 社会待遇市民化

大力推进农村电网改造，城乡用电实现同网同价；移动通信网络实现全覆盖；城市公交线延伸到村级主干道；新建改建自来水供水管网；健全农村公益服务体系，完善三级便民服务网络，向农民提供免费"以钱养事"社会化公共服务；坚持开展法律进农户活动，加强司法援助；加强治安防控，配备常设治安巡逻队伍。

4. 文化待遇市民化

广泛开展"五好家庭""文明农民"等群众性精神文明创建活动，吸引农民群众积极参与。充分发挥文化人员和中心户的带动辐射作用，传播先进文化，引导农民开展健康有益的文体活动。大力开展"三下乡"活动和"新农村"等活动，使农民在家门口就可享受城市居民能享有的文化、科技和健康等实惠。

二　南昌县农村城市化建设的具体途径

南昌县作为全省工业经济发达的地区之一，其农村城市化的发展路径应坚持以南昌市发展为带动、以工业化进程为主要动力，在实现工业化结构升级的过程中，实现农村剩余劳动力的转移，在推进农村人民生活方式改变的同时，完善乡村基础设施、社会保障体系等，实现农村的城市化进程。具体建设途径可考虑以下几条。

（一）明确中心镇的带动地位，形成辐射周边特色镇的区域发展体系

小城镇发展是我国城镇化进程中的一个重要内容。发展小城镇具有农

村人口进入成本较低、融入城镇社会比较容易等诸多优越性，具有功能城市化、规模小型化、与农村经济发展联系紧密等特点，符合我国作为发展中国家的水平，是推进城市化发展的一条重要途径。但我们也应该明白，小城镇也应有系统性、层次性和辐射性。南昌县县域面积广阔，环省级城市而生，如北边蒋巷镇区域相对独立且呈条形状，农业示范园区和山江湖休闲区特色显著，可考虑打造为和南昌市对接的城郊中心镇，配以南昌市的塘山镇、南昌县的麻丘镇等实现配套功能。塘南镇则应充分考虑文化古迹和人文情怀，打造休闲度假中心镇，北面辐射鄱阳湖的湖泊文明，南面则构建流域文化促进其特色发展。向塘镇历来是交通枢纽和商品货物集散地，打造物流园区和工业配套加工区有得天独厚的县域优势，应加强其中心镇地位。三江镇作为省内中部蔬菜集散地和提供地，要做好绿色农业的发展规划和设计，带动区域其他乡镇共同致富。

（二）凸显各镇的特色产品，实现镇与镇之间的联动性

乡镇并非独立的地域单元，而是存在于一定的经济体系中，从一方面看，乡镇经济的发展可能对周边乡镇形成拉动和示范；从另一方面看，乡镇经济要想持续发展，也必须在县域乃至市域经济体系中与其他乡镇形成对口的联动，在联动中形成更长的产业链和更多元化的产业群。我们常说要发展乡镇产业，这里的乡镇产业应该是超出了某一个乡镇的地域概念的，一个乡镇的力量和资源往往有限，但是乡镇间的联动能克服这种独木难支的境况，还能分散在对接市场时的风险。乡镇与乡镇之间，一环一环形成发展体系，强强联合能优势互补，强弱联合能带动弱者，也能给强者提供资源机会。只有遵循合作共赢的思路才能增强农村城市化的持续实力。

如各主要乡镇可做好南昌县小蓝工业园区的信息分享和产业配套的初次对接工作，这不但可以在一定程度上帮助小蓝工业园区实现产业链的延伸，也可以为本区域内的属地农民提供就业机会。同样，各中心镇也可通过信息分享和错位式发展，形成各具特色的附加值。

（三）组团式城市化群落发展，系统性争取有利政策和资金补贴

城市可以组团发展，乡镇也可以组团发展。按照价值链和比较优势原

理，谁有利就谁先发展。以一两个乡镇为区域的经济核心，借助综合信息网的优势，打破传统意义上的属地控制，共同构建一个相对完整的城市化"集合体"。

而且这样的"集合体"在向省市级政府争取政策和资金补贴时，能够得到更大层面和更多职能部门的关注和持续资源投入。拥有各具特色又内在关联的乡镇组团，才能在更大程度上以项目为主要载体去争取资金和政策的优惠。

第五节　南昌县推进农村城镇化建设的政策建议

一　完善国家相关制度改革

（一）积极推进城郊农村集体经济组织产权制度改革

集体经济在郊区经济社会发展中起到了举足轻重的作用，既是郊区生产资料的主要提供者，又是推动郊区经济发展的主要动力；既是农民增加收入、实现共同富裕的重要来源，又是巩固基层政权、维护社会稳定的重要力量。目前共同共有的产权制度使民主决策与民主管理流于形式，集体资产流失，不利于集体经济资源的优化配置，降低了集体经济组织的市场竞争力。因此，对郊区集体经济组织进行产权制度改革，实行社员按份共有的产权制度是集体经济组织重新焕发生机和活力的唯一选择。

推进城郊农村集体经济组织的产权制度改革，应强调以下几个方面。

1. 把握原则，创新体制，大力发展劳动联合与资本联合相结合的新型集体经济

集体经济产权制度改革，是按照社会主义市场经济的发展要求，将目前集体经济组织实行的农民共同共有的产权制度改变为农民按份共有的产权制度。通过改革实现集体经济的制度创新，使乡村集体经济组织真正成为产权明晰、农民入股、主体多元、充满生机和活力的市场主体。在改革过程中，应把握好以下四条原则。一是坚持农民自愿与教育引导相结合的原则。改与不改，如何改，都要认真履行民主程序，由社员大会或社员代表大会民主决策。二是坚持实事求是、形式多样的原则。产权制度改革可以采取社区股份合作制、企业型股份合作制、土地股份合作制和股份制等多种形式。具体采取哪种形式，要坚持实事求是的原则，把选择权交给基层群众，充分尊重干部群众的首创精神。三是坚持既积极又稳妥的原则。在改革过程中要严格依法办事，规范操作，做到公平、公正、公开，坚决防止暗箱操作。四是坚持有利于解放和发展社会生产力的原则。在抓好现有乡村集体经济改革的同时，要注意对新型集体经济进行培育与发展。在投资环境、投资政策、资源配置等方面给予新型集体经济公平待遇，鼓励、支持它们在更高起点和更大范围上与城市资源优化重组，使郊区农村新型集体经济不断发展壮大。

2. 抓好基础，完善政策，明确农村集体经济组织的法律地位

对于暂不具备集体经济组织改革条件的乡镇，要普遍建立集体资产管理委员会及其经营机构，行使集体资产管理职能。对于暂不具备产权制度改革条件的村，要重新修订社章，坚持和完善村经济合作社社员大会或社员代表大会制度，通过民主程序完成社员代表和村合作社管理委员会成员的换届选举工作。总之，通过改革，农村集体经济组织要进一步完善以民主选举、民主管理、民主决策、民主监督和财务公开等为主要内容的民主制度建设，加强集体经济组织内部的经营管理，促进集体经济健康发展。

3. 加强领导，健全机制，培训一批骨干队伍

实践证明，推进集体经济组织产权的制度改革必须具备一定的条件，其中最主要的是要有党组织的坚强领导。要成立农村集体经济组织产权制度改革领导小组，协调和指导本地农村的集体经济改革工作，自觉地担负起带领农民群众推进产权制度改革的责任。在改革过程中，必须做好深入细致的思想工作，要以理服人，以数字服人，以法律服人，要把账算清算实，把政策法规讲清讲透，配备专职人员对各村的产权制度改革工作进行具体指导帮助，及时总结经验、发现问题、推动工作。集体经济体制改革是一项政策性和业务性很强的系统工程，没有一批熟悉政策、精通业务的干部队伍，很难保证改革的顺利进行。为此，要加强宣传和培训，学习试点经验，掌握政策，弄清具体方法，明确工作流程，造就一支懂理论、会操作的改革骨干队伍。

4. 抓准时机，因地制宜，正确处理好三大关系

由于集体经济的资产状况不同、社员群众的思想觉悟有高低、干部的管理水平也不一样，推进集体经济组织的产权制度改革必须因地制宜，采取多种形式。具体来说要处理好三个关系：一是要处理好政策与策略的关系。在改革实践中，各级干部要充分发挥主观能动性，灵活利用现有的政策、法律和法规解决改革中出现的各种问题，切实处理好改革与稳定的关系。二是要处理好特殊与一般的关系。不同地区有不同的特点，不同人群有不同的文化。因此，在改革推进过程中，一定要从试点入手，取得经验、以点带面，起到典型引路、普遍开花的作用。三是要处理好规范与创新的关系。各地要不断总结改革实践的经验教训，充分利用改革的阶段性成果进行示范和引导，鼓励基层干部和农民群众在实践中因地制宜地进行大胆探索和创新。

（二）改革城郊土地使用权流转制度

城郊离城区最近、接受城市经济辐射最强、城乡互动最多，最有条件实现较大范围的土地流转，改革城郊土地流转制度对促进农户承包地使用权流转具有示范意义。针对我国城市化进程和农业经济发展的具体特点及城市郊区土地使用权流转制度存在的问题和不足，要积极撤除城镇化发展的体制和政策壁垒，引导农村劳动力合理有序地流动，有条件的地方可按照依法、自愿、有偿的原则进行土地承包经营。

第一，城市郊区土地使用权流转制度改革必须有利于长期稳定农户家庭承包经营制度、保护农户利益和维护城市郊区农业经济的稳定发展。如果没有一个稳定的农业经济发展环境，城市郊区土地使用权流转制度改革将面临诸多困难和制约，甚至会影响整个社会经济的稳定。

第二，完善并规范政府的土地管理行为，同时规范城市郊区土地使用权主体的市场交易行为，促进城市郊区土地使用权市场的发育和完善。事实上，土地所有权的市场化是生产要素市场化的重要部分，直接影响整个社会经济体系的市场化进程，城市郊区土地使用权市场体系、市场交易与治理机制的形成和完善也是我国市场化改革的重要内容。没有政府、农户和企业责权利关系的协调与明晰，就没有城市郊区土地使用权流转制度的改革和完善。

第三，把城市郊区土地使用权流转制度市场化改革与农业产业化、工业化和农村城镇化相结合，加快农业剩余劳动力的转移步伐。不能把城市郊区传统使用权流转制度改革仅仅作为解决城市规模化发展和城市用地矛盾的短期政策。也就是说，城市郊区土地使用权流转制度改革的过程就是一个土地要素的市场化过程，也是城市郊区土地利用过程中政府、农户和企业经济利益关系的市场化协调过程。

（三）推进以取消二元户籍歧视为内容的户籍制度改革

推进以取消二元户籍歧视为内容的户籍制度改革。党的十七届三中全会对我国今后的户籍制度改革做了较为明确的指示，即"推进户籍制度改革，放宽中小城市落户条件，使在城镇稳定就业和居住的农民有序转变为城镇居民"，这必将对户籍制度改革产生导向性的推动作用。2012 年 2 月 23 日国务院办公厅公布《国务院办公厅关于积极稳妥推进户籍管理制度改革的通知》（国办发〔2011〕9 号），该通知提出了户籍制度改革的指导思想，即"继续坚定地推进户籍管理制度改革，落实放宽中小城市和小城镇落户条件的政策——积极稳妥推进户籍管理制度改革"。

今后的户籍制度改革应坚持以下几点。一是在现阶段将城镇户籍准入与农民土地权利分离，等条件成熟时再将两者结合。二是实施以稳定的就业、稳定的收入和稳定的住所为依据的城市户籍准入制度，实现城乡人口的合理流动。改革的总目标是按照国际惯例建立以身份证管理为主的一元户籍制度，但户籍制度的改革必须充分考虑地方经济和社会的发展承受能力。放宽落户条件，尽量不设定居住年限或减少居住年限，尽量减少参加社会保险的年限，积极地解决符合条件的进城农民的入户问题。三是以加强公共服务推进市民化。通过配套改革剥离户口的福利，逐步取消城市居民的一些特殊待遇，消除公共服务的城乡差别；建立可携带的社会保障制度，提高社会保障的城乡统筹水平，保证流动人口享有充分的社会保障；改革劳动用工、购房住房制度，改变为获取城市资源而追逐城市户籍的状态，为城乡人口和劳动力的合理流动创造条件；通过实施初级技术与基本素质培训、重点农户培训、村干部培训、师资培训、农村青年教育培训等工程实现村民市民化的目标。

二　完善社会保障制度

以农民市民化为视角，构建城郊地区失地农民的社会保障体系，首先要对城郊失地农民群体进行"农转非"，并在养老保险、最低生活保障、医疗保险上做好城乡衔接，以就业政策、住房政策等作为辅助。一项调查表明，失地农民对征地不会强烈排斥，反而认为它是经济发展的良性结果，失地农民能从中受益，因而对以土地换保障政策具有较高的满意度和期望值。农民失去土地，处于既非农民又非市民的状态，又具有市民化的意愿与能力，城市社会保障体系应对其进行覆盖。而保障全面、补偿合理的政策选择在强化失地农民的市民化能力的同时，也促进了其市民化进程的顺利实现。

将城郊失地农民纳入城镇社会保障体系的具体设计，要着眼于建立长效保障机制，从多个渠道解决。应先建立养老保险和最低生活保障制度，并辅之以就业制度与培训、就业安置、住房安置等措施。

（一）建立合理的征地补偿和利益分享机制

目前，征地补偿是失地农民在城市化进程中所能获得的最直接的经济效益，是他们最重要的生活来源，同时也是最容易引发征地矛盾的焦点。因此，寻找政府、征用地主体与失地农民间最佳的利益结合点，建立合理的征地补偿和利益分享机制，是解决失地农民问题的关键。一要逐步提高土地征用补偿费标准。土地征用补偿要充分考虑农村经济发展和农民收入增长的实际情况，应该将农民的征地补偿费全部纳入社保，测算其所能领到的城区最低生活保障金，然后以此作为参照系，将现行补偿标准提高。二要在统一征地中逐步推行土地"片区综合价"。坚持市场化方向，根据城市发展总体规划，按地段、地类等将城市土地划分成若干个区片，每一区片确定一个相对合理的基准地价，在统一征地时，实行统一的补偿标准。三要研究实施分类征占补偿办法。兼顾国家、市场征占主体和农民的利益。四要为集体经济组织保留部分财产。鉴于集体经济组织承担着许多公共性的社会经济职能，因此，在征地过程中应划出或置换部分土地和资产，由集体经济组织严格按照城市规划要求，兴办第二、第三产业，发展集体经济，解决失地农民的就业和生活问题，并为以后农村社区向城镇社区过渡创造条件。五要加快"城中村"农民建房制度的配套改革。以"城中村"连片改造和建设村民公寓为契机，按城市功能分区要求，统筹安排各类建设用地，将城市整体规划与村一级管理体制协调起来，打破行政村的界限，采取组团式集中连片与局部分散相结合的可持续发展模式，形成在地域上相对集中、新转居人员与老市民混居的具有规模效益的功能小区。

（二）建立医疗、养老社会保障机制

目前，在农村社保尚未立法、社保制度建设基本还是空白的情况下，应当尽快把失地农民纳入城镇社会保障体系，实现与城镇社保的对接。现实的做法是，设计一个与城市居民相对接近、便于今后与城镇社保体系相衔接的操作方案，先养老保险，后医疗保险和失业保险，因地制宜、循序渐进。首先，要覆盖失地农民，逐步提高社保标准，失地农民应与城镇居民平等享受低保标准。其次，建立家庭养老保险和社会养老保险相结合的机制，提高养老保障成效。再次，依托集体经济组织或社区，建立、完善互助医疗合作制度，并实行医疗产品配送下乡。建立失地农民养老和医疗保险制度，其资金筹措应按国家、集体、个人及市场征地主体"四个一点"的思路解决。政府应规范明确各类征地主体无论是进行何种用途的土地征用，均应在土地收益中留出一部分作为农民失地后的社会保障资金，并实行专户储存和专门机构管理。鉴于目前农民的理财能力差，货币化安置存在一些弊端，应引导农民在土地补偿中拿出部分资金，购买基本医疗和养老保险；有条件的集体经济组织还要出资补贴一点；政府从土地经营收益中也要拿出一点。

（三）建立教育培训保障机制

对进城入镇的失地农民的教育培训保障，主要包含四大块。一是子女的九年制义务教育。失地农民进城后，其子女入学应与城镇居民的子女一视同仁，享受国家九年制义务教育所赋予的所有权利。二是对失地农民的职业技能培训。目前，失地农民的再就业面临两方面的困难：就业渠道不畅和就业技能缺乏。因而加大以职业技术、岗位技能为重点的就业培训，提高失地农民的转岗再就业能力已成为当务之急。加强教育培训，首先应建立健全以职业技术教育为主的、多层面的县乡村三级农民职业技能培训网络体系；其次是财政应拨出专款，建立农民职业技术培训专项资金，以党校、职工校、乡职业教育中心、农技推广中心、乡村成人学校等为载体，建立培训基地，充分利用公共财政资源，开展免费培训。三是对农业结构调整后的农村富余人员和失地农民进行现代市场经济知识和转岗再就业技能培训。四是把失地农民的培训工作，纳入城镇下岗人员再就业培训体系。

（四）建立再就业创新机制

农民市民化的重要前提是农民就业的社会化、非农化和充分化。顺利实现就业是解决失地农民生活来源问题、加快其生产生活方式转变的重要保证。应按照市场化原则，制定城乡统一的劳动力就业政策，建立城乡统一的劳动力就业市场，实现城乡统筹就业。一是要引导和教育失地农民转变观念，破除"等、靠、要"思想，提高自谋职业、竞争就业的自觉性和能力，积极主动地参与市场化就业。鼓励、扶持失地农民自谋职业，自谋职业的失地农民应享受城镇下岗人员自谋职业的有关税费优惠政策。对开展自主创业的失地农民，农村信用社应继续发放小额贷款给予支持。二是要鼓励征用地单位和其他工商企业尽量"消化"失地农民，对吸收失地农民的企业，应享受安排城镇下岗人员的有关税费优惠政策。三是要建立以县级劳动力市场为中心，以街道、乡镇劳动力管理服务站为网点的就业服务网络。打破城乡藩篱和所有制界限，取消对土地被征用的劳动力在城镇就业的各种不合理限制，变"户籍门槛"为"素质门槛"。四是要打造和谐稳定的创业生活模式。为了解决城郊失地农民创业缺少资金的问题，政府可以在原有的小额担保贷款基础上，扩大范围，号召大型银行、城乡信用社和个人开办小额担保贷款业务。另外各地也可根据实际情况，动员社会各方面力量，形成灵活多变的措施，比如建立"政府—城郊失地农民—企业"三位一体的融资合作方式，即政府提供政策支持，企业提供资金支持，城郊失地农民提供劳动力，三者一起共同打造和谐稳定的创业生活模式。

三 完善农民社区治理

城郊失地农民社区是一种比较特殊的新型社区，它兼具农村社区和城市社区的双重特征，处于农村社区和城市社区的中间地带，其发展趋势是逐步向成熟的城市社区过渡。城郊失地农民社区可以被视作城郊失地农民由"村民"向"市民"转化的组织依托，但是城郊失地农民原有"熟人社会"的瓦解使其在社区中的生活发生了悄然的变革，大批外来人口的涌入更加剧了社区治理生态的复杂化。因而，要完善城郊失地农民社区的治理，必须采取与社区特征和客观环境相适应的治理策略。可以从以下三个维度来完善城郊失地农民社区的治理。

（一）构建城郊失地农民社区的治理机制，理顺组织体系

对于城郊失地农民社区的治理而言，其初始制度的建设首要的就是要构建适合其特殊性的治理机制，形成政府、社区居民和社区组织等各方治理主体职责准确定位、功能有效发挥、关系明晰顺畅的治理组织体系，从而让城郊失地农民社区的治理有稳定的制度化保障。具体到城郊失地农民社区的治理，就要改变政府"一家独大"的治理模式，在各个治理主体合作共治的基础上，形成"政府主导、居民参与、社区组织协同"的社区治理机制。

1. 政府部门应准确定位社区治理中的职能

由于城郊失地农民的社区自治能力先天不足，政府权力在社区治理过程中的直接"抽离"必然会导致城郊失地农民社区治理中的失序和混乱状态。因此，城郊失地农民社区的治理离不开政府的主导，但是，这种主导的前提是政府能扮演好在社区治理中的应然角色，准确定位自身职能。政府在城郊失地农民的治理中既不能"一家独大"，也不能完全置身事外，而必须在行政权力的"强势嵌入"和"完全抽离"的两极中寻求最佳的平衡点，把握好行政权力运行的"度"。

具体而言，政府应在城郊失地农民社区的治理中准确定位其"有限政府"的职能，扮演好指导者和服务者的角色，并树立依法管理意识、公共治理意识和服务意识。

首先，政府应自觉维护居民委员会的法律地位，不应干涉它在法律范围内的自治活动，且要给予居民委员会相应的指导、支持和帮助，主要体现在制度建设、机构设置、人员培训等方面。

其次，政府应引入"公共治理"理念，为社区治理的各个主体提供权力运作的基础设施、法律框架和制度安排等外部运行环境，尤其要为社区居民和中介组织参与社区治理提供合理的制度化渠道，鼓励社区民众积极参与社区治理，真正实现"公共事务公共管理"。

再次，政府应树立服务优先意识，延伸公共服务职能，建立健全便民化服务体系，满足社区居民不同层次的服务需求，维护和实现社区居民的生存权和发展权。

最后，政府应加大对城郊失地农民社区建设的资金投入力度，拓宽资金投入渠道，尤其要加大对社区组织的资金扶持，为社区的治理和发展提供坚实的物质保障。

2. 居民委员会应发挥社区治理的核心作用

社区居民委员会是城郊失地农民社区最具合法性的自治组织，拥有一定的自主权和自决权。在社区治理过程中，居民委员会应按照《城市居民委员会组织法》的要求，在社区党组织的领导下充分行使自治权力，力争在城郊失地农民社区的治理中发挥核心作用，真正实现"自我管理、自我教育和自我服务"。

第一，作为城市基层政权的重要依靠力量，城郊失地农民社区居民委员会应厘清自己与政府之间的关系。《城市居民委员会组织法》对居委会的任务有明确规定："宣传宪法、法律、法规和国家政策，协助维护社会治安，调节民间纠纷，协助人民政府做好相关工作等。"也就是说，居民委员会具有政府助手的作用，"政府的各项与社区居民利益密切相关的社会管理工作，如公共卫生、计划生育、优抚救济、青少年教育、社区治安、安全防火等，都要在居民委员会的协助下开展"。居民委员会应把主要精力放在社区治理的各项工作任务上，而不是疲于应对政府摊派的大量行政事务；应协助基层政府提供社区公共服务，为社区服务体系的完善提供便利条件。

第二，作为基层群众性自治组织，城郊失地农民社区居民委员会应发挥好自治功能。在城郊失地农民社区的治理中，一方面，居民委员会应由"对政府负责"回归到"对居民负责"，努力做到"居务公开"，办事项目、依据、程序和责任向居民公开，同时虚心听取居民反馈的意见和建议；另一方面，居民委员会应严格按照"民主选举、民主决策、民主管理、民主监督"的原则做好民主政治建设，优化社区的选举制度和决策程序，主动接受居民代表的监督检查等。此外，为了更好地发挥自治功能，城郊失地农民社区居民委员会应根据法律要求进一步完善其内部设置。除设置常规的治安保卫、社会福利、文教卫生、人民调解、妇女代表和青少年教育六大委员会外，还可根据自己的实际情况成立其他一些群众性组织机构，如社区志愿服务者分会、治安综合治理调解小组、外来人员管理小组、计划生育服务站、居委会社区服务站、居委会文化站等。

第三，作为居民权益的保护性机构，城郊失地农民社区居民委员会要扮演好居民权益的表达者和维护者角色。居民委员会在党和政府、中介组织与社区居民之间具有很好的桥梁和纽带作用，它能够代表社区居民直接和基层政府对话，通过合法且有效的途径反映居民的权益诉求，促使政府重视并妥善解决社区的各种民生问题。城郊失地农民在被动失地后往往会继续与政府进行博弈，以维护受损的长远发展利益，但其自身力量薄弱导致话语权缺失，他们迫切渴望社区居民委员会能代其表达强烈的利益诉求。此时，社区居民委员会应当仁不让，做好社区居民的"代言人"，以维护城郊失地农民的生存权和发展权，以此来巩固和提升其在社区居民心中的合法地位。

（二）培育城郊失地农民社区居民的公民精神，促进公共参与

城郊失地农民社区要顺利过渡为成熟的城市社区，就必须进一步提升社区居民的市民化水平，培育社区居民的公民精神，尊重并保障社区居民的主体性和主体地位，这样才能提升社区治理过程中居民参与的实效。同时，应大力发展社区内的非营利组织，鼓励和支持居民"自组织"的发展，实现社区治理主体的多元化，在此基础上切实促进社区治理的公共参与。

1. 提升城郊失地农民社区居民的市民化水平

城郊失地农民社区居民的市民化实质上是一种再社会化过程，是公民在社会生活实践中学习和掌握新的生存技能、真正适应城市生活的过程。在这一过程中，社区居民能够逐渐养成良好的公民精神，提升自身的主体意识、民主权利意识和参与意识，从而能在社区治理的过程中充分彰显自身的主体性。

第一，引导城郊失地农民社区居民的再社会化过程。在快速城市化的作用下，虽然城郊失地农民的户籍和生产方式发生了转变，也大都完成了经济层面上的适应过程，但其社会心理层面上的适应仍需经历一个很长的阶段，其再社会化过程是一个相对复杂和漫长的过程。具体而言，引导城

郊失地农民社区居民再社会化要从以下方面做起：首先，改善城郊失地农民社区居民的生活环境，提高环保质量，优化社区的治安和人文环境，为社区居民的市民化提供良好的环境基础；其次，转变城郊失地农民社区居民的思想价值观念，通过社区文化和社区教育等方式加强对他们的市民化教育，让其树立现代公民意识和市民观念，具有开放兼容、锐意进取、崇尚科学的价值观；最后，提升城郊失地农民社区居民的自主学习能力，鼓励他们自主、自发地学习健康向上的知识和思想，最终让他们能自觉培育现代公民精神、努力塑造自身的市民形象、主动适应现代社区中的民主政治生活。

第二，培养城郊失地农民社区居民的社区参与意识。社区治理离不开社区居民的参与，居民参与是社区治理机制运行的关键所在，是社区治理实现"善治"目标的必要条件。良好的参与意识是居民参与社区治理的先决条件，是提升居民参与度的出发点和着力点。因此，要提升城郊失地农民社区居民在社区治理中的参与度，应着重培养社区居民的参与意识，具体可从以下几方面努力：首先，城郊失地农民社区可通过开展形式多样和有针对性的宣传教育活动，让居民知晓参与的重要性，树立社区的主人翁意识，明确自身在社区治理中的责任，充分彰显主体性，从而自觉树立社区参与意识；其次，城郊失地农民社区应建立健全行之有效的参与制度和参与渠道，通过简化参与程序来降低居民的参与成本，为居民的社区参与提供良好的制度化保障，从而让社区居民保持社区参与的热情和积极性，强化社区参与意识；最后，要通过发挥社区的教育功能来引导社区居民自主学习，在创建学习型社区的基础上提高他们的文化水平和政治素质，增强他们的权利意识和参与意识，进而提升他们的社区参与能力和参与度。

2. 扶持和发展城郊失地农民社区中的非营利组织

社区治理在本质上是国家权力向公民社会的回归，是国家与公民协商合作、共同治理社区公共事务的过程。而社区中的非营利组织是保证公民的主体地位和参与效能的重要的组织化依托，也是社区治理中不可或缺的应然主体。对于城郊失地农民社区而言，培育和发展社区中的非营利组织，有助于承接政府和单位组织剥离的大量社会职能，从而减轻社区居委会的工作负担。同时，社区非营利组织的发展还有助于增强社区的凝聚力和居民的民主参与意识。因此，在城郊失地农民社区的治理中，就需要大力扶持社区内的非营利组织，同时培育社区居民的志愿意识，发展社区的志愿服务者。

第一，扶持城郊失地农民社区的中介组织。在社区中，社区中介组织是居民最常见的组织形式，也是社区治理的重要主体之一。大力发展社区中介组织有利于实现社区治理多元化的目标，同时还能提升社区治理的居民参与度，促进社区治理中的公共参与。比如，社区的一些非正式组织如志愿服务队、老年健身队、法律宣传班、就业培训班等就可以成为居民参与的有效载体。目前，培育和发展城郊失地农民社区的中介组织需从以下几方面努力：首先，要建立健全社区中介组织管理的法律法规体系，以法律形式明确界定社区中介组织的性质、职能、权利、义务以及经营范围等，明晰社区中介组织的法律地位及其社会责任；其次，社区中介组织的发展是一个渐进的、较长期的过程，政府要加大对城郊失地农民社区中介组织发展的扶持力度，最终使其有足够的能力承担各项管理、协调和服务职能；再次，要注重城郊失地农民社区中"自组织"的质量建设，培育社区居民的"自组织"意识和能力，提升"自组织"在社区民主自治中的综合效能；最后，要加大对社区的资金投入力度，为社区中介组织的发展提供良好的经济基础，保障组织的良性运转。

第二，发展城郊失地农民社区的志愿服务者。发展城郊失地农民社区的志愿服务者不仅可以满足社区居民多方面、多层次的服务需求，降低居委会的工作强度，同时还能借助社区志愿服务活动来提升城郊失地农民社区居民的"自组织"水平和参与能力。在实践中可以主要从以下两方面做起：首先，在做好城郊失地农民社区服务体系建设的同时，可大力开发能够吸引社区居民参与的、生动活泼的社区志愿服务项目，鼓励和引导社区居民开展社区救助、优抚、助残、老年服务、就业服务、维护社区安全、科普和精神文明建设等活动；其次，广泛动员和吸纳具有志愿服务意识的社会成员参与到城郊失地农民社区的志愿服务中来，特别是动员一些城市失业人口积极参加社区低偿服务，这样既可以扩大社区服务队伍，又能够在一定程度上解决其再就业问题。

（三）重塑城郊失地农民社区的社会资本，夯实自治基础

社区治理过程涉及四个层次的社会资本：第一层次表现为社区居民参

加社区组织和社区活动的积极性，第二层次表现为各个社区组织之间的良好协作关系，第三层次表现为社区组织和外界社会进行协作的能力，第四层次表现为社区各管理主体间的协调关系。显然，城郊失地农民社区尚不完全具备以上四个层次的社会资本。正是由于社会资本的匮乏，城郊失地农民社区的凝聚力大大降低，社区的自治基础被严重削弱。因此，要完善城郊失地农民社区的治理，就必须重塑社区内的社会资本，提升居民的社区认同感和归属感，促进社区中外来人口的社区融入，从而夯实社区自治的基础，实现社区良善治理。

1. 增强城郊失地农民社区居民的认同感和归属感

居民的社区认同感和归属感是居民参与社区治理的动力源泉，没有认同感和归属感的支撑，便没有真正的社区参与，更无从谈社区"善治"乃至自治的实现。因此，要提升城郊失地农民社区的治理水平，首要的任务就是增强居民的社区认同感和归属感。因此，要提升城郊失地农民社区居民的认同感和归属感需要着重做好以下方面工作。

第一，淡化城郊失地农民社区居民因失地而产生的失落感，并逐步改变他们固有的自我认同。要对这些失地农民失去土地的事实进行开导，帮助他们正确认识失去土地的事实，慢慢打消他们心中对土地的依赖感，从而帮助他们建立新的自我认知，增强他们适应城市生活的信心。

第二，满足城郊失地农民社区居民的社区服务需求，建立健全社区的服务网络和服务设施，通过开展各种利民、便民的社区服务（如健康、保洁、公益、巡逻和互助等），让居民的基本生活需求在社区内就得以解决，从而提升他们对社区的依存度，增强他们对社区的认同感和归属感。

第三，提升城郊失地农民社区居民的就业能力和收入水平，通过职业培训来增强他们的基本技能和专业技能，尽力拓宽他们的就业渠道和就业面，鼓励并支持他们通过自主创业增加收入，使其基本生存有稳定的经济保障，从而切实增强他们的社区归属感。这就是城郊失地农民社区的一个最大特点，即不仅要像一般城市社区那样为居民提供优质的公共服务，更重要的是要承担起城郊失地农民生存和发展的重任。

2. 促进城郊失地农民社区中外来人口的社区融入

城郊失地农民社区的居民主要由城郊失地农民和外来流动人口这两大群体构成，很多社区中的外来人口数量甚至超过了本地居民的数量。这样，外来人口的社区融入程度就成为影响社区凝聚力的决定性因素之一。由于城郊失地农民社区中社会资本的匮乏，外来人口的社区融入异常艰难，从而大大降低了社区凝聚力，弱化了社区的自治基础。因此，要实现城郊失地农民社区治理的目标，就必须促进外来人口的社区融入，努力提升社区的凝聚力。

第一，增进本地居民和外来人口的交往和信任，重构"熟人社会"。在城郊失地农民社区中，本地居民和外来人口之间的交往多是基于经济上的租赁关系，彼此之间因缺少接触和沟通而难以产生信任感，更无法建立稳固的社会关系。此时，社区可以通过开展丰富多彩的社区文化活动（如歌咏比赛、乘凉晚会、市民学校、读书节等），来增进本地居民和外来人口之间的接触和联系，通过动员社区居民参加社区志愿服务活动等形式来促进他们的交流与合作，从而提升社区居民之间的相熟度，逐步建立彼此间的信任感，最终形成新的"熟人社会"网络，使社区居民形成对社区集体的家园意识。

第二，培育城郊失地农民社区治理的"精英"，引导集体行动。这里所谓的社区"精英"是指在居民自主的共同行动过程中所形成的领袖，这里主要是指社区管理者。促进城郊失地农民社区中外来人口的社区融入离不开好的社区管理者，而这就需要培育社区"精英"，进一步提高其组织协调能力和维护居民权益的意识，通过社区"精英"对居民集体行动的动员和引导来增进本地居民和外来人口之间的信任度，提升社区的凝聚力。

第三，健全城郊失地农民社区的制度规范，保障民主权利。城郊失地农民社区的异质性使促进外来人口融入社区的任务十分艰巨，尤其是外来人口的流动性降低了社区社会资本的存量，更加剧了其社区融入的难度。因此，要促进外来人口的社区融入，除了社区"精英"的引导之外，还必须依赖可持续的制度化保障，即建立一套能够让社区全体成员认同和接受的公平、公正的准则。这主要包括：健全社区外来人口的管理制度，在做好登记工作的同时增加对他们的了解、关怀和帮扶；优化社区民主管理制度，给予外来人口相应的社区选举权和监督权，维护他们的民主权益，促进他们的社区参与；建立社区的非正式公约，形成规范的社会资本，让外来人口通过现代道德规范实现自我约束，增进社区互信互惠。

总之，城郊失地农民社区良善治理的现实标准就是让社区成为居民的温馨家园和生活乐园，将社区真正变成全体成员和睦相处的社会生活共同体。而要达成这一目标，就要落实社区民主自治，尊重和保障社区居民的民主自治权利，真正体现和平衡社区内各群体的愿望和利益，使社区居民能够自由地表达利益诉求、平等地享受民主权利、有效地治理社区内部事务，最终让社区中的各个群体和阶层身处费孝通先生所描述的"各美其美、美人之美、美美与共、天下大同"的和谐共融之境。

附录 1 南昌县城镇发展调研报告

一 蒋巷镇

（一）城镇概况

1. 区位条件

蒋巷镇位于江西省南昌县北部、赣江下游。地处东经 115°65′、北纬 28°32′。蒋巷镇自古以来四面环水，东临鄱阳湖、南北傍赣江、西接省城南昌市城郊，赣江南、中支流环抱而过，西南长达 46 公里，南北纵深 8 公里。公路主要有蒋（巷）江（纺）路，水上有赣江航道。面积达 241 平方公里。

2. 自然条件

蒋巷镇自古便有"江南粮仓"的美誉，是传统农业时代的"鱼米之乡"。蒋巷镇属土质肥沃、土壤结构好、有机物含量高的赣江下游冲积平原，镇辖区域内温和湿润、阳光充足、四季雨量充沛。全镇 12.5 万亩农田网络成片，1.5 万亩精养鱼池星罗棋布，3500 亩果园果香四溢，1.25 万亩林木绿影婆娑，水稻、蔬菜、瓜果、花卉等农作物丰富。便捷的豫章大桥横跨赣江，将城乡连为一体，京福高速公路南北贯穿境内，便达首都北京及东南沿海城市。这里既是江南闻名遐迩的产粮、卖粮第一大镇所在地，又是省会南昌市的重要农副产品生产基地和江西省农业的对外窗口。

3. 社会经济条件

全镇辖胜利、五丰、立新、联圩、三洞、滁北、山尾、蒋巷、白岸、北旺、柏岗山、洲头、叶楼、高梧、埠上、河边、玉丰 17 个行政村和 1 个居委会（蒋巷街居委会），总人口为 9.28 万人，城镇化水平为 7.01%。

蒋巷镇作为南昌县乃至南昌市的重要农业生产基地，自 2002 年南昌市政府授牌"南昌蒋巷现代农业示范园"以来，现代农业成为全镇经济发展的主攻方向。目前蒋巷镇已经形成国家级农业产业龙头企业 1 家、省级农业产业龙头企业 6 家、有机绿色品牌 44 个，成为全省农业现代化的"排头兵"，坚持农业现代化的发展为蒋巷经济社会的进步奠定了良好的基础。

（二）发展现状

1. 取得的主要成绩

2012 年全镇实现财政总收入 6147 万元，同比增长 36.24%，其中，国税完成 4752 万元，地税完成 1395 万元；地方一般预算收入为 2313 万元，同比增长 6.99%；完成规模以上企业增加值 8.1 亿元，同比增长 25%；实现社会固定资产投资 7.1 亿元，同比增长 39.2%；农民人均纯收入达到 9989 元，同比增长 16.3%，连续 7 年保持两位数增长。

产业发展项目有力推进。蒋巷镇以项目建设为抓手，大力实施项目带动战略，强力推进省、市、县 16 个重大重点项目建设，重点推进国鸿 10 万吨肉类精深加工、鄱湖公司 6 万吨水产品等项目，启动博泰实业、泛美艺术学院、豫章古城、湖光山舍休闲农庄（二期）、达仁山庄等项目，完成滁北大桥、北望大桥、43 公里堤顶公路建设、11.2 公里蒋巷大道维修改造等。通过这些重大重点项目，不断挖掘能够撬动经济崛起的"支撑点"。

现代农业优势提升。全镇以蒋巷中心公路为主轴，按照"优势区域、连片成线、沿线挂葫芦"的方式布局产业，在产业发展上着力于规模化、集约化和现代化。突出巩固粮食、生猪、水产三大传统产业，发展蔬菜、家禽、苗木三大比较优势产业，以传统产业和特色产业为支撑，实行区域聚焦、资源聚焦、产业聚焦，积极推动优势产品向区域产业集中。目前全镇已有国家级龙头企业 1 家、省级龙头企业 5 家、市级龙头企业 8 家，培育国家绿色（有机）产品 44 种。积极打造名优品牌，品牌效应初露端倪。国鸿放心肉、鄱湖有机鱼、祥厨调味品荣获江西名牌产品。休闲农业、生态农业如雨后春笋般发展，湖光山舍、国鸿生态园、达仁农庄等一批有潜力的休闲农庄苗壮成长。

蒋巷镇村建设成果显著。通过"五化整治"，对蒋巷中心公路及京福高速沿线 6 个行政村的 32 个自然村及集镇的 1803 栋房屋进行了整治美化，整治可视墙体面积 414178.5 平方米，坡顶面积 121826.7 平方米，并对沿线有碍观瞻的 5000 余平方米建筑进行了拆除，秀美乡村建设初见成效；在新农村建设方面，完成白岸涂家新村等16个新农村点和蒋巷刘家新村、高梧中王2个精品点打造；同时加快农村环境面貌改善，实行乡村保洁理事会制，使乡村保洁工程做到"五个起来"（环卫设施建起来，保洁人员配起来，管理机制转起来，村镇环境美起来，文明习惯树起来），切实改变了农村环境。

2. 存在的主要问题

在取得突出成绩的同时，蒋巷镇的发展也面临一系列困难和问题，除土地、环境、容量等刚性约束趋紧、发展空间受限等不利因素之外，社会经济发展的问题集中表现在以下方面。

一是经济发展质量不高，经济发展后劲不足，自主创新能力不强，且农业产业结构过高，农业发展形式单一。

二是城镇建设过程中的"重建轻管"现象突出，社会综合管理亟待加强，并且发展中积累的一些深层次的矛盾和问题未能得到有效化解，维稳压力仍然较大。

对此，蒋巷镇在未来的城镇化建设过程中应着重解决上述问题。

（三）总体发展思路及布局

未来蒋巷镇的城镇化建设应坚持以现代农业和观光旅游业为主线，坚持农业现代化、集镇城市化两大战略，在重点扶持精品农业的基础上，依靠农业资源，发展农业观光旅游、休闲旅游，以豫章桥头项目规划为引领，带动全镇农村城市化建设，打造"农业基地、田园风光"的特色城镇。

全镇城市化建设应以当前豫章大桥周边地区的建设为契机，优化布局，推进"一心一廊道、两轴五组团"的结构。

"一心"指蒋巷镇西部组团中心和旅游综合服务中心，在高梧大道中段两侧形成规划区中心，即旅游综合服务中心，打造成蒋巷镇的西部组团中心，带动蒋巷镇西部地区发展。

"一廊道"指结合现状规划区中部水系和赣江防护绿化，形成连接赣江南支和中支的生态廊道。

"两轴"指高新大道发展轴和高梧大道发展轴，高新大道—蒋巷大道连接南昌城区并贯穿蒋巷镇域，作为南昌市与蒋巷镇城乡一体化的发展主轴，高梧大道向东延伸作为蒋巷今后沿江发展的次轴；

"五组团"指重点打造蒋巷镇的商务旅游综合组团（具体范围为高新大道—北二环—蒋巷西大道—规划水系，面积为 102 公顷。高梧大道以南配套与滨水娱乐休闲相关的商业、旅馆功能，形成相对完整的功能区，高梧大道北侧以企业办公为主体，兼顾商务服务、居住等功能）、滨江文化创意组团（具体范围为高新大道—文津路—叶楼大道—赣江圩堤，面积为 50 公顷。在规划水系北侧打造农业文化创意区，并在其北侧布置滨江高尚住宅区）、新型建材产业组团（具体范围为高新大道—北二环—叶楼大道—文津路，面积为 28 公顷。结合规划区优势产业，策应《南昌县"十二五"规划纲要》，规划清洁、无污染的新型建材产业）、教育培训组团（具体范围为蒋巷西大道—绿荫路—雅苑路—北二环，面积为 44 公顷。现状新闻出版学校和已出让的泛美学校构成教育培训组团）和青洲居住组团（位于规划区西部，具体范围为湖滨路—蒋巷西大道—宏图路—赣江圩堤，面积为 81 公顷）。

（四）加快城镇化发展的对策

1. 稳固农业产业基础

农村城市化必须依靠产业的发展带动，根据蒋巷镇的产业优势，重视农业根基，重点扶持打造精品农业，在农产品深加工上下功夫，延长产业链，把资源优势转化为经济优势。以"国鸿"系列产品为主要产业链，打造肉类产品深加工基地；以国旺公司的"绿色农业"和中法合作肉牛养殖为发展载体，大力打造国旺绿色稻米、蔬菜、水果、肉牛等加工基地；以鄱湖公司"有机鱼"为发展空间，大力发展鱼产品深加工基地，力争把全镇打造成为国家或省级无公害农产品、绿色食品、供港免检产品的生产基地，全力打造国家级农业示范园区。

2. 农业旅游休闲园同科技示范园相结合

在旅游休闲方面，根据蒋巷镇的总体发展思路，全镇应紧紧依托丰富的生态农业资源，发挥旅游特色，以湖光山色、国鸿生态园、豫章古城、达仁休闲农庄等为龙头，按照"整体规划、整体改造、整体提升"的要求，通过整合优势资源、挖掘优势潜力，把休闲旅游做成全镇的优势产业。同时，依靠全镇交通区位优势和独特地理位置，加快豫章桥头华昌实业等商住项目的建设，与小城镇建设相配套，推进住宅小区的建设，聚集人气、盘活商气、凝聚财气。

在科技示范方面，将现代农业的发展要求同科技相结合。在农业科技公园里，除了精心种植的作物、养殖的鱼类和观赏动物以及合适的娱乐设施外，还引入了高科技，游客可以直接看到如何利用先进技术自动控制大棚蔬菜的温度、湿度，如何给树木施肥，如何进行无土栽培，这样可较好地形成农业科普的旅游基地。

对此，蒋巷镇未来的发展应突出农业科技同休闲旅游的结合，依托国鸿等龙头企业的农产品发展平台，推广"科技、绿色、生态"的食品和旅游休闲品牌。

3. 特色各异的城镇化道路

在农村城市化的建设过程中，镇中心和周边乡村由于资源基础条件的差异，在未来的发展过程中需要因地制宜，坚持城镇、农村两步行的错位发展思路，继续扩大镇中心的资源区位优势，着力完善其对南昌市的城郊区域功能，同时辐射乡村发展；农村则应围绕镇中心建设，形成与镇中心相配套、相补充的农村改造。

坚持将镇中心打造为宜居的城郊地区，根据南昌市委、市政府的规划，将蒋巷镇打造为全市个性特征突出、人居环境优美、发展潜力强劲、带动作用明显的特色小城镇以南昌县县委、县政府重点打造蒋巷中心城镇为契机，根据"融入大南昌、拉开大框架、城镇大建设"的工作思路，完善集镇规划，实施集镇建成区的改造工程，改善集镇面貌，大力完善配套设施和服务，提升镇中心的服务水平，形成以生态农业和旅游观光为特色的南昌城郊休闲区。

围绕"全省新农村建设示范窗口"的目标，将周边乡村打造成具有城郊特色的新农村，坚持"农家乐"的发展理念，开展以"住农家屋、吃农家饭、干农家活、享农家乐"为内容的民俗风情旅游、以收获各种农产品为主要内容的务农采摘旅游和以民间传统节庆活动为内容的乡村节庆旅游，整合各种资源，对街子肖等13个新农村建设点进行打造，并依托蒋巷中心公路，对埠上魏家、蒋巷刘家新村、山尾北樊3个精品点进行重点打造，按照统一规划、统一设计、统一层高、统一立面的要求，使之成为集农业生产、休闲观光、生态环保于一体的新农村建设示范工程。

4. 推广循环经济的发展模式

相关地区农业休闲旅游的发展情况表明，部分发展环节处理不当易导致不同程度的环境污染，对此蒋巷镇在发展过程中应因地制宜，结合循环经济的要求，力求节能与环保。根据国内外农家乐的成功经验，循环经济的农业休闲旅游发展模式如附图所示。

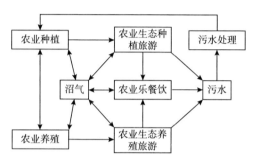

附图　基于循环经济的农业休闲旅游模式

该模式可改变现有的分散经营模式，建立农业合作社、农家乐经营方式，多家进行分工协作，有从事粮食、瓜果蔬菜等农产品生产的，有从事畜禽、渔业养殖的，有从事农家乐餐饮服务及其他服务的。将农业秸秆、养殖粪便、餐饮废渣等产生的有机废物作为产生沼气的有效资源。餐饮废水及旅游生活污水能得到有效的处置，并回用于农业生产。沼气池产生的沼液、沼渣等作为农业生态种植的废料。农业种植的产品、秸秆等可以作为农业养殖的饲料、饵料，农业养殖产生的粪便等可以作为农业种植的有机肥料。生态种植和生态养殖的产品又可作为农业休闲旅游的重要资源，增添更多的吸引力和乐趣。

5. 加强城镇环境整治

环境整治是实现农村城市化的必要途径和重要内容，努力实现环境、形象、内涵和品质的全面提升，使全镇走出一条"绿色经济、美丽家园"的科学发展的康庄大道。一是继续做好造林绿化工作，以创建"全国环境优美乡镇"为契机，重点抓好绿色集镇、绿色村庄、绿色校园、绿色庭院建设，创建"常年见绿叶、四季看花色、处处闻花香"的优美环境，重点做好蒋巷大道沿线两侧高标准绿化项目以及通往各村公路的沿线绿化植被栽培。二是持续抓好环境整治，加强水质监测，重点抓好养殖业污染和生活污染治理，重点组织实施中心沟渠清淤护坡、高梧电灌站、国鸿养猪场搬迁、桥头混凝土公司搬迁、碧水河截污等项目。同时巩固"五化"综合整治工作成果，实施家园清洁行动，实现生活垃圾每日一清，切实改善农村生活环境。

6. 政策保障措施

深入推进作风大转变，稳步推进农村城市化建设工作，进一步加强政府自身建设。

（1）切实增强服务发展能力。转变政府职能，提高行政效率。在项目建设推进、拆违控违、农村环境整治等方面加大工作力度，确保取得实效。坚持深入一线服务企业和重点工程建设，努力创造一流的发展环境。

（2）切实增强服务群众能力。进一步增强群众工作能力，改进、创新工作方式。第一时间响应群众反映的现实困难诉求，认真兑现对群众承诺的事项，落实干部联系困难家庭制度，为群众排忧解难。

（3）切实增强依法行政能力。自觉接受人大法律监督，充分听取各方意见，加大政务信息公开力度，广泛接受各种监督。不断完善各项工作制度，推进科学决策、民主决策、依法决策。

（4）切实增强执行落实能力。牢记责任，崇尚实干。改进文风会风，提高行政效能，文要管用，会要议事，议后要落实。完善岗位管理、目标管理、绩效考核、督察落实等责任机制。强化行政问责，出实招、动真格、敢碰硬，严肃查处有令不行、有禁不止、推诿扯皮和不作为、慢作为、乱作为等行为。我们必须说了干、定了办，敢作为、勇担当，言必信、行必果。

（5）切实增强廉洁从政能力。全面落实党风廉政建设责任制，完善廉政风险防控机制，强化行政问责制度。坚持勤俭节约，反对铺张浪费，不搞劳民伤财的政绩工程，努力形成清新政风，树立良好形象。

二　塘南镇

（一）城镇概况

1. 区位条件

塘南镇地处南昌县的东北部、抚河下游、鄱湖之滨，东邻泾口乡、南接幽兰镇、西靠高新区麻丘镇、北连五星农场，其交通非常便利，京福高速公路临境而行，穿境而过的昌万公路使其较好地融入南昌半小时经济圈。

2. 自然条件

塘南镇内水甘土肥，河网纵横，湖港星罗棋布，素有"鱼米之乡"的美称。土地面积达 120 平方公里，其中耕地面积达 9 万余亩，水产面积达 9500 亩。全镇土壤肥沃，适宜种植的作物广泛，在镇内耕地中，分布着不同质地的土壤，有黏土成分较重的耕地，有含沙比例不同的泥沙质耕地，有地下水位较低且灌溉、泄水性能好的耕地，也有适宜种植喜湿作物的耕地，还有排灌自如的低洼湖田 15700 亩。该镇水资源丰富且相对集中，既有几百亩一条的河港水面，又有几亩到几十亩不等的精养鱼池，水面能排能灌，是淡水养殖开发的理想场所。塘南镇有 40 多年历史的鱼苗生产基地，全镇有鱼苗培育水面 400 亩，年产各种规格的鱼苗 110 吨，品种有花白鲢、草鱼、青鱼、鳊鱼、鲤鱼、鲫鱼等。

3. 社会经济条件

塘南镇是一个具有 2000 多年历史的江南大镇，下辖 23 个行政村（塘南、田万、协成、石岗、近港、富圣、渡口、张溪、篁山、西河、港头、梓溪、北联、民主、和丰、西联、联合、蔡家、红星、北星、新图、新联、新光）、2 个居委会，总人口达 7.3 万人，其中城镇常住人口达 5557 人，城镇化率为 7.6%。

（二）发展现状

1. 取得的主要成绩

2012 年全镇实现生产总值 12 亿元，比上年同期增长 10%；农民人均纯收入达 8978 元；固定资产投资额实现 5.52 亿元；财政收入完成 1584 万元，超出任务数 12%，其中国税完成 406 万元，地税完成 1178 万元。

（1）农业产业化有序推进。全镇粮食生产稳定，2012 年全镇粮食播种面积达 20.81 万亩，百亩以上种粮大户增加到 53 户，粮食产量超过 11 万吨，实现粮食产量年年增目标。畜牧水产是全镇农业发展的优势，2012 年全镇成立畜牧合作社 18 个、水产养殖场 1 个；为花鲢、白鲢、鲈鱼、鳜鱼、白鱼、赣鱼 6 个产品注册了无污染商标。另外，农村合作社建设有序进行，通过"上挂、下派、平移"活动，北联村成立莲藕专业合作社。合作社现有社员 102 人，规模经营土地 520 亩，亩均纯收入达 4200 元，社员平均纯收入达 9000 余元，实现了合作社和农民的双赢。

（2）农业基础设施得以完善。目前全镇争取到县级小农水资金 450 余万元，对八字脑、红湖等电站进行了更新改造；配合县水务局争取到中央资金 560 万元建设西河小农水示范区；配合市水利投资有限公司建设安全用水工程；成功申报投资 2300 万元的鄱阳湖工作第六单项工程；完成 9 个村的土地整理项目，整理土地 24978 亩，总投资达 4087.77 万元。

（3）城镇化建设稳步进行。2012 年全镇新农村建设工作累计投入资金 288.4 万元，完成 14 个新农村建设点，硬化道路 12.43 公里，安装路灯 101 盏，改水、改厕 1106 户；新建休闲广场 7 处，共有 1460 余平方米；投资 28 万元栽种树木 2650 棵；投资 120 万元在新光、新联、塘南、蔡家、张溪和渡口等村打造市级"森林村庄"，栽种树木 12000 余棵。同时，"五化"整治工作继续推进，2012 年"五化"整治工作共完成墙面改造的房屋有 1634 栋（145576 平方米），完成坡顶改造的房屋有 432 栋（85347 平方米），全面改造完成的房屋有 1728 栋；张溪斜上自然村清理村前门塘淤泥 2000 余立方米，建成村民休闲广场。

2. 存在的主要问题

塘南在快速发展的过程中仍然存在一些不足之处，主要表现在：乡村经济基础依然薄弱，农业传统产业仍旧偏多，农业产业化程度不高，农业龙头企业较少，农产品加工能力不强；城镇基础设施滞后，城镇建设面临资金瓶颈，城乡一体化水平有待进一步提升；政府自身建设需要进一步加强，干部队伍的能力和素质仍需提高等，这些都是塘南镇在未来城镇建设过程中亟待解决的问题。

（三）总体思路及布局

基于上述发展基础，未来塘南镇的发展应继续以创建文明集镇、环境优美村镇、生态宜居乡镇为目标，依托自然生态、田园景观、民俗风情、农（林、牧、渔）业特色产业，大力推进生态农业、休闲旅游的发展，将农业同旅游业有机结合，以提供体现"三农"特色的"体验农家生活、享受农耕文明、欣赏乡村文化、感受自然风情"等休闲旅游服务项目为重点，在基础设施上力求更完善，在服务功能上力求更优质，在人居环境上力求更舒适,带动塘南城镇化建设。全镇总体布局为"一个中心、两条主线、三大功能板块"。

"一个中心"指以令公庙文化旅游项目为中心,建设仿古建筑群,丰富文化内涵,完善文化旅游设施,恢复古戏台表演,组织实施令公庙文化研究交流等活动。

"两条主线"包括文化旅游线路和现代农业观光体验线路。文化旅游线路的建设内容包括:一庙(令公庙)、一馆(鄱湖渔耕文化馆)、一钟(警世钟)、一碑(励志纪念碑)、塘南游客中心、赣鄱风情文化街、水上娱乐项目等;现代农业观光体验线路的建设内容包括有机农作物生产基地和生态农业观光体验园。

"三大功能板块":一是综合商贸服务板块,依托昌万公路和福银、德昌高速公路,在渡口布局航空产业的配套项目,建设物流仓储基地,承接配套产业的梯度转移;二是旅游度假休闲园,将令公庙红色旅游和鄱阳湖渔耕文化相结合,建设柘林特色商业街,打造南昌近郊旅游度假休闲园,使塘南成为名副其实的东部区域中心镇;三是农业观光体验板块,在省农科院专家和县委农工部等相关部门指导下,提高农作物的质量和产量,同时可以在生态农业观光体验园聘请农科院专家现场传授最新型农作物栽培原理和技术,并组织培训班,组建"农户＋基地＋公司＋合作社"的模式,达到农民增收、农业增效、公司盈利、村集体致富的多赢局面。

(四)加快城镇化发展的对策

1. 加快农业产业化进程

推进农业产业化进程,保持农业的核心地位。一是要突出发展粮食生产。以春耕工作为重点,抓好农作物田间管理和春耕春播,确保农业增产、农民增收;大力推进高产示范片创建,宣传并鼓励群众参加水稻保险,切实做好投保受灾群众的理赔工作。二是做大做优农业产品,坚持在产业中创品牌,建设好优质莲藕、良种生猪蛋鸭、无污染养鱼、大棚蔬菜等产业,提高农产品的知名度和美誉度,提高农产品价值,实现助农增收。

2. 着力打造工业发展平台

大力推进园区建设,促进村民生产转型,由单一的农业生产转为企业加工,吸引外地务工人员回乡就业,在大力推进第二、第三产业发展的同时,提升集镇的服务功能,为全镇工业发展提供良好的环境,实现农村城市化的有序进行。

(1)打造建筑总部产业园。塘南有着广阔的人脉资源,经商的成功人士很多,但多数公司总部都设在外地。为筑巢引凤,搭建联络平台,鼓励塘南籍知名企业家回乡创业,我们将适时组建塘南商会。充分利用留存的渡口砖瓦厂的220亩建设用地,重点打造商会总部基地。未来应充分发挥商会的桥梁纽带作用,动员和招引更多有实力、肯实干的企业总部落户塘南,一方面拉动税收新跨越,另一方面凸显塘南"潜力板块"的发展态势。

(2)打造服装加工产业园。塘南的交通优势、区位优势和丰富的劳动力资源为服装加工的发展带来了成熟的条件。对于老砖瓦厂的46亩用地改造的服装加工园区,未来应进一步整合镇内现有的服装加工企业资源,吸引发达地区的服装加工企业入驻,承接其产业的梯度转移,形成产业集群。

3. 重点推进农业休闲旅游

依托农业资源,大力发展农业生态观光旅游,以建设航空城生活配套基地为契机,充分发挥塘南镇的农业资源和地域优势,争取南昌航空城生活配套基地落户塘南,打造沿昌万公路的集生态观光、休闲垂钓、餐饮娱乐为一体的"农家乐"型农业项目,建设近郊旅游度假休闲园,让更多的村民在农业生产之余从事服务业,在解决就业问题的同时加快城镇化的进程。

第一,合理规划布局,结合特色实现景区错位发展。要避免可能存在的同质化、单一化问题,推行"一村一品"等特色旅游,各个地区应充分挖掘区域优势,彰显自身特色,发挥自身特长。

第二,完善基础设施建设。进一步加大拟建景区基础设施建设,解决农村交通不便、水电气供应不足的问题。利用农村饮水安全工程,实现乡村旅游点的自来水供应全覆盖,进一步实施农村电网改造,实现旅游点的正常供电,在有条件的旅游点尽快通上天然气。在公共设施方面,进一步加大农村公共设施,特别是停车、卫生、安全等设施的建设力度。

第三,提升服务质量。服务人员职业素质较低,是农业休闲旅游发展中存在的一个很大的制约因素。对此应该加大专业人才的引进与培养力度，吸引相关人士的参与、加盟；加强对农家乐经营管理与服务人员的专业技能培训，提高服务人员的素质；加强食品卫生管理，配备必要的卫生设施，保证游客有一个安全、卫生、健康的消费环境。

第四，强化全镇的环境卫生整治。按照"政府组织、村组负责、市场运作、全民参与"的方针，建立"镇督导、村负责、组集中、户落实"的长效管理机制，大力实施"清洁家园、美丽塘南"集中整治暨"城镇管理年"活动，对全镇各村道路、村庄、集镇的环境进行全面清理，并建立长效管理机制，解决城市化建设中环境治理这一重要问题。

第五，挖掘地方特色，发挥区域优势。要进一步挖掘农家乐旅游的内涵，坚持在"农"字和"乐"家上下功夫，通过开展产品创新、管理创新、服务创新，在保持农家原汁原味上做好文章，不断推出体验性、参与性、互动性较强的旅游项目。同时，深度包装土特农产品，拉长产业链，增加经济效益。

第六，解决融资难与用地难问题。塘南政府与社会企业组织应加大对农家乐的帮扶力度，引进有经济实力和市场经营能力的企业，出台优惠政策，指导组织地方风情、渔耕文化、农耕文化等旅游活动。

4. 发展特色农产品集散区

塘南农产品类型丰富，应突出优势产品，以蔡家蔬菜基地为核心，发展绿色蔬菜产业带；以万亩高产示范片为示范，发展优质水稻种植区；以姆鱼养殖基地为引导，发展水产养殖业。以高标准、高质量的要求将塘南打造成为南昌的绿色后花园，打造全省一流的特色蔬果无公害种植基地、名特优水产生态标准化养殖基地和现代农业设施生产示范基地。

绿色蔬菜产业是塘南农业发展的优势，未来应做大做强绿色产业，实现"南昌市及周边地区重要的蔬菜集散地"这一发展目标。

一是引进和制定产地环境、产品质量和加工包装等一系列绿色蔬菜生产标准，同时加大宣传力度，提高元谋蔬菜的知名度，培育元谋冬早蔬菜品牌。

二是按照市场需求，大力引进、发展"名、特、优、新"品种，大力推广科技措施，以农民技能教育培训中心为主开展农业科技培训，切实提高农民素质。

三是制定市场准入、准出制度等政策，成立绿色蔬菜质量监督小组，负责绿色蔬菜质量安全方面的协调、监督工作，加大蔬菜质量安全监管力度，加强农业投入品管理，坚决禁止销售和使用高毒高残留农药，杜绝污染源头，优化绿色蔬菜生产环境。

四是在蔬菜批发市场建成农产品质量安全检测点、乡镇检测点，建立强制性例行检测制度和定期通报制度，对绿色蔬菜的生产环境、生产过程、生产资料的质量，实行强制性检测和定期定量例行检测。

5. 特色各异的城镇化道路

大力推进镇中心建设。按照立足实际、布局合理的原则，积极推进一批城镇环境改造项目。全力打造集水禽、水产品、生活日用品等交易为一体的鄱阳湖水禽、水产品综合大市场，采用钢架大棚结构，严格按市场交易要求科学设计、分区经营，各类交易平台分区进行。以渡口新村、张溪斜上村、协成村为依托，打造一条沿昌万公路的绿色景观带；以和丰综合大市场二期项目为依托，全面改造红旗街及周边环境；以柘林街道路、水产品大市场为依托，进一步对沿街店铺及环境卫生进行整治；以新联街改造为依托，对新联街道及周边环境进行整治。

有序进行乡村建设。要加强农村绿化、美化、亮化建设，实施农村垃圾处理工程，完善农村水、电、路等基础设施和公共设施建设。要加强对新农村建设的物质、资金、进度管理，确保各新农村建设点按质、按量、按时竣工。

对此，当前塘南镇的主要任务是对城镇中心发展旅游区的相关区域进行改造。

柘林街道路改造。柘林街道路东起抚河堤顶公路，西接昌万公路，北靠鄱阳湖水禽、水产品大市场，道路全长为 1.7 公里，是塘南镇集镇主干道。未来塘南镇的城镇中心建设应继续推进柘林湾道路改造工程。在基础设施方面，道路全线疏通下水管道、安装新路灯，配套建设人行道和绿化带，改善周边住户的自来水供应条件，对柘林街沿街建筑物统一设计和施工，对建筑外墙进行粉刷美化。

棚户区改造。城镇中心作为商贸集中地区，应突出与之匹配的城镇建筑。以老农贸市场棚户区成功改造为示范，重点推进上柘林街 40 户棚户区的改造；扩建水产品市场，集聚商气、人气，拉开城镇框架；拆除红旗老街铺面，退街进市，繁荣和丰综合大市场；推进新联老街道路和农贸市场改造，建设宜居小城镇。

6. 推进民生建设

切实加强社会保障，积极落实扩大就业、缓解失业、鼓励创业的各项政策，完善就业服务体系；不断推进城乡居民养老保险和医疗保险工作，实现参保全覆盖；加强社会救助体系建设，努力解决困难群众就医、就学、住房等问题。扎实推进义务教育，整合教育资源，完成镇中心幼儿园建设，切实改善办学条件；全面提升镇村综合文化站（室）公共文化服务功能，积极组织开展各类群众性文化活动，推动文化事业繁荣发展；认真落实农村最低生活保障制度，确保困难群众的生产、生活得到妥善解决。

7. 政策保障措施

坚持密切联系群众，切实改进作风，扎实开展农村城市化推动工作，认真抓好政府自身建设，推动各项工作落实。

（1）依法行政，增强政府决策力。全面促进政府职能转变，规范机关公务人员管理，健全奖优、罚劣的绩效考评体系；自觉接受群众监督，认真听取人大代表建议，认真处理群众来信来访，积极维护群众切身利益，努力使政府决策顺民心、合民意。

（2）提质提速，增强政府执行力。以信息共享为重点，深入推进信息平台建设，加快形成电子政务服务平台，推动行政事务由末端治理向源头治理、过程控制转变；优化财政资金使用效率，推动公共资源更多地向民生倾斜；在工程建设等重点领域加快改革创新，运行完善政府工程项目管理系统。

（3）勤政廉政，增强政府公信力。坚持以改善民生、促进民和、确保民安为己任，做到凡是政府集体决定的事项，凡是对企业、对群众做出的承诺，都必须不折不扣地落到实处；深入推进惩治和预防腐败体系建设，全面落实廉政建设责任制，加强对权力运行的监督制约；对工程建设、土地出让等重点领域加大监管力度，坚决纠正损害群众利益的不正之风，树立政府机关清正廉洁的良好形象。

三 三江镇

(一) 城镇概况

三江镇地处南昌、临川、丰城、进贤四县（区）管辖接壤地带，因位于抚河支流的箭江、隐溪、澎湾交汇之处，又称三江口，历史上曾隶属南昌府、抚州府管辖，故有"两府四县"的美誉，是南方各省通往长安（西安）、建业（南京）、幽燕（北京）等历朝古都的必经之路，也是水上运输的咽喉，南宋以来就是江南著名的农副土特产品集散地，是江西省为数不多的千年古镇。

1. 区位条件

三江镇位于南昌县的东南部，距南昌县城 35 公里，距南昌市 45 公里。广三公路接 105 国道 13.1 公里，梁三公路接梁家渡大桥 320 国道 12.4 公里，京九铁路在镇区设有四等站，交通便利。三江镇还是临近诸县的交通枢纽和农副产品集散地。

2. 自然条件

三江镇属赣抚平原地区，地势南高北低，京九铁路南北穿越，抚河总干渠、青丰山河四周环绕镇域，镇域北部有隆起山岗地（最高海拔达 44.2 米）。三江镇土地肥沃，气候温和，雨水充沛，灌溉便利，日照充足，无霜期长，有利于农作物生产。三江联圩属抚河分洪区，全长达 34 公里，抚河总干渠在历史上的最高水位为 27 米，警戒水位为 26.4 米，枯水期最低水位为 23 米，堤顶设计标高 29.6 米（吴淞高程）。

3. 人文特征

三江镇人文旅游资源丰富，其中著名的有明代建筑三江秀峰桥、株子塔、道光古井、前后万村古民居建筑群等，与近邻广福镇黎村唐永王李嶙墓、小蓝乡三国东吴古墓以及丰城市洪州窑遥相呼应。同时，三江作为一个千年古镇，民俗旅游资源丰富，乡土风情别具一格，很有代表性。

地临四县之交的区位赋予三江人开拓进取的精神以及浓厚的经商传统，三江的商业氛围十分浓厚，南宋以来就是江南著名的农副土特产品集散地，尤其是农历三、六、九墟日，更是商贾云集、热闹非凡。素有"蔬菜之乡"美誉的南昌县三江镇，承载着南昌市区蔬菜供应量的 1/3，是南昌市重要的一线蔬菜生产基地，也是江西省首批认定的无公害蔬菜生产基地之一。

商业的车水马龙注定了三江人文明开放的性格，三江镇世代文风蔚盛，忠臣义士，人才辈出，是个物华天宝、人杰地灵的风水宝地，历朝都出了不少的文官武将。新中国第一位女省委书记万绍芬女士和世界著名土木建筑结构专家蔡方荫先生就是三江优秀儿女的杰出代表。

4. 社会经济

全镇面积为 29.2 平方公里，辖 9 个村委会、96 个自然村、2 个居委会（辖三江、乌龙街 2 个居委会，三江、汗塘、松林、山下、东庄、竹山、源溪、岗坊、徐罗 9 个村委会）。镇区人口为 13816 人，其中通勤人口为 2900 人，常住人口为 7816 人，流动人口为 3100 人，城镇化水平为 46%。

2010 年全镇财政总收入为 2454.5 万元；农民年均纯收入达 7536 元，年均增长 15.8%；全社会消费品零售总额实现 9876 万元；全社会固定资产投资额达 2.773 亿元，同比增长 58.9%；规模以上工业增加值达 1.38 亿元，同比增长 18.9%。农业以粮食、蔬菜为主，副业以家畜、家禽饲养和水产养殖为主；逐步形成了以医疗器械、农副产品加工、服装纺织、建筑四大支柱产业；第三产业以商贸、农副产品集散为主。

（二）发展现状

1. 取得的主要成绩

（1）各项经济指标状况。2012 年，全镇财政总收入达到 4384.4 万元，同比增长 42%；地方一般预算收入达 1530.7 万元，占全年计划的 116.6%；地区生产总值完成 34.4551 亿元，同比增长 17.6%；社会消费品零售总额完成 12680 万元，同比增长 7.2%；全社会固定资产投资额完成 3.78 亿元，同比增长 29%；规模以上工业增加值实现 2.2 亿元，同比增长 30%；农民年人均纯收入达 10118 元，同比增长 15%；实际利用内资 1.2 亿元，同比增长 20%；出口创汇达 834 万美元，同比增长 460%。

（2）工业经济发展状况。全年完成工业利税 4335 万元，占比达到 98.9%。三鑫科技贡献份额达 3550 万元，支撑作用明显。不断加大龙头企业的培育、扶持力度，三鑫科技投资 1.2 亿元的三江基地改扩建项目 50 亩征地工作已基本完成。昌泰建筑、顺发米业、吉茂制衣、酱菜制品等企业的发展态势良好。

（3）商贸物流状况。按照商贸活镇的指导思路，大力发展现代服务业。全镇现有工业企业、实体经营户、个体企业、大型商场及商业网点1239个，从业人数9430人。对投资上亿元的农副产品物流、加工项目进行前期规划，进一步巩固三江作为周边乡镇农副产品集散地的地位，商贸中心镇基本形成。

（4）农业发展状况。年蔬菜交易量达6.2亿斤，交易额达4.96亿元；现有蔬菜专业合作社21家，农村经纪人3200余人，新增绿色无公害农产品5种、有机水产品2种。顺发米业升级为省级龙头企业。荸荠产业年种植面积达到3.52万亩，年产量达7.92万吨，年产值达1.7424亿元，种植户平均增收达150元/亩。三江源、洪洲渔业作为"七城会"特供基地，为三江镇农业现代化、标准化发展起到了良好的示范带动作用。

2. 存在的主要问题

在取得较快发展的同时，三江镇也面临一定的问题：一是三江镇在南昌县、南昌市市乃至江西省的战略定位有待进一步明晰；二是经济发展后劲不足，规模企业不多；三是现有项目建设存在推进不平衡的现象，招商引资项目不多，体量不大，拉动效应不够明显；四是农业传统产业仍旧偏多，农业产业化程度不高，农业龙头企业较少，农产品加工能力不强，农副产品精深加工、市场化运营明显滞后，无公害蔬菜产业规模不大，尚未形成完整的产、加、销一体化的产业链条；五是财力有限，基础设施建设不能满足人民群众的愿望，财源比较紧缺，镇级资金拉动经济快速发展的投入匮乏。这些都是未来三江镇在城镇化发展过程中需要重点解决的问题。

（三）总体发展思路

第一，做大做强蔬菜产业，实现"四个转变"，即实现由蔬菜流通职能向加工职能的转变，实现蔬菜生产由量到质的转变，实现蔬菜种植模式由分到统的转变，实现蔬菜产业由单一功能向多功能的转变，最终实现三江蔬菜产业化。

第二，打造三江地域品牌，使三江成为名副其实的"江西菜园子"，并最终使"三江蔬菜"成为享誉全国、走向世界的知名农业品牌。

第三，依托三江丰富的农业资源，在农业开发与生态旅游的结合上做文章，发展现代乡村旅游。随着三江蔬菜产业的发展，三江的蔬菜大棚、示范园都成为重要的旅游资源，加之有机整合前后万历史文化名村、三江湿地等资源，实现农业开发与生态旅游业的互动发展。

（四）加快城镇化发展的对策

1. 做大做强蔬菜产业

（1）实施名牌战略，生产有机蔬菜，创蔬菜名牌。一是强化三江蔬菜的地域特征，打造三江地域品牌。借助"蔬菜之乡"的美誉，依托江西省首批认定的无公害蔬菜生产基地，以及承载着南昌市区蔬菜供应量的 1/3 的现实，强化三江蔬菜（如三江萝卜腌菜）的地域特征，打造三江地域品牌。二是提升三江特色农业品牌，推进无公害、绿色、有机农产品发展，大力发展龙头企业，鼓励合作社、公司、种养大户与超市、学校、企业单位形成定点供应模式；扶持一两个市级龙头企业升为省级龙头企业；在蔬菜、荸荠精深加工企业的引进和市场营销上下功夫，促进三江农产品上档次、增收益、创品牌。三是在诸多蔬菜品和蔬菜专业合作社中，大力推广已有的系列知名品牌。目前已有蔬菜专业合作社 12 家（其中省级示范社 1 家，市级示范社 2 家，县级示范社 5 家）、绿色无公害农产品 24 种市级龙头企业 3 家，红洲水产两个有机产品已通过认证。政府可以在其中大力扶持、推广知名品牌。四是打造农产品精深加工基地，积极主动地与大专院校、科研院所加强技术协作，采用新工艺，推广新技术，提高农产品生产、加工的科技含量。结合三江蔬菜、马蹄产量丰富、群众种植基础良好的优势，围绕产业规划，有针对性地开展产业招商。引进带动力强、有产业链的农产品加工项目落户三江，逐步将三江打造成为昌南农副产品精深加工基地。

（2）推进蔬菜商品的信息网络建设。要尽快建立权威性强、信息量大、发布及时的农副产品信息网，强化信息对生产的导向作用，改变产销不对路、增产不增收的现状。蔬菜批发市场应该通过相关行业蔬菜协会的联络功能，大力发展蔬菜等农产品的电子商务业务。据国际权威机构统计，现代物流运用电子商务可节省直接成本 15%，节省间接成本 75%。还可大大提高为客户提供订货、查询、结算和实施动态库存等项服务的能力。因此，三江镇应充分利用高速发展的国际互联网络，率先在蔬菜优势产区和国内外市场间的主要贸易通道上建立电子商务系统，降低物流成本，提高物流效率。依靠完备的设施、先进的信息化系统、巨大的市场规模和日交易额为电子商务的建设奠定良好的基础，借此建立电子商务网络总站，以更好地发挥蔬菜物流的龙头和调控主体的作用。

（3）建立完善的蔬菜物流体系。一是积极鼓励和引导城市的大型连锁超市与三江建立稳定的蔬菜生产基地，向城镇居民直销蔬菜。二是要优选和培育一批市场中介主体，可以考虑在条件成熟的区域由农民合作经济组织成立直接配送销售系统，或者发展大型物流贸易企业，集蔬菜的生产、加工、运销和进出口贸易于一体，一头连接生产基地，一头连接市场。三是取消蔬菜批发市场不能参与交易的规定，充分发挥市场管理员的引导、组织和协调作用，不是让市场中的各种小商小贩去分割蔬菜的物流环节，而是让市场组织蔬菜的流通，将蔬菜交易、加工、配送以及质量检验等管理得更加规范和协调，降低蔬菜物流过程中的交易费用。同时还要减免蔬菜运输过程中的各种过路费、过桥费。

三江镇将重点推进投资 1500 余万元的农产品批发市场基础设施改造项目和投资 1228 万元的三江荸荠交易加工市场一期项目的实施，加强农村专业合作组织和农村经纪人队伍建设，提高农民进入市场的组织化程度，推动品种结构调整，创造更高效益，规范市场管理，维护交易秩序，提供更加优质的农产品物流服务体系，初步形成集冷藏、加工、包装、配送为一体的区域农副产品物流基地。

（4）实现蔬菜种植模式由分到统的转变。一是推广三江源蔬菜标准生产示范园建设的成功经验，鼓励村级组织发展集体经济，努力开拓局面，以点带面，进一步扩大蔬菜基地的数目和规模。以土地整理工作为契机，引导农户连片种植，形成蔬菜基地的规模效应，使蔬菜种植集聚发展。提高农业综合生产能力，提倡规模化蔬菜基地向能人集中，在水稻、蔬菜种植田园标准化建设上寻求突破。二是进一步探索农业产业化经营的良好模式，采取有力措施，积极引进、扶持、培育农业龙头企业，充分发挥龙头企业的辐射、带动作用，提高农产品精深加工能力和农业规模效益。三是大力发展农村合作经济组织，提高蔬菜生产的集聚化程度。鼓励菜农组织各类专业生产者协会、合作社等蔬菜业合作组织，采用产销一体化的经营方式，把分散的菜农与大市场连接起来，提高菜农的管理水平和蔬菜产品的品质，增强抵御自然灾害和市场风险的能力，协调产销关系，减少流通环节，规范市场行为，进行行业自律，避免内部无序竞争，稳定市场供应，降低生产成本，增强市场竞争力。充分发挥美田蔬菜专业合作社和明泰养殖合作社的示范带动作用，抓好农村合作组织建设。利用柏岗山丰富的果林资源和生态环境资源，积极使在谈项目尽早得到规划落实。发挥蔬菜信息平台的作用，让菜农及时、准确地了解蔬菜信息，完善蔬菜检测系统的建设，引导、帮助群众生产更多、更好的无公害绿色蔬菜。

（5）实现蔬菜生产由量到质的转变。一是以"七城会"定点蔬菜供应点为契机，采取市场化运作方式，扶持三江源蔬菜标准生产示范园做优、做强、做出品牌。二是鼓励公司和农民专业合作社积极组织"净菜进超市"，建立有生产标准、有注册品牌、有环保包装的净菜统一标准，让三江镇蔬菜产业"净菜进超市"发展驶入快车道，使三江镇的蔬菜基地成为全市的"中央厨房"。三是大力发展绿色食品与有机蔬菜，对具有输出优势的蔬菜种类在政策、资金、信息、技术等方面给予支持。四是依托江西农业大学等科研单位和机构，加大具有自主知识产权的蔬菜良种开发力度，提高蔬菜产业的核心竞争力。

（6）实现蔬菜产业由单一功能向多功能的转变。一是推进三江源蔬菜基地的现代化标准园建设；坚持以农业科技为驱动，大力发展现代农业，扶持三江菜园科教休闲基地项目建设。二是重点发展休闲农业，依托丰富的农业资源如蔬菜大棚、示范园，以生态农业观光旅游为重点，充分整合湿地资源、古村文化等旅游资源，提升旅游品牌效应，实现由单一的种植功能向休闲农业旅游发展。三是聘请旅游管理专家对全镇的旅游发展进行产业分析和定位，以蔬菜为整体形象代表，打造"菜乡之旅"的旅游发展主题。四是积极发展"农家乐"项目。引导扶持现有的三江百花洲、三江菜园等"农家乐"经营体，加大投入，完善基础设施，进一步做优、做强，利用柏岗山丰富的果林资源和水资源，积极引入项目和资金，开发建设休闲庄园，争取在树立"三江口农家乐"品牌上有所突破。

2. 继续加快招商引资

在招商引资方面要充分利用和强化本地的优势资源。一是发挥本地的人文资源优势，充分挖掘和利用本地独特的资源，重点抓好蔬菜精深加工、酱菜制品等项目的招商引资工作，力争在荸荠加工、蔬菜精深加工、酱菜制品等项目上寻求突破。二是盘活现有空闲厂房，加强内部管理，在承接外来企业落户上寻求突破。三是转变招商方式，创新招商举措，创造性地开展工作，努力在招引重大项目上寻求突破。

3. 统筹发展社会民生事业

坚持把保障和改善民生作为全镇各项工作的根本出发点和落脚点，扎实推进各项社会事业协调发展，让发展成果惠及广大人民群众，全面构建和谐三江。一是坚持落实惠农政策。对贫困群众和弱势群体实行资金、政策、信息上的倾斜，以困难家庭和弱势群众的救助为重点，进一步加大社会救助力度，积极发展社会福利和慈善事业。加强农村养老保险制度、新型农村合作医疗保险制度的推广工作，不断完善全镇的社会救助保障体系，加大残疾人救助扶持力度。二是打造三江教育品牌。结合镇域规划，通过政策倾斜、多元投入、完善管理等措施，争资引项，加快教育配套设施建设和优化教育网点布局，加快推进投资 1000 万元的寄宿制学校征地及手续办理以及投资 600 余万元的三江中学改造项目，尽快规划建设中心幼儿园。继续多方筹措资金对村小进行升级改造，改善村小的教学条件。充分发挥教育奖励基金的激励优势，力争教育教学工作步入全县先进行列。三是实施文化惠民工程。做好投资 140 余万元的古村保护维修工程和投资 70 余万元的基础设施配套建设工程，在重点打造前后万村的同时，深挖南街蔡家古有一家三代四进士、今有一门九博士的深厚文化底蕴，规划保护好南街珠子塔、24 幢明清古建筑等文物古迹。完善学府苑、万芳园等群众休闲场所的文化娱乐设施，发挥农家书屋等项目的阵地作用，广泛开展农民的业余文化健身活动，满足群众的业余文化需求，不断提升群众的幸福指数。

附录 2　课题研究成果

除本书外，南昌大学课题组根据课题内容整理形成学术论文数篇，发表情况如下：

1. 《江西城市首位度与区域经济增长：模型与对策》，《统计与决策》2014 年第 3 期。

2. 《实现江西省产业升级的生态产业体系建设研究》，《科学管理研究》2013 年第 6 期。

3. 《"产城结合"视阈下的鄱阳湖生态经济区城镇化研究》，《鄱阳湖学刊》2013 年第 3 期。

4. 《江西城镇化发展质量研究》，《领导论坛》2013 年第 12 期。

5. 《深化统筹城乡发展　提升江西城镇化质量》，未刊稿。

参考文献

［1］ A. R．，Villaraigosa：《美国城市从加州看美国城市议程》，《美国思想与生活》2003 年第 2 期。

［2］ Cannon T. Region，"Inequality and Spatial Policy in China," In T. Cannon and A. Jenkines，eds. *The Geography of Contemporary China*，Routledge，1990.

［3］ Lin，G．，"The Growth and Structural Change of Chinese Cities：A Contextual and Geographic Analysis," *Cities*，2002.

［4］ "Survey Results of the Cultivated Area of Vegetables to Be Pickled as Winter Kimchi in 2009," http：//kostat. go. kr/portal/english/news/1/8/index. board？bmode＝read&aSeq＝68939，2009.

［5］ Weiskopf Thomas E．，"The Relevance of the Chinese Experience for Third World Economic Development," *Theory and Society*，1980.

［6］ 曹广忠、王纯洁：《我国东部沿海省区城镇化水平影响因素的空间差异》，《地理研究》2008 年第 6 期。

［7］ 曹培慎、袁海：《城市化动力机制——一个包含制度因素的分析框架及其应用》，《生态经济》（学术版）2007 年第 1 期。

［8］ 陈春：《城镇化内涵探讨》，《中国人口报》2009 年第 2 期。

［9］ 陈利兵、张子龙：《城镇化水平与经济增长互动关系协整分析——以江西省为例》，《商业时代》2014 年第 1 期。

［10］ 陈圻葳：《我国城镇化制度体系创新研究》，《中国集团经济》2008 年第 3 期。

［11］ 陈忠：《城市制度：城市发展的核心构架》，《城市问题》2003 年第 4 期。

［12］ 崔功豪、马润潮：《中国自下而上城市化的发展及其机制》，《地理学

报》1999 年第 3 期。

[13] 丁健：《现代城市经济》，同济大学出版社，2001。

[14] 窦金波：《以制度创新推进城市化发展》，《重庆科技学院学报》（社会科学版）2010 年第 9 期。

[15] 高芳英：《美国医疗保险体系的特点及对中国的启示》，《江海学刊》2006 年第 4 期。

[16] 高宜程、王茂军：《城市功能定位的理论和方法思考》，《城市规划》2008 年第 10 期。

[17] 辜胜阻：《非农化与城镇化研究》，浙江人民出版社，1991。

[18] 辜胜阻、李正友：《中国自下而上城镇化的制度分析》，《中国社会科学》1998 年第 2 期。

[19] 郭熙、王华、卢贱生：《江西省农村土地城镇化研究》，《江西农业大学学报》（社会科学版）2002 年第 4 期。

[20] 郭志仪、丁刚：《城市化水平预测方法研究——以 BP 神经网络模型的应用为例》，《人口与经济》2006 年第 6 期。

[21] 郭志仪、丁刚：《基于 PDL 模型的我国省域城市化水平预测研究》，《中国软科学》2005 年第 3 期。

[22] 韩兆洲、孔丽娜：《城镇化内涵及影响因素分析》，《南方农村》2005 年第 1 期。

[23] 郝逸阳、顾佳慧：《美国医疗保险体系初探》，《现代经济信息》2011 年第 6 期。

[24] 胡江萍：《新型城镇化建设的问题与路径》，《领导科学》2014 年第 7 期。

[25] 胡霞：《关于日本山区半山区农业直接补贴政策的考察与分析》《中国农村经济》2007 年第 6 期。

[26] 黄新建、朱越浦：《水权交易模式下江西流域生态与经济耦合关系研究》，《农林经济管理学报》2014 年第 3 期。

[27] 霍叶青、何跃：《基于离差最大化和 ward 系统聚类的四川城镇化水平研究》，《软科学》2010 年第 6 期。

[28] 姬换英：《生态城镇化与经济增长关系的实证研究——以江西省为例》，江西财经大学硕士学位论文，2013。

［29］江西省发展和改革委员会、江西省价格理论研究所课题组：《江西城镇化发展历程、成效、问题及其对策》，《价格月刊》2013 年第 1 期。

［30］姜爱林：《城镇化水平的五种测算方法分析》，《中央财经大学学报》2002 年第 8 期。

［31］雷蕾：《天津蓟县城镇化的驱动机制与城镇化水平预测》，《首都师范大学学报》（自然科学版）2009 年第 10 期。

［32］李保江：《中国城镇化的制度变迁模式及绩效分析》，《山东社会科学》2000 年第 4 期。

［33］李果仁：《西方主要发达国家粮食补贴政策对我国的启示》，《粮食问题研究》2012 年第 5 期。

［34］李林杰、石建涛：《日韩城乡统筹发展的经验借鉴》，《日本问题研究》2008 年第 4 期。

［35］李勤、张元红、张军：《国外城乡统筹实践及其启示》，http：//www. caein. com/index. asp？NewsID＝48933&xAction＝xReadNews，2009。

［36］梁永丰：《提高珠三角农村地区基础教育发展水平的对策研究》，《现代教育论丛》2001 年第 2 期。

［37］林国先：《城镇化道路的制度分析》，《福建农林大学学报》（哲学社会科学版）2002 年第 3 期。

［38］刘敏、金春：《江西城镇化质量与规模协调性发展的研究与思考》，《中共南昌市委党校学报》2014 年第 1 期。

［39］刘平量、曾赛丰：《城市化：制度创新与道路选择》，湖南人民出版社，2006。

［40］卢海燕：《试论我国城镇化的内涵》，《辽宁教育行政学院学报》2005 年第 9 期。

［41］卢宇、官爱兰：《江西省城镇化健康发展的对策建议》，《价格月刊》2007 年第 4 期。

［42］鲁德银、王习春：《试论中国特色城镇化新道路——农民工市民化、制度变迁与城镇化政策》，《孝感学院学报》2009 年第 5 期。

［43］罗静：《浅论农村城市化的两种途径》，《经济问题》1996 年第 8 期。

［44］骆江玲：《国内外城镇化模式及其启示——以江西省鄱阳县为例》，

《世界农业》2012 年第 6 期。

[45] 马世骁、许萍:《城镇化水平综合评价方法研究》,《沈阳建筑大学学报》(社会科学版) 2012 年第 7 期。

[46] 马雪松、邓虹、张晓霞:《农业现代化与城镇化协调发展研究——以江西省为例》,《农业考古》2013 年第 6 期。

[47] 马懿莉:《江西省新型城镇化建设研究》,华中师范大学硕士学位论文,2014。

[48] 〔美〕阿瑟·奥沙利文:《城市经济学》,北京人学出版社,2008。

[49] 〔美〕刘易斯·芒福德:《城市发展史——起源、演变和前景》,中国建筑工业出版社,2008。

[50] 秦宏、高强、李嘉晓:《通过制度变迁推动我国农户分化与农村非农化、城镇化进程》,《生产力研究》2005 年第 3 期。

[51] 秦润新:《农村城镇化理论与实践》,中国经济出版社,2000。

[52] 邱晓平:《江西城镇化的问题与对策研究》,《江西农业大学学报》(社会科学版) 2006 年第 4 期。

[53] 沈建芬、刘葆金:《农村城镇化水平区域差异的实证分析》,《南京农业大学学报》(社会科学版) 2003 年第 3 期。

[54] 沈鑫、万敏:《区域发展格局影响下的江西省城镇空间架构研究》,《规划师》2013 年第 2 期。

[55] 宋慧琳、陈平:《江西省城镇化发展的战略选择》,《安徽农业科学》2012 年第 16 期。

[56] 宋慧琳:《江西省城镇化发展的战略选择和对策研究》,南昌大学硕士学位论文,2008。

[57] 唐相龙:《日本乡村建设管理法规制度及启示》,《小城镇建设》2011 年第 4 期。

[58] 王德成、张领先:《小城镇社会经济发展规划的模式研究》,载《2002 年农业工程青年科技论坛论文集》,中国农业科学技术出版社,2002。

[59] 王放:《我国城市化与可持续发展》,科学出版社,2000。

[60] 王威、刘玲:《江西城镇化建设的问题与建议》,《重庆科技学院学报》(社会科学版) 2009 年第 11 期。

[61] 王威:《生态文明视阈下江西省城镇化建设研究》,江西师范大学硕士学

位论文，2010。

[62] 王文博、蔡运龙：《北京耕保底线测算和"等效面积"耕保机制》，《地域研究与开发》2008年第8期。

[63] 王学山、王成新：《我国城市化进程中质与量关系的辩证分析》，《地理与地理信息科学》2003年第9期。

[64] 王洋、方创琳：《中国县域城镇化水平的综合评价及类型区划分》，《地理研究》2012年第7期。

[65] 吴海、计宏伟、王龙锋：《对江西城镇化建设的思考》，《企业经济》2006年第12期。

[66] 吴敬学：《韩国的"新农村运动"》，《中国改革》2005年第12期。

[67] 吴雯：《经济欠发达地区城镇化建设的思考——以江西省宜春市袁州区为例》，《宜春学院学报》2006年第5期。

[68] 吴志军、汪洋：《江西省工业化与城镇化互动协调发展研究》，《无锡商业职业技术学院学报》2014年第1期。

[69] 肖金成、黄征学：《中部地区城市群的形成与展望》，《区域经济评论》2014年第1期。

[70] 肖细军：《江西省城镇化现状及空间战略研究》，江西师范大学硕士学位论文，2005。

[71] 徐璇：《我国城市化发展进程的制度因素分析》，《金融经济》2007第20期。

[72] 杨英、潘晓华：《江西省城镇化过程中农村生态环境的建设和保护》，《江西林业科技》2012年第4期。

[73] 姚晓芳、沈道晴：《基于因子分析的中部六省城镇化质量比较评价研究》，《合肥工业大学学报》（社会科学版）2014年第2期。

[74] 叶裕民：《中国城市化的制度障碍与制度创新》，《中国人民大学学报》2001年第5期。

[75] 张蕾：《美国的基础设施建设和农村发展政策》，http://www.caein.com/index.asp? NewsID = 31781&Action = xReadNews，2008。

[76] 章茹、蒋元勇、万金保：《城镇化过程对鄱阳湖流域生态系统的影响》，《长江流域资源与环境》2014年第3期。

[77] 赵金华、曹广忠：《我国省（区）人口城镇化水平与速度的类型特征

及影响因素》，《城市发展研究》2009 年第 9 期。

[78] 仲盼、罗守贵：《中国城镇化水平测定中存在的问题及调整方法》，《经济体制改革》2006 年第 5 期。

[79] 朱越浦、黄新建：《我国欠发达地区生态与经济协调发展路径选择》，《求实》2014 年第 9 期。

[80] 张亚明、张心怡、唐朝生：《中外都市圈发展模式比较研究》，《城市问题》2012 年第 2 期。

[81] 张祥建、黄建富：《我国现代都市圈发展模式及路径选择研究》，《天津社会科学》2007 年第 4 期。

[82] 杨勇：《都市圈发展机理研究》，上海交通大学硕士学位论文，2008。

[83] 李博：《西安都市圈发展战略研究》，西北工业大学硕士学位论文，2006。

[84] 李仁涵：《我国大都市交通圈发展模式的研究》，同济大学硕士学位论文，2007。

[85] 郭建科、韩增林：《沈阳大都市圈模式的战略选择与实现途径》，载《全国经济地理研究会第十二届学术年会暨"全球化与中国区域发展"研讨会论文集》，辽宁师范大学海洋经济与可持续发展研究中心，2008。

[86] 刘加顺：《都市圈的形成机理及协调发展研究》，武汉理工大学硕士学位论文，2005。

[87] 许爱霞：《济宁都市圈发展研究》，山东师范大学硕士学位论文，2004。

[88] 张祥建、郭岚：《我国现代都市圈的发展模式、路径选择及政策建议》，载《2008 年度上海市社会科学界第六届学术年会文集》（经济·管理学科卷），上海社会科学界联合会，2008。

[89] 唐艺彬：《美国纽约大都市圈经济发展研究》，吉林大学硕士学位论文，2011。

[90] 丁德良：《昌抚经济一体化中的产业分工与合作研究》，《中共南昌市委党校学报》2012 年第 1 期。

[91] 徐建平、邹山高、李建光：《昌抚一体化：推进建设殷实文明和谐幸福抚州的强力引擎》，《价格月刊》2012 年第 1 期。

［92］王晓春：《双核理论：区域发展的必然规律——关于"昌九一体化"战略的思考》，《当代江西》2013 年第 8 期。

［93］雷蕾：《大南昌城市经济发展战略研究》，南昌大学硕士学位论文，2012。

［94］张岩：《区域一体化背景下的长江三角洲地区城镇化发展机制与路径研究》，华东师范大学硕士学位论文，2012。

［95］李慧：《"西咸一体化"与陕西经济社会跨越式发展》，《咸阳师范学院学报》2006 年第 10 期。

［96］张立勇：《西（安）咸（阳）一体化发展研究》，西北农林科技大学博士学位论文，2007。

［97］汪宇明、刘君德、戴均良：《上海大都市区行政区划体制研究》，《人文地理》2000 年第 15 期。

［98］曹福龙：《长三角地区新型城市化的实践与探索》，《中国城市经济》2009 年第 2 期。

［99］陈波翀、郝寿义、杨兴宪：《中国城市化快速发展的动力机制》，《地理学报》2004 年第 6 期。

［100］程艳：《中国区域经济整合：泛一体化视野的分析》，浙江大学博士学位论文，2008。

［101］窦宗军：《京津冀区域经济一体化发展模型研究》，天津大学博士学位论文，2006。

［102］方创琳：《中国城市群形成发育的新格局及新趋向》，《地理科学》2011 年第 9 期。

［103］冯俊新：《经济发展与空间布局：城市化、经济聚集和地区差距》，清华大学博士学位论文，2009。

［104］顾朝林：《城市群研究进展与展望》，《地理研究》2011 年第 5 期。

［105］韩佳：《长江三角洲区域经济一体化发展研究》，华东师范大学博士学位论文，2008。

［106］何念如：《中国当代城市化理论研究（1979～2005）》，复旦大学博士学位论文，2006。

［107］胡彬：《区域城市化的严谨机制与组织模式》，上海财经大学出版社，2008。

［108］ 李瑞林：《国外区域经济一体化研究述评》，《经济研究导刊》2009
　　　　年第 13 期。

［109］ 李玉举：《区域经济一体化研究动态：国外文献综述》，《世界贸易
　　　　组织动态与研究》2010 年第 5 期。

［110］ 刘国新：《中国特色城镇化制度变迁与制度创新研究》，东北师范大
　　　　学博士学位论文，2009。

［111］ 刘玉、冯健：《中国区域城镇化发展态势及战略选择》，《地理研
　　　　究》2008 年第 1 期。

［112］ 罗蓉、罗雪中：《论区域经济一体化演进机制及城市主导作用》，
　　　　《社会科学战线》2009 年第 9 期。

图书在版编目（CIP）数据

统筹城乡发展与城镇化建设：以江西省为例／黄新建等著．
—北京：社会科学文献出版社，2015.1
ISBN 978 - 7 - 5097 - 6704 - 7

Ⅰ.①统…　Ⅱ.①黄…　Ⅲ.①城乡建设 - 研究 - 江西省
②城市化 - 建设 - 研究 - 江西省　Ⅳ.①F299.275.6

中国版本图书馆 CIP 数据核字（2014）第 263280 号

统筹城乡发展与城镇化建设
——以江西省为例

著　　者／黄新建 等

出 版 人／谢寿光
项目统筹／高　雁
责任编辑／颜林柯

出　　版／社会科学文献出版社·经济与管理出版中心（010）59367226
　　　　　　地址：北京市北三环中路甲 29 号院华龙大厦　邮编：100029
　　　　　　网址：www.ssap.com.cn
发　　行／市场营销中心（010）59367081　59367090
　　　　　　读者服务中心（010）59367028
印　　装／三河市尚艺印装有限公司

规　　格／开　本：787mm × 1092mm　1/16
　　　　　　印　张：22.5　字　数：365 千字
版　　次／2015 年 1 月第 1 版　2015 年 1 月第 1 次印刷
书　　号／ISBN 978 - 7 - 5097 - 6704 - 7
定　　价／89.00 元

本书如有破损、缺页、装订错误，请与本社读者服务中心联系更换

▲▲ 版权所有 翻印必究